Von der Römersiedlung zum Ballungsraum Wien

Erich Wonka

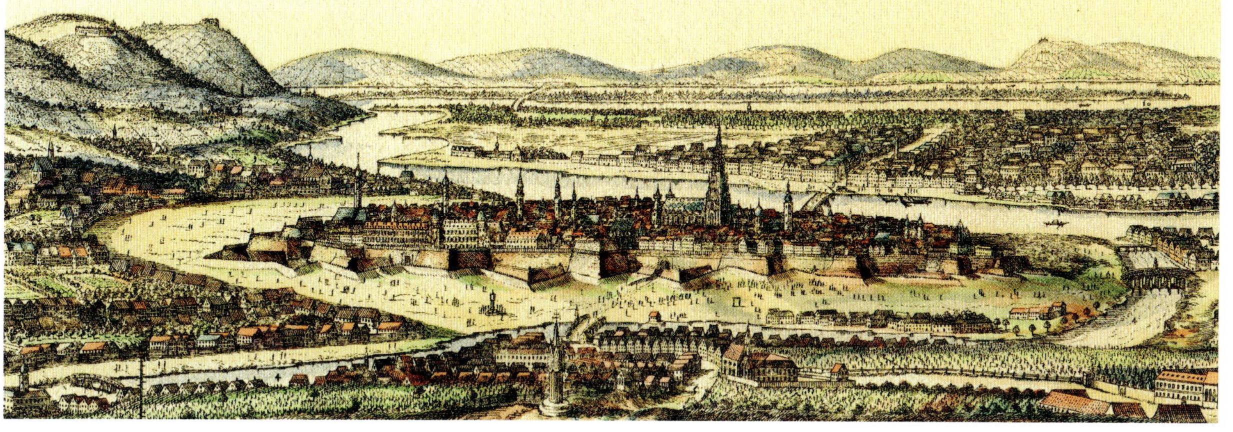

Wien um 1705

Gefördert durch das Land Niederösterreich

WISSENSCHAFT • FORSCHUNG NIEDERÖSTERREICH

VERLAG BERGER

Impressum

Verlag Berger Horn/Wien
www.verlag-berger.at
Layout und Gestaltung: Erich Wonka
Gesamtherstellung: Ferdinand Berger & Söhne GmbH, 3580 Horn

ISBN 978-3-99137-062-8

Inhaltsverzeichnis

1. bis 5. Jh. (Römerzeit)

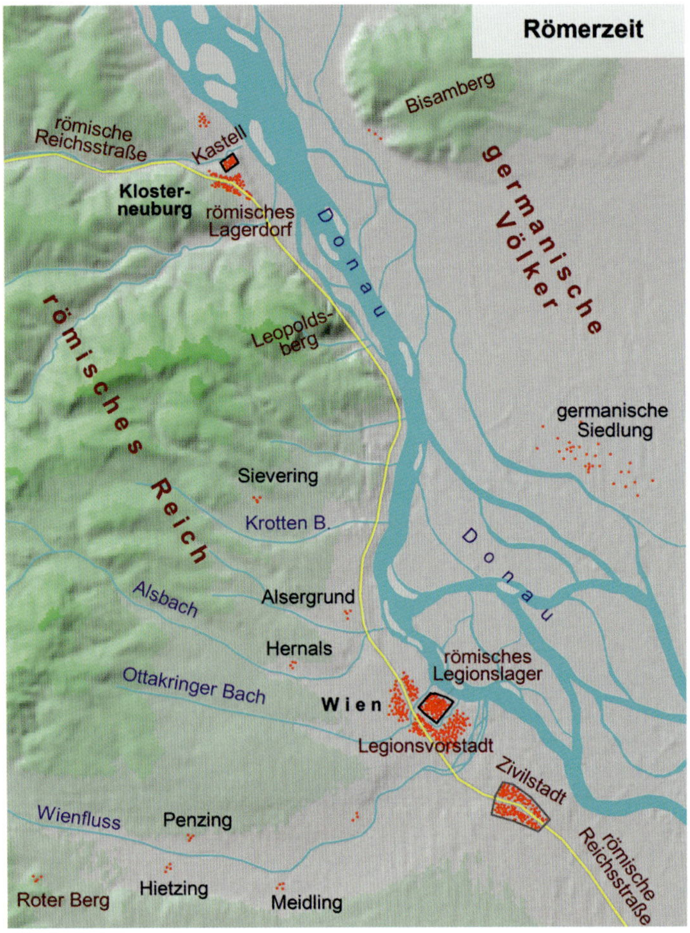

Karte 1: Der Landbezirk Vindobona reichte von Klosterneuburg über Wien bis nach Schwechat. An der Stelle des heutigen Wiener Stadtzentrums wurde 70 nach Chr. ein römisches Legionslager und in Klosterneuburg 10 Jahre später ein Römerkastell errichtet. Gleichzeitig entstanden um diese Militärlager Lagervorstädte, in denen Händler, Handwerker und Frauen der Soldaten wohnten. Auch gab es im Bereich des heutigen 3. Wiener Bezirks eine Zivilstadt. Eine Römerstraße verband alle Kastelle und Legionslager, die entlang des Donaulimes errichtet wurden.

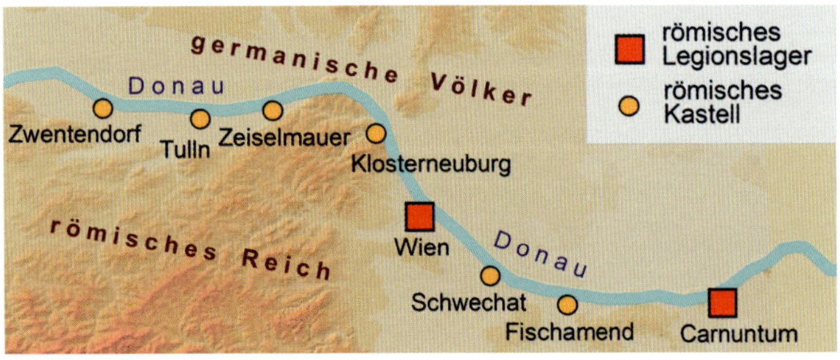

Abbildung 1: Als die Römer 15 v. Chr. das Königreich Noricum eroberten, reichte das Römische Weltreich bis an die Donau heran. Der Fluss wurde zur natürlichen, befestigten Grenze gegen die Germanen. Die Römer begannen im 1. Jh. n. Chr. am südlichen Donauufer mit der militärischen Sicherung, indem sie entlang des Donaulimes eine große Zahl von römischen Militärlagern (Kastellen) errichteten.

Die römischen Soldaten unter Kaiser Augustus rückten ab 15 v. Chr. zur Sicherung der nördlichen Reichsgrenze an die Donau heran. Bei der Festlegung der Standorte dieser Römerlager entlang des Limes ging man vor allem von strategischen Überlegungen aus. Man nutzte die hochwassersicheren höher gelegenen Terrassen an der Donau. Diese konnte man gut gegen die germanischen Völker verteidigen. Zwischen den römischen Militärlagern gab es zum Schutz des Donaulimes zusätzlich noch Wachtürme mit Besatzung (ca. 5 Soldaten).

Wie die nebenstehende Karte zeigt, war Wien nicht nur durch Mauern geschützt, sondern zusätzlich noch auf drei Seiten von Wasserläufen umgeben. Im Norden reichte das Lager bis zum schiffbaren Donauarm. Durch den heutigen „Tiefen Graben“ floss der Ottakringer Bach; die „Rotenturmstraße“ zeichnet den Lauf eines ehemaligen Gerinnes nach, das im Stock-im-Eisen-Platz entsprang.

In Wien dürfte der Haupthafen der römischen Flotte an der oberen Donau gewesen sein, denn es war der Sitz des Befehlshabers der Flotte. Auf der Donau wurde Handelsschifffahrt betrieben.

Aufgabe der Besatzung des Römerlagers war es auch, den Donauübergang zu überwachen. Über die Furt bei Klosterneuburg verlief eine wichtige Handelsstraße in Richtung Norden. Die Donau stellte auch die Zollgrenze gegenüber den nördlich wohnenden Germanen dar.

Neben den Kelten siedelten sich ab 50 nach Chr. auch mit den Römern verbündete Germanen an. Im Laufe der Zeit vermischte sich die einheimische Bevölkerung mit den Römern. Diese bezeichneten sämtliche Völker nördlich der Donau als „Germanen“.

Obwohl die Gebiete nördlich der Donau nicht mehr zum Römischen Reich gehörten, waren sie dennoch dem römischen Einfluss unterworfen. Wegen des intensiven Handels war gegenüber von Vindobona ein germanischer Handelsplatz, zu dem noch einige weitere Siedlungen gehört haben dürften (siehe Karte 1). Hier befand sich auch ein römischer Militärstützpunkt (heute Leopoldau), der mit Sicherheit als Ausgangsort für militärische Unternehmungen nördlich der Donau diente.

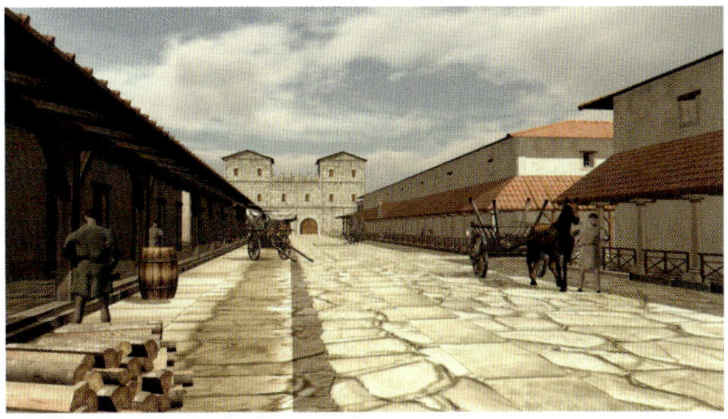

Abbildung 2: Das Legionslager war der besondere Stolz der Soldaten. In seinem Zentrum fand man die Stabsgebäude, die Waffenkammer, Wirtschaftsgebäude und Getreidespeicher. In ihrer dienstfreien Zeit hielten sich die Soldaten hier auf. Das übrige Areal bedeckten die Unterkünfte der Soldaten, die Stallungen, Werkstätten aller Art sowie eine Sanitätsstation und ein Badehaus. Die Wohnquartiere der Offiziere und die Kasernenräume waren recht komfortabel, die meisten Zimmer hatten bemalten Wandverputz und die Böden waren aus Mörtelestrich.

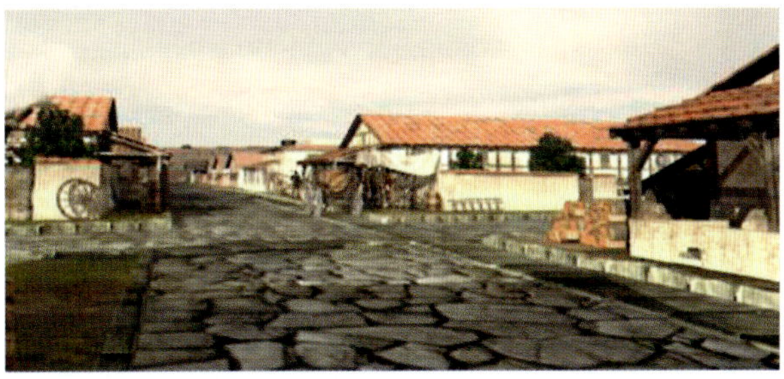

Abbildung 3: Die römischen Lagerdörfer waren eine Ergänzung der Kastelle. In den langen, rechteckigen Gebäuden wurde gleichzeitig gewohnt und gearbeitet. An den schmalen Vorderseiten, die zur Straße schauten, waren sie mit Läden ausgestattet, in denen Waren verkauft wurden oder Garküchen untergebracht waren. Im Hinterhof befanden sich oft Werkstätten verschiedenster Art. Die Einwohner waren mit den römischen Soldaten des Legionslagers in engem Kontakt. Durch sie verdienten sie den Lebensunterhalt, indem sie diese mit allen notwendigen Gütern und Dienstleistungen versorgten.

Die römischen Grenzbefestigungen entlang des Limes waren anfangs wenig ausgebaut und somit für größere Angriffe nicht geeignet. Man hielt das auch nicht für notwendig, denn sie waren zunächst nur für die Kontrolle des täglichen Waren- und Personenverkehrs gedacht. Ab etwa 80 nach Chr. begannen die Römer in großem Umfang Soldaten an die Donaugrenze zu verlegen und gleichzeitig massive Grenzbefestigungen zu errichten bzw., wenn schon vorhanden, auszubauen. So wurden in Wien und in Klosterneuburg römische Kastelle errichtet, die vorerst nur aus Holzbauten mit Wallschüttungen bestanden. Einige Jahrzehnte später wurden die Holzkonstruktionen schrittweise durch Steinkonstruktionen, wie Steintürme und Steinmauern, ersetzt (siehe Abb. 2). Um diese Militärlager besser gegen Angriffe verteidigen zu können, durften die daran anschließenden Lagerdörfer nicht näher als 150m heranreichen (siehe Abb. 3).

Die Zivilstadt war mit einer Stadtmauer umgeben (siehe Karte 1). Diese war eine Verwaltungsgrenze, hatte militärisch kaum Bedeutung und sollte eher beeindrucken. Hier wohnten die Soldatenfrauen, Veteranen, Händler und die eingesessene Bevölkerung. Die Stadtbevölkerung lebte nach eigenen Gesetzen und mit einer Verwaltung nach dem Vorbild Roms. Von der Zivilstadt aus führte über die Donau eine wichtige Handelsroute nach Norden, wo man mit Booten die Donau relativ leicht überqueren konnte.

Ab der Mitte des 4. Jh. zeigte das Römische Reich zunehmende Verfallserscheinungen. Der Beginn der Völkerwanderung zeichnete sich ab. Diese wurde vor allem durch die Hunnen ausgelöst, die 375 zunächst die Ostgoten vertrieben, und so kam eine Bewegung auf, die über ganz Europa hinwegstürmte. Das Wiener Legionslager bestand nach Zerstörung seiner Vorstädte als befestigte Siedlung noch bis Anfang des 5. Jh. und wurde dann endgültig von der römischen Armee aufgegeben. Der größte Teil der Bevölkerung verließ ebenso das Land. Die zurückbleibende keltisch-römische Bevölkerung siedelte sich dann in der Nordwestecke des Römerlagers an (siehe Abb. 5).

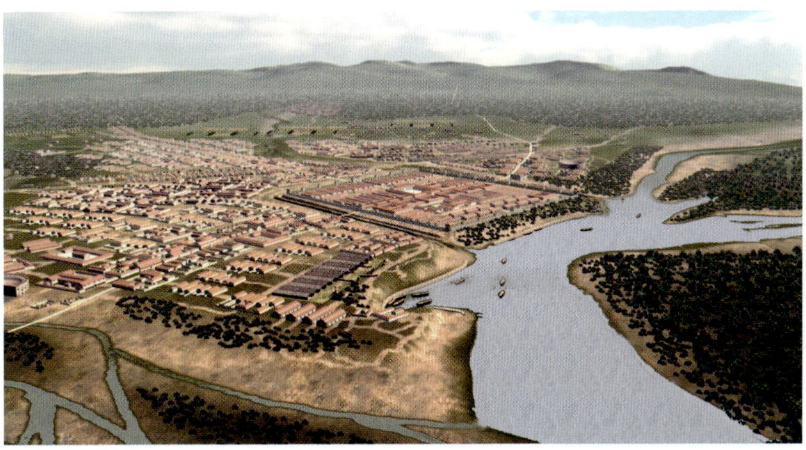

Abbildung 4: Vindobona ist der Sammelname für das römisches Legionslager (Militärsiedlung), einem Lagerdorf und eine Zivilstadt. Insgesamt hatte Vindobona in der Blütezeit etwa 35.000 Einwohnern Lebensraum geboten. In Friedenszeiten zählte die Besatzung des Legionslagers etwa 4.000 Mann. Für die Lagervorstadt rechnete man mit 12.000 bis 15.000 Menschen; etwa ebenso viele lebten vermutlich in der Zivilstadt.

500 bis 1050 (Frühmittelalter)

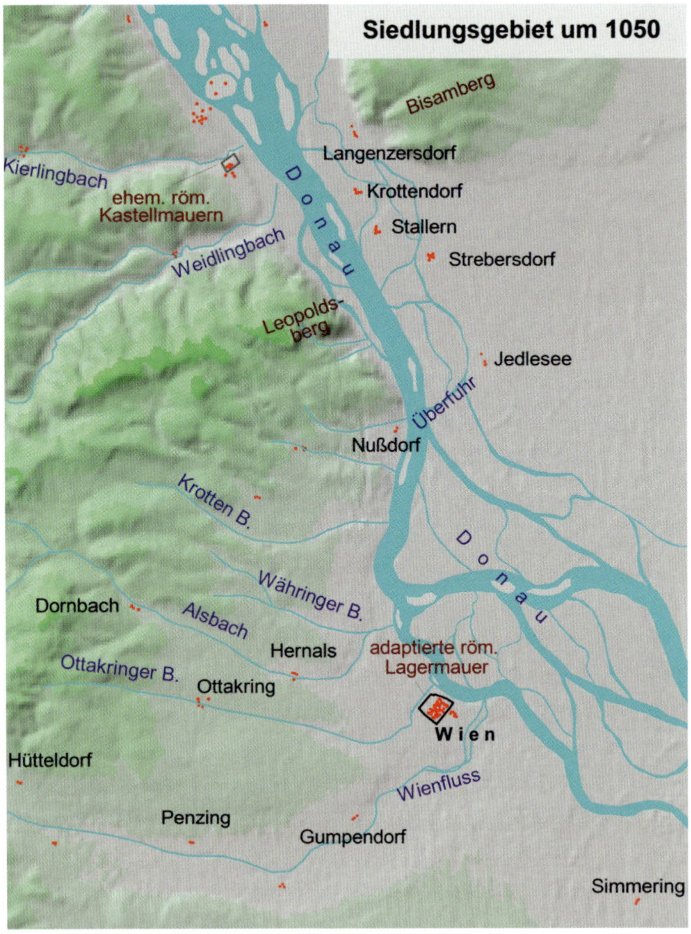

Karte 2: Das Siedlungsgebiet in Wien beschränkte sich im Wesentlichen auf das Gelände des alten Römerlagers.

Man vermutet, dass sich nach dem Untergang des Römischen Reiches in Wien eine durchgehende Besiedlung halten konnte, dass also die Stürme der Völkerwanderung nicht alles vernichteten, was sich ihr in den Weg stellte. Die Mauern des ehemaligen Römerkastells boten der Stadtbevölkerung vor den immer wieder durchziehenden Stämmen und Völkerschaften etwas Schutz und Sicherheit.

Wien spielte bereits damals eine wirtschaftliche Rolle. Eine große Anzahl an Zugezogenen, welche in Wien sesshaft wurden, waren Kaufleute. Sie errichteten in der Stadt ihre Niederlassungen, da sie sich innerhalb der Mauern sicher fühlten. Ihnen folgten die Handwerker. Sie lieferten den Kaufleuten auch die Waren für ihren Handel mit anderen Ländern. Die Kaufleute und Handwerker bewohnten je nach ihren Geschäften gesonderte Stadtteile.

Am Ende des Frühmittelalters war Wien eine recht ansehnliche Streusiedlung und hatte bereits ein paar tausend Einwohner. Es waren vor allem Handwerker, Bauern (auch Weinbauern) und Fischer. Viele von ihnen wohnten auch in Hütten außerhalb der Stadt, in deren Mauern sie bei Gefahr Zuflucht suchten. Viele der Handwerker betrieben, um überleben zu können, auch Landwirtschaft.

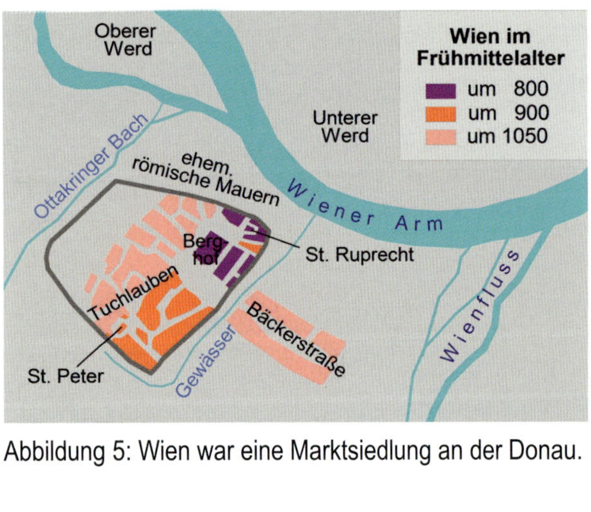

Abbildung 5: Wien war eine Marktsiedlung an der Donau.

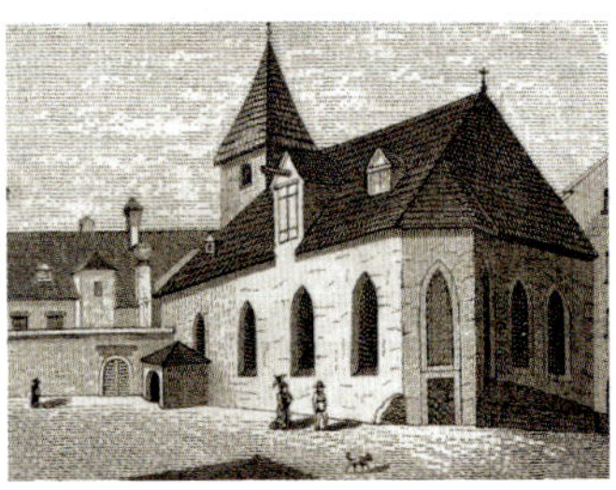

Abbildung 6: Die Ruprechtskirche ist die älteste Kirche Wiens. Im Mittelalter war es üblich, auch in der Kirche Geschäfte abzuwickeln.

Wien um 800: In der Nordostecke des ehemaligen Römerlagers war eine Burgsiedlung. Der Berghof als wehrhaftes solides Gebäude gilt mit der Ruprechtskirche als Keimzelle des späteren Wiens. Neben der Ruprechtskirche lag der Kienmarkt, der erste Markt Wiens. Die römischen Lagermauern mit dem Steilabfall zum Donauufer waren die schützende Umwallung dieser Burgsiedlung.

Wien um 900: Im 9. Jh. wurde das Siedlungsgebiet erweitert, indem in der Südostecke des Lagers neben der Peterskirche eine zweite Siedlung errichtet wurde. Beide Siedlungen waren Haufendörfer, die sich um die Kirchen St. Ruprecht und St. Peter gruppierten.

Wien um 1050: Die innerhalb der alten Römermauern getrennt voneinander liegenden Siedlungskerne wuchsen zusammen. Zu dieser Zeit entstand auch vor den alten Mauern, dort wo die Handelsstraße aus Ungarn auf das Osttor der Stadt traf, eine bewehrte Siedlung. Diese hatten deutsche Kaufleute hier errichtet, um vor allem für ihre ungarischen Handelspartner, die in den aufstrebenden Marktort an der Donau kamen, leicht erreichbar zu sein. Die Kaufleute hatten um einen langgestreckten Marktplatz (heute Bäckerstraße) Höfe und Warenlager angelegt.

1050 bis 1250 (Hochmittelalter)

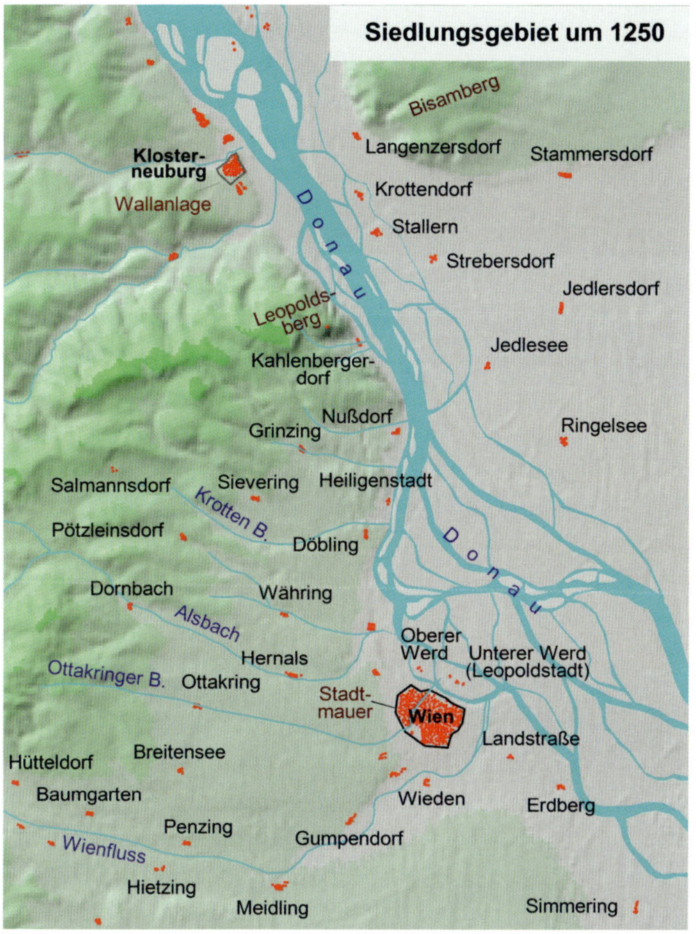

Karte 3: Wien wurde auf der wirtschaftlichen Grundlage von Handel und Weinbau zu einem zentralen Ort der weiteren Umgebung. Nicht der Landweg, sondern die Donau war damals der übliche Transportweg für Waren. Hier legten Händler mit ihren Schiffen an, um Güter zu stapeln und zu verkaufen.

Der Hauptarm der Donau floss noch zu Beginn des Hochmittelalters entlang des heutigen Wiener Donaukanals (damals Wiener Arm). Dieser Donauarm begann jedoch gegen Ende des Hochmittelalters stark zu versanden, so dass der Hauptstrom weiter nördlich der Stadt floss. Damit folgte die Verlandung der Anlegeplätze am Wiener Arm. Man versuchte durch hölzerne Befestigungen die Ufer vor den Wassermassen zu schützen.

Im frühen 13. Jh. war Wien bereits in weitreichende Handelsbeziehungen eingebunden, die zum einen durch intensive Kontakte mit Venedig geprägt waren, zum anderen die Donauschifffahrt nutzten. Entscheidend für Wien war die Verleihung des so genannten „Stapelrechtes". Dieses verpflichtete die durchziehenden Kaufleute, ihre Waren in der Residenzstadt zu stapeln (auf bestimmte Zeit einzulagern). Während dieser Zeit hatten die Wiener Bürger das Vorkaufsrecht. Fand der Kaufmann keine Abnehmer, musste er die Waren nach Errichtung einer ziemlich hohen Ausfuhrgebühr wieder nach Hause führen, was beinahe einem Totalverlust gleichkam. Am Ende der Frist gab es daher fast regelmäßig Panikverkäufe. Die Wiener konnten bei stark herabgesetzten Preisen wertvolle Lagerbestände erstehen. Das Stapelrecht wurde lange Zeit nicht in Frage gestellt, höchstens gemildert. Erst im Jahre 1517 wurde es aufgehoben.

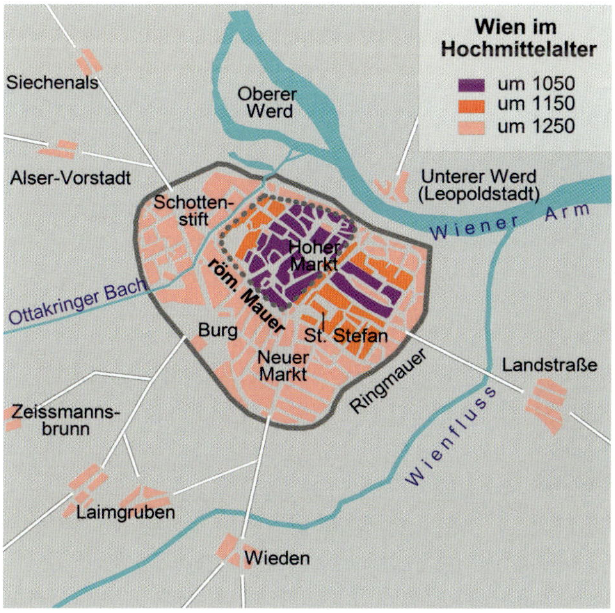

Abbildung 7: Nachdem die Babenberger in der Mitte des 12. Jh. die Stadt Wien als ihren Residenzort übernommen hatten, erfolgte mit dieser Rangerhöhung der Ausbau der Stadt. Die vom Babenberger Leopold V. im Jahre 1194 fertiggestellte Ringmauer machte die mittlerweile zu einer mittelalterlichen Stadtmauer ausgebaute römische Lagermauer überflüssig (in der Karte punktiert). Die Ringmauer hatte Türme mit einem vorgelagerten Graben, der durch die Fluten der Donau, der Wien und des Ottakringer Baches gefüllt werden konnte. Gegenüber dem Wiener Arm entwickelte sich bereits ab 1300 eine kleine Siedlung, die heutige Leopoldstadt. Die Siedlungen entstanden im Augebiet, das zuvor hauptsächlich als Weideland diente. Weiters bezog man aus dem Augebiet Bau- und Brennholz für die Stadt. Gebäude und Bewohner waren hier bis zur Donauregulierung regelmäßig durch Überschwemmungen bedroht. Die Abbildung zeigt auch, dass gegen Ende des Hochmittelalters wehrhafte Dörfer an den Einfallstraßen nach Wien wie Landstraße, Wieden, Zeissmannsbrunn, Laimgruben, Alser-Vorstadt und Siechenals, entstanden sind. Die Fern- und Ausfallstraßen waren dann die wichtigsten Leitlinien des späteren Wachstums Wiens.

1250 bis 1500 (Spätmittelalter)

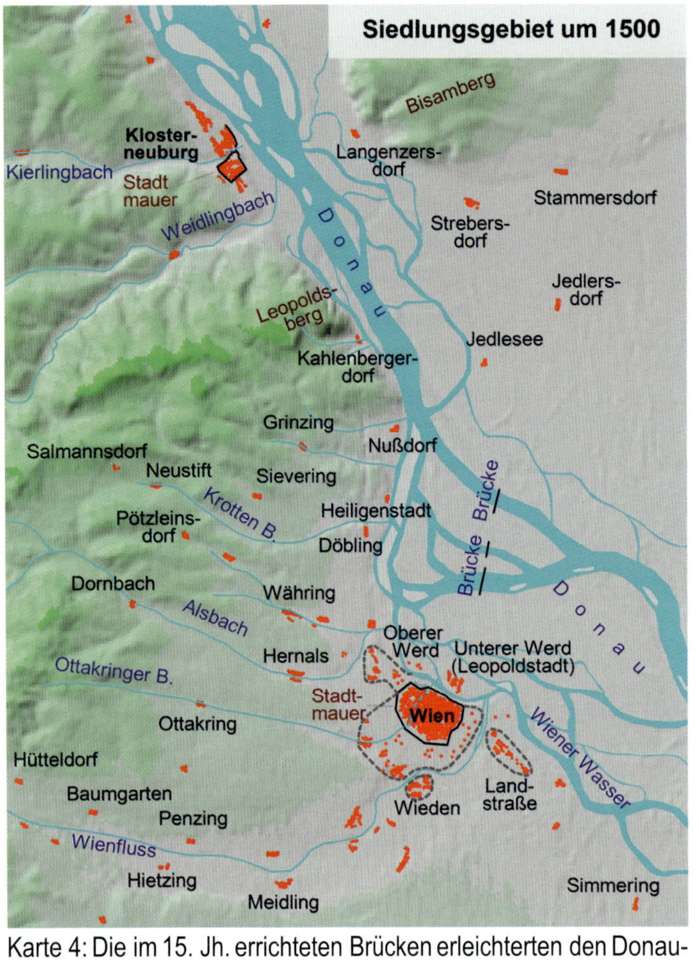

Karte 4: Die im 15. Jh. errichteten Brücken erleichterten den Donauübergang ganz wesentlich. Sie zogen nach und nach den gesamten Verkehr aus dem nördlichen Niederösterreich an sich. Nicht nur im Unteren Werd, sondern auch im Oberen Werd siedelten sich Gärtner, Fischer, Flößer und Schiffer an. Außerhalb der Stadtmauer wuchsen die vorstädtischen Siedlungen. Diese versuchte man im 15. Jh. mit Palisaden aus Holzstämmen und Flechtwerk zu schützen (siehe strichlierte Linien in der Karte).

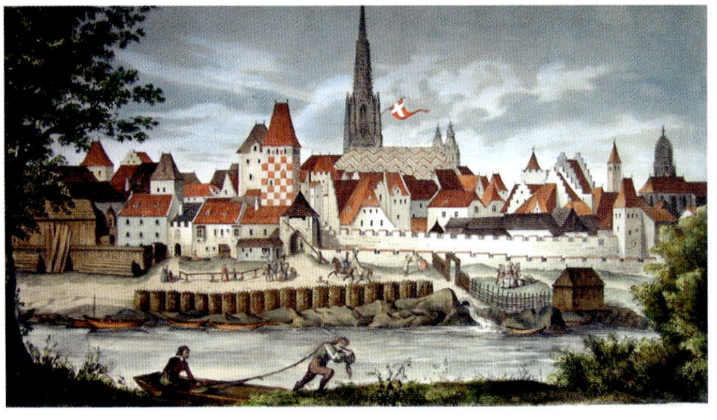

Abbildung 8: Wien im Jahr 1483 vom Wiener Arm aus mit dem Rotenturmtor und der zinnengekrönten Ringmauer. Um diesen Wiener Donauarm schiffbar zu halten, waren schon ab dem 14. Jh. Ausgrabungen notwendig geworden, um ein weiteres Verlanden hintanzuhalten.

Im Laufe des Spätmittelalters wurde die Stadt zunehmend kompakter und enger. So bot sich gegen Ende des Hochmittelalters ein Bild, das von eng verbauten Häuserzeilen sowie unzähligen Kirchen geprägt war. Zur Verdichtung der Verbauung trug aber auch bei, dass man nach Bränden die zerstörten Holzhäuser teilweise durch ein- und zweistöckige Steinhäuser ersetzte. Um 1420 hatte Wien mit den Vorstädten in etwa 20.000 Einwohner, gegen 1500 circa 25.000.

Die Bürgerhäuser des Spätmittelalters, die sich auf langgezogenen schmalen Parzellen aneinander reihten, waren Wohn- und Arbeitsplatz zugleich. Im Erdgeschoß wurde produziert und auch verkauft, im ersten Stock befanden sich Küche und Wohnräume. Durch die Hauseinfahrt gelangte man in ummauerte Höfe, an die Gärten zur Eigenversorgung mit Obst, Gemüse und Kräutern anschließen konnten.

Außerhalb der Stadtmauern gab es kleinere, zumeist nur aus Holzhütten bestehende Siedlungen. Ihre Bewohner waren teils Bauern, teils ärmere Handwerker und Gewerbetreibende. Im 15. Jh. umgab die Stadtverwaltung diese Siedlungen mit einem Palisadenzaun, einem derben Rutengeflecht zwischen starken Pfählen, vor dem noch ein kleiner Graben ausgehoben wurde (siehe Karte 4).

Bis 1439 waren im Bereich von Wien nur schmälere Arme der Donau von Brücken überspannt, so beispielsweise der stadtnächste Arm (Donaukanal), die Schlagbrücke (heute Schwedenbrücke). Die breiteren Arme sowie der Hauptstrom konnten nur mittels Überfuhren, beispielsweise bei Nußdorf und bei Stadlau überquert werden. Das war generell nicht ungefährlich und im Falle von Schlechtwetter und Hochwassern oft unmöglich, womit der Personen- und Warentransport Richtung Norden unterbrochen war. Erst ab 1439 gab es von Wien weg bis zum Floridsdorfer-Spitz über alle Donauarme Brücken (siehe Karte 4).

Die Wasserversorgung der Stadt geschah durch Hausbrunnen, die jedoch teils durch Fäkalien, teils durch Sickerwasser stark verunreinigt waren und so immer wieder die Ursache von Seuchen und Epidemien wurden. Die öffentlichen Brunnen waren auch beliebte Treffpunkte.

1500 bis 1600 (Erste Türkenbelagerung)

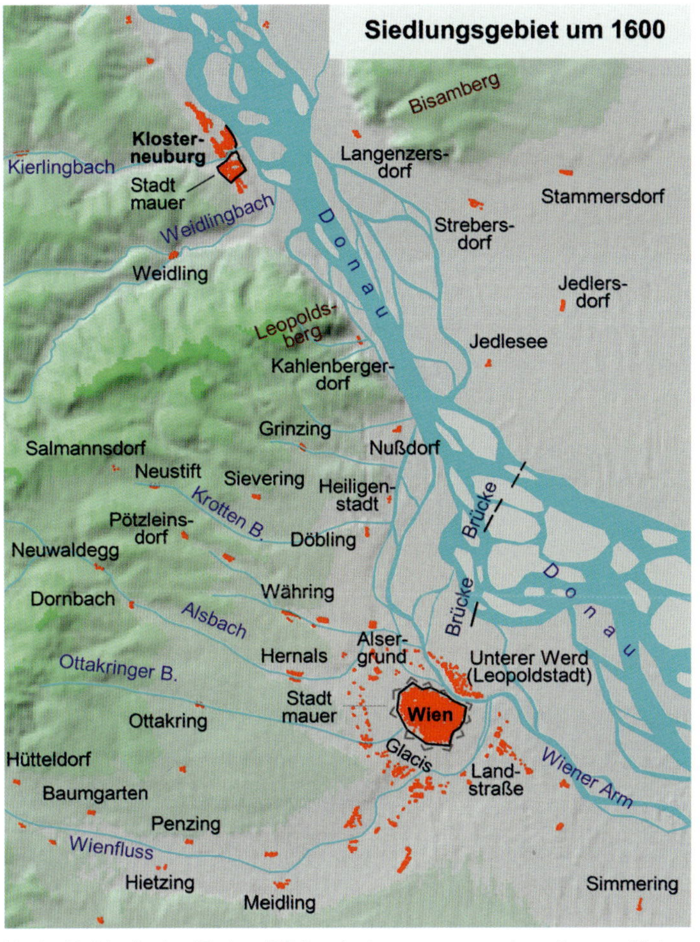

Karte 5: Nach der Ersten Türkenbelagerung wurden die zerstörten Wiener Vorstädte neu aufgebaut (vgl. dazu Karte 4).

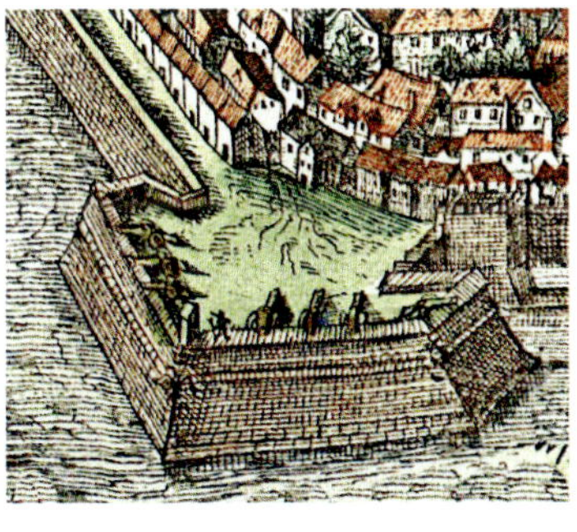

Abbildung 9: Die alte Ringmauer wurde nach der Türkenbelagerung nach und nach durch einen der damaligen Kriegstechnik entsprechenden Befestigungsgürtel ersetzt. So wurden mächtige Mauern mit vorspringenden Bastionen (Basteien) errichtet.

Bei der Ersten Türkenbelagerung 1529 stellte sich bald heraus, dass die im Mittelalter errichteten Stadtbefestigungen nicht annähernd den Anforderungen der damaligen Kriegstechnik entsprachen und die Ummauerung einer Belagerung mit Artilleriebeschuss nicht gewachsen war. Daher begann man kurz nach Ende der Belagerung und Abzug der Türken mit dem Ausbau der Befestigung (siehe Abbildung 9). Auch wurde 1588 eine Verordnung erlassen, wonach auf 95m Entfernung vor der Stadtmauer kein Haus stehen durfte, so dass eine große unbebaute Fläche vor dem Stadtgraben entstand – das Glacis. Im Falle einer Belagerung war damit freies Schussfeld für die Verteidiger gegeben (siehe Karte 5).

Die Schiffslände am Wiener Arm zwischen dem Rotenturmtor und der Leopoldstadt war ein beliebter Umschlagplatz. Das Donauufer vor der Stadt war teils durch massive Kaimauern befestigt. Die Händler luden Obst und Baumaterial ab oder brachten Fische auf die Märkte. Waren konnten in Magazinen und Speichern gelagert werden.

Bereits im Mittelalter gab es in Wien ein reges Marktleben. Die Auswahl an Waren war noch nicht groß. Dazu zählten etwa Tuch und Wollwaren, die man in den „Lauben" oder „Gewölben" der Händler erwarb. Die Mehrzahl der Güter, vor allem Lebens- und Genussmittel, wurde auf offenen Verkaufsständen unter freiem Himmel angeboten. Die zum Auslegen der Ware verwendeten Bänke (z.B. Fleischbänke) wurden abends abgeräumt. Die einzelnen Händler hatten für ihre Stände speziell zugewiesene Plätze, die allerdings im Laufe der Zeit oft wechselten. Auf dem Kohlmarkt wurde Holzkohle und auf dem Wildbretmarkt Jagdbeute angeboten.

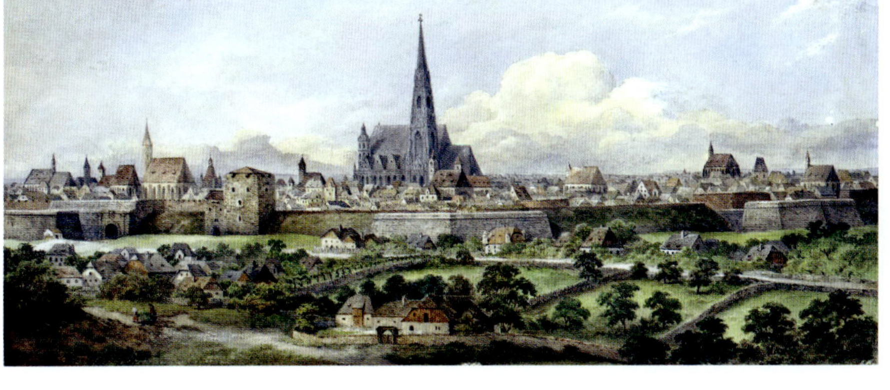

Abbildung 10: Das Panorama aus dem Jahre 1566 zeigt noch die alte Wiener Stadtbefestigung mit der Ringmauer und dem Kärntner Turm. Dieser wurde um 1200 zur besseren Verteidiung des angrenzenden Kärntnertors erbaut.

1600 bis 1700 (Zweite Türkenbelagerung)

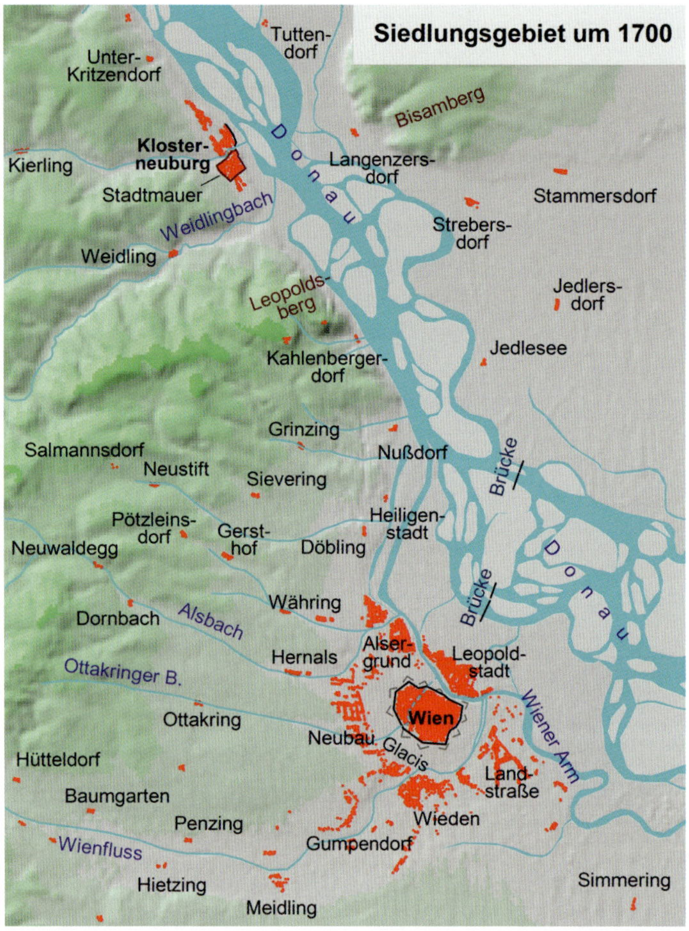

Karte 6: Da die Wiener Vorstädte auch während der Zweiten Türkenbelagerung niedergebrannt worden waren, kam es bald zum Wiederaufbau und deren Erweiterung. Um 1700 hatte Wien mit seinen Vorstädten die Grenze von 100.000 Einwohnern überschritten.

Die Reichweite der Schusswaffen wurde größer, deshalb begann man die bestehende Bauverbotszone vor der Stadtmauer immer mehr zu verbreitern. Vor der Zweiten Türkenbelagerung sogar auf 450m. Die Verbreiterung erfolgte auf kaiserlichen Befehl gegen den Willen von Bürgern und der Stadtverwaltung, verlor man doch Häuser und Gartenflächen. Auch Weingartenflächen mussten gerodet werden. Viele Personen, deren Häuser auf Grund der Verbreiterungen des Glacis abgerissen wurden, siedelten sich im Unteren Werd (heute Leopoldstadt) an.

Die Zweite Türkenbelagerung 1683 war wie die Erste ein erfolgloser Versuch der Türken (Osmanen), Wien einzunehmen. Nach ihrer Vertreibung wurde jetzt der militärische Druck von der Stadt genommen, den die Türken seit eineinhalb Jahrhunderten auf sie ausgeübt hatten. Der Wiederaufbau nach Ende der Zweiten Türkenbelagerung diente nicht nur dazu, der rasch anwachsenden Bevölkerung Wohnraum zu schaffen, sondern sollte auch das Bedürfnis der sozialen Oberschichten nach repräsentativen Bauten befriedigen. Ungeachtet der Armut breiter Bevölkerungsschichten wurden Paläste, Kirchen und Klöster in Wien und seinen Vorstädten errichtet. Wien hatte aufgehört, eine Art „Ackerbürgerstadt" mit ländlichem Gepräge zu sein.

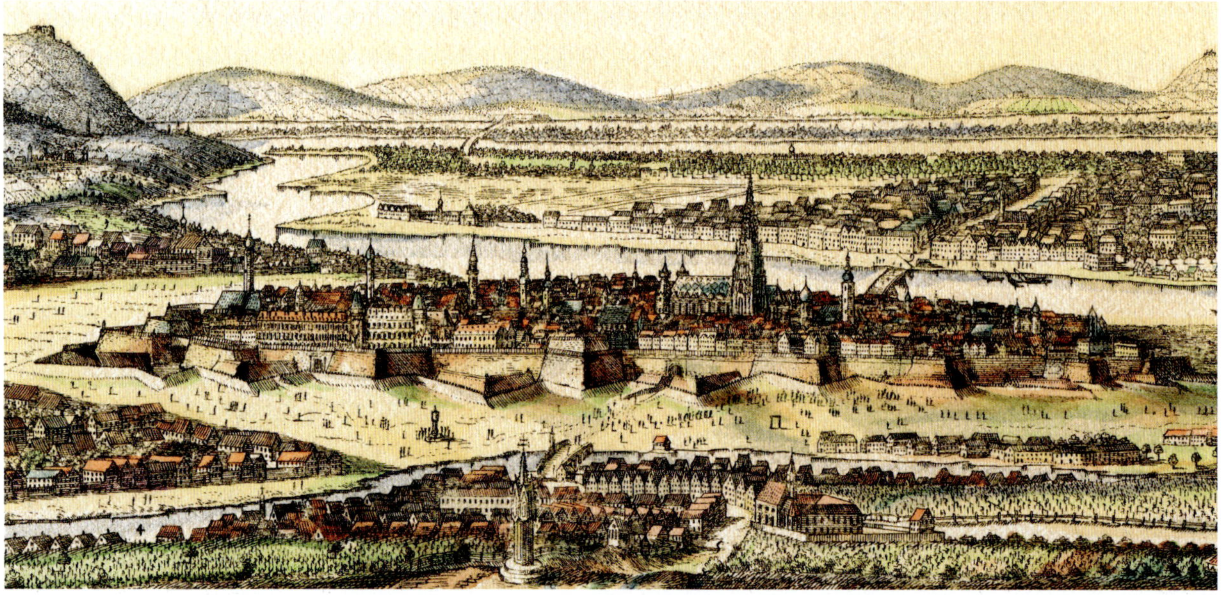

Abbildung 11. Wien 1705. Wien wurde 1620 zur Haupt- und Residenzstadt. Die Periode des Höhenwachstums innerhalb der Stadtmauern, das bereits gegen Ende des 15. Jh. begann, setzte sich fort. So war gegen Ende des 17. Jh. bereits ein Drittel der Häuser mindestens dreistöckig.

1700 bis 1800 (Zeit Maria Theresias und Josefs II.)

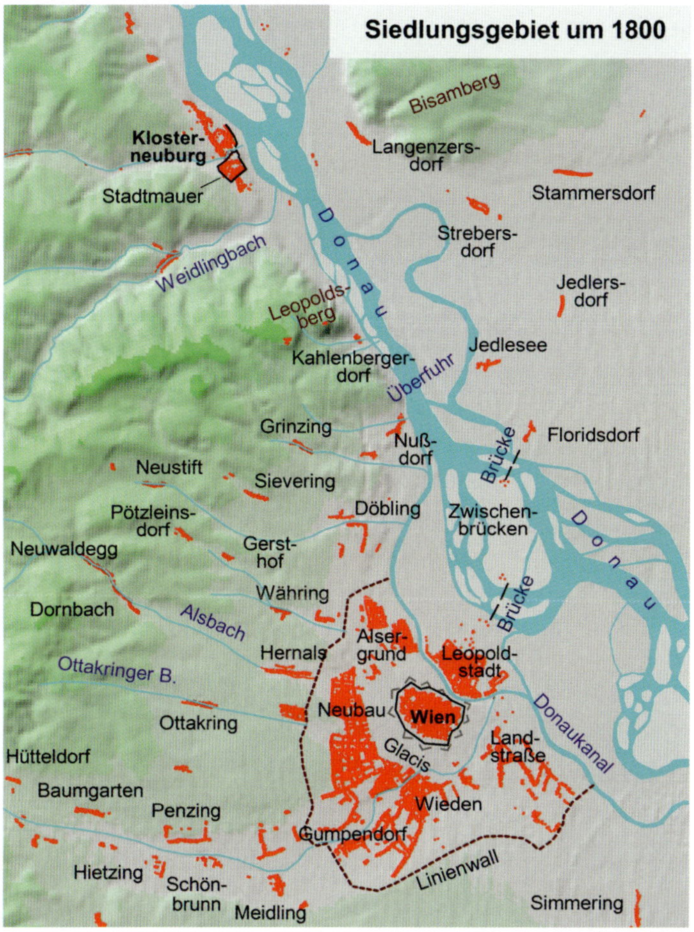

Karte 7: 1704 bekamen die Vorstädte ein eigenes Befestigungssystem, den Linienwall (siehe Abb. 23), der zum Schutz gegen die Kuruzzen, antihabsburgische Aufständische in Ungarn, dienen sollte. Die Bevölkerung wuchs ständig. So hatte Wien mit seinen Vorstädten um 1800 bereits 230.000 Einwohner erreicht. Das Wachstum beruhte fast ausschließlich auf der Zuwanderung. Die Schifffahrt auf der Donau diente vorwiegend dem Frachttransport. Erst 1696 wurde erstmals ein regelmäßiger Personenverkehr eingerichtet.

Im 18. Jh. wurde vor allem in den Vorstädten viel gebaut; der Adel begann das ganze Umland mit seinen Gartenpalais zu überziehen, zumal man sich nach den Siegen des Prinzen Eugen ziemlich sicher sein konnte, dass diesen neuen Gebäuden von den Türken her keine Gefahr mehr drohen würde, wie z. B. das Palais Liechtenstein, das Palais Schwarzenberg oder das Schloss Belvedere des Prinzen Eugen.

Josef II. gab Gebiete für den Besucher frei, die der Öffentlichkeit bisher nicht zugänglich waren, wie z. B. die Basteien mit dem Glacis (siehe Abb. 46). Ab 1766 durfte auf Anweisung Josefs II. auch das bis dahin nur Adeligen zugängliche kaiserliche Jagdgebiet des Praters von jedermann zur Erholung aufgesucht werden. Bald entstanden Wirtshäuser, Kegelbahnen und Ringelspiele. Das war der Beginn des sogenannten „Wurstelpraters“. Etwas später wurden der Augarten, die Gärten des Belvedere und jene von Schönbrunn für die Wiener freigegeben.

Die ersten Manufakturen siedelten sich im 18. Jh. in den Vorstädten Wiens an. So startete bereits 1718 in der Rossau (Liechtensteinstraße) die erste Wiener Porzellanmanufaktur. Im Vergleich zu anderen westeuropäischen Städten verlief diese Entwicklung langsam. Erst um 1790 wurde Wien mit seinen fast 300 Manufakturen zu einer „Industriestadt“. Die **Ansiedlung** der Betriebe erfolgte in den Vorstädten und später in den vor dem Linienwall gelegenen Vororten. Viele Unternehmer kamen aus dem Ausland.

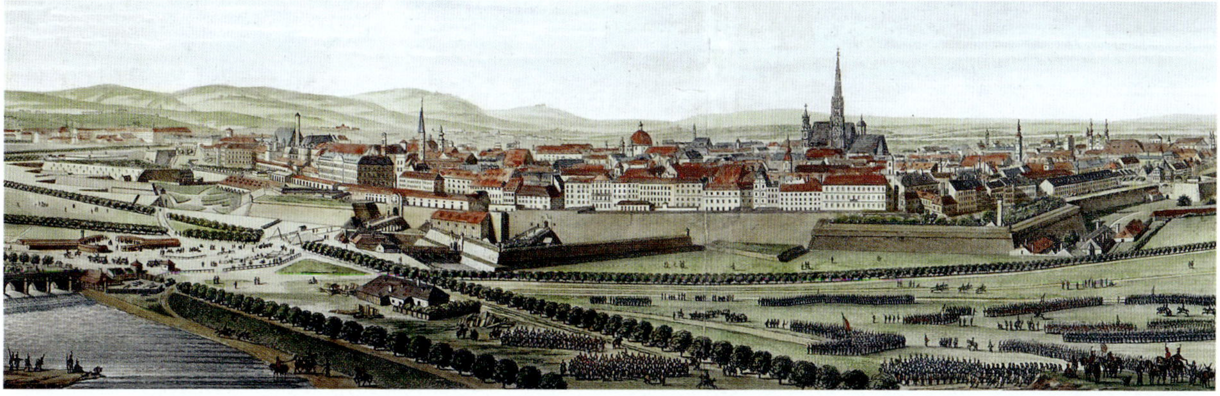

Abbildung 12: Wien um 1809. Die freie Fläche vor den Basteien, das Glacis, wurde nach 1785 als Erholungsgebiet genutzt. Auf dem bis dahin fast vegetationslosen Gelände wurden jetzt Bäume gepflanzt sowie Wege und Alleen errichtet.

1800 bis 1870 (von Napoleon bis zum Bau der Ringstraße)

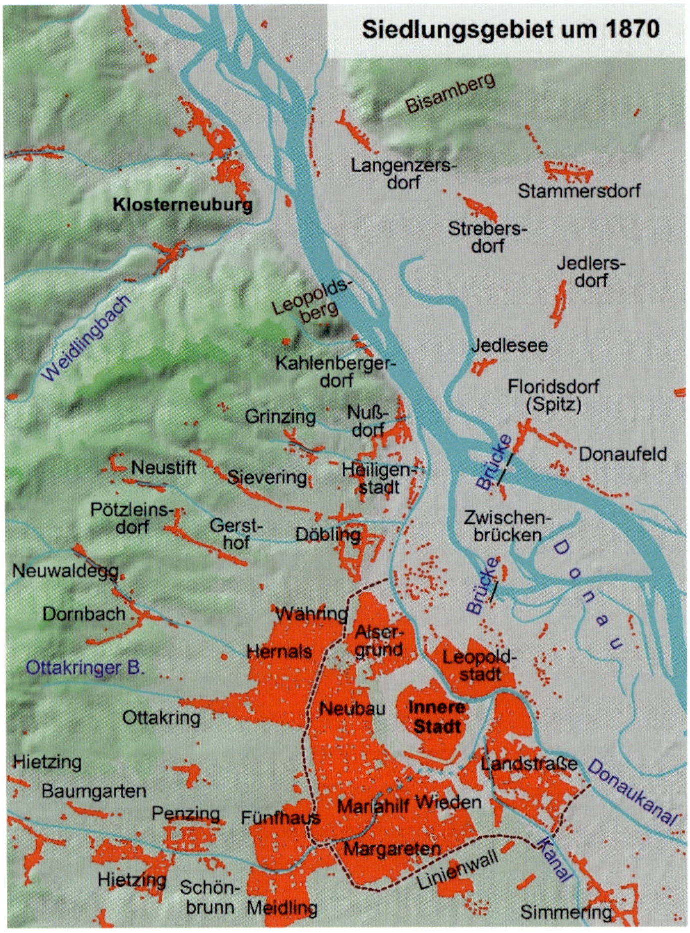

Karte 8: Die Vorstädte und Vororte dehnen sich aus.

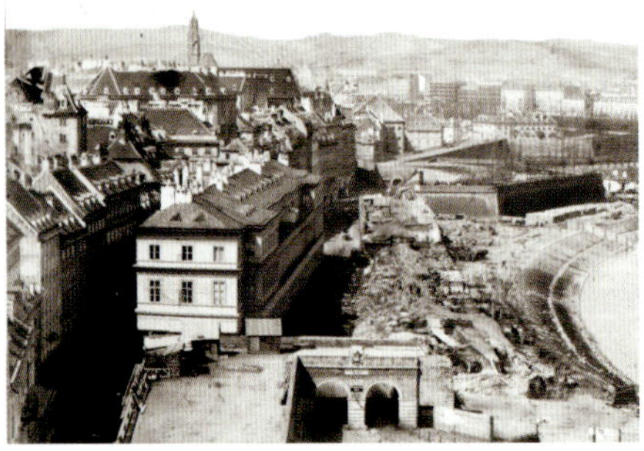

Abbildung 13: Der Abbruch der Bastionen (Bastei) beim Rotenturmtor erfolgte 1858.

Nach dem Ende der napoleonischen Herrschaft und dem Wiener Kongress 1815 begann die Biedermeierzeit. Es war eine relativ lange Friedenszeit, die mit der bürgerlichen Revolution 1848 endete.

Da auf Grund der verbesserten Kriegstechnik die Festungsanlagen um Wien keinerlei militärische Bedeutung mehr hatten und die Stadttore auch ein Verkehrshindernis waren, wurde 1858 begonnen, die um die Altstadt liegenden Stadtmauern mit den Basteien zu schleifen (siehe Abbildung 13). An ihrer Stelle entstand bis 1865 die Ringstraße als Prachtstraße der Monarchie, wo später die Monumentalbauten errichtet wurden (siehe Abb. 16)

Ein Faktor für die rasante Wirtschaftsentwicklung war der Eisenbahnbau, der eine bedeutende Impulswirkung auf andere Industriezweige hatte und damit eine rege Bautätigkeit auslöste (siehe Karte 17). Das Wirtschaftswachstum Wiens zog weitere Arbeitskräfte aus Teilen der Monarchie an. Während in der Altstadt die Bevölkerungszahlen stagnierten, sind durch Zuzug die einzelnen Vorstädte innerhalb des Linienwalls in einer dichten Bebauung verschmolzen (siehe Karte 8). Gut erkennbar ist in dieser Karte noch das freie Festungsvorfeld, das Glacis, wo bereits die erste Verbauung einsetzte.

Die Industriellen hatten ihre Betriebe immer mehr aus den Vorstädten in die Vororte verlagert, da dort die Produktions- und Lebenshaltungskosten viel niedriger waren. Mit ein Grund war auch die seit 1829 eingehobene „Verzehrungssteuer“, die am Linienwall eingehoben wurde, wenn man Waren in Richtung Stadt brachte (siehe Karte 14).

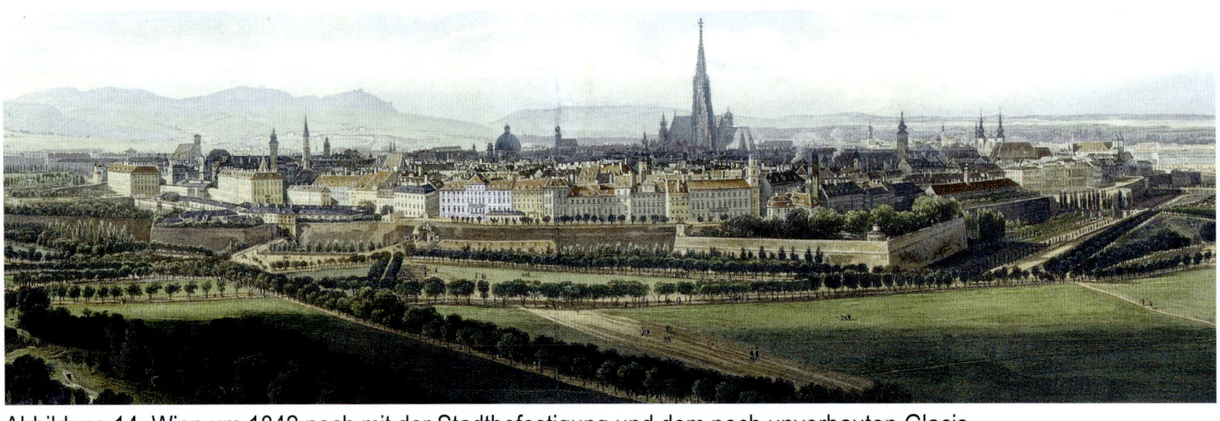

Abbildung 14: Wien um 1842 noch mit der Stadtbefestigung und dem noch unverbauten Glacis

1870 bis 1914 (von der Donauregulierung bis zum Ersten Weltkrieg)

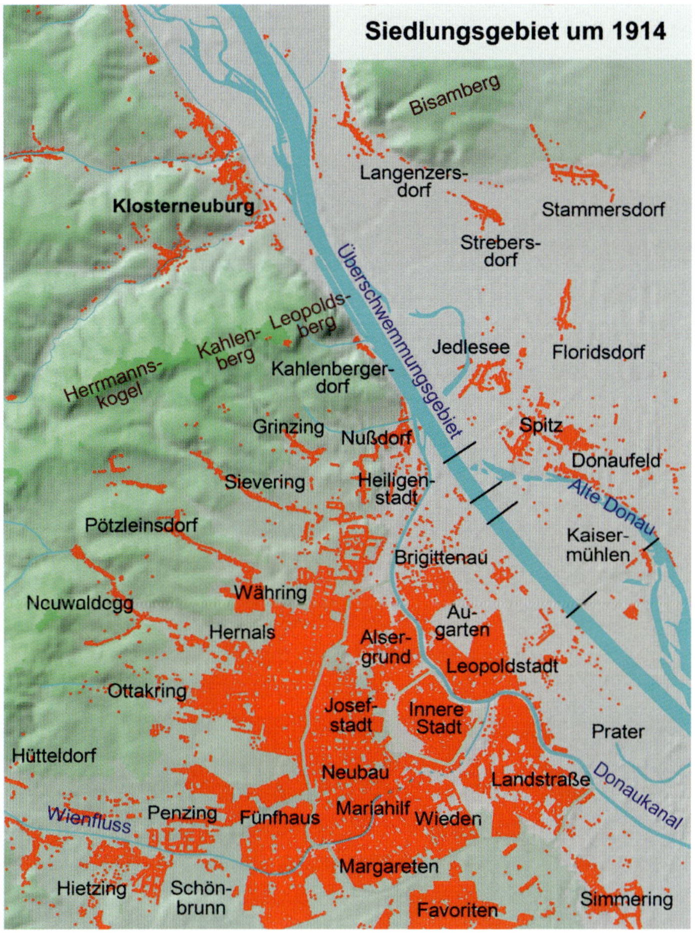

Karte 9: Durch die Donauregulierung dehnte sich das Siedlungsgebiet auch auf die jetzt hochwasserfrei gewordenen Flächen aus.

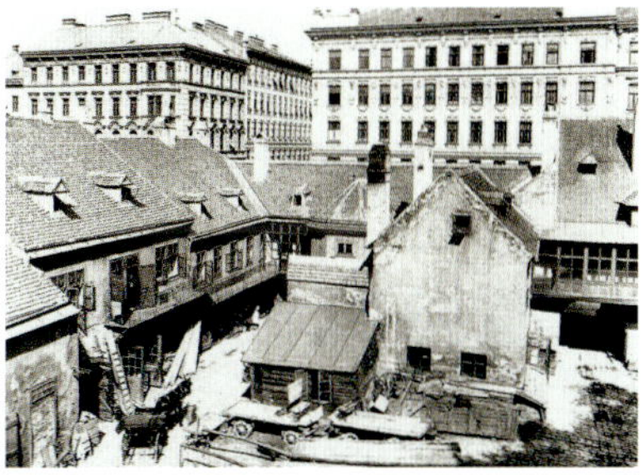

Abbildung 15: Zinshäuser um 1900 (hier im Hintergrund) verdrängten den Dorfcharakter der Vorstädte.

Die Gürtelstraße wurde 1873 eröffnet und 1894 nach der Linienwalldemolierung verbreitert und mit Alleen gärtnerisch gestaltet. 1895 war Baubeginn der 1898 eröffneten Gürtellinie der Stadtbahn (siehe Abbildung 44). Bereits 1875 war nach fünfjähriger Bauzeit die neue Schifffahrtsrinne der regulierten Donau für den Schiffsverkehr freigegeben worden (siehe Karte 16).

Im Umfeld der Bahnhöfe und Bahnstationen entstanden immer mehr Industriebetriebe und Arbeiterwohnquartiere. Die vielen Fabriken benötigten tausende Arbeitskräfte, die aus der ganzen Monarchie kamen und sich nun hier ansiedelten. Ein Großteil der Zuwanderer kam aus den slawischen Gebieten der Monarchie, vor allem aus Böhmen und Mähren. Es waren Handwerker (Schneider, Schlosser etc.) oder ungelernte Hilfsarbeiter, die man vor allem für das Bauwesen und die Ziegelproduktion (die so genannten Ziegelböhmen) benötigte. Stark war auch die Zuwanderung von Juden aus den östlichen Gebieten der Monarchie.

Die rasche Industrialisierung führte zu großen Problemen, da erst die nötige Infrastruktur geschaffen werden musste. Es gab viel zu wenig Wohnungen für die Zuwanderer, dies führte zu einem Ansteigen der Mietzinse. Wer wenig Geld zur Verfügung hatte, lebte in den Vorstädten, wo meist kleine Wohnungen in großen Wohnblöcken zur Verfügung standen. Diese wurden rasch zu Elendsvierteln. Viele Arbeiter und Arbeiterinnen bewohnten „Zinskasernen". Wohnungen waren überbelegt. So wurde im späten 19. Jh. eine Zimmer-Küche-Wohnung mit ca. 35m² von bis zu 10 Personen bewohnt. Bis 1885 wurde auch am Sonntag gearbeitet.

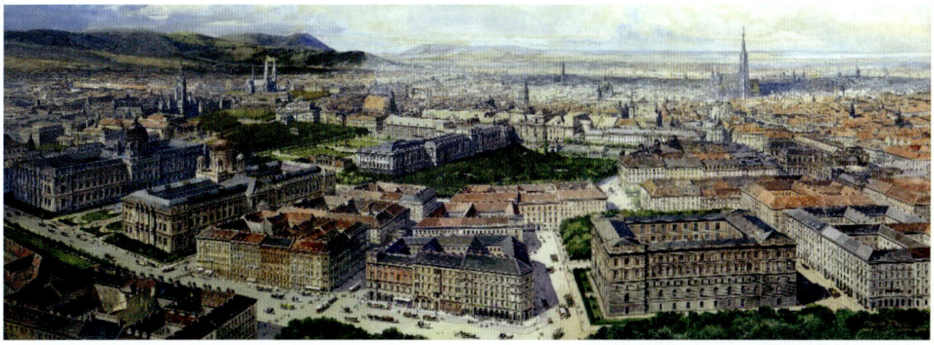

Abbildung 16: Die prunkvollen Ringstraßenbauten zeigen im Vergleich zu den Zinshäusern in den Vorstädten (siehe dazu. Abb. 15) ein ganz anderes Bild. Während der Adel und das aufsteigende Großbürgertum im Wohlstand lebten, kämpften die mittelständischen Gewerbetreibenden gegen den sozialen Abstieg und der Großteil der Bevölkerung ums tägliche Überleben.

1914 bis 1950 (Kriegs- und Zwischenkriegszeit)

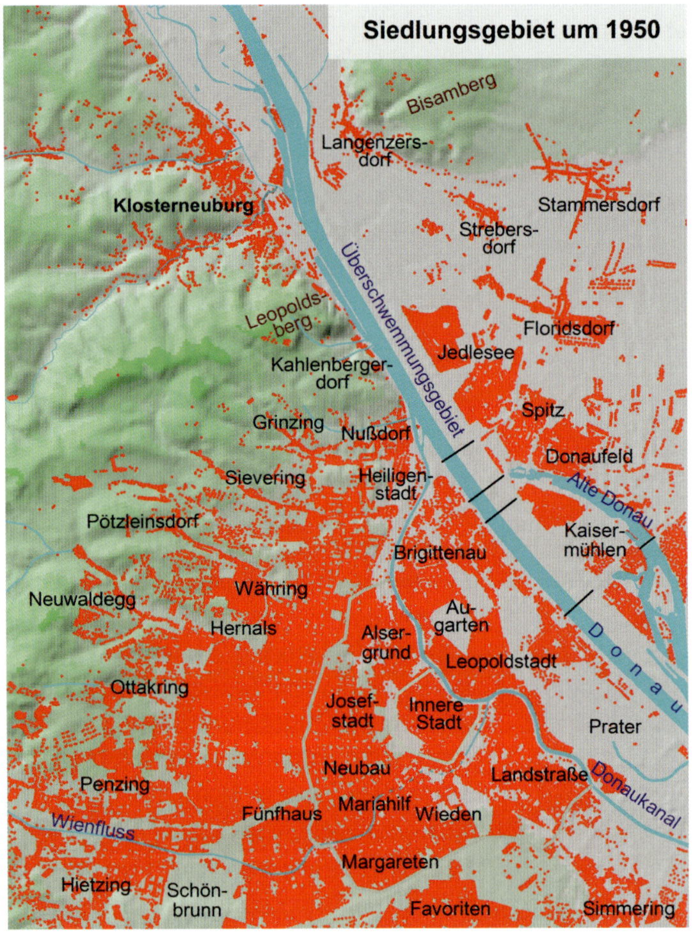

Karte 10: Bereits in der Zwischenkriegszeit kam es zu einer Siedlungsausdehnung.

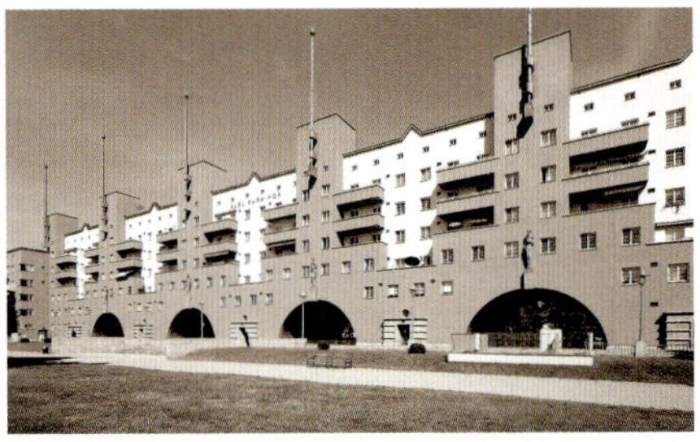

Abbildung 17: Der Karl-Marx-Hof war zur Zeit seiner Errichtung um 1925 der längste verbundene Wohnbau der Welt.

Nach 1918, dem Zusammenbruch der Österreichisch-Ungarischen Monarchie, änderten sich die Lebensbedingungen in Wien schlagartig. Viele Nicht-Österreicher verließen die Hauptstadt des neuen Kleinstaates. Es gab große Probleme in der Ernährungs- und Energieversorgung und im Gesundheitswesen. Private Investitionen in den Wohnbau rentierten sich angesichts der hohen Inflation kaum mehr. Die Wiener griffen zur Selbsthilfe und suchten in den Siedlungs- und Kleingartenbewegungen Zuflucht. Später wurden im Grünland illegale, oft mit gärtnerischer Nutzung verbundene Siedlungen errichtet.

Die in der Ersten Republik (1918 bis 1934) im sogenannten „Roten Wien" regierende Sozialdemokratische Arbeiterpartei begann ein Projekt zur Verbesserung der Lebensumstände für Arbeiter. Um der Wohnungsmisere wirksam abzuhelfen, setzte man auf dichten mehrgeschoßigen Wohnbau, der entweder unmittelbar an bereits verbautes Gebiet anschloss oder größere Baulücken ausfüllte. So wurden rund 65.000 Gemeindewohnungen von 1923 bis 1934 errichtet. Gebaut wurden diese in kleineren Gemeindebauten oder in riesigen Wohnhausanlagen wie im Karl-Marx-Hof (siehe Abbildung 17).

Mit der Machtergreifung der „Austrofaschisten" (1933 bis 1938) und dem Verbot der sozialdemokratischen Partei erlosch die Bautätigkeit des Roten Wien weitestgehend. Während der Jahre der NS-Diktatur zwischen 1938 und 1945 wurden die vorhandenen Mittel meist in die Rüstungsindustrie umgeleitet. In dieser Zeit wurden bis zu 70.000 Wohnungen und Geschäfte „arisiert" – die jüdischen Bewohner wurden vertrieben oder getötet.

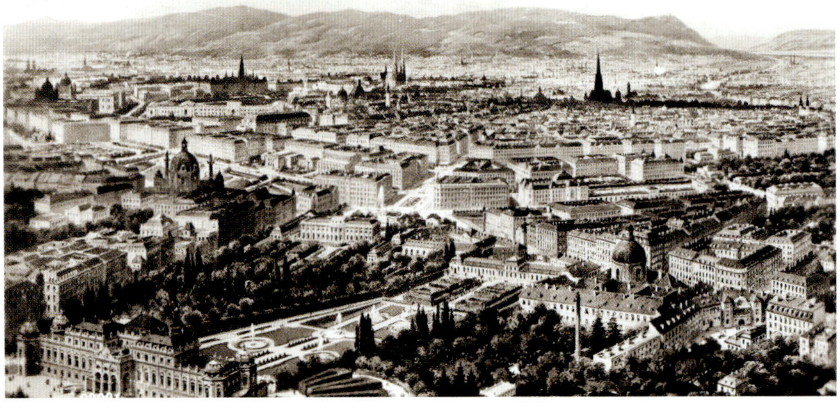

Abbildung 18: Blick vom Belvedere aus (links unten im Bild) gegen die Innenstadt um 1939. Der „Anschluss" an das Deutsche Reich erfolgte 1938. In diesem Jahr wurden viele Wiener Umlandgemeinden in die Stadt integriert.

1950 bis 2010 (wirtschaftlicher Aufschwung)

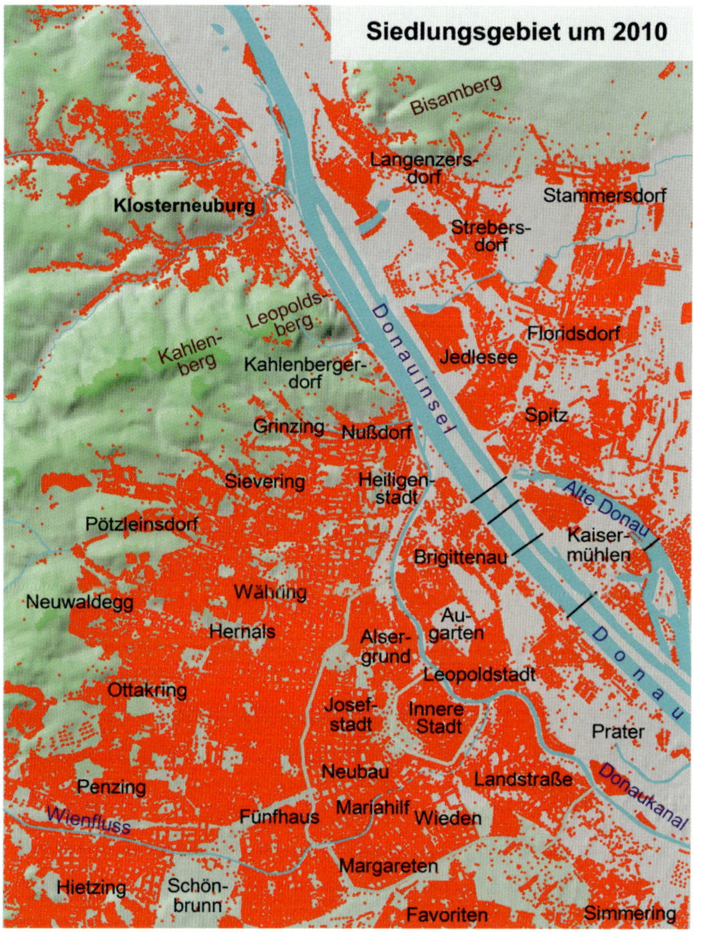

Karte 11: Es gibt nur mehr wenige freie Baulandflächen.

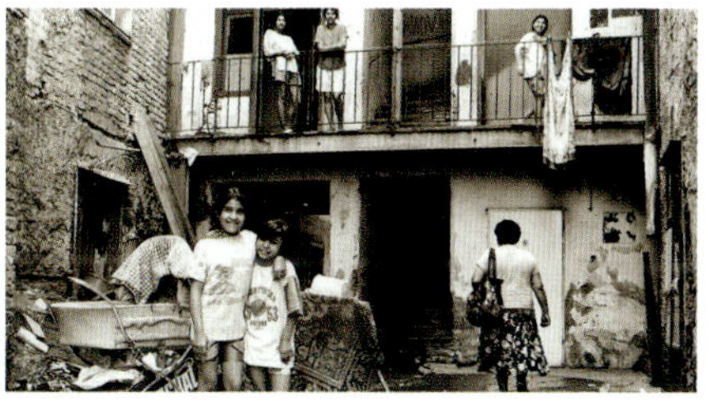

Abbildung 19: Seit dem ersten Gastarbeiterabkommen 1964 kamen Menschen aus der Türkei und dem damaligen Jugoslawien nach Wien.

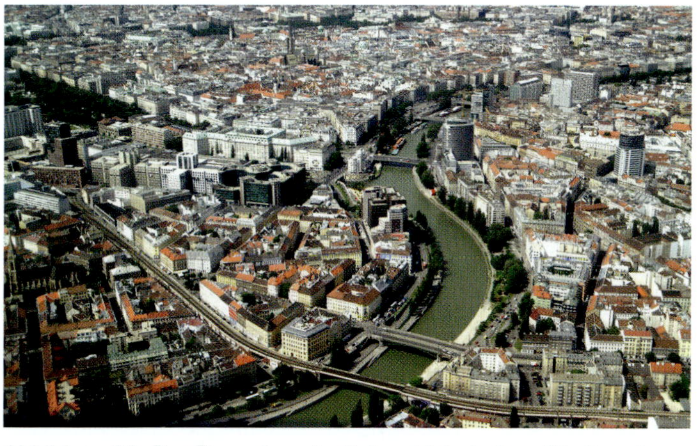

Abbildung 20: Der Donaukanal mit dem historischen Stadtzentrum.

Die in Wien durch den Zweiten Weltkrieg (1939 bis 1945) zerstörten oder beschädigten Wohngebäude mussten wieder aufgebaut oder neu errichtet werden. An die 20 Jahre dauerte es, bis der Nachholbedarf an Wohnungen gedeckt war. Dann begann die Zeit der Großprojekte. Unter anderem entstand in der Leopoldau von 1966 bis 1973 eine kommunale Großfeldsiedlung für rund 21.000 Bewohner, eine der ersten Wiener Satellitensiedlungen.

In den autobegeisterten 1960er Jahren stieg der Verkehr derart, dass die Attraktivität der Geschäftsstraßen beeinträchtigt wurde. Trotz zahlreicher Bedenken kam es 1971 zur probeweisen Einrichtung einer Fußgängerzone am Graben. Da wider Erwarten zahlreicher Geschäftsleute die neue Fußgängerzone gut angenommen wurde, eröffnete man schließlich 1974 die Kärntner Straße als erstes Areal in Wien ausschließlich für Fußgänger.

Durch den wirtschaftlichen Aufschwung der 1960er- und frühen 1970er Jahre wurden ausländische Arbeitskräfte benötigt. Sie waren damals jedenfalls gerne gesehen und durchaus willkommen, leisteten sie doch einen wertvollen Beitrag zur Konjunktur. Da es sich bei den Gastarbeitern meist um gering qualifizierte Personen mit entsprechend niedrigem Einkommen handelte, konnten sie sich nur billige Substandardwohnungen im Althausbestand leisten (siehe Abbildung 19). Sie wohnten in weniger attraktiven Wohngebieten. Es entwickelten sich sogenannte „Ausländerbezirke“. Zu einer Konzentration kam es entlang des Gürtels und in Teilen der Brigittenau und Leopoldstadt.

Zu den großen städtebaulichen Leistungen der 1970er- und 1980er Jahre gehörte der Bau der Donauinsel und des Entlastungsgerinnes (Neue Donau), anstelle des alten Überschwemmungsgebiets. Dieses Projekt ermöglichte auch 1981 den Bau der Donauufer-Autobahn.

Wie der Vergleich der Karte 11 mit der Karte 10 zeigt, entstanden viele Siedlungen nicht nur in den Ebenen nördlich der Donau, wie die Bezirke Floridsdorf und Donaustadt, sondern auch auf den steileren Hängen der Wienerwaldberge und des Bisambergs. Es waren vor allem Wiener aus den grünraumarmen Bezirken, die in die Peripherie abwanderten.

Wien und sein kulturelles Erbe

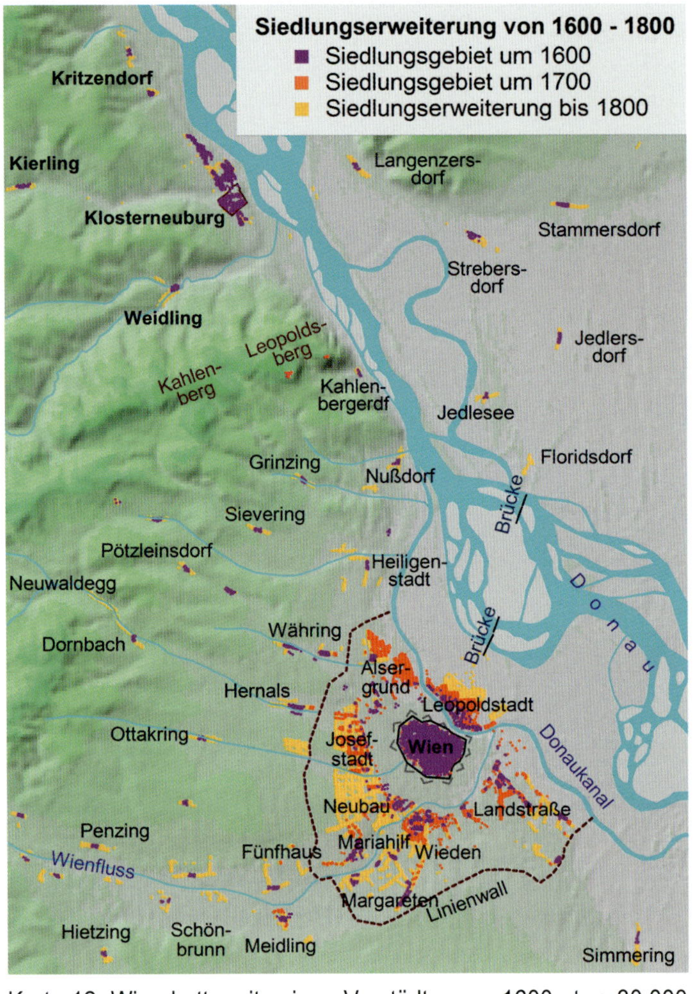

Karte 12: Wien hatte mit seinen Vorstädten um 1600 etwa 30.000 bis 35.000 Einwohner. Nach der überstandenen Zweiten Türkenbelagerung entfaltete das Bevölkerungswachstum eine besondere Dynamik. Um 1800 lag die Stadt bereits bei rund 230.000 Einwohnern.

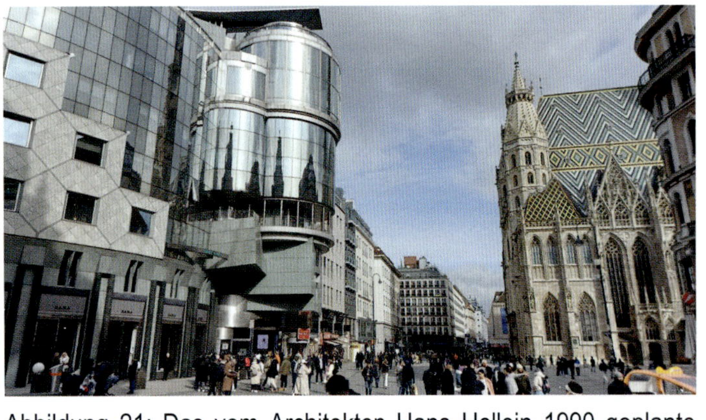

Abbildung 21: Das vom Architekten Hans Hollein 1990 geplante Haas-Haus setzt durch den verspiegelten Erker einen städtebaulichen Akzent. Da das Gebäude einen Kontrast zum gegenüberliegenden Stephansdom bildet, sorgte es zur Zeit der Errichtung für Debatten. Es war damals noch umstrittener als der 1953 errichtete Vorgängerbau. Heute ist es für viele ein wichtiges Denkmal zeitgenössischer Architektur.

Bis Anfang der 1970er Jahre gab es in der Stadt Wien keine gezielten Bemühungen zur Altstadterhaltung. Zwar wurden einzelne Gebäude vom Bundesdenkmalamt unter Denkmalschutz gestellt, es gab jedoch kein Instrument zur großflächigen Erhaltung des Stadtbilds oder von Ensembles. Bereits Mitte der 1960er Jahre entwickelte sich in der Bevölkerung eine breitere Bewegung, die den Erhalt des historischen Stadtbilds als schützenswert forderte. So sollte Ende der 1960er Jahre das Barock-Biedermeier-Ensemble am Spittelberg, das verwahrlost war, abgerissen werden. Dagegen wurde zuerst von Architekten und Kulturschaffenden, später auch von einer breiteren Bevölkerung, protestiert und der Abriss verhindert. Heute zeigt sich der Spittelberg als höchst lebendiges Viertel mit sehr gemischter Wohnbevölkerung und einer Vielzahl an Lokalen, kleinen Geschäften und Ateliers.

Als Folge dieses öffentlichen Bewusstseins und Eintretens für Denkmalpflege entstand 1972 der Altstadterhaltungsfonds. Weiters wurden in diesem Jahr mit der Altstadterhaltungsnovelle zur Wiener Bauordnung die Voraussetzungen zur Errichtung von Schutzzonen geschaffen. Die gesamte Innenstadt und historische Wohnviertel in den Innenbezirken wurden ebenso unter Schutz gestellt wie die charakteristischen dörflichen Ensembles am Stadtrand.

Zeitgenössische Bauten in der Altstadt sind nicht leicht zu bewerkstelligen. Als das Haas-Haus 1990 am Wiener Stephansplatz durch einen Neubau ersetzt wurde, gab es sehr heftige Diskussionen. In der Presse wurde es damals sogar als "opulent verpackte Enttäuschung" bezeichnet (siehe Abbildung 21).

Zu Stadterneuerungsmaßnahmen kam es auch im „Brunnenviertel“, das schon seit Jahrzehnten ein multiethnischer Knotenpunkt der Stadt ist. In den 1960er- und 1970er Jahren sah es am Brunnenmarkt noch ganz anders aus. Der Markt wurde zum Großteil von österreichischen Geschäftsleuten betrieben. Diese zogen aber nach und nach ab und vor allem die türkischen Marktstandbetreiber fassten im Brunnenviertel Fuß. Von der Stadt Wien wurde ab 2001 durch Sanierung und Neubau das Brunnenviertel aufgewertet. Das hatte zur Folge, dass Einkommensschwache wegen der Wohnkostensteigerung verdrängt wurden.

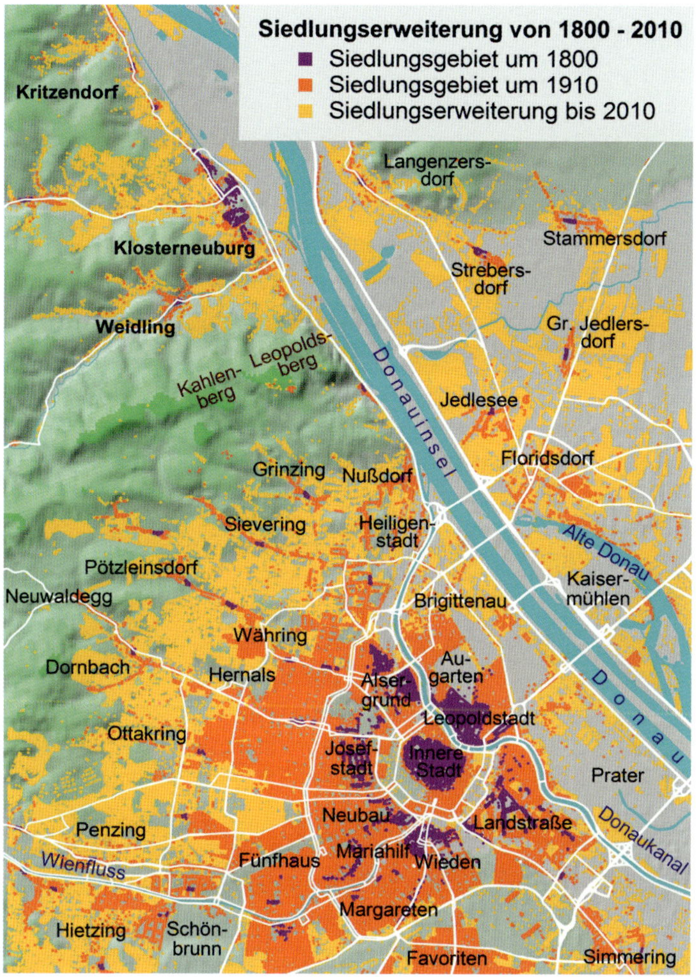

Karte 13: Um 1800 beschränkte sich das Siedlungsgebiet noch auf die Innenstadt mit den unmittelbar angrenzenden Vorstädten (violette Flächen). Während in Wien (mit seinen Vorstädten und Vororten) um 1910 knapp 2,1 Millionen Einwohner lebten, waren es um 2010 nur mehr 1,7 Millionen. Die Einwohnerzahl ist somit innerhalb von 100 Jahren um 400.000 Einwohner gesunken, obwohl sich, wie die Karte zeigt, die Siedlungsfläche innerhalb dieses Zeitraumes stark ausgedehnt hat. Mit ein Grund dieses hohen Siedlungsflächenverbrauchs ist auch der, dass viele Einwohner im Wiener Raum einen zweiten Wohnsitz besitzen.

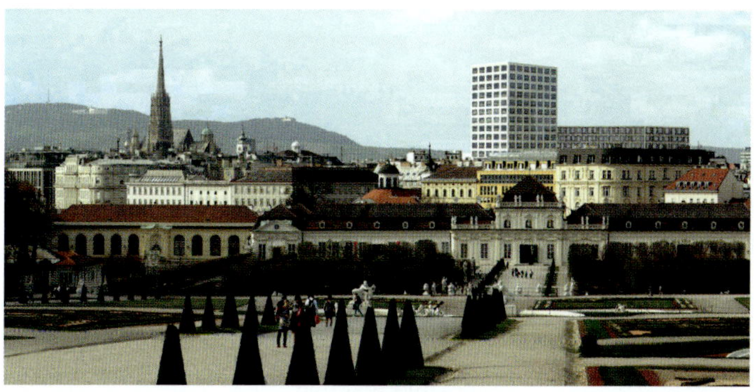

Abbildung 22: Aufgrund des geplanten Hochhausprojekts am Heumarkt setzte das UNESCO-Welterbekomitee die Historische Wiener Innenstadt 2017 auf die Rote Liste des gefährdeten Welterbes. Umstritten ist dieses Projekt nicht nur durch die Höhe des Bauprojektes sondern auch durch die Masse und Verbauungsdichte.

Nicht nur der vorher erwähnte Spittelberg im 7. Bezirk oder das Brunnenviertel im 16. Bez. (siehe Abb. 162), sondern auch andere „Grätzel“ in Wien wie das Servitenviertel im 9. Bezirk oder der Karmelitermarkt im 2. Bezirk erhielten erst durch die „sanfte Stadterneuerung” eine gute Wohn- und Lebensqualität, die die Wiener an ihnen so schätzen. Ziel der sanften Stadterneuerung ist neben der Schaffung von adaptiertem Wohnraum vor allem die Steigerung städtischer Wohn- und Lebensqualität. Wohnhäuser und ganze Grätzel werden dabei nicht nur saniert, sondern soziale, wirtschaftliche und kulturelle Aspekte werden in der Erneuerung mitberücksichtigt

Beginnend mit der Welterbekonvention von 1972 hat die UNESCO verschiedene Konventionen und Programme initiiert, mit denen das Kultur- und Naturerbe der Menschheit geschützt und bewahrt werden soll. Auf die Liste des Weltkulturerbes wurden 1996 das Schloss Schönbrunn (mit Park und Tiergarten) und 2001 der historische Altstadtkern mit der Ringstraßenzone (als Ganzes) gesetzt. Das „historische Stadtzentrum von Wien" ist relativ groß. Es umfasst eine Kernzone sowie eine Pufferzone. Insgesamt betragen Fläche und Objektanzahl knapp zwei Prozent des Stadtgebietes und der Häuseranzahl von Wien. Die Kernzone erstreckt sich im Wesentlichen über den gesamten ersten Bezirk (mit Ausnahme des Uferbereichs Donaukanal) sowie über angrenzende Bereiche des 3., 4., 7. und 9. Bezirks. Sie beinhaltet die mittelalterliche Kernsubstanz, die großen Bauführungen der Barockzeit sowie die Ringstraßenzone mit ihren weltberühmten Bauten, Denkmälern und Parkanlagen.

Seit 1895 ist der Eislaufverein auf dem Heumarkt-Areal angesiedelt, Der Wiener Gemeinderat hat 2015 die Neugestaltung dieses Areals beschlossen. Umstritten ist dieses Projekt vor allem wegen des geplanten 73 Meter hohen Wohnturms, der den Weltkulturerbe-Status der Inneren Stadt gefährden könnte. Die Abb. 22 zeigt den geplanten Wohnturm vom Belvedere aus. Das UNESCO-Welterbekomitee hat das auf dem Eislaufverein geplante Hochhaus einstimmig abgelehnt. Höhe und Verbauungsdichte würden den universellen Wert der Innenstadt mindern und damit den Welterbe-Status gefährden.

Der Linienwall (1704–1894), eine Zollgrenze

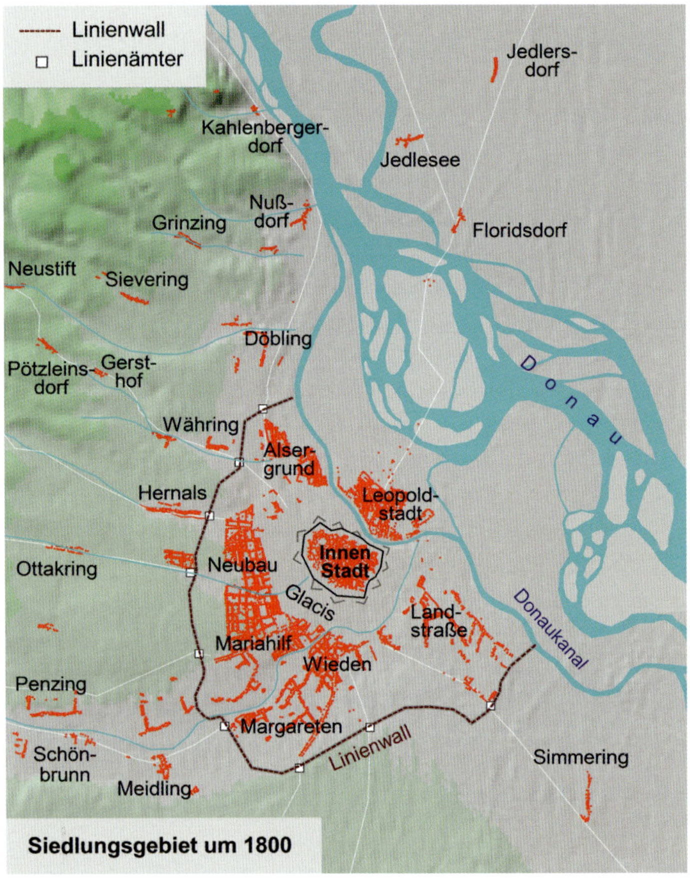

Karte 14: Die Karte zeigt den Linienwall mit seinen Linienämtern an den Ausfallstraßen Wiens. Bei diesen wurde ab 1829 auf bestimmte Waren, die zum Verkauf in die Stadt gebracht wurden, eine Verzehrungssteuer (insbesondere auf Lebensmittel) eingehoben.

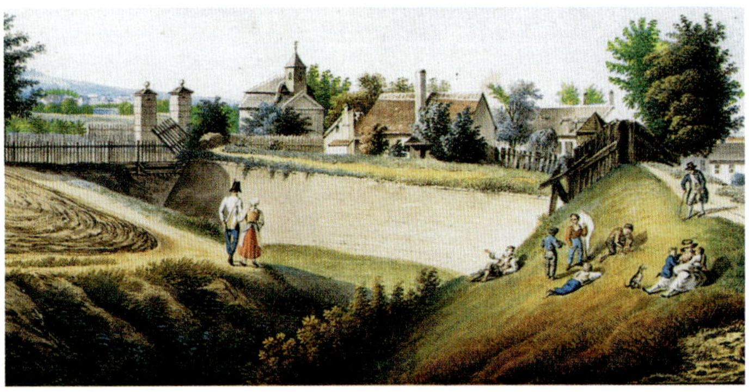

Abbildung 23: Blick vom Vorort Währing aus über den Liniengraben in Richtung der Vorstadt Alsergrund (Währinger Linie)

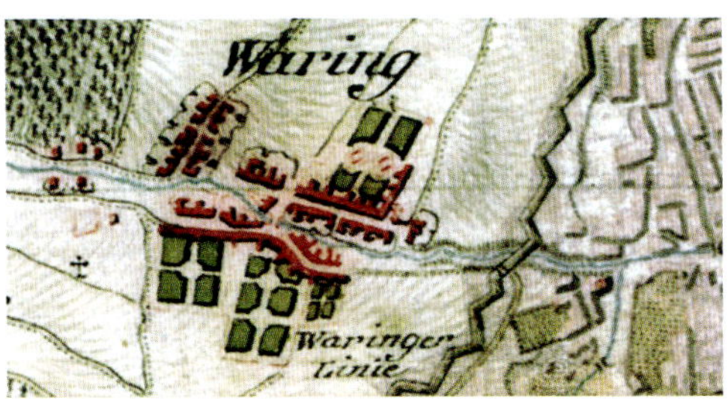

Abbildung 24: Die Währinger Linie mit dem Vorort Währing um 1775

Angesichts der Bedrohung durch die Kuruzzen, (einer aufständischen Bewegung in Ungarn), wurde 1704 ein 13 km langer Linienwall halbkreisförmig um die Stadt errichtet. Mit der Donau gab es eine natürliche Barriere.

Beim Linienwall handelte es sich um einen mit Palisadenzaun verstärkten Erdwall mit einem vorgelagerten Graben, der aus militärischen Gründen im Zickzack verlief. 1738 wurde der Wall mit Ziegeln aufgemauert (siehe Abb. 23 und 24).

An den wichtigsten Ausfallstraßen wurden Tore mit Zugbrücken angelegt. Tatsächlich musste der Wall als militärische Einrichtung nur ein einziges Mal dem Angriff der Kuruzzen standhalten. Nachdem weder eine ständige, lückenlose Bewachung noch die Erhaltungskosten des Bauwerks gesichert waren, wurde der Linienwall 1829 zu einer Steuergrenze umgewandelt. An den „Linien" wurde bei den Mautstellen, den so genannten Linienämtern, für die Einfuhr von Lebensmitteln in Richtung Wien die so genannte Verzehrungssteuer eingehoben, eine Art zusätzlicher Umsatzsteuer.

Der Linienwall als Steuergrenze hatte zur Folge, dass die Unterschiede in den Lebenshaltungskosten innerhalb und außerhalb der Linie groß waren. Die Preise für lebensnotwendige Artikel waren in den Vororten außerhalb des Linienwalls um etwa 10% niedriger als innerhalb des Walles. So blühte z. B. im Vorort Neulerchenfeld (heute 16. Bezirk) das Gastronomiewesen enorm auf, da hier Speisen und Getränke deutlich billiger verkauft werden konnten als innerhalb des Linienwalls. Das führte dazu, dass sich innerhalb des Linienwalls vor allem die Wohngebiete der Wohlhabenden befanden und außerhalb des Verzehrungssteuerbereichs die Arbeiterviertel und die rohstoffintensiven Produktionen entstanden.

Nach der Eingemeindung der Vororte 1890/92 wurde auch die bisherige Steuergrenze obsolet und das letzte Hindernis zur Demolierung der Befestigungsanlage war weggefallen. Die Linienämter wurden weiter stadtauswärts verlegt. Der Linienwall wurde 1894 abgetragen, der Gürtel stark ausgebaut und 1895 mit dem Bau der 1898 eröffneten Gürtellinie der Stadtbahn begonnen.

Revolution 1848

Die Regierung versuchte in Wien mit allen Mitteln, die alte politische Ordnung wieder herzustellen, während sich immer mehr Bürger den liberalen und nationalistischen Bewegungen anschlossen. Man hatte von der (politischen) Bevormundung durch die Adeligen und Fürsten genug und plädierte für politische Selbstbestimmung und Verantwortung.

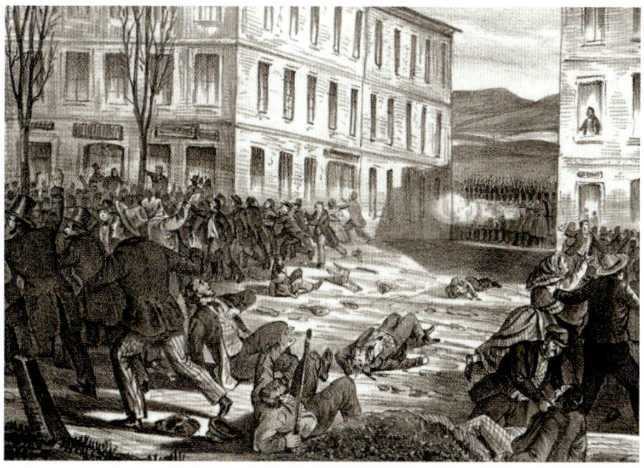

Abbildung 25: Angriff der Soldaten auf die Bestürmer eines Herrschaftshauses in Sechshaus im März 1848.

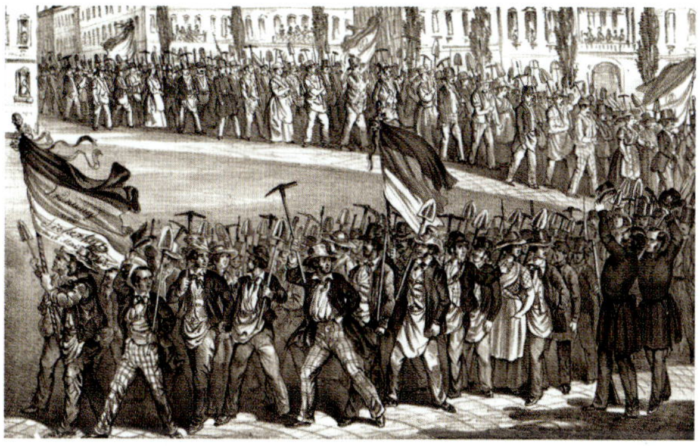

Abbildung 26: Zug der Arbeiter zum Barrikadenbau am 26. Mai 1848

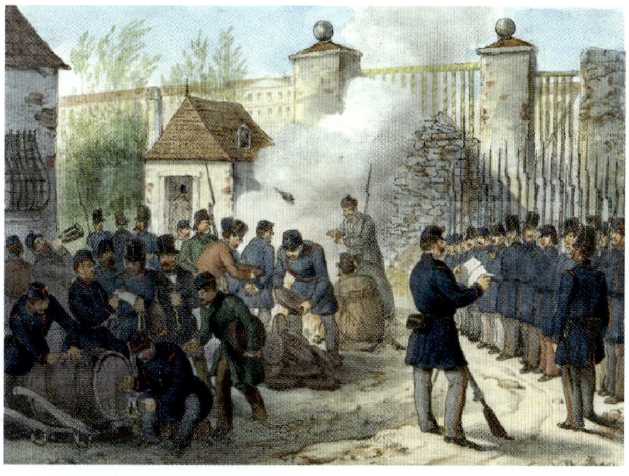

Abbildung 27: Lerchenfelder Linie während der Belagerung am 26. Oktober 1848

Märzrevolution: Am 13./14. März 1848 kam es zum Ausbruch der Revolution in Wien, die zum Sturz des Staatskanzlers Metternich, zu Pressefreiheit und zur Proklamation einer Verfassung führte. Als einziges großes Gesetz wurde die Aufhebung der Grunduntertänigkeit der Bauern beschlossen. Damit wurden nach über einem Jahrtausend die letzten Reste des Feudalstaates beseitigt.

Die Maschinenstürmer: In den Vorstädten Wiens stürmten am 14. März 1848 die Arbeiter die Fabriken und zerstörten die Maschinen. Bei den „Maschinenstürmern" wurde weder geplündert noch gestohlen. Die Wut der Arbeiter richtete sich gegen die Maschinen, in deren Einführung sie die Schuld an ihren elenden Arbeits- und Lebensbedingungen sahen. Angriffsziele waren vor allem jene Betriebe, in denen besonders unsoziale Arbeitsverhältnisse herrschten (siehe Abbildung 25). Ihre Forderungen wurden aber von der bürgerlichen Revolution nicht mitgetragen.

Barrikaden im Mai: Die Studenten waren von Anfang an die Triebfeder der Revolution. Es ging um Österreichs erstes Grundgesetz. Als der Regierungsbeschluss zur Auflösung dieser „Akademischen Legion" bekannt wurde, zogen die Studenten, Arbeiter und Nationalgarden in die Stadt und erzwangen gewaltsam Einlass bei den vom Militär besetzten Stadttoren. Als die Regierung die Legion auflösen wollte, errichtete diese, unterstützt von Arbeitern aus den Vorstädten, Barrikaden in der Innenstadt, mit denen sie die Rücknahme des Regierungsdekrets erzwangen (siehe Abbildung 26). Es kam jedoch nicht zu Kampfhandlungen.

Die Praterschlacht am 23. August: Eine friedliche Demonstration von Notstandsarbeitern, an der auch zahlreiche Frauen und Kinder teilnahmen und die noch dazu in Auflösung begriffen war, wurde im Prater von Sicherheitswachen und Nationalgarden blutig auseinandergetrieben. Man demonstrierte gegen Lohnkürzung der Frauen und Jugendlichen.

Der **Wiener Oktoberaufstand**, oft auch „Wiener Oktoberrevolution" genannt: Als von Wien aus kaiserliche Truppen gegen das aufständische Ungarn ziehen sollten, versuchten die mit den Ungarn sympathisierenden Wiener Arbeiter, Studenten und meuternden Truppen den Abmarsch zu verhindern. Es kam zu Straßenkämpfen (siehe Abbildung 27). Das Scheitern der Revolution war auf das Fehlen einer durchdachten Konzeption und zielbewusster Führungspersönlichkeiten zurückzuführen. Außerdem hatten sich die bürgerlich-liberalen Kreise und die Bauern schließlich von der revolutionären Masse distanziert. Dennoch machten die Ereignisse den gedanklichen Weg frei für eine konstitutionelle Verfassung, welche die Habsburgermonarchie in den 1860er Jahren bekam.

Regulierung der Wienerwaldbäche

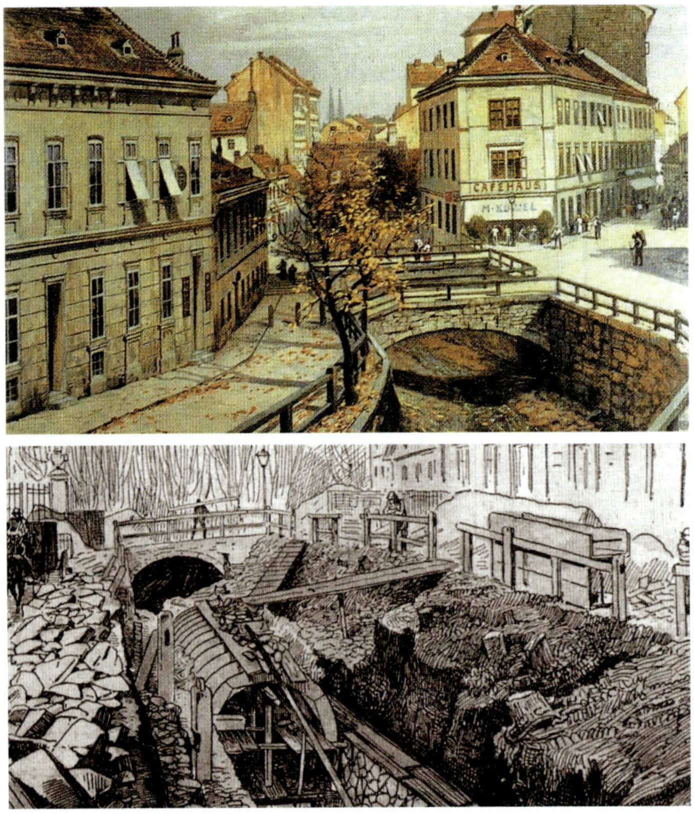

Abbildung 28: Der Alsbach (auch Alserbach) am Elterleinplatz in Hernals vor und während seiner Einwölbung um 1885. Der Bach verschwand aus dem Stadtbild. Ab hier floss der Bach unterirdisch.

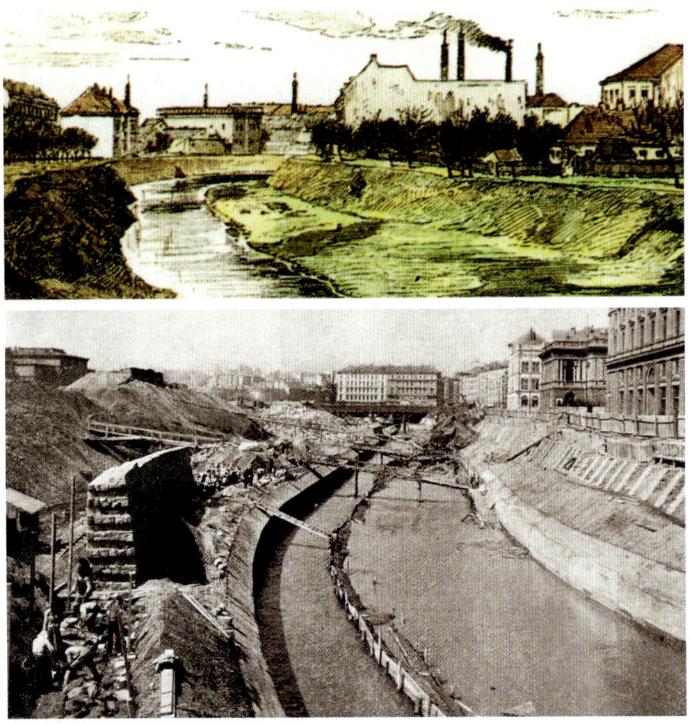

Abbildung 29: Zwischen 1894 und 1904 wurde der Wienfluss zwischen Mariabrunn und seiner Ausmündung in den Donaukanal reguliert und teilweise überwölbt. Die beiden Bilder zeigen den Wienfluss vor und während seiner Regulierung.

Kleinere und größere Bäche aus dem Wienerwald, darunter als größter und längster der Wienfluss, durchflossen das Stadtgebiet und mündeten in den Donaukanal und die Donau. Noch bis zur Mitte des 19. Jh. waren die Verläufe und Uferzonen der Wiener Bäche sichtbar. Während die Wienerwaldbäche bei trockenem Wetter kaum oder wenig Wasser führten, kam es bei starkem Regen oder Schneeschmelze zu plötzlich auftretenden Hochwasserereignissen. Die Oberflächengewässer stellten dann ein beträchtliches Gefahrenpotential dar. So schwollen nach plötzlichen Regengüssen die Bäche rasch an und traten über ihre Ufer. Große Überschwemmungen führten dazu, dass die Wassermassen die niedrigen Häuser bis zum Dach unter Wasser setzen konnten. Durch die im Wasser mittransportierten Baumstämme konnten Brücken und Stege weggerissen werden.

Ein weiteres Problem war, dass zu Beginn des 19. Jh. die Wienerwaldbäche immer stärker wirtschaftlich genutzt wurden. Nicht nur die Abwässer der Haushalte, sondern auch die der Betriebe landeten ungereinigt in den Bächen. Vor allem die an den Unterläufen angesiedelten Gewerbe wie Gerber, Färber und Fleischer verwandelten die Bäche in stinkende Kloaken. Noch dazu fielen mit wachsender Bevölkerung immer mehr Abfall und Unrat an. Wenn dann Hochwässer die Abfälle aus den Bachbetten hoben und über die Stadt verteilten, waren Epidemien wie Cholera die Folge, da das kontaminierte Wasser in die Böden ringsum einsickerte und über das Grundwasser die anliegenden Hausbrunnen verseuchte. Besonders extrem war die Situation vor dem Kärntner Tor, nahe der heutigen Sezession, wo der schwer belastete Wienfluss den ebenso stark verunreinigten Ottakringer Bach aufzunehmen hatte.

In den 1830er Jahren beschloss die Wiener Stadtverwaltung, vor allem um die Seuchen in den Griff zu bekommen, alle Wienerwaldbäche und den Wienfluss zu regulieren und zum Teil unter ein Gewölbe zu verbannen. Zuerst wurden die Bachläufe innerhalb des Gürtels eingewölbt. Allerdings brachte das keine langfristige Verbesserung der hygienischen Situation. Diese trat erst durch die 1873 fertig gestellte Erste Wiener Hochquellwasserleitung ein.

Donauhochwasser vor der Donauregulierung

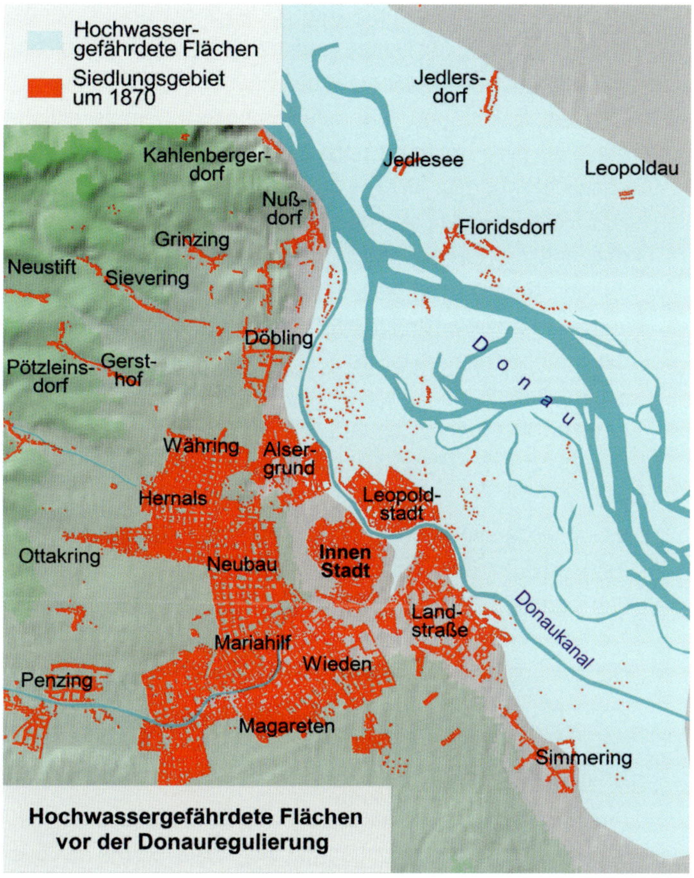

Karte 15: Für die seit vielen Jahrhunderten zu beiden Seiten des Stromes siedelnden Menschen konnten Hochwasser eine schwere, oft tödliche Bedrohung ihrer Existenz sein. Die Karte zeigt, welche Siedlungsgebiete bei extremen Hochwasserereignissen vor der Donauregulierung betroffen waren. Während die Altstadt von Wien infolge ihrer Höhenlage nur zum Teil gefährdet war, mussten die tiefer gelegenen Siedlungsgebiete wie die Leopoldstadt und am linken Donauufer die Orte wie Jedlesee, Leopoldau und Floridsdorf immer wieder verheerende Überschwemmungen hinnehmen.

Die Donau kann durch die zahlreichen Alpenflüsse bei Schneeschmelze und/oder bei anhaltendem Regen zu einem mächtigen Strom werden. Noch dazu breitete sich im ebenen Gelände wie im Wiener Donauraum der Strom stark aus. Das führte auch zu zahlreichen Verästelungen des Stromes. Kleinere alljährlich auftretende Hochwasser überschwemmten lediglich die Donauauen und führten selten zu Ausuferungen und Schäden. Ganz anders im Falle eines größeren oder sogar eines Katastrophenhochwassers. Die Hochwassersituation hatte sich gegen Ende des Mittelalters verschlechtert, als das Klima abkühlte und feuchter wurde. Eine zweite, noch intensivere Phase an starken Hochwassern umfasst das gesamte 18. Jh.

Überschwemmungen traten zu allen Jahreszeiten auf. Im Frühling, Sommer und Herbst waren sie meist eine Folge von Starkregen, manchmal verstärkt durch die Schneeschmelze. Eisstöße verursachten im Winter zahlreiche Überschwemmungen und waren besonders gefürchtet. Ein Eisstoß entsteht, wenn die Eisdecke eines Flusses bricht und sich die Eisschollen entweder an der noch bestehenden Eisdecke oder an anderen Hindernissen wie Brücken zusammenschieben und aufstapeln. Das Wasser kann nicht mehr abfließen und verursacht Überschwemmungen im Rückstaubereich. Wird der Wasserdruck zu groß, dann bricht der Eisstoß und verursacht eine Flutwelle mit großer Zerstörungskraft.

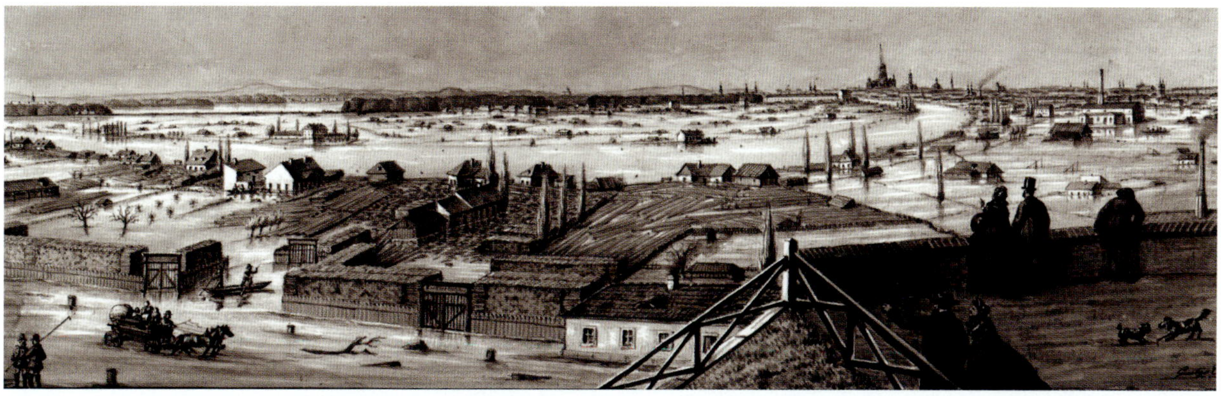

Abbildung 30: Das Donauhochwasser vom Februar 1862 war ein außergewöhnlich starkes Hochwasser. Besonders große Zerstörungen gab es in Wien und da vor allem in Leopoldstadt, Brigittenau, Floridsdorf, Stadlau und Langenzersdorf. Bei dieser Überschwemmung traten infolge lang anhaltender Regenfälle auch die meisten zur Donau führenden Bäche und Flüsse, wie der Währinger- und der Alserbach, über die Ufer. Zahlreiche Häuser waren einsturzgefährdet und es drohten die Dämme zu bersten. Das Militär musste Pontons (Schiffs- oder Schwimmbrücken) errichten, um jenseits der Donau liegende Siedlungsgebiete zu erreichen, da die meisten Brücken unpassierbar geworden waren.

Donauregulierungen

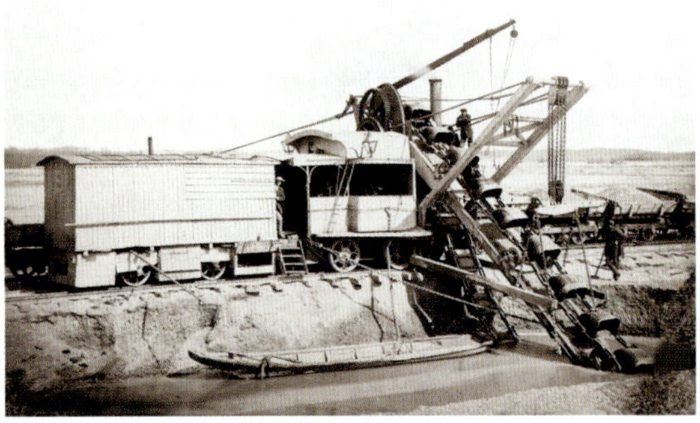

Abbildung 31: Trotz des großen Einsatzes von Baumaschinen wurde ein erheblicher Teil der Arbeiten händisch durchgeführt.

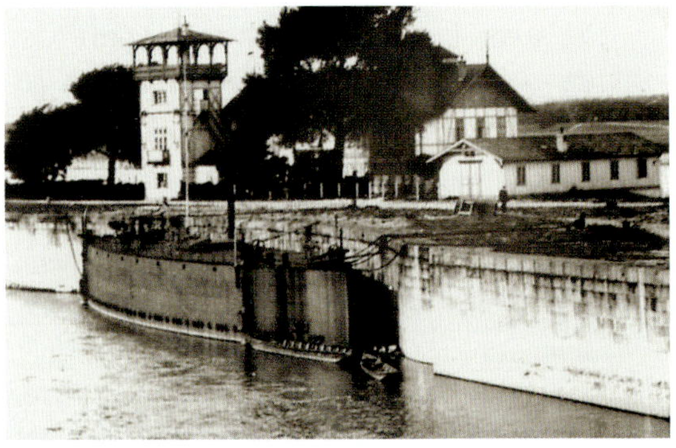

Abbildung 32: Bei Nußdorf, wo der Donaukanal von der Donau zur Stadt abzweigt, wurde 1873 ein Schwimmtor in Form eines Schiffes errichtet. Bei Hochwasser wurde dieses quergestellt und versenkt. So konnte die in den Donaukanal einströmende Wassermenge kontrolliert werden.

Nicht nur die schweren Schäden in den vom Hochwasser betroffenen entlang der Donau verlaufenden Siedlungsgebieten, sondern auch die Problematik des Baues von Eisenbahn- und Straßenbrücken und der aufkommenden Dampfschifffahrt machten die Forderung nach der Donauregulierung immer dringlicher. Kamen im 16. und 17. Jh. zur Ufersicherung primär Holzkonstruktionen und später dann Holz-Stein-Kombinationen zum Einsatz, vollzog sich in der ersten Hälfte des 19. Jh. der Wechsel von Holz- und Kombinationsbauweisen hin zu reinen Steinkonstruktionen. Anfangs waren die Versuche, die Naturgewalten des Stromes einzudämmen, nicht sonderlich erfolgreich. Immer wieder mussten die Uferbefestigungen erneuert werden. Es dauerte bis 1850, bis es in Wien zur Gründung einer Donau-Regulierungs-Kommission kam. Ihre Aufgabe war es, eine Möglichkeit zu finden, den Hochwasserschutz endgültig in den Griff zu bekommen. Bei den Regulierungsarbeiten (1870 bis 1875) wurden durch das Aufrichten von Dämmen der Hauptstrom der Donau in ein einheitliches, breites Flussbett geleitet. Dabei wurde mit Hilfe großer Schaufelmaschinen (siehe Abbildung 31) das neue Bett ausgehoben, der Aushub auf Kippwagen, die auf Schienen fuhren, verladen und zur Zuschüttung der Donauarme oder der Errichtung von Dämmen verwendet.

Auch für den Donaukanal brachte die Donauregulierung einschneidende Veränderungen mit sich. U. a. wurde zu Zwecken des Überschwemmungsschutzes ein Schwimmtor, auch Sperrschiff genannt, errichtet (siehe Abbildung 32). Dieses diente dem Schutz der Gebiete entlang des Wiener Donaukanals vor Eisstößen und Überschwemmungen. Nach dem Zweiten Weltkrieg wurde es verschrottet.

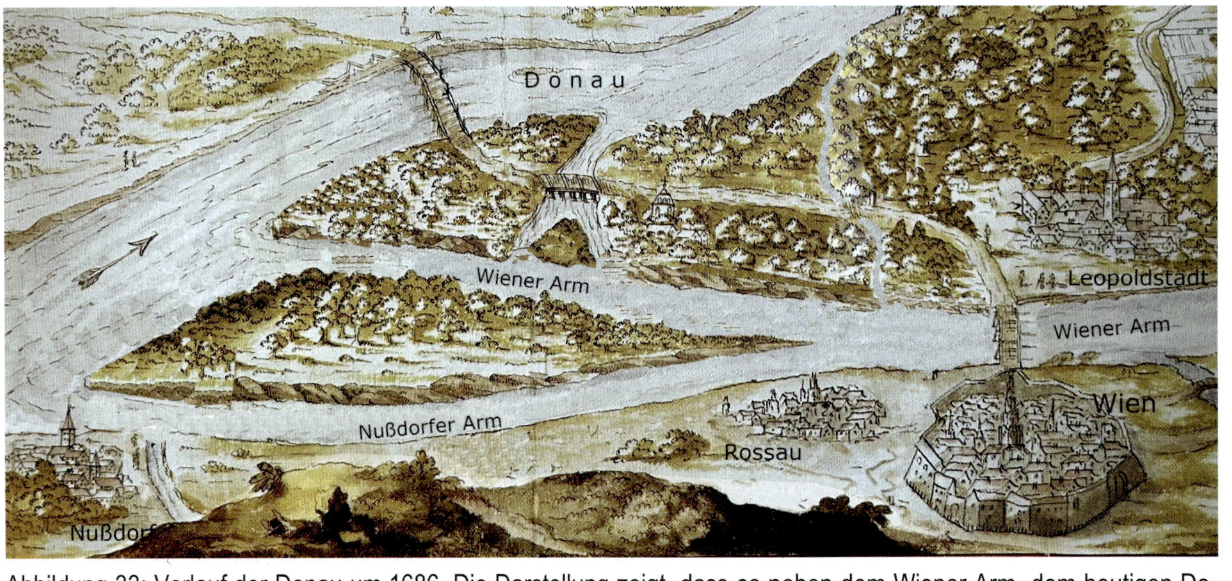

Abbildung 33: Verlauf der Donau um 1686. Die Darstellung zeigt, dass es neben dem Wiener Arm, dem heutigen Donaukanal, noch den „Nußdorfer Arm“ gab. Dieser verlief entlang der heutigen Heiligenstädterstraße – Liechtensteinstraße und war damals die wichtigste Schiffsverbindung nach Wien. Trotzdem wurde er nach 1686 bei Regulierungsarbeiten stillgelegt, indem bei Nußdorf ein Damm errichtet wurde, so dass er in der Folge versandete. Hingegen wurde der damals bereits stark verlandete „Wiener Arm“ mühsam ausgebaut, verbreitert und durch einen Durchstich ergänzt.

Donauhochwasser nach der Donauregulierung

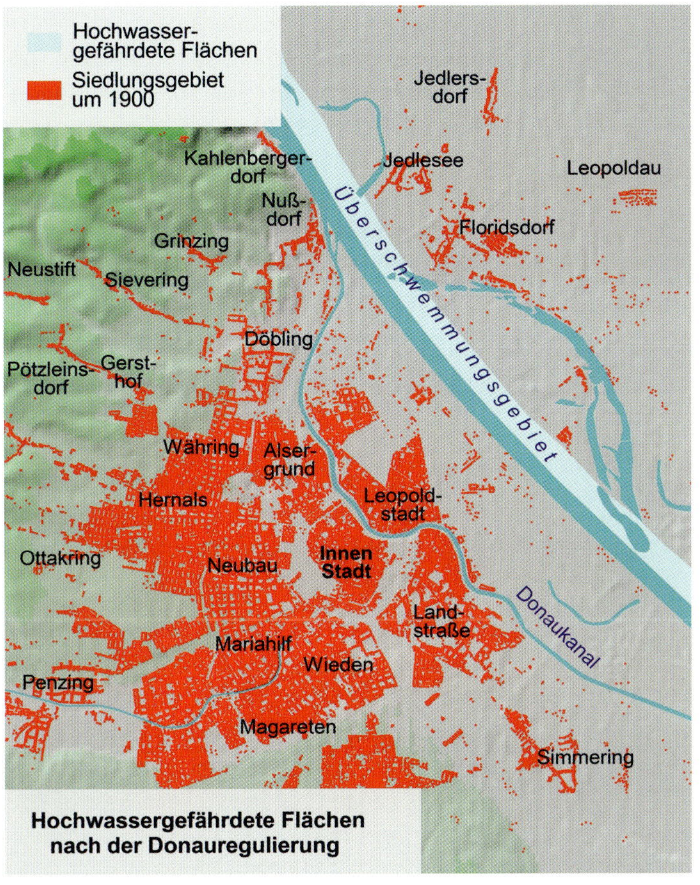

Karte 16: Nach der großen Donauregulierung beschränkten sich die Überschwemmungen im wesentlichen auf das neu geschaffene Überschwemmungsgebiet. Dieses wurde „baumfrei" gehalten, um ein ungehindertes Abfließen des Hochwassers zu ermöglichen.

Die Donauregulierung und die dabei errichteten Brücken verbesserten die Verkehrsanbindung zwischen Wien und den Gebieten nördlich der Donau erheblich. Der größte Teil der durch die Donauregulierung entstandenen hochwasserfreien Flächen wurde von der Stadt Wien als Bauland ausgewiesen. Hier gab es für die platzaufwändigen Industrieanlagen genügend und vor allem billigen Boden, die Transportkosten waren wegen der Nähe zur Bahn niedrig. Auch Beschwerden von Anrainern waren kaum zu befürchten. Nicht weit von den Industriebetrieben entfernt entstanden dann die dichtbesiedelten Wohnviertel der Arbeiter. Für diese war einerseits die Nähe zum Arbeitsort attraktiv, andererseits konnten sie sich qualitätvollere Wohngegenden sowieso nicht leisten.

Bereits 1880 wurden erste Zweifel an der völligen Sicherheit des Wiener Hochwasserschutzes laut. Bestätigt wurden diese durch die außerordentlichen Hochwasserereignisse von 1897, 1899 und 1954, die vor allem das rechte Donauufer am Handelskai betrafen. Die Idee eines Entlastungsgerinnes mit Ausbildung einer Mittelinsel (heute Donauinsel) im Überschwemmungsgebiet stand 1918 erstmals zur Diskussion, die dann 1972 bis 1988 umgesetzt wurde.

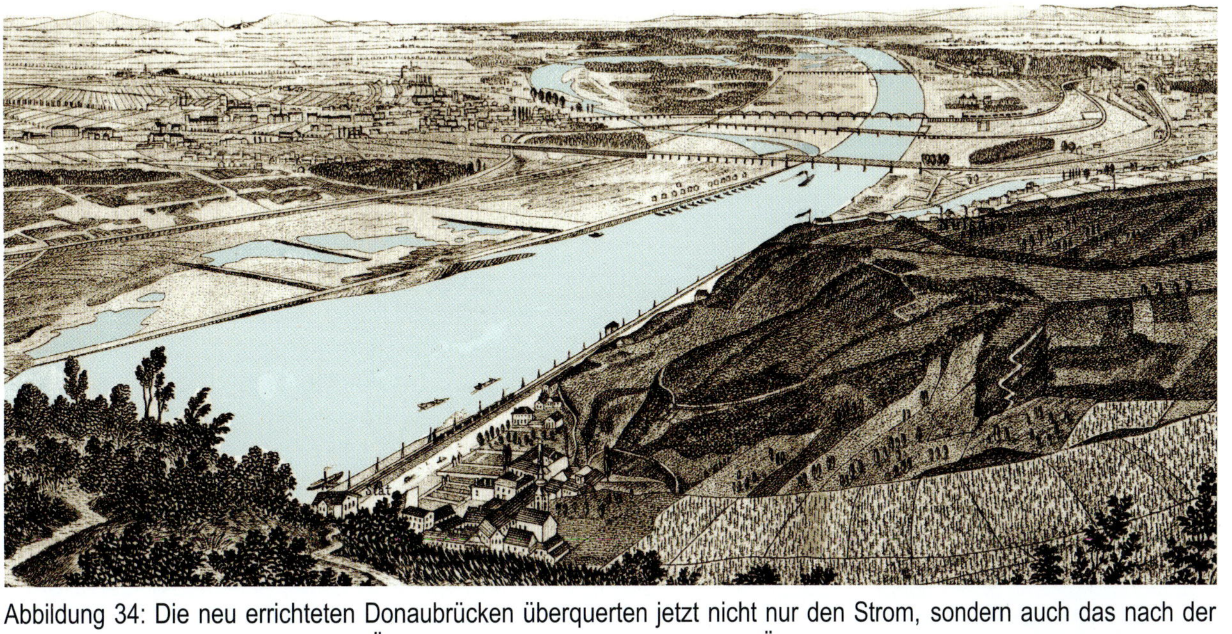

Abbildung 34: Die neu errichteten Donaubrücken überquerten jetzt nicht nur den Strom, sondern auch das nach der Donauregulierung neu geschaffene Überschwemmungsgebiet. Das breite Überschwemmungsgebiet trennte das Gebiet nördlich der Donau vom Stadtzentrum und behinderte dessen Entwicklung. Leider wurden bessere Lösungsvorschläge von der „Donauregulierungskommission", die zwei oder drei Flussläufe vorsahen, aus Kostengründen abgelehnt.

Vom Stellwagen zur elektrischen Straßenbahn

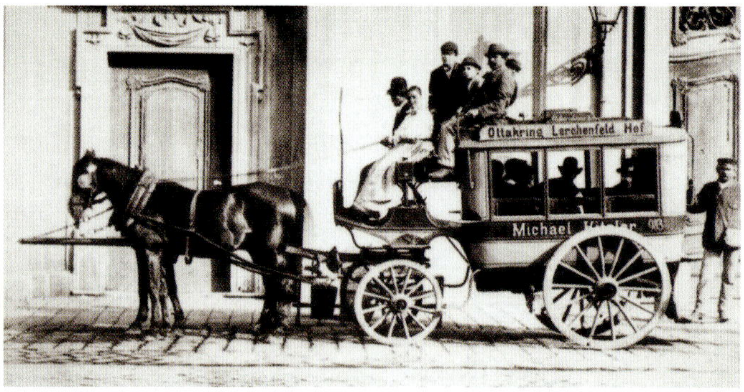

Abbildung 35: Stellwagen am Hof nach Ottakring (Foto 1878)

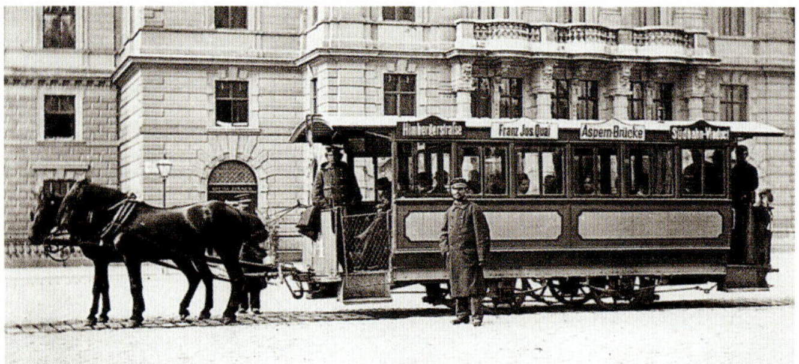

Abbildung 36: Pferdetramway am Franz-Josefs-Kai (Foto 1878)

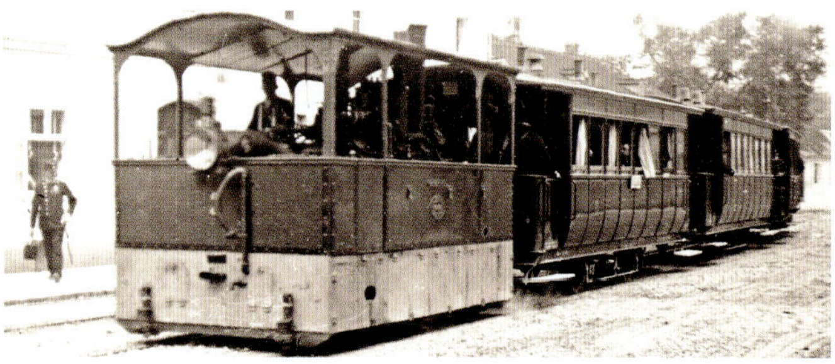

Abbildung 37: Die Dampftramway setzte sich wegen der Rußplage und des geringen Fahrkomforts nicht durch (Foto 1883).

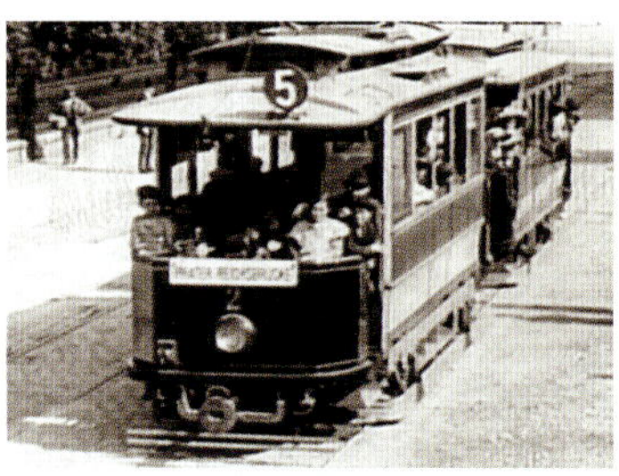

Abbildung 38: Die elektrische Straßenbahn (Tram) in Richtung Prater fuhr bereits 1897.

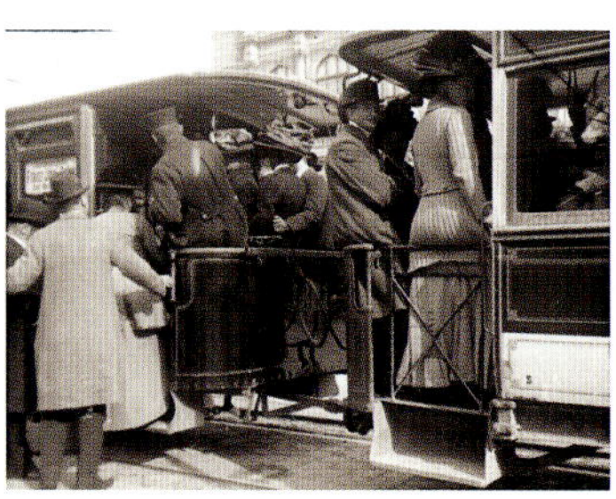

Abbildung 39: Da die Einstiege der elektrischen Straßenbahn damals offen waren, herrschte manchmal dichtes Gedränge auf den Plattformen der Waggons (Foto 1904).

In Wien verkehrten 1815 erstmals von Pferden gezogene Stellwagen (später „Omnibus“ genannt) in regelmäßigem Takt auf einer festgelegten Route mit einem fixen Fahrplan und gegen einen vorbestimmten Fahrpreis. Dies waren damals die einzigen Verkehrsmittel für die große Masse der Bevölkerung, weil ihre Tarife einigermaßen erschwinglich waren. Die meisten Wege legten die Menschen aber zu Fuß zurück.

1840 nahm die erste von Pferden auf Schienen gezogene Eisenbahn ihren Betrieb auf. Verkehrt wurde zwischen dem Rotenturmtor und der Brigittenau. Die Schienen für die Pferde-Eisenbahn waren aus Holz, gefahren wurde täglich ab 14 Uhr in 15-Minuten-Intervallen. Diese privat geführte Pferde-Eisenbahn wurde schon nach zweijährigem Fahrbetrieb geschlossen.

Erst über 20 Jahre später, kurz bevor die Wiener Ringstraße 1865 eröffnet wurde, ging die erste öffentliche Pferdetramway in Betrieb und führte vom Schottentor nach Hernals. Mit der „Ersten privilegierten Kaiser-Franz-Joseph-Pferde-Eisenbahn" begann der öffentliche Massenverkehr in Wien. Die Linien führten von der Stadtmitte in die umliegenden Vorstädte und dann auch in die außerhalb des Linienwalls (heute Gürtel) gelegenen Vororte. Da die Arbeiter jedoch oft in den Vororten wohnten, sie innerhalb des Linienwalls aber ihre Arbeitsplätze hatten, begann in dieser Zeit eine „Berufspendelwanderung", die ein billiges Massenverkehrsmittel erforderte.

1883 fuhr als Konkurrent zur Pferde-Eisenbahn die erste Dampftramway. Ihre Strecke war zwischen dem Vorort Hietzing und dem südlich von Wien gelegenen Perchtoldsdorf (siehe Abbildung 37).

1897 fuhr erstmals eine elektrische Straßenbahn in Wien auf den Gleisen der heutigen Linie 5 (siehe Abbildung 38). Auch begünstigt durch die geringere Lärm- und Geruchsbelästigung im Vergleich zur Pferdetramway und Dampftramway, setzte sich die elektrische Straßenbahn rasch durch. Ab 1903 fuhr die Pferdetramway nur mehr auf einigen Strecken in den Außenbezirken, nämlich bis 1922. Um 1900 war der Straßenverkehr noch wenig geregelt und konnte an neuralgischen Kreuzungen bedrohliche Ausmaße erreichen.

Eisenbahnbau im 19. Jh.

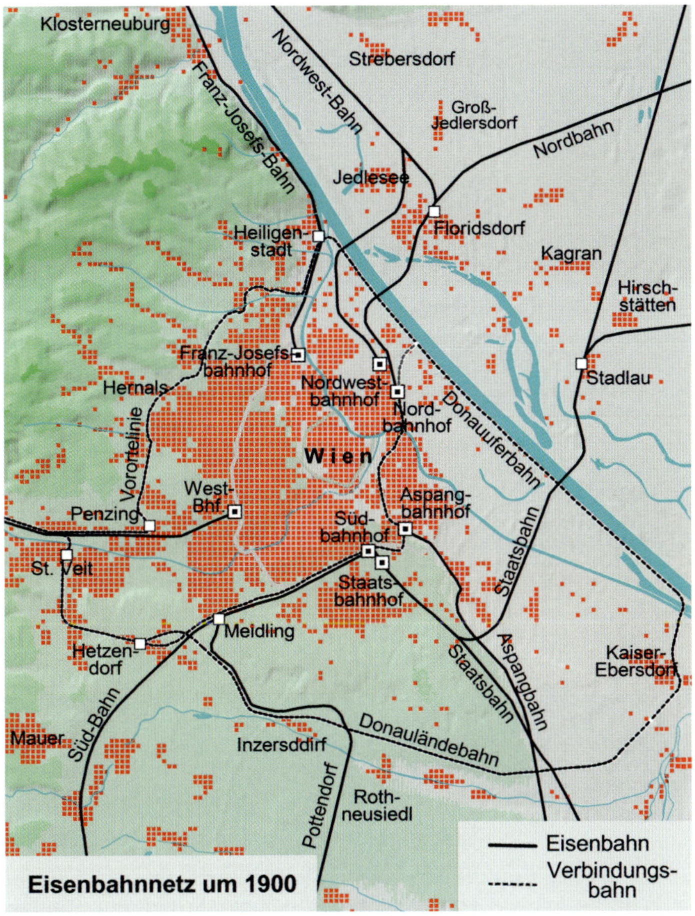

Karte 17: Im Umfeld der Bahnhöfe und der Bahnstrecken waren die Bodenpreise günstig. Hier entwickelten sich die Industrie- und Arbeiterwohngebiete. Für den Mittelstand waren diese Flächen als Wohngebiet unattraktiv.

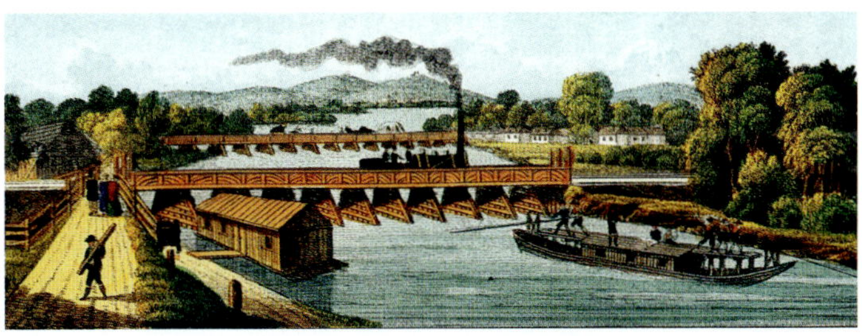

Abbildung 40: Die „Kaiser-Ferdinands-Nord-Bahn" fuhr bereits 1838 von Wien über Floridsdorf nach Deutsch-Wagram. Das Bild zeigt die Fahrt über die erste Eisenbahnbrücke der Donau.

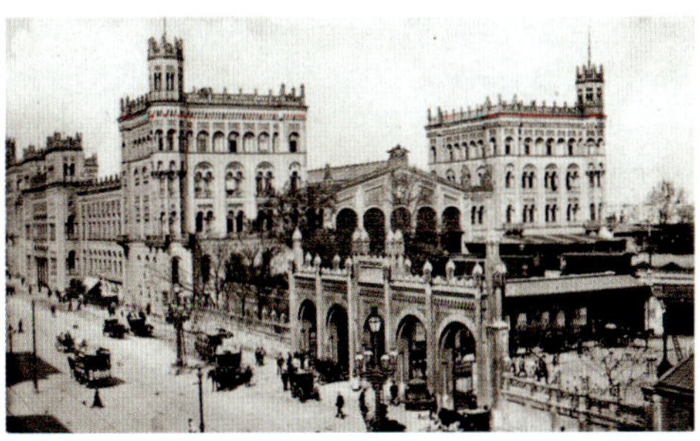

Abbildung 41: Der Wiener Nordbahnhof war der prunkvollste Bahnhof Wiens (Foto 1903).

Die großen Eisenbahnlinien verliefen von Wien aus in die verschiedenen Provinzen der Monarchie. Erst die Eisenbahn ermöglichte überregionale Mobilität und beschleunigte damit das Stadtwachstum. Allen großen europäischen Metropolen (London, Paris, Berlin oder Wien) gemeinsam war, dass für die Fernstrecken, die sie miteinander verbanden, Kopfbahnhöfe am Rande der Zentren errichtet wurden. In den Großstädten war für einen Zentralbahnhof kein Platz.

Die Wiener Kopfbahnhöfe wurden damals auch deshalb außerhalb des Linienwalls angelegt, weil die Militärs größere Menschenmengen tunlichst von der Stadt fernhalten wollten.

Bereits Anfang der 1880er Jahre führte aus jeder Himmelsrichtung je eine Eisenbahnstrecke auf Wien zu (siehe Karte 17). Dies waren 1837 die Nordbahn, 1841 die Südbahn und die im gleichen Jahr eröffnete Ostbahn sowie 1858 die Westbahn. 1870, 1872 und 1881 kamen noch die Franz-Josefs-Bahn, die Nordwestbahn und die Aspangbahn hinzu.

Jede der Strecken gehörte einer anderen Eisenbahngesellschaft und besaß einen eigenen Bahnhof. Bis auf den Aspangbahnhof waren alle Kopfbahnhöfe. Die Bahngesellschaften errichteten deshalb repräsentative Kopfbahnhöfe, um ihr Image pflegen zu können. Sie waren das Tor der Stadt. Keine anderen Nutzbauten der Wiener Gründerzeit waren baukünstlerisch derart aufwändig gestaltet. Außergewöhnlich war auch die reiche Innenausstattung der Bahnhöfe.

Der größte, auffälligste und populärste Großbahnhof Wiens war der zwischen 1858-1865 errichtete neue Nordbahnhof (siehe Abbildung 41), der anstelle des zu klein gewordenen zweistöckigen Nordbahnhofs gebaut wurde. Mit seinen mächtigen Türmen und seinem burgenhaften Aussehen mit Erkern und Zinnen wurde er zu einem Wiener Wahrzeichen. Das Gebäude sollte auf die große wirtschaftliche Bedeutung der Nordbahngesellschaft, die Wien mit den Industriegebieten im Nordosten der Monarchie verband, hinweisen. Durch die Nordbahn wurde Wien auch mit Kohle versorgt. Heute steht keiner der imposanten Bahnhöfe der Gründerzeit mehr, alle sechs wurden nach 1945 abgerissen.

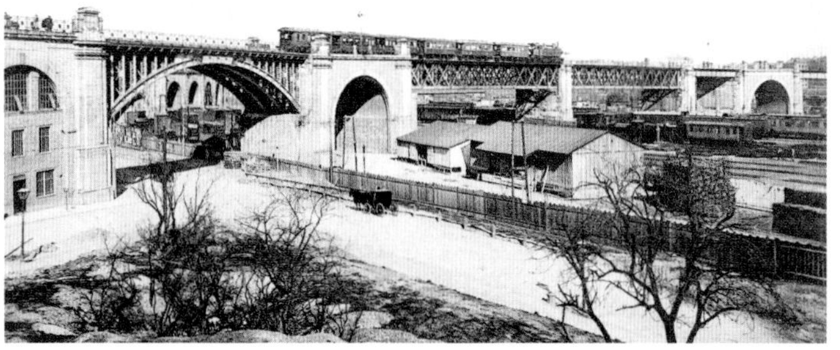

Abbildung 42: Der Verbindungsbogen war eine Eisenbahnstrecke zwischen der Station Nußdorfer Straße und Friedensbrücke.

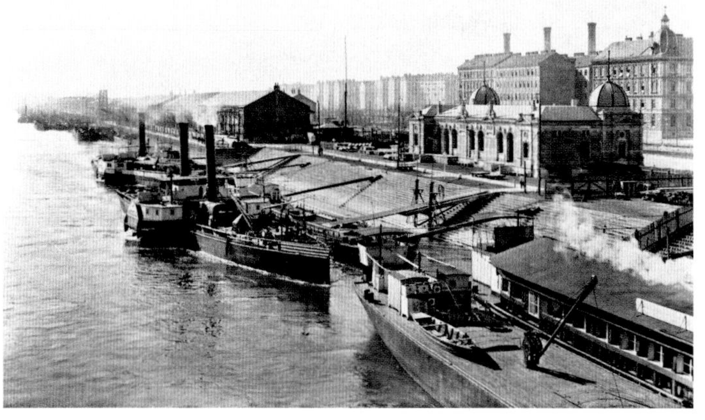

Abbildung 43: Stromhafen am Handelskai. Entlang der Donau verlief die 1880 errichtete Donauuferbahn (Foto 1915).

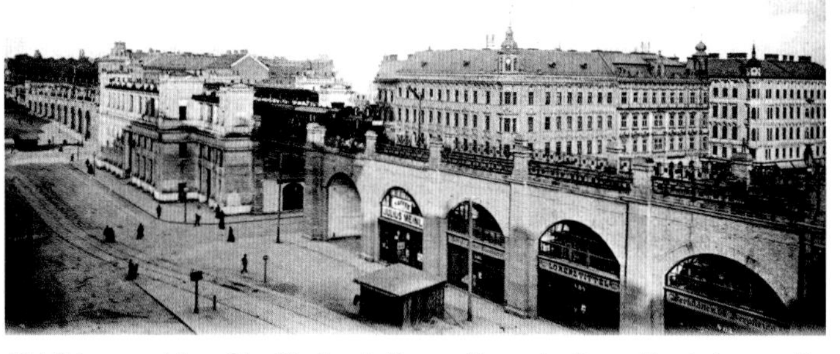

Abbildung 44: Stadtbahnstation Alserstraße. Nachdem die Schleifung des Linienwalls, einer Befestigungsanlage um die damaligen Wiener Vorstädte, 1894 erfolgte, konnte mit dem Bau der Wiener Gürtellinie begonnen werden (Foto 1898).

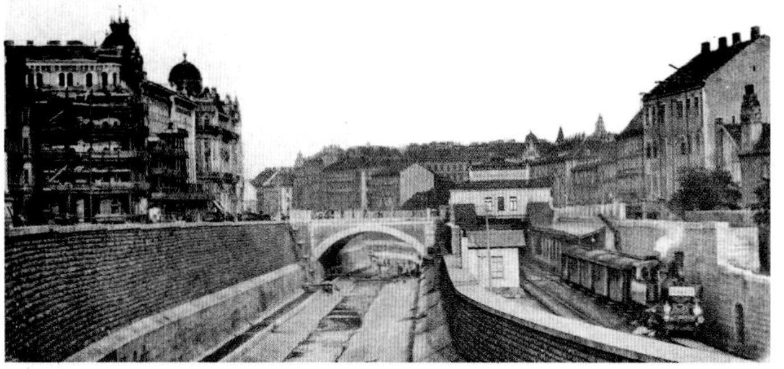

Abbildung 45: Stadtbahnstation Kettenbrückengasse (heute U4). Links davon der vorher regulierte Wienfluss. Anfangs waren noch, wie das Foto zeigt, Dampflocks auf der Strecke unterwegs (Foto 1900).

Die Pottendorfer Linie, eine Nebenstrecke der Südbahn, ging 1871 in Betrieb. Sie führte von Meidling weg nach Wiener Neustadt (siehe Karte 17). Diese wurde schon zu Beginn der 1860er Jahre von mehreren Fabriksbesitzern geplant.

Dadurch, dass die Kopfbahnhöfe am Rande der Stadt lagen, und somit keine Verbindung miteinander hatten, wurden bald Bahnlinien errichtet, die die Kopfbahnhöfe vernetzten. Dies waren die Verbindungsbahn Meidling–Nordbahnhof ab 1859, die Verbindungsbahn Penzing–Meidling ab 1860, die Donauländebahn ab 1872 und die Donauuferbahn ab 1875. Mit diesen Verbindungsstrecken war Güterzügen und eventuellen direkten Zügen ein Durchfahren von einer Bahnlinie zur anderen ohne Spitzkehre im Kopfbahnhof möglich. Beim Bau der genannten Stationen und Strecken waren auch strategische Interessen des k.u.k. Militärs zu berücksichtigen. Alle genannten Stationen und Strecken dienten am Anfang vor allem dem Güterverkehr und wiesen daher sehr große Rangierbahnhöfe und Güteranlagen auf.

Von wirtschaftlicher Bedeutung für die Wiener Donauhäfen war die 1880 fertiggestellte Donauuferbahn. Die Bahn sollte den entlang des Handelskais (Stromhafen) und im Freudenauer Hafen anfallenden Güterumschlag der Donauschifffahrt und der neu entstandenen Fabriken, Lagerhäuser, Lagerplätze und Frachtenbahnhöfe bewältigen (siehe Abbildung 43).

Die Wiener Stadtbahn, auch als Wiener Stadt- und Verbindungsbahn bezeichnet, war ein 1898 eröffnetes öffentliches Nahverkehrsmittel. Neben dem Personenverkehr wurden früher auch Post, Gepäck und Güter befördert. Ihr Netz bestand aus sechs Einzelstrecken wie der Oberen und Unteren Wientallinie (siehe Abbildung 45), der Donaukanallinie, der Gürtellinie (siehe Abbildung 44), dem Verbindungsbogen (siehe Abbildung 42) und der Vortelinie (siehe Abbildung 181). Die Stadtbahn war auch im dicht verbauten Stadtgebiet von Beginn an durchgehend kreuzungsfrei, das heißt ohne Bahnübergänge, und damit sehr aufwändig trassiert. Sie erhielt zahlreiche als Hochbahn ausgeführte Abschnitte auf Brücken, Viadukten und die charakteristischen gemauerten Stadtbahnbögen sowie weitere Teilstrecken in Tieflage in Einschnitten, in Galerien oder als Unterpflasterbahn direkt unter der Straßenoberfläche.

Die Stadt mit ihren Vorstädten und Vororten

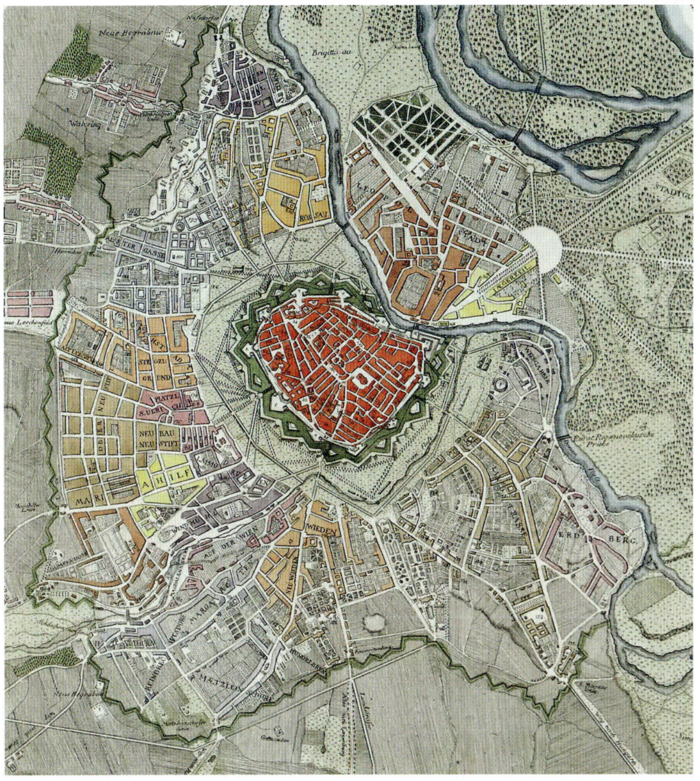

Karte 18: Residenzstadt Wien um 1800. Sieht man von der Leopoldstadt ab, befinden sich die Vorstädte zwischen der Wiener Stadtbefestigung mit dem Glacis und dem gezackten Linienwall.

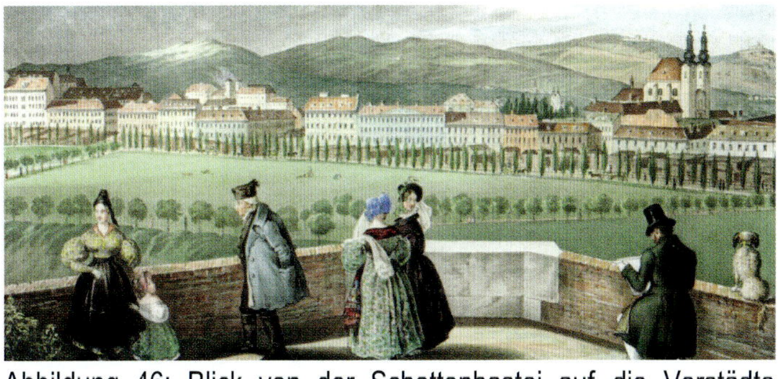

Abbildung 46: Blick von der Schottenbastei auf die Vorstädte Rossau und Alsergrund (Stich 1832)

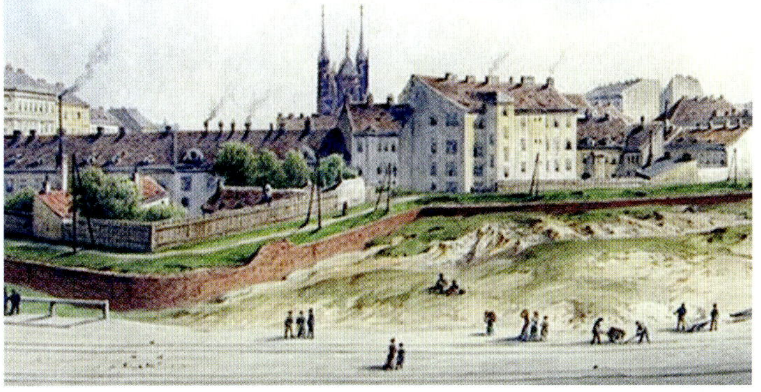

Abbildung 47: Blick von den Vororten auf den Linienwall mit den dahinter liegenden Vorstädten

Die ursprüngliche Stadt Wien bestand nur aus dem von den Stadtmauern umgebenen Gebiet, heute der Großteil des 1. Bezirks, der Inneren Stadt. Ab dem 15. Jh. erfolgte auch vor der Stadtmauer eine Besiedlung. Am Beginn der Türkenbelagerung 1529 wurden die mittelalterlichen Vorstädte niedergebrannt, um dem Feind keine Deckung zu bieten. Die später entstandenen neuzeitlichen Vorstädte waren Ortschaften, die rechtlich der jeweiligen Grundherrschaft unterstanden. 1683 wurden die Vorstädte bei der zweiten Türkenbelagerung erneut stark in Mitleidenschaft gezogen. 1704 wurde im Bereich des heutigen Gürtels der Linienwall zu ihrem Schutz errichtet (siehe Karte 14). Später war es eine Umsatzsteuergrenze.

Kaiser Franz Joseph I. veranlasste 1857, die Befestigungsanlagen niederzureißen und das Glacis zu verbauen (Ringstraße, Ringstraßenzone). Um dies zu regeln, wurde 1858 der Wiener Stadterweiterungsfonds geschaffen. Dieser regelte den Verkauf (zuweilen auch den Tausch) der parzellierten Grundstücke und die Finanzierung der öffentlichen Repräsentationsbauten der Ringstraßenzone.

Die Vororte, die außerhalb des 1704 errichteten Linienwalls lagen, unterstanden bis 1848 weiterhin verschiedenen Orts- und Grundherren und waren danach selbstständige niederösterreichische Gemeinden, die von Bürgermeistern geleitet wurden. 1874 wurden Gebiete außerhalb des Linienwalls, die bis dahin zum 3. bis 5. Bezirk gehört hatten, zusammengeschlossen und als 10. Bezirk, Favoriten, eingemeindet.

Obwohl man bereits 1850 angeregt hatte, nicht nur die Vorstädte innerhalb des Linienwalls, sondern auch die Vororte außerhalb einzugemeinden, kam dies erst 1890/91. Bereits 1891 fanden in den Vororten erstmals Wahlen zum Wiener Gemeinderat statt. Durch die Eingemeindung ergaben sich auch fiskalische Veränderungen: die ab 1829 am Linienwall eingehobene Verzehrungssteuer wurde hinfällig, die bisherigen „Linienämter" wurden funktionslos. Nach der Eingemeindung der Vororte ließ 1894 die Gemeinde Wien den Linienwall abreißen. Die Gürtelstraße wurde schon zuvor (außerhalb des Linienwalls) angelegt.

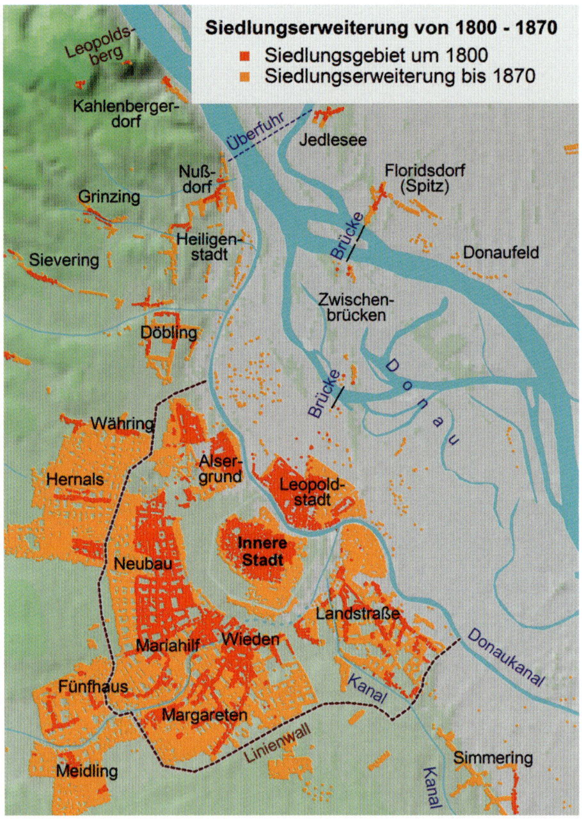

Karte 19: Die Karte verdeutlicht, dass um 1800 die Vorstädte Wiens den Linienwall noch nicht erreicht hatten (rot eingefärbte Siedlungsflächen). Die orange eingefärbten Siedlungsflächen hingegen zeigen, in welchem Ausmaß die Vorstädte und Vororte zwischen 1800 und 1870 gewachsen sind. In diesem Zeitabschnitt haben sich die Vorstädte nicht nur bis zum Linienwall ausgedehnt, sondern sind mit den Vororten außerhalb des Linienwalls, die sich ebenfalls zu dieser Zeit stärker ausgedehnt haben, zusammengewachsen. Die Vororte waren bis zur Eingemeindung nach Wien 1890/1892 und 1938/1957 niederösterreichische Ortsgemeinden. Sie unterstanden bis 1848 verschiedenen Grundherren und wurden, wie bereits erwähnt, von Bürgermeistern geleitet. Da die Vororte längst zu selbstbewussten Gemeinden geworden waren, die ihre Autonomie durchaus schätzten, zogen sich die Verhandlungen zur Eingemeindung circa 20 Jahre hin.

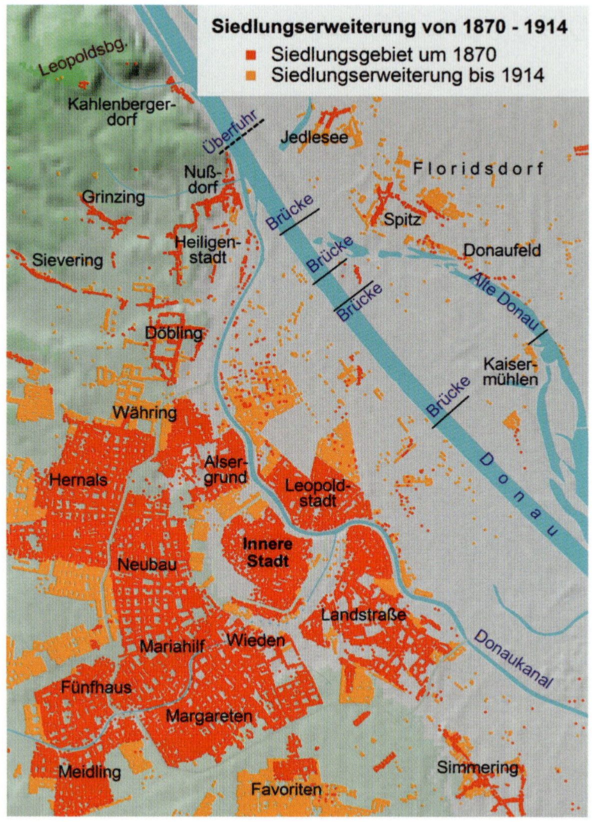

Karte 20: Wie die Karte zeigt, begann sich nach der Donauregulierung von 1870 bis 1875 das Siedlungsgebiet auch über das nördliche Donauufer hinaus auszubreiten (orange Siedlungsfläche). Voraussetzung war die Errichtung hochwassersicherer Brücken und die Schaffung neuen, hochwassersicheren Baulandes. Der Wiener Gemeinderat hatte ursprünglich keinen Wert darauf gelegt, auch die Gebiete am linken Donauufer mit einzubeziehen, da dieser nicht die Mittel für deren Infrastruktur zur Verfügung stellen wollte. Es gab 1895 sogar einen Plan, Floridsdorf zur niederösterreichischen Landeshauptstadt zu machen. Daher wurde das heutige Bezirksamt 1901 bis 1903 als „Rathaus“ errichtet. Die Eingemeindungsverhandlungen konnten jedoch, da die Donauorte ihre kommunalen Aufgaben nicht mehr bewältigen konnten, 1904 erfolgreich abgeschlossen werden. 1910 kam auch noch Strebersdorf dazu.

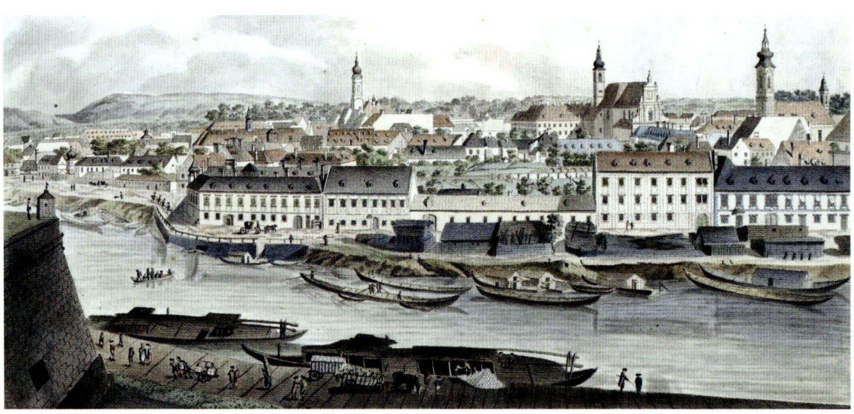

Abbildung 48: Blick von der Wiener Stadtmauer auf die Leopoldstadt (Vorstadt) um 1780

Die Leopoldstadt war bis 1848/49 ein der historischen Stadt Wien unterstellter Ort und wurde im Zuge der Eingemeindung diverser Vorstädte 1850 zu einem Teil des neuen Stadtgebiets von Wien erklärt.

Geschichte der Wiener Vororte

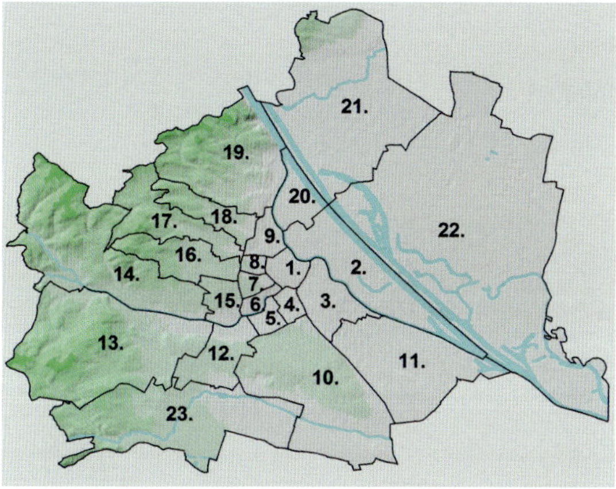

Bezirke Wiens: Den heutigen Verlauf der Wiener Gemeindebezirke gibt es seit 1954.

Wie bereits erwähnt, ist „Wiener Vororte“ eine Bezeichnung für jene ehemaligen selbständigen Ortsgemeinden, die sich ursprünglich außerhalb des 1704 erbauten Linienwalls oder nördlich der Donau befanden. Diese wurden erst zwischen 1890/1892 und 1938/1957 nach Wien eingemeindet und bilden heute die Wiener Bezirke 11 bis 23, die sogenannten äußeren Wiener Gemeindebezirke. Obwohl bereits seit Ende des 19. Jh. die Vororte mit Wien vereinigt sind, haben sich im Sprachgebrauch viele der alten Ortsnamen erhalten.

In diesem Kapitel wird die geschichtliche Entwicklung der ehemaligen Wiener Vororte vom Mittelalter bis zum Ausbruch des Ersten Weltkrieges (1914) dargestellt. Der Schwerpunkt wurde dabei auf die Siedlungsgeschichte gelegt. Vororte, die erst im Laufe des 19. Jh. entstanden sind, werden nicht behandelt. Das betrifft vor allem die an der Donau gelegenen Ansiedlungen, die erst auf Grund der Donauregulierung die Möglichkeit hatten, sich zu entwickeln. Z. B. „Kaisermühlen“, wo damals an der unregulierten Donau die Betreiber von Schiffsmühlen wohnten, aber auch Flößer und Fischer. Oder die „Zwischenbrücke“, die 1850 eine eigene Gemeinde war, ein Gebiet zwischen der großen und kleinen Taborbrücke, über die die Fernstraße von Wien nach Böhmen und Mähren verlief. Die Bewohner der an der Straße liegenden Häuser lebten damals von den Reisenden und den Fuhrleuten. Später kamen zwei Gasthäuser hinzu.

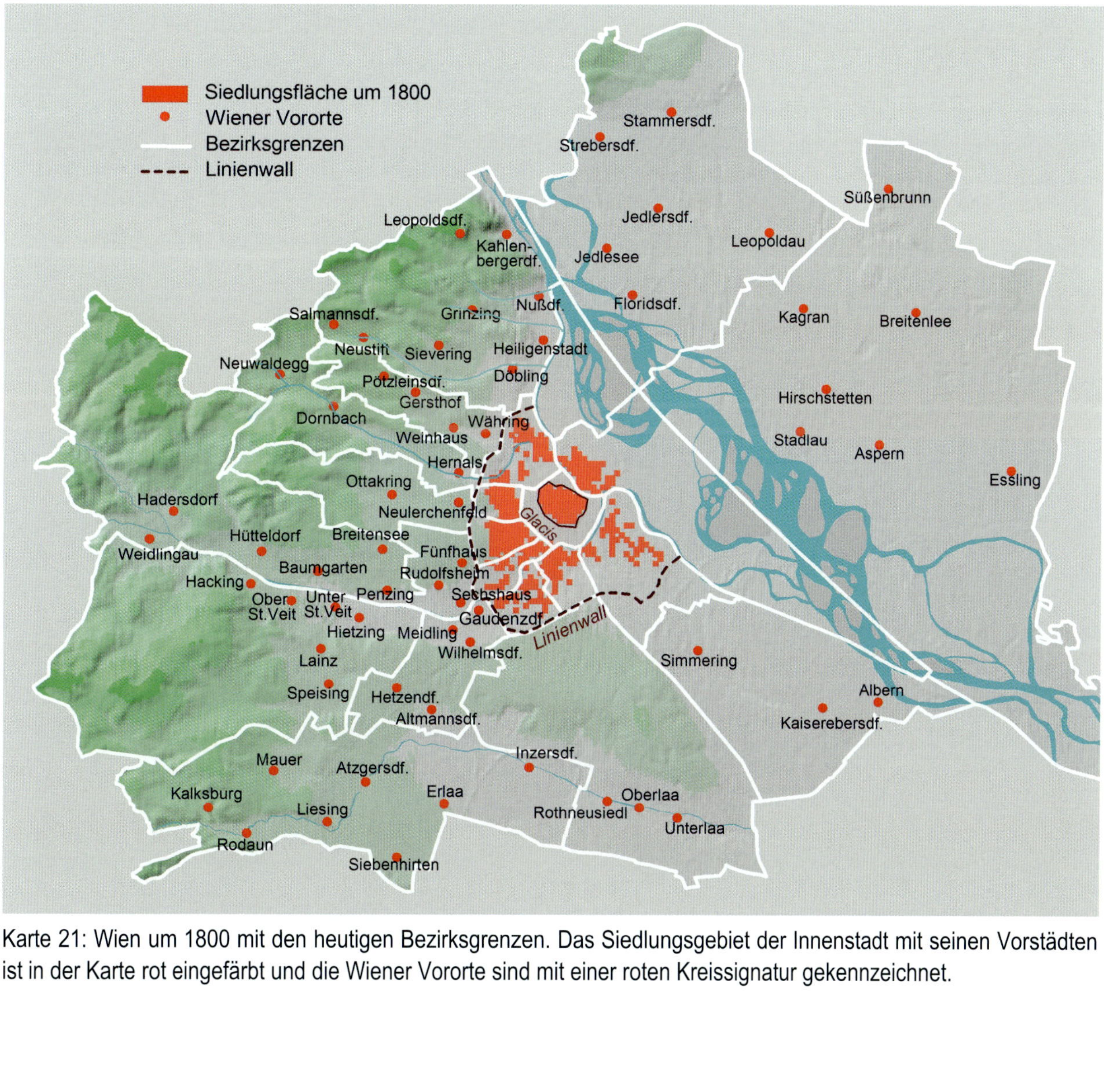

Karte 21: Wien um 1800 mit den heutigen Bezirksgrenzen. Das Siedlungsgebiet der Innenstadt mit seinen Vorstädten ist in der Karte rot eingefärbt und die Wiener Vororte sind mit einer roten Kreissignatur gekennzeichnet.

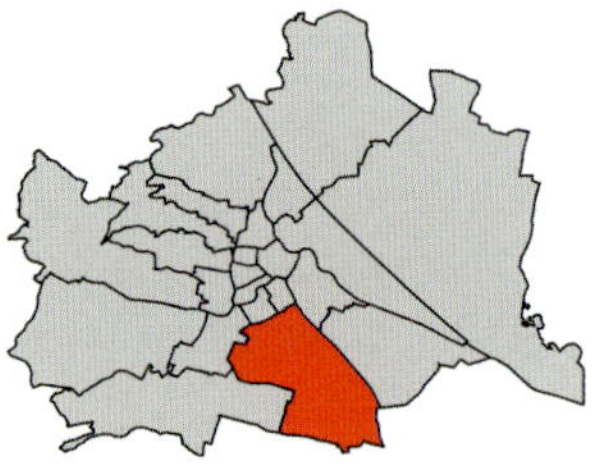

10. Bezirk (Favoriten)

Ehem.Vororte:

Rothneusiedl, Oberlaa und Unterlaa

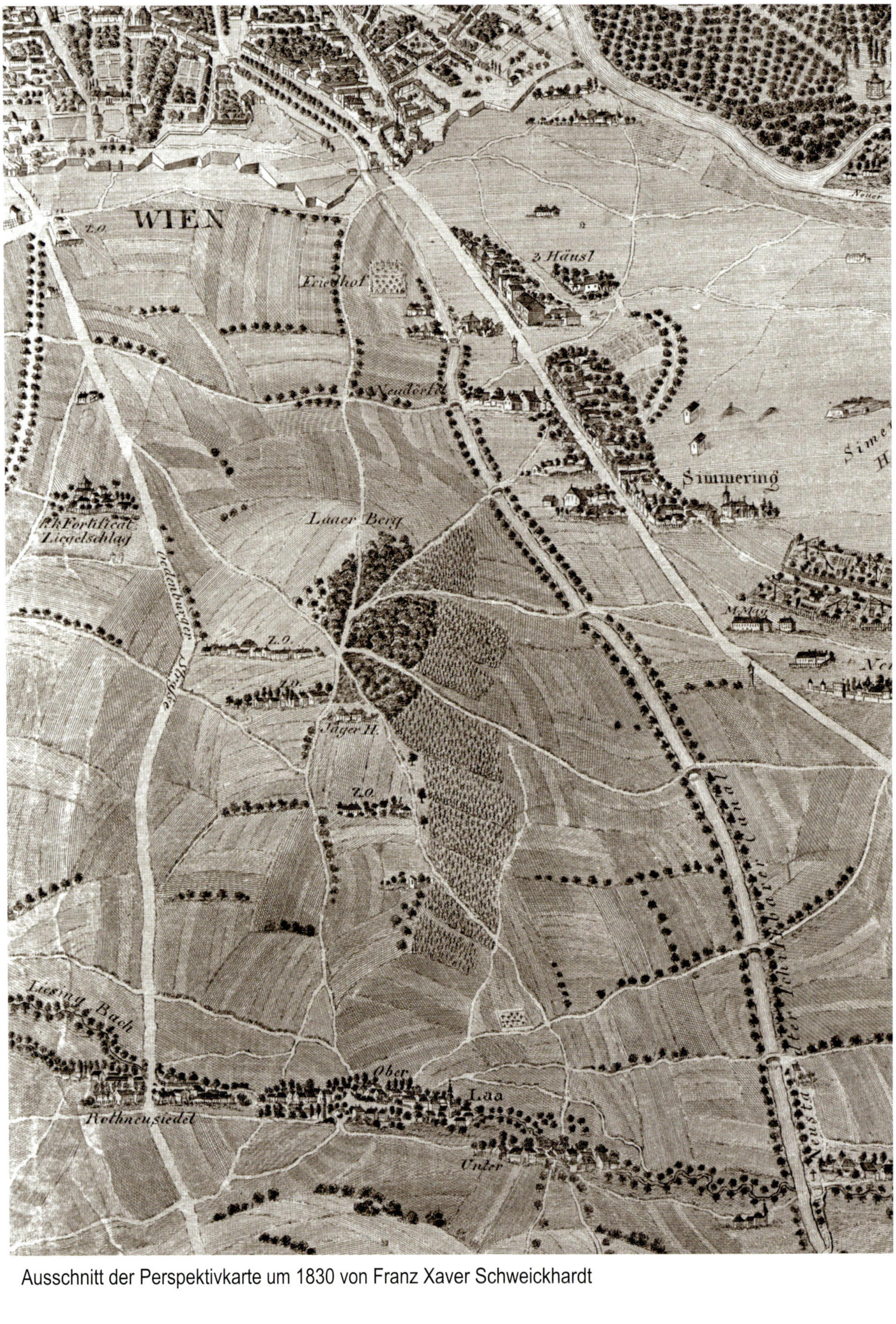

Ausschnitt der Perspektivkarte um 1830 von Franz Xaver Schweickhardt

Rothneusiedl

Der Ort entstand vermutlich im 9. Jh., als zahlreiche neue Siedler nach der Völkerwanderung in das Favoritner Waldgebiet kamen. Die erste urkundliche Erwähnung des Ortes erfolgte im Jahre 1301.

Das Gut Rothneusiedl (ein schlossähnliches Gebäude) war Sitz der ehemaligen Ortsherrschaft (bis 1497 Herren von Ebersdorf).

1733 gab es am Liesingbach eine Mühle. Das Problem dabei war, dass die Wasserführung des Baches stark schwankte. Er hatte bei trockenem Wetter nur wenig Wasser, das nach starken Regenfällen oder zur Schneeschmelze aber stark anschwoll. Es gab immer wieder große Überschwemmungen, die erst mit der Regulierung des Liesingbaches (1954) ein Ende nahmen.

Bis in die Mitte des 19. Jh. war Rothneusiedl ein abgeschiedenes Bauerndorf. Es gab Ackerbau und man züchtete Rinder, Schafe und Ziegen. Auf Grund der Nähe zu Wien begann man sich bald mit Pferde- und Schweinezucht zu befassen. Auch Wiener Händler besuchten den Ort häufig, die im Tausch gegen die bäuerlichen Produkte Eisenwaren, Salz und Tuch brachten.

Ab der Mitte des 19. Jh. veränderte sich der Dorfcharakter. Auf Grund der nahegelegenen Ziegeleien am Wienerberg, wo man begann Tegel abzubauen, stieg die Einwohnerzahl. Am Ortsrand baute man Häuser, in denen sich die Fabriksarbeiter der nahegelegenen Ziegeleien ansiedelten. Meist waren es Tschechen. Der Ort dürfte seinen Namen wohl auch auf Grund der rötlichen Farbe des Lehmbodens erhalten haben.

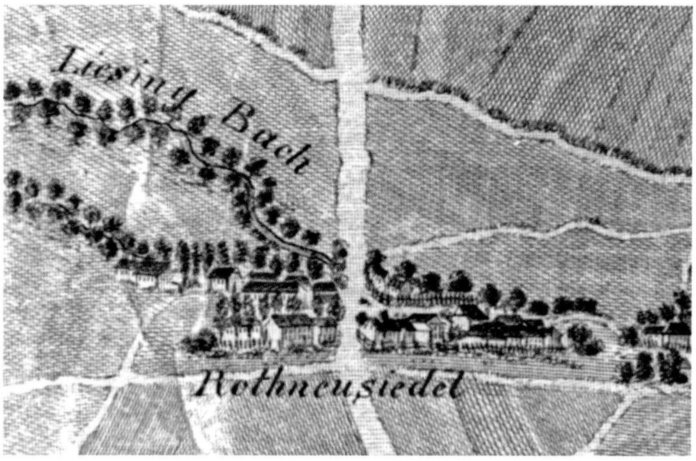

Abbildung 49: Rothneusiedl um 1830 (21 Häuser mit 110 Einwohnern)

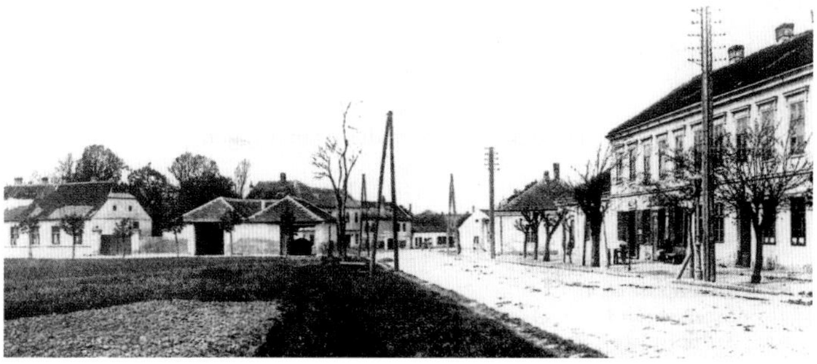

Abbildung 50: Kreuzung in Rothneusiedl (Foto um 1900). Der Ort liegt südlich des Laaer Berges.

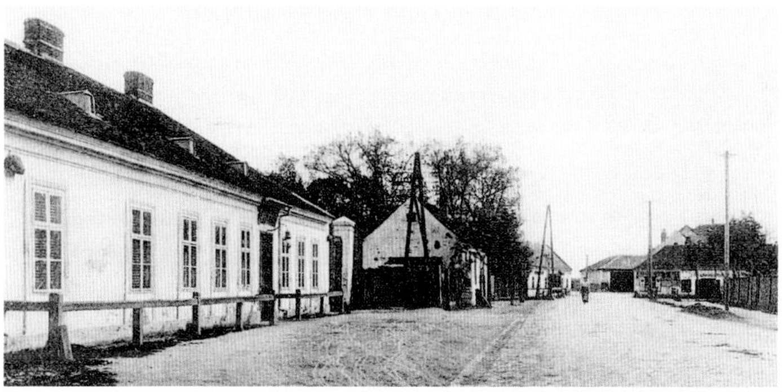

Abbildung 51: Ortsstraße in Rothneusiedl stadtauswärts (Foto um 1910)

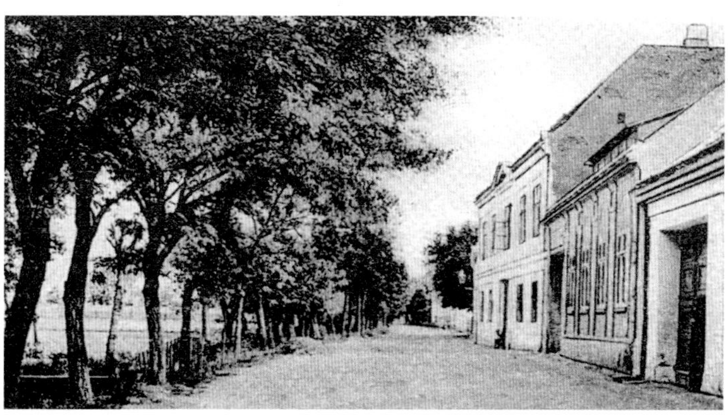

Abbildung 52: Ortsstraße in Rothneusiedl (Foto um 1910)

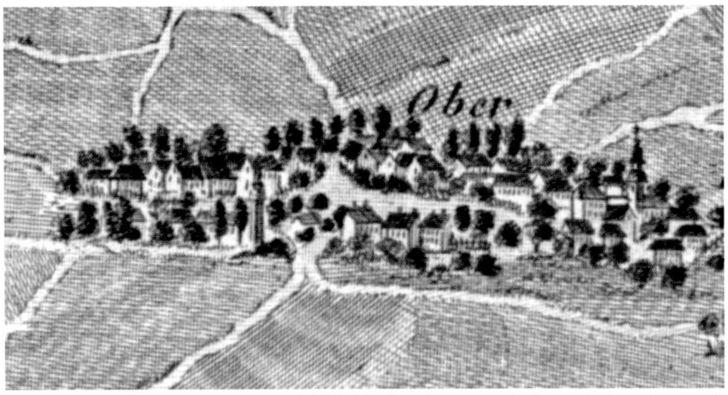

Abbildung 53: Oberlaa um 1830 (156 Häuser mit 1050 Einwohnern)

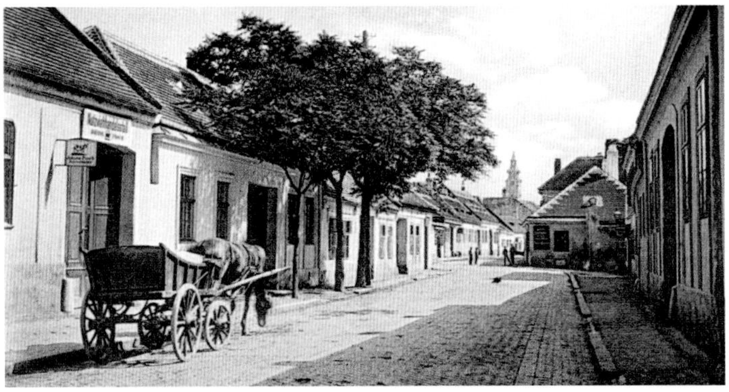

Abbildung 54: Oberlaaer Straße (Foto um 1911)

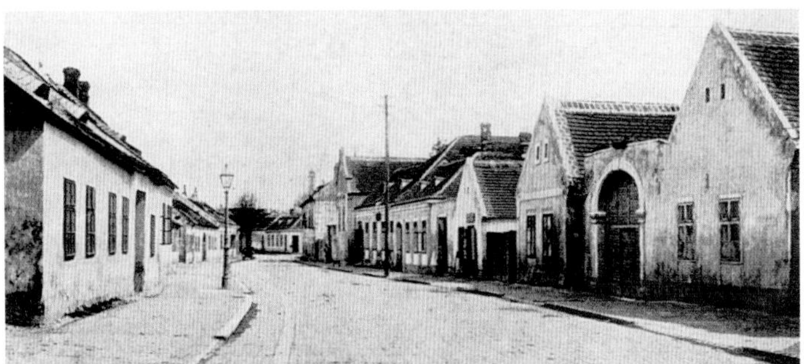

Abbildung 55: Die Oberlaaer Straße Richtung Ortsmitte (Foto um 1910)

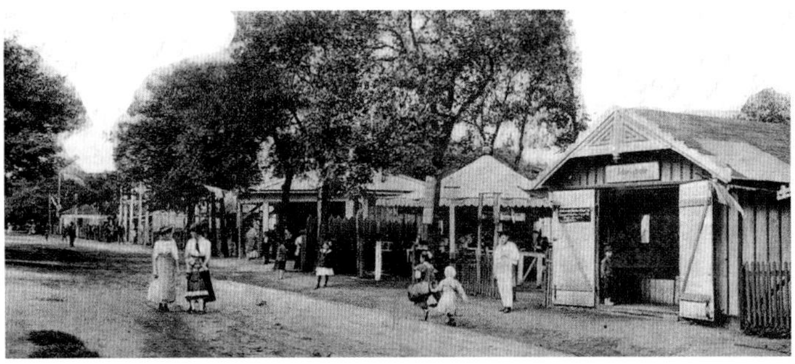

Abbildung 56: Der Böhmische Prater auf dem Laaer Berg war eine Vergnügungsstätte inmitten einer grünen Landschaft. Er war ein billiger Vergnügungsort mit Gasthäusern, Ringelspielen und Schießbuden für die Sonntagsausflügler. Er entstand 1882 aus einer kleinen Gastwirtschaft, die ein Kantinenwirt des Ziegelwerks Laaerwald führte. Im Jahre 1883 hatten sich hier auch viele Schaustellerfamilien angesiedelt. Diese kamen, ebenso wie die Arbeiter der Ziegelfabrik, meist aus den österreichischen Kronländern.

Oberlaa

Ursprünglich bildete der Ort Oberlaa mit dem flussabwärts liegenden Unterlaa eine Einheit. Der Ort dürfte im 10. oder 11. Jh. entstanden sein. Die erste urkundliche Erwähnung findet man allerdings erst 1140. Oberlaa als solches wurde erstmals 1324 urkundlich genannt. Es war ein Straßendorf mit angerartiger Verbauung. Die Pfarrkirche Oberlaa wurde zum ersten Mal im Jahr 1267 erwähnt.

Oberlaa war schon im Mittelalter ein Zentrum des Weinbaus. Der Wein wurde nach Wien und Wiener Neustadt verkauft. Oberlaa wurde damals zum wichtigsten Ort dieses Raumes. So besaß ab 1585 der Wiener Bischof einen Gutshof in Oberlaa.

Der Ort sowie die Kirche litten unter beiden Wiener Türkenbelagerungen 1529 und 1683. Die Kirche wurde zerstört und wurde im 18. Jh. im Stile des Barocks neu errichtet. Auch unter den französischen Truppen Napoleons 1809 hatte der Ort schwer zu leiden.

1872 wurde die Donauländebahn mit der Station Oberlaa eröffnet (Karte 17). Der Personenverkehr war damals noch von geringer Bedeutung. Von Wien aus über den Laaer-Berg nach Oberlaa und dann in den Süden Wiens führt eine der ältesten Straßen.

Im 19. Jh. war, wie bereits erwähnt, der Laaer Berg, wie auch der Wienerberg, aufgrund von Lehmvorkommen durch Ziegelgruben und Ziegelwerke geprägt. Die dort beschäftigten Arbeiter stammten vorwiegend aus Böhmen und Mähren. Zu dieser Zeit entstand am Rande des Laaer Berges der Böhmische Prater (siehe Abbildung 56), der um die Jahrhundertwende sehr gerne von den Arbeitern der Ziegelfabriken besucht wurde. Durch die Ziegeleien am Laaer Berg siedelten sich, so wie in Rothneusiedl, auch in Oberlaa viele Arbeiter an.

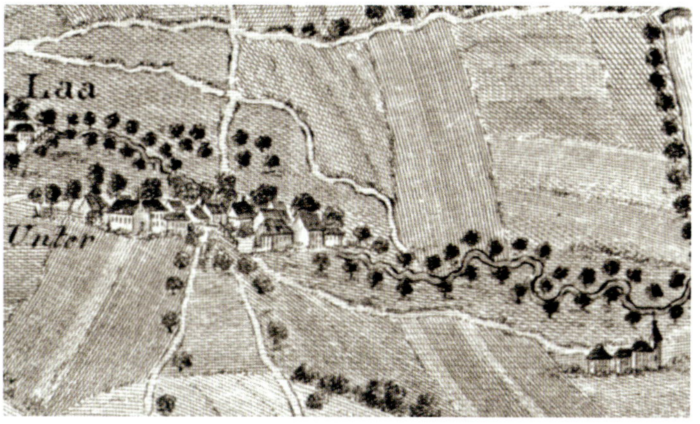

Abbildung 57: Unterlaa um 1830 (40 Häuser mit 272 Einwohnern). Ganz rechts unten die Unterlaaer Kapelle

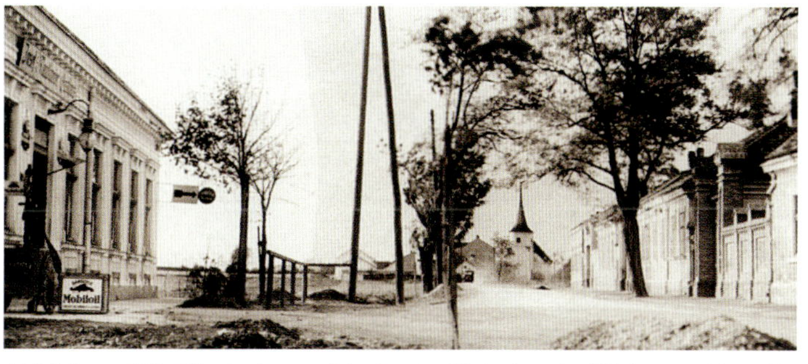

Abbildung 58: Klederinger Straße in Unterlaa in Richtung Kapelle (Foto um 1930)

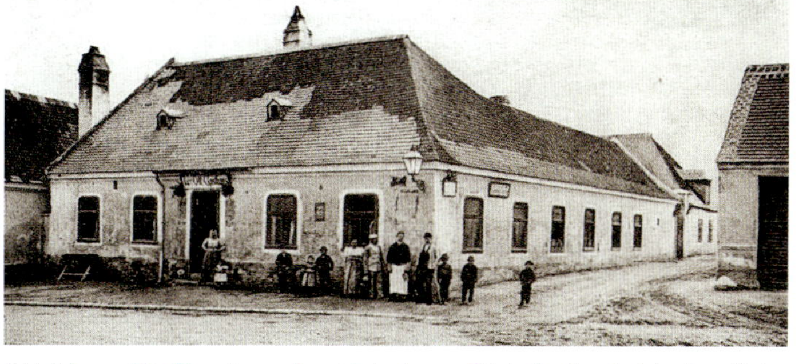

Abbildung 59: Rund um den Unterlaaer Platz befand sich das Ortszentrum mit dem Gasthaus (Foto um 1901).

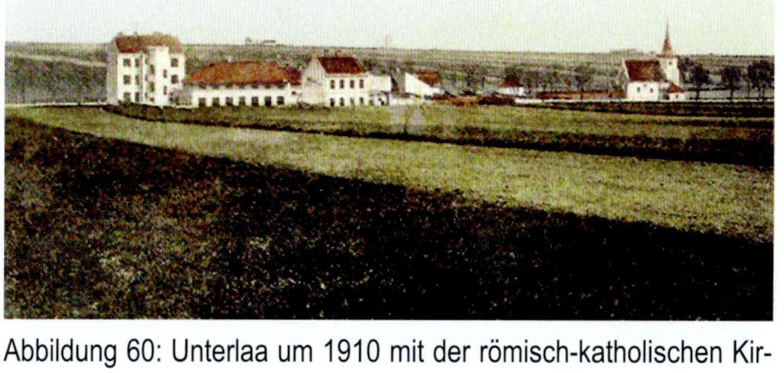

Abbildung 60: Unterlaa um 1910 mit der römisch-katholischen Kirche St. Johann. Bei Ausgrabungen hatte man bei der Kirche auch einen Wehrgraben entdeckt. Oft wird die Kirche in Unterlaa als älteste bestehende Kirche auf dem Gebiet des heutigen Wien bezeichnet. Um den Ort gab es, wie das Foto zeigt, ausgedehnte landwirtschaftliche Grünflächen.

Unterlaa

Unterlaa war nur durch einige Ackerstreifen von Oberlaa getrennt. Erstmals erwähnt wurde dieser Ort in einer Urkunde aus dem Jahre 1271.

Das herausragende Bauwerk Unterlaas war die vom Malteserorden am Ortsrand errichtete Johanneskirche. Ende des 13. Jh. erwarb der Johanniterorden Grund und Kirche und führte nebenan gemäß seinen Ordensregeln ein Spital (Abb. 58 und 60).

Bereits seit 1436 gab es in Unterlaa eine Mühle am Liesingbach (auch Hofmühle genannt), die bis 1935 in Betrieb war. Wegen der immer wieder auftretenden heftigen Hochwasser des Liesingbaches wurde die Mühle häufig beschädigt oder gar zerstört.

Unter den Höfen des Orts ist der Prentlhof (ehemals Meierhof) zu nennen. Er war einst Teil eines Jagdschlosses aus dem 18. Jh., das durch die Zusammenlegung von zwei Bauernhöfen entstanden ist.

Unterlaa litt so wie Oberlaa stark unter den beiden Türkenbelagerungen. Bei der Zweiten Türkenbelagerung überlebten nur wenige Ortsbewohner.

Die Franzosenkriege 1809 wurden besonders stark wahrgenommen. Auch deshalb, da die französischen Soldaten im nahegelegenen Lager in Simmering stationiert waren und mehrere Tage hintereinander plünderten. Sie misshandelten die Einwohner und zerschlugen alles, was sie nicht mitnehmen konnten. Die Bewohner flüchteten zum Teil in die Wälder und nach Wien.

Bis Mitte des 19. Jh. wurde in Unterlaa auch Weinbau betrieben. Dieser erwies sich mit der Zeit jedoch als unrentabel, da vor allem der Wind den Reben zu schaffen machte.

11. Bezirk (Simmering)

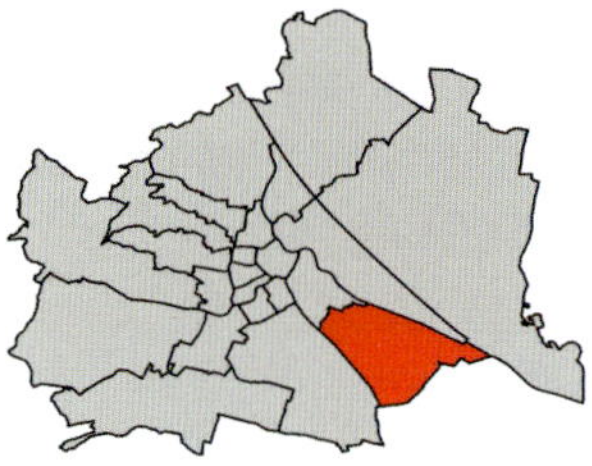

Ehem.Vororte:
Simmering, Kaiserebersdorf
und Albern

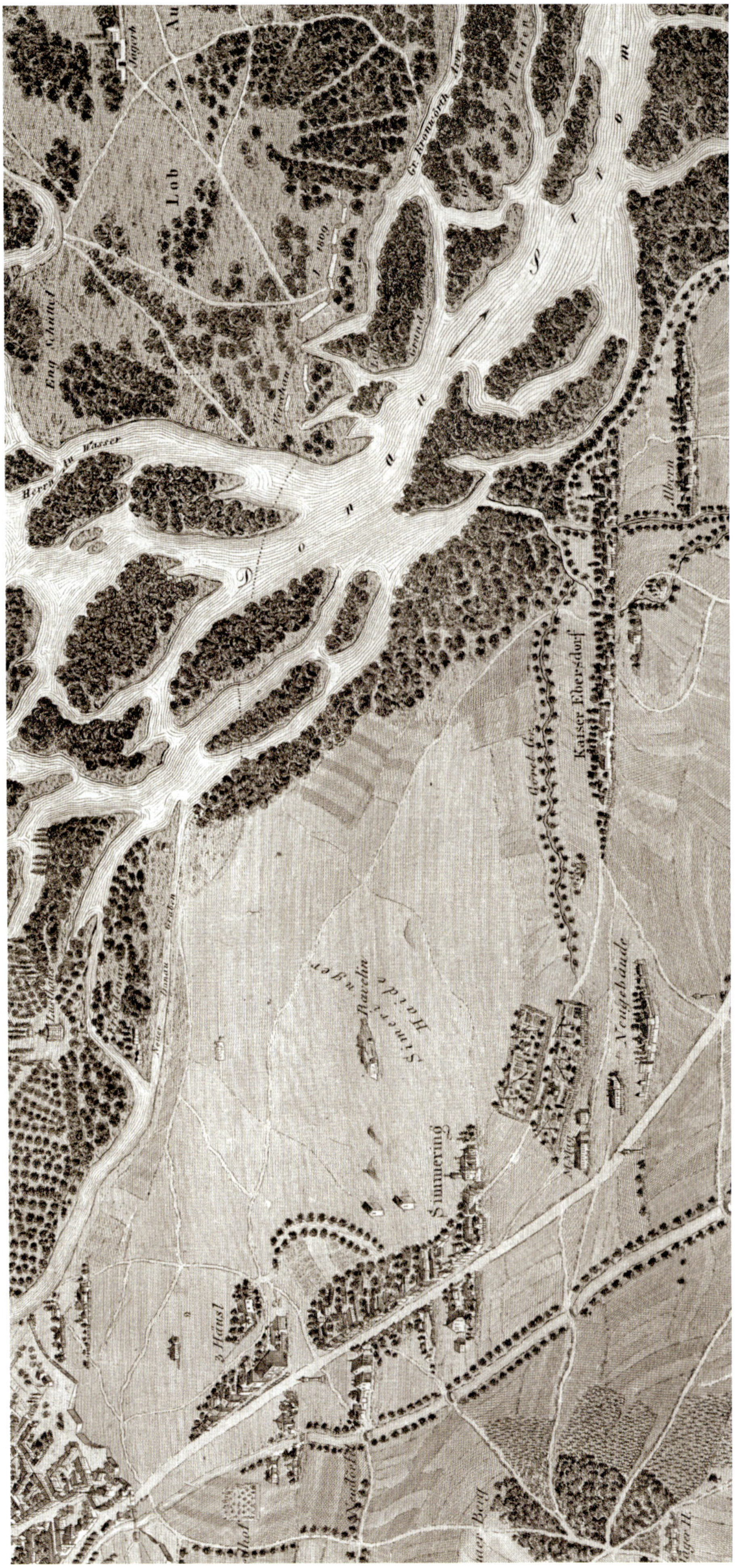

Ausschnitt der Perspektivkarte um 1830 von Franz Xaver Schweickhardt

Simmering (Vorort)

Simmering wurde erstmals 1028 urkundlich erwähnt. Es war im Mittelalter ein Bauerndorf mit der Kirche St. Laurenz im Zentrum.

Die Simmeringer Haide war ein Weidegebiet und wurde während der Ersten Türkenbelagerung im Jahre 1529 als Zeltlager der Türken benutzt.

Ab 1605 gab es in Simmering eine Brauerei, die über drei Jahrhunderte eine wichtige Einnahmequelle für den Ort war.

1797 begann der Bau des Wiener Neustädter Kanals, der dann 1803 eröffnet wurde (siehe Abb. 61 links). Grund für den Bau war, dass die Stadt Wien durch die steigende Einwohnerzahl mehr Bedarf an Bau- und Brennholz hatte (siehe Abb. 62). Ein einziges Pferd reichte aus, um mit einem langen Kanalschiff 30 Tonnen zu bewegen. Demgegenüber hatte ein Pferd mit einem Fuhrwerk auf der ebenen Straße eine Zugleistung von nur einer Tonne. Dass der Kanal schon nach etlichen Jahrzehnten infolge des zügigen Ausbaus des Eisenbahnnetzes an Bedeutung verlieren sollte, war zu Projektbeginn keineswegs absehbar. So führte die Aspangbahn vom einstigen Kanalhafen des Wiener Neustädter Kanals über Wiener Neustadt nach Aspang (siehe Karte 17).

Simmering wurde 1805 und 1809 von den Franzosen geplündert und verwüstet.

Nachdem 1849 die Simmeringer Waggonfabrik gegründet worden war und sich auch die Firma Mautner Markhof (Brauerei und Lebensmittel) in Simmering niedergelassen hatte, begann Ende der 1860er Jahre eine neuerliche Industrialisierungswelle, wie z. B. 1869 die Erste österreichische Jutespinnerei und Weberei. Da Simmering über genügend freie Flächen und gute Bahnanschlüsse für die Kohleanlieferung verfügte, entstanden hier das Städtische Gas- und Elektrizitätswerk (siehe Abbildung 63).

Die Donauregulierung 1870 bis 1875 ermöglichte eine dauerhafte Nutzung der Simmeringer Haide wie z. B. für Gärtnereien. Im Jahre 1909 wurde auf der Simmeringer Haide der erste Wiener Flugplatz eröffnet. Hier fanden auch 1909/10 die ersten Schauflüge Österreichs statt.

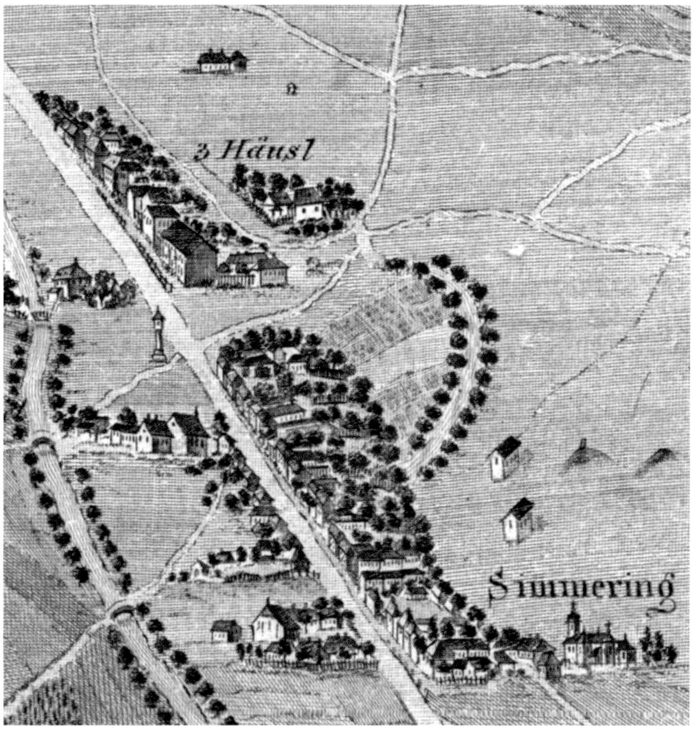

Abbildung 61: Simmering um 1830 (234 Häuser mit 2.376 Einw.)

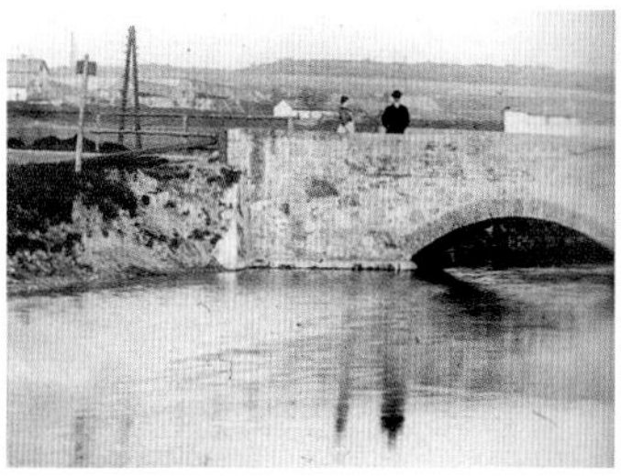
Abbildung 62: Wiener Neustädter Kanal mit Steinbrücke (Foto um 1900). Von 1803 bis 1879 zogen die Pferde Lastkähne, die Holz, Kohle und Ziegel nach Wien transportierten.

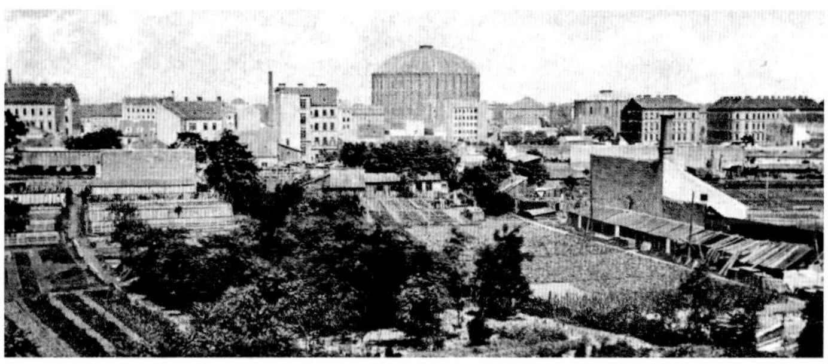
Abbildung 63: Blick gegen den Gasometer um 1900

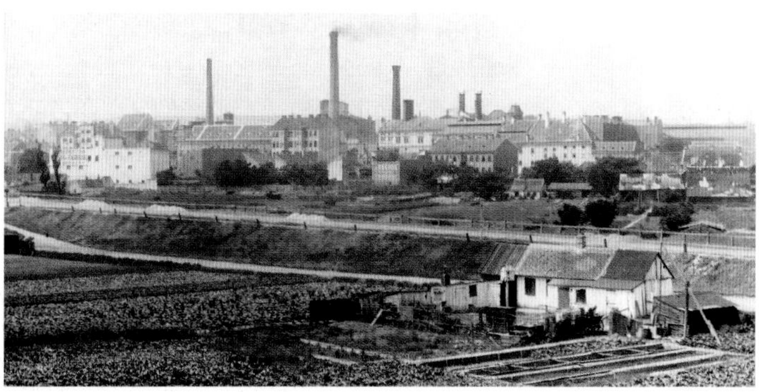
Abbildung 64: Vom Bahndamm der Staatsbahn gegen die Simmeringer Brauerei

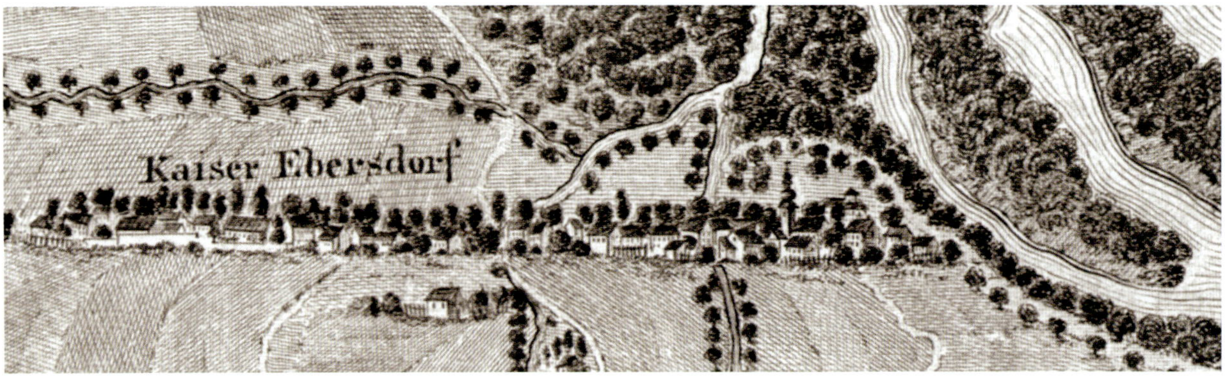

Abbildung 65: Kaiserebersdorf um 1830 (138 Häuser mit 1.136 Einwohnern)

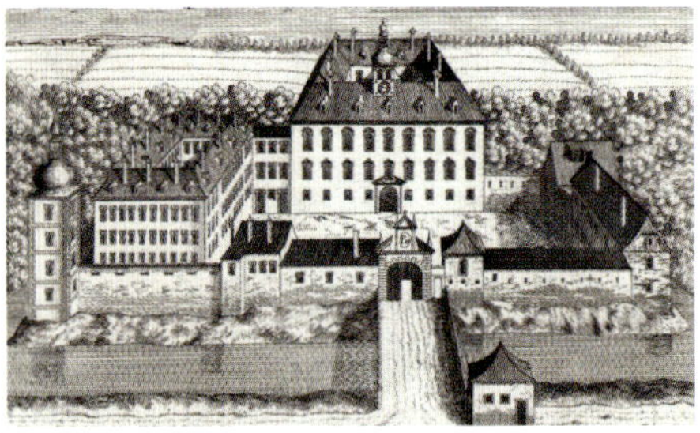

Abbildung 66: Schloss Kaiserebersdorf um 1670. Der Wassergraben rund um das Schloss ist heute noch erkennbar.

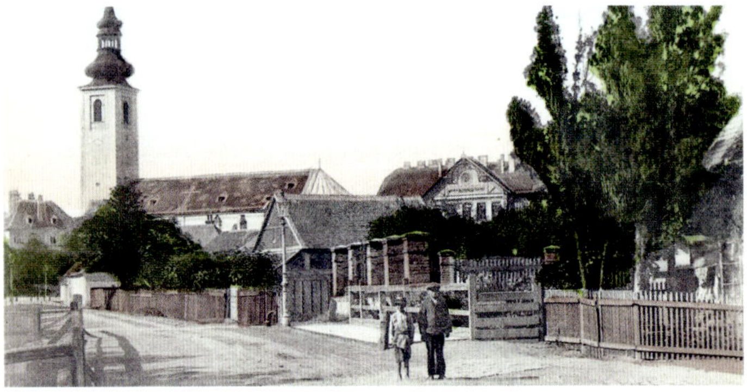

Abbildung 67: Die Pfarrkirche von Kaiserebersdorf wurde um 1750 im barocken Stil erweitert. Da die 1834 gründlich renovierte Kirche eine Wallfahrtskirche war, wurde sie früher von den Wienern gerne besucht. Es gab Prozessionen (Foto um 1910).

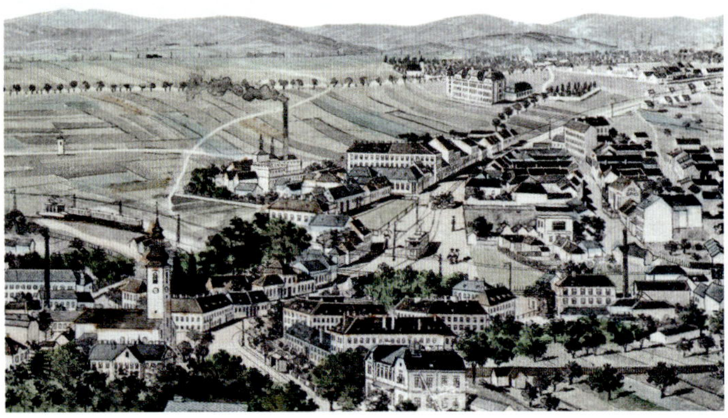

Abbildung 68: Kaiserebersdorf um 1915. Links im Bild fährt die Pressburger Bahn und in der Bildmitte die Straßenbahnlinie 73. Diese wurde auf Grund der Kraut- und Kohlfelder entlang der Strecke im Volksmund auch „Pletschen-Express" genannt.

Kaiserebersdorf

Der Ort, urkundlich 1108 erstmals erwähnt, war im Mittelalter Sitz eines mächtigen Adelsgeschlechts. Zumindest seit dem 13. Jh. bestand hier eine mittelalterliche wehrhafte Burg. Diese wurde 1485 von den Truppen des Matthias Corvinus belagert und auch eingenommen. Im Jahre 1499 kam die Burg infolge eines Gütertausches an die Habsburger, die es zu einem Jagd- und Lustschloss ausbauten. Der wildreiche Auwald war ein ideales Jagdgebiet. Da das Schloss sowohl bei der Ersten als auch bei der Zweiten Türkenbelagerung zerstört bzw. verwüstet wurde, baute man es in veränderter Form immer wieder auf. So wie das Schloss wurde bei den beiden Türkenbelagerungen auch der Ort zerstört und jedes Mal wieder aufgebaut.

Unweit des alten Ortskernes ließ Kaiser Maximilian II. ab 1569 ein Lustschloss mit einer gigantischen Gartenanlage errichten - das Neugebäude. Der Bau blieb unvollendet. Ab dem 17. Jh. wurden Teile der Anlage abgebaut oder verlegt; das noch von 1778 bis 1918 als Munitionsdepot genutzte Schloss verkam. Auch 1809 wurde der Ort durch die Truppen Napoleons verwüstet.

In der zweiten Hälfte des 19.Jh. entstanden industrielle Betriebe. Der Mühlbach, von der Schwechat abgeleitet, floss durch das Zentrum und diente zur Wasserversorgung der Fabriken. Seit 1874 existierte auf Kaiserebersdorfer Gebiet der Zentralfriedhof. In diesem Jahr nahm auch eine Pferdestraßenbahn den Betrieb auf, die die Verbindung von der Innenstadt zum Zentralfriedhof herstellte.

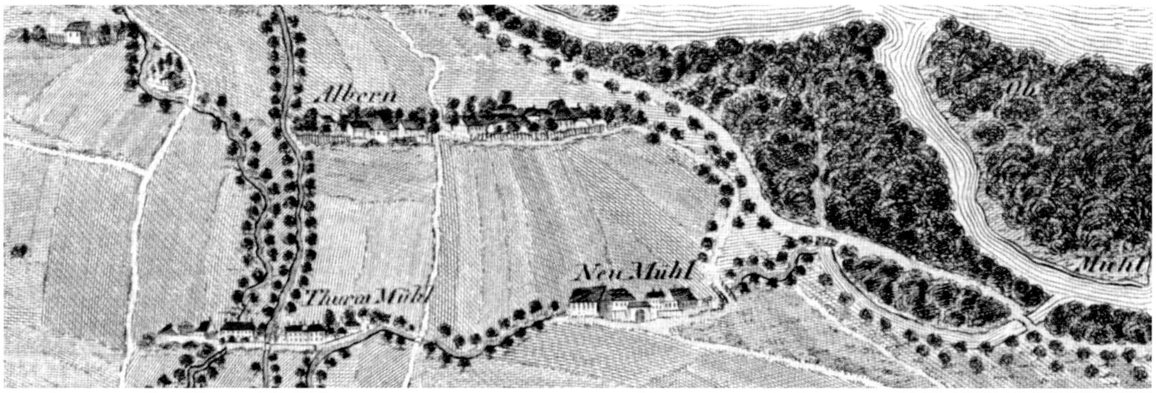

Abbildung 69: Albern um 1830 (22 Häuser mit 179 Einwohnern)

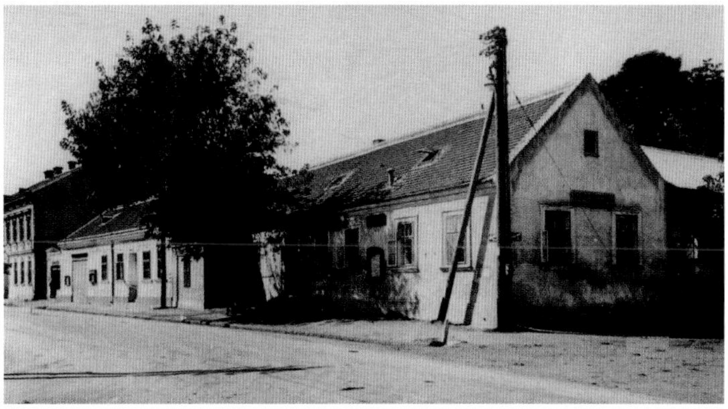

Abbildung 70: Mannswörther Straße in Albern in Richtung Kaiser-ebersdorfer-Straße (Foto um 1930)

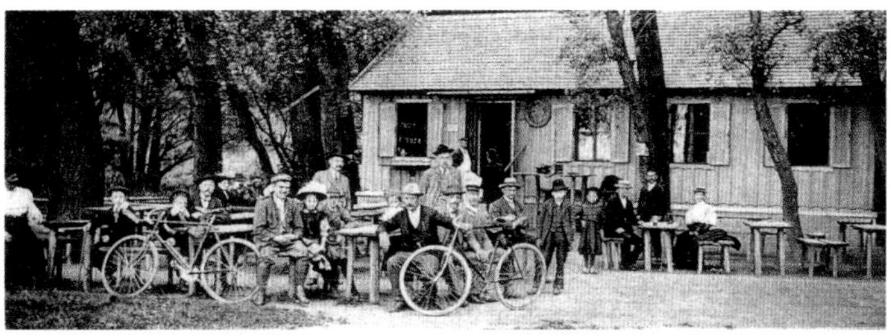

Abbildung 71: Das Gasthaus „Zum Friedhof der Namenlosen" stand bis 2016 am Ufer der Donau beim Hafen Albern. Es war ein bereits in den 1870er Jahren bestehender Ausflugsort an der Donau.

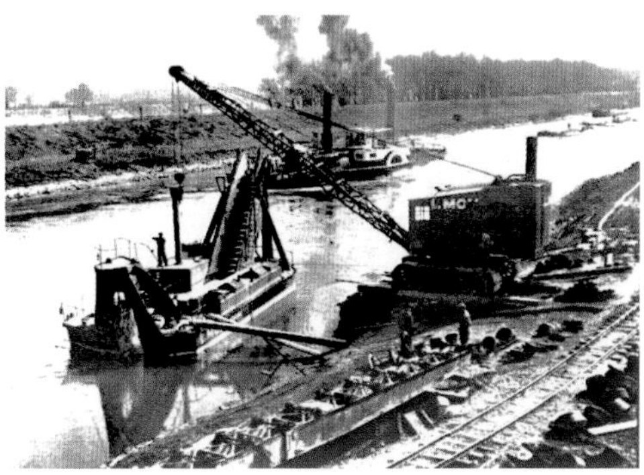

Abb. 72: Bauarbeiten beim Bau des Alberner Hafens im Jahre 1939. Er ist eines der wenigen verwirklichten Teilstücke des für Wien geplanten Donaugroßhafens. Kriegsbedingt wurde nur das noch bestehende Hafenbecken verwirklicht. Heute ist er ein Umschlagplatz von Baustoffen, landwirtschaftlichen Produkten und Stahlerzeugnissen.

Albern

Die erste urkundliche Erwähnung des Ortes erfolgte im Jahre 1162. Die Einwohner des kleinen Ortes lebten vor allem vom Fischfang.

Der Ort wurde durch Donauhochwasser in den Jahren 1501, 1618 und 1775 komplett zerstört und musste wiederaufgebaut werden. Erst die 1875 fertiggestellte Wiener Donauregulierung verbesserte die Situation erheblich. In dem vom Hochwasser geplagten Gebiet blieb nur das heutige Albern bestehen.

Albern ist vor allem durch den Friedhof der Namenlosen bekannt. Auf diesem wurden von 1840 bis 1940 insgesamt 582 Donauleichen (Wasserleichen) bestattet, deren Identität meist unbekannt war. Hier gab es auch das Gasthaus „Zum Friedhof der Namenlosen" (siehe Abbildung 71).

Von der Industrialisierung blieb der Ort zunächst eher unberührt. Während des 18. Jh. gab es bei Albern zeitweise eine Textilfabrik.

Der Alberner Hafen mit seinen fünf Getreidespeichern wurde unter der Herrschaft des Nationalsozialismus von Zwangsarbeitern errichtet. Hier sollte Getreide aus Ost- und Südosteuropa nach Deutschland transportiert werden (siehe Abb. 72).

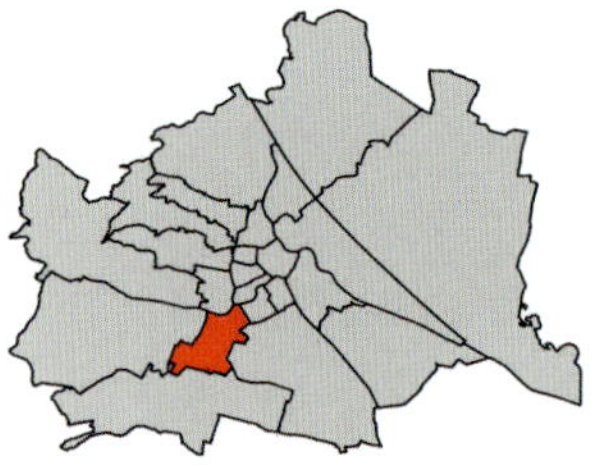

12. Bezirk (Meidling)

Ehem. Vororte:

Meidling, Gaudenzdorf, Hetzendorf und Altmannsdorf

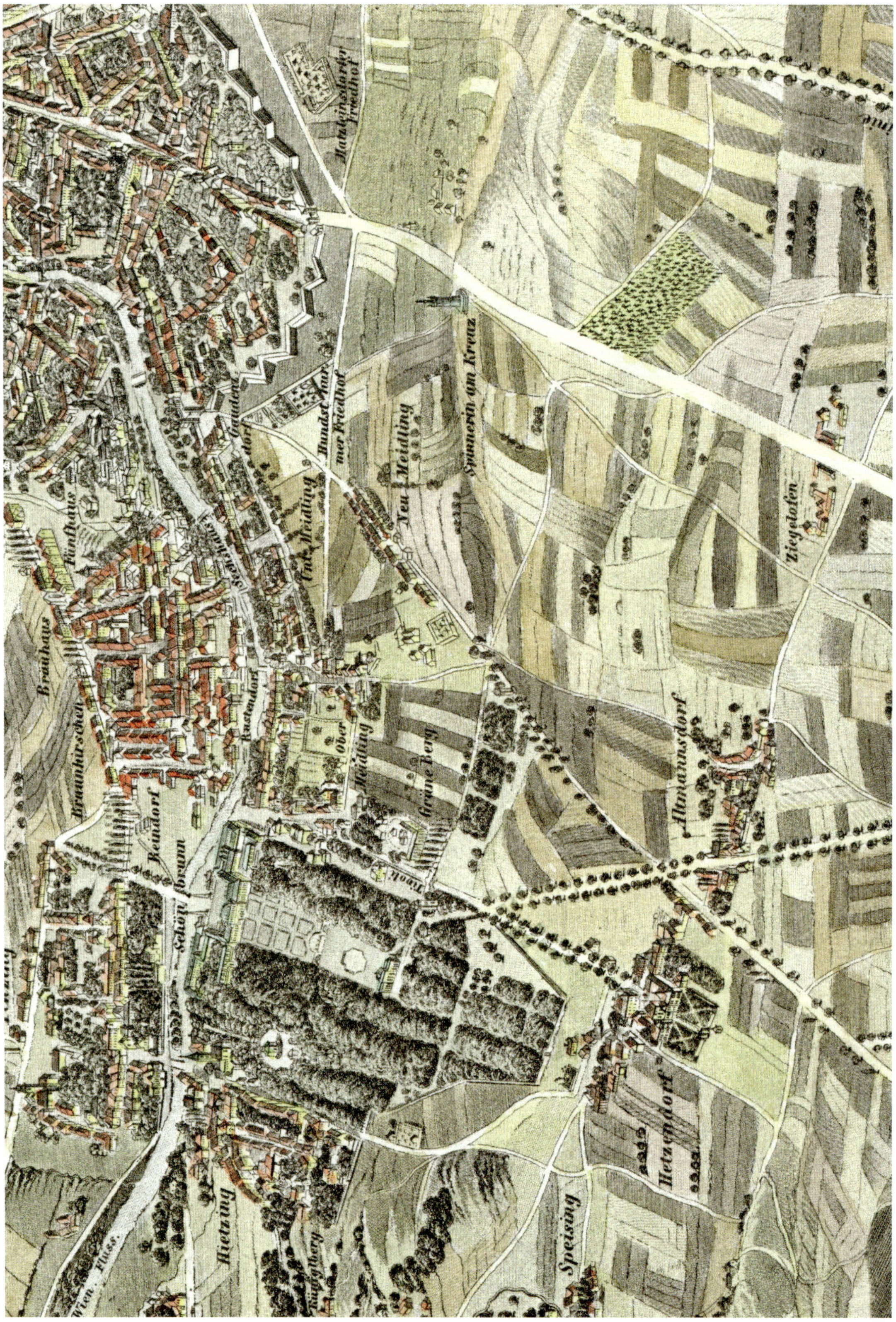

Ausschnitt der Perspektivkarte um 1830 von Franz Xaver Schweickhardt

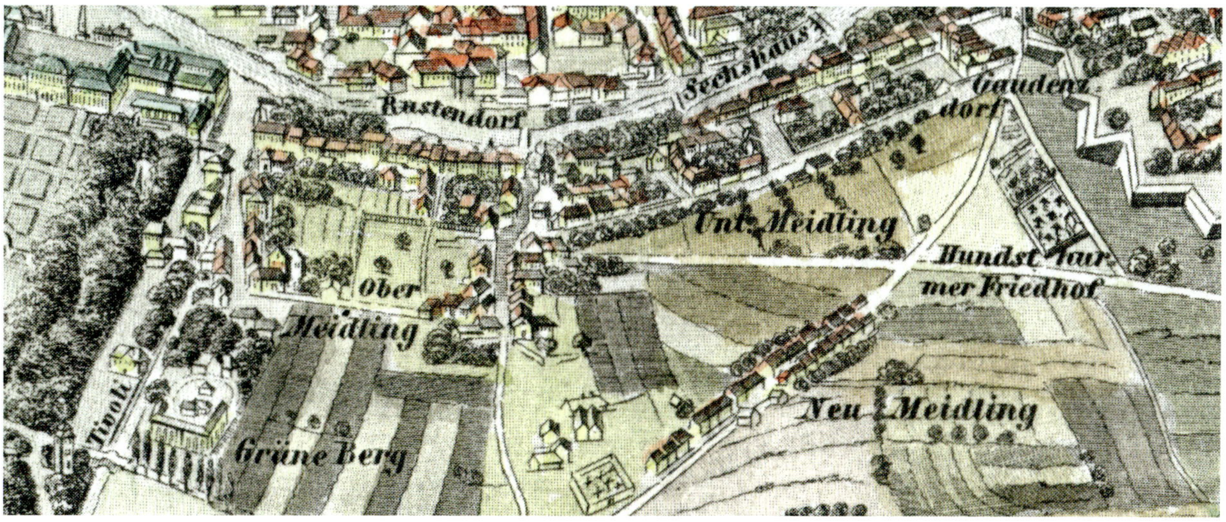

Abbildung 73: Vorort Meidling um 1830 (133 Häuser mit 1.533 Einwohnern)

Meidling (Vorort)

Der Altkern des Vorortes liegt am Anfang der Meidlinger Hauptstraße (zwischen Lobkowitzbrücke und Tivoligasse). Im Mittelalter wurde hauptsächlich Feld- und Weinbau betrieben. Im 16. Jh. hatte die Ortschaft schon eine beträchtliche Ausdehnung, doch litt sie unter den Türkeneinfällen 1529 und 1683 ebenso wie durch immer wiederkehrende Überschwemmungen des Wienflusses.

Anstelle des bei der Zweiten Türkenbelagerung zerstörten Niederhofs, eines Gutshofes, ließ Joseph I. am Rand des waldreichen „Gatterhölzl" einen Jagdsitz errichten. Maria Theresia stellte das nach ihr benannte Schlösschen 1766 für die Einrichtung einer Wollzeugfabrik zur Verfügung. Als diese bald darauf nach Linz verlegt wurde, gestaltete man das Gebäude 1773 zum Badehaus einer schwefelhältigen Quelle um (Theresienbad). 1819 entdeckte man eine weitere schwefelhältige Quelle (Pfannsches Mineralbad). Diese Quellen sowie die Nähe zu Schönbrunn machten Meidling bis zum Einsetzen der Industrialisierung zu einer beliebten Sommerfrische.

Ende des 18. Jh. begannen sich Industriebetriebe anzusiedeln. Dadurch wurde der Bezirk bald zu einem „Arbeiterbezirk".

Meidling besaß schon im 19. Jh. zwei beliebte Vergnügungsstätten Tivoli und Weigls Vergnügungsetablissement. Das Biedermeier-Lokal Tivoli mit schönem Garten und herrlicher Aussicht war vor allem bei den begüterten Wienern beliebt (siehe Abb. 75).

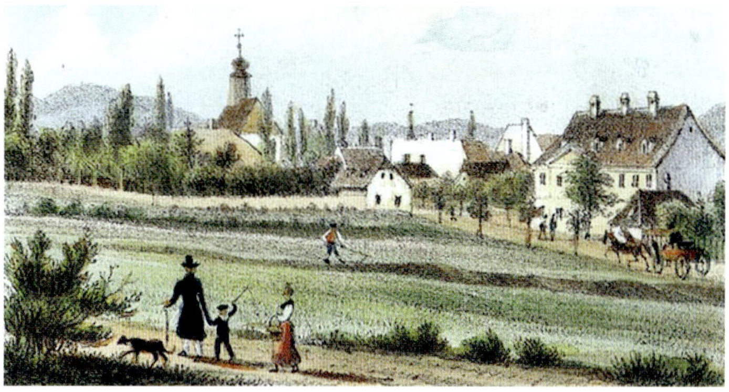

Abbildung 74: Meidling um 1800 mit der Pfarrkirche

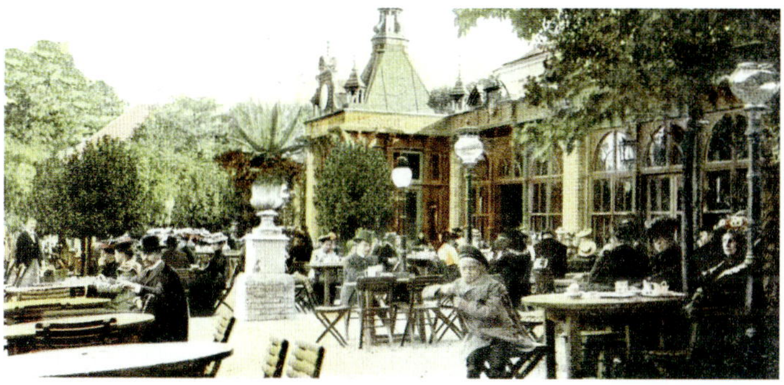

Abbildung 75: Lokal am Tivoli um 1900

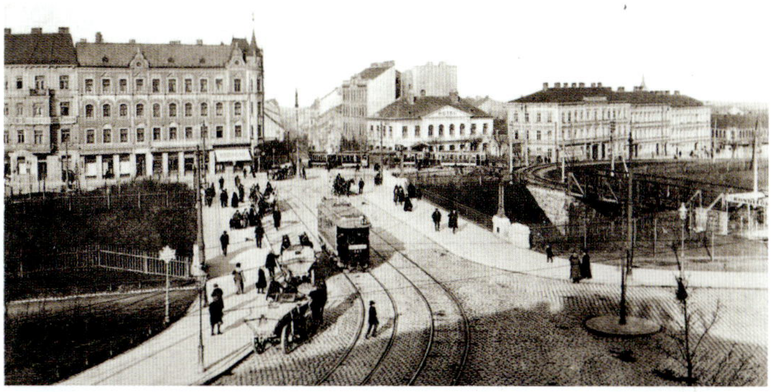

Abbildung 76: Philadelphiabrücke mit Blick gegen Meidlinger Hauptstraße (Foto um 1904)

Gaudenzdorf

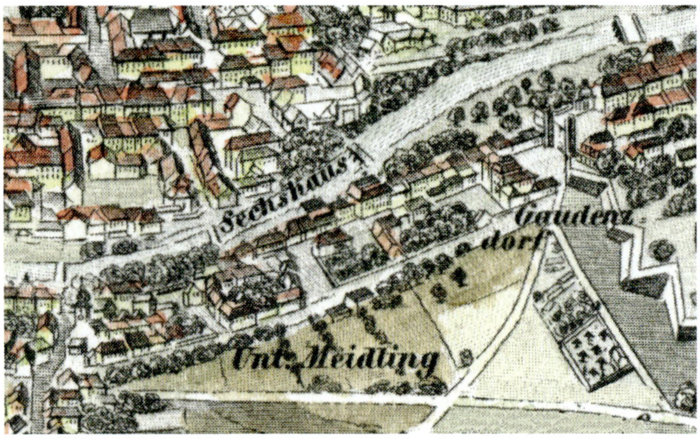

Abbildung 77: Gaudenzdorf um 1830 (168 Häuser mit 2.433 Einw.)

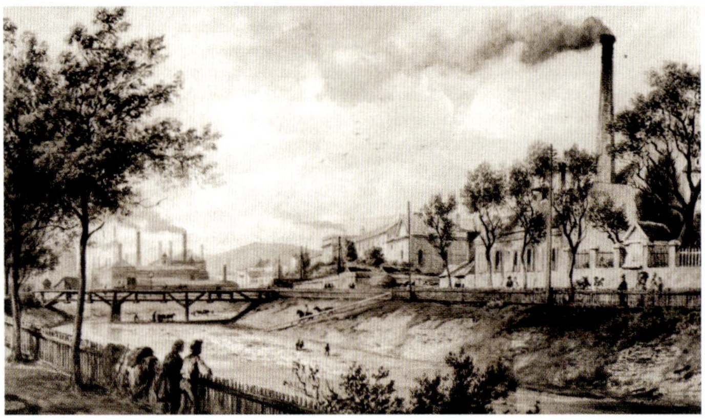

Abbildung 78: Fabrikanlagen entlang des Wienflusses im 19. Jh. Die von den Betrieben ausgehende Gesundheitsbedrohung war für die ansässige Bevölkerung katastrophal.

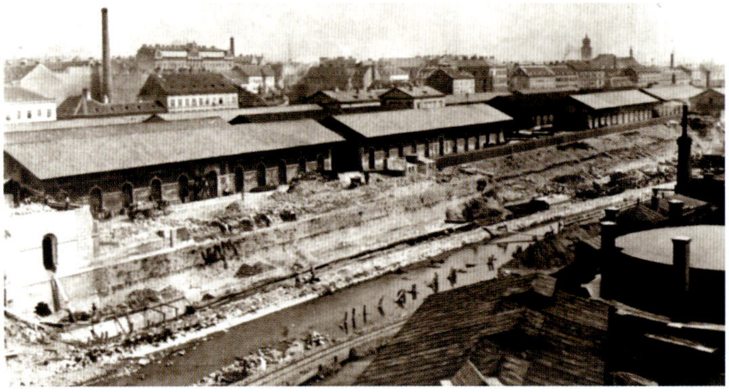

Abbildung 79: Wienflussregulierung bei der Gaudenzdorfer Gasanstalt (Foto um 1896)

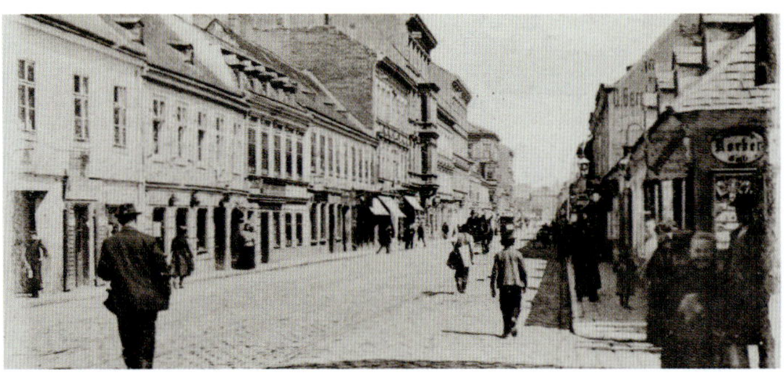

Abbildung 80: Schönbrunner Straße gegen Gaudenzdorfer Gürtel

Gaudenzdorf entstand 1819 als eigenständige Ortsgemeinde durch Ausscheiden aus dem Vorort Meidling. Ursprünglich befand sich hier der Ort Meinhartsdorf, der sich entlang der heutigen Schönbrunner Straße bis zur Längenfeldgasse erstreckte.

Die ersten Bewohner von Gaudenzdorf waren vornehmlich Fischer und Wäscherinnen, die ihr Gewerbe am Wienfluss ausübten. Diesen wurde die Erwerbsgrundlage entzogen, als sich Färber und Gerber ansiedelten, da diese ihre Abwässer in den Fluss leiteten. Die Fische starben aus und das Wasser war zum Waschen zu sehr verschmutzt. Aus den kleineren Handwerksbetrieben entwickelten sich allmählich größere. So gründete 1836 Josef Gierster ein Brauhaus und einen terrassenförmig angelegten Gasthausgarten mit Tanzsälen, die sich großer Beliebtheit erfreuten.

Während der Märzrevolution 1848 kam es auch in Gaudenzdorf im Bereich des Linienwalls zu Unruhen (siehe Abb. 25). Es bildeten sich Arbeiterversammlungen, einige Gastwirtschaften und Tabaktrafiken wurden geplündert. Im Oktober kam es wieder zu Krawallen von Handwerkern und Arbeitern, die mit den Arbeitsverhältnissen höchst unzufrieden waren. Schließlich richtete das Infanterieregiment unter Graf Colloredo-Mannsfeld beim Hundsturmer Friedhof ein Gemetzel unter den Nationalgardisten an (siehe dazu auch Abb.25).

Die Industrialisierung setzte 1855 mit der Gründung des Gaudenzdorfer Gaswerks ein (siehe Abb. 79 rechts unten). 1856 folgte eine Ölfabrik und 1857 eine Fabrik, die Seife und Kerzen herstellte. 1866 wurde von Gerbern die erste Gewerkschaft in Gaudenzdorf gegründet und es kam wegen der schlechten Arbeitsbedingungen und der niedrigen Löhne zu ersten Streiks.

Die am Wienfluss liegenden Häuser waren bei starken Regenfällen oft von den schnell ansteigenden Wassermassen betroffen. Jeder bedeutende Regenguss, der über den Wienerwald niederging, füllte das Bett in kurzer Zeit mit braunen Fluten. Dies änderte sich erst mit der Wienflussregulierung Ende des 19. Jh. (siehe Abb. 29 und 79). Für die Bewohner verminderte sich dadurch nicht nur die Seuchengefahr, sondern brachte auch neue Erwerbsmöglichkeiten für die Bevölkerung.

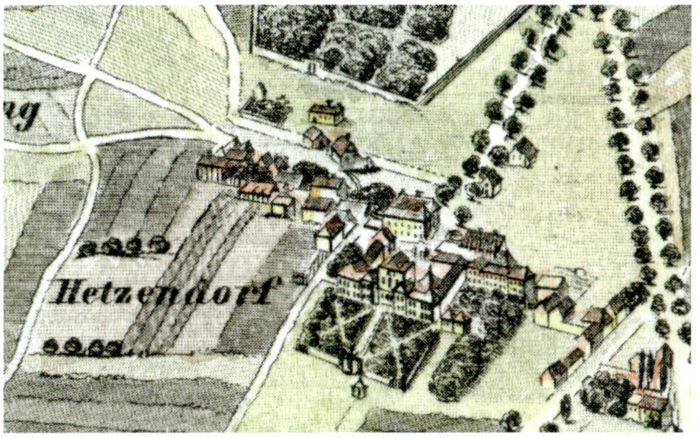

Abbildung 81: Hetzendorf um 1830 (53 Häuser mit 435 Einwohnern)

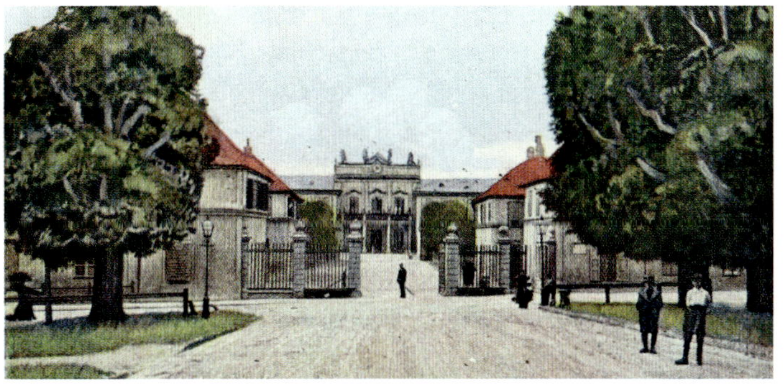

Abbildung 82: Hetzendorfer Straße mit Schloss (Foto um 1900)

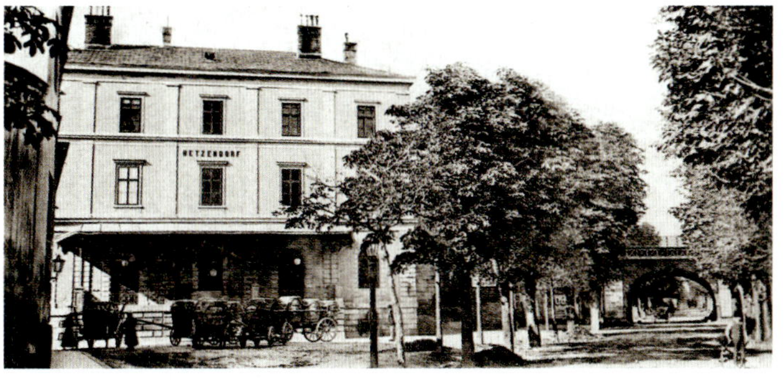

Abbildung 83: Bahnstation Hetzendorf und Brücke über die Altmannsdorfer Straße (Foto um 1898)

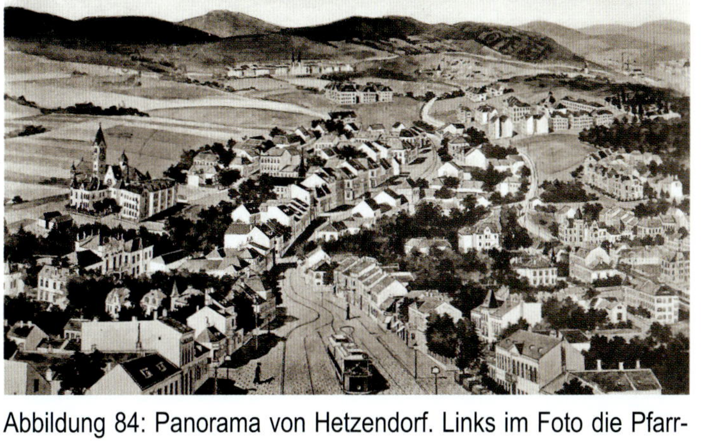

Abbildung 84: Panorama von Hetzendorf. Links im Foto die Pfarrkirche von Hetzendorf, die mit dem Pfarrhof durch Arkaden verbunden ist (Foto um 1912).

Hetzendorf

Die erste urkundliche Erwähnung Hetzendorfs geht auf das Jahr 1114 zurück. In diesem Jahr wurde das Gebiet als spärlich besiedeltes „Heideland" dem Stift Klosterneuburg übertragen. Ab diesem Jahr mussten die wenigen Siedler („Lehensleute") des Gebietes an das Kloster Steuern und Abgaben zahlen. Belege für die Existenz einer Dorfsiedlung gab es erst 1190.

Während der beiden Türkenbelagerungen 1529 und 1683 wurde der Ort verwüstet und auch die Bevölkerung stark dezimiert.

Nach dem Abzug der Türken 1683 wurde Hetzendorf ein beliebter Sommerfrischeort und zog viele Adelige an, die beträchtliches Land, wie Ackerflächen, Weinrieden, Weiden aufkauften und respektable Landhäuser und Meierhöfe errichteten.

Das Schloss Hetzendorf, ein Barockschloss, wurde 1694 errichtet und später erweitert. Auch residierte Kaiser Josef II. im Schloss Hetzendorf. Er ließ zur Unterbringung seines Hofstaates ausgedehnte Nebengebäude errichten. In den letzten Jahren des 18. Jh. feierte der junge Kaiser Franz II. glanzvolle Feste im Schloss. Anfang des 20. Jh. wohnte hier der spätere Kaiser Karl I., der letzte Kaiser Österreichs.

Während der „Napoleonischen Kriege" (1805 und 1809) wurde der Ort in Mitleidenschaft gezogen. Das Schloss wurde von kroatischen, sächsischen und französischen Truppen als Hauptquartier besetzt.

Ende des 18. Jh. hatte Hetzendorf den Charakter einer Villensiedlung. Im Ort war, so wie in den Nachbarorten Altmannsdorf und Meidling, der Weinbau die wichtigste Erwerbsquelle der Bewohner.

Die Pfarrkirche Hetzendorf wurde erst in den Jahren 1908/1909 errichtet (siehe Abb. 84). Vorher diente die Kapelle im Schloss Hetzendorf als Pfarrkirche.

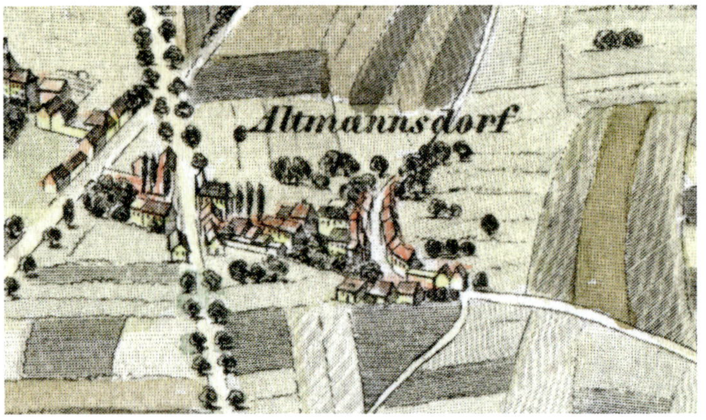

Abbildung 85: Altmannsdorf um 1830 (52 Häuser mit 310 Einw.)

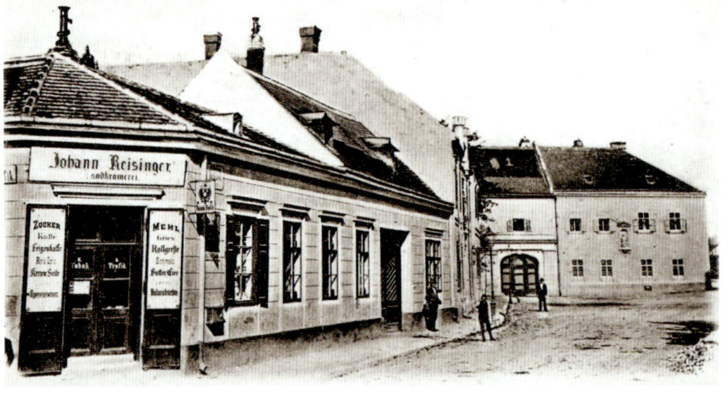

Abbildung 86: Rechts im Hintergrund sieht man einen Teil von Schloss Altmannsdorf, ein ehemaliger Gutshof des Augustinerordens (Foto 1905).

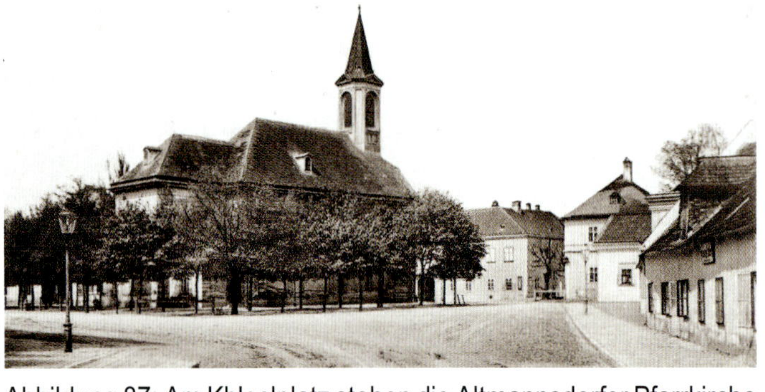

Abbildung 87: Am Khleslplatz stehen die Altmannsdorfer Pfarrkirche sowie der ehemalige Gutshof (Foto 1904).

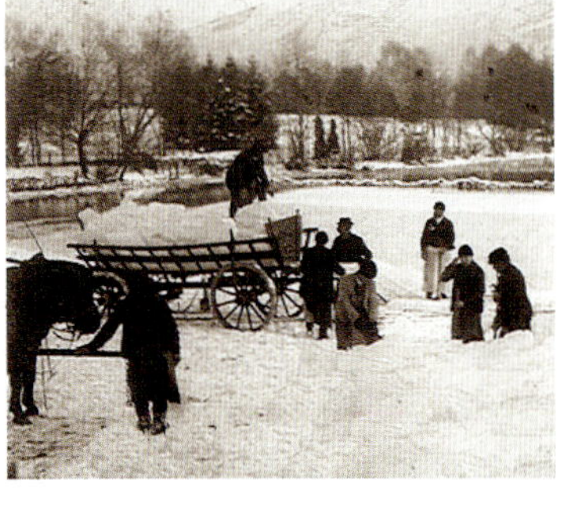

Abbildung 88: Brechen von Eis und Transport an einem See. Das Eis wurde dann in Eiskellern eingelagert bis Brauereien, Gaststätten, Haushalte und Molkereien es als Stangeneis kauften. Ohne Natureis wäre die Versorgung der schnell wachsenden Städte kaum möglich gewesen. So war bei einem sehr milden Winter, wenn die Eisernte nur gering ausfiel, die Versorgung der Großstadt Wiens unzureichend (Foto 1899).

Altmannsdorf

Altmannsdorf dürfte bereits Anfang des 12. Jh. als Ort bestanden haben, wird jedoch erst um 1136 urkundlich genannt; der älteste Ortskern ist der Dreiecksanger des Khleslplatzes (früher Kirchenplatz). Dieser ist einer der wenigen dreieckigen Angerplätze in Österreich. 1290 ist bereits von einer St.-Oswald-Kapelle die Rede.

Die „Beschuhten Augustiner" besaßen von 1444 bis zu ihrer Ordensauflösung 1812 die Herrschaft Altmann. Im 15. Jh. bildeten Kapelle, Oswaldhof und Grundherrschaft eine Einheit; außerdem gab es ein Halterhaus. 1539 wurde den Augustinern die Verwaltung der Altmannsdorfer Güter entzogen und einem kaiserlichen Administrator unterstellt.

Durch Kampfhandlungen während der beiden Wiener Türkenbelagerungen wurde das Dorf und damit auch das Schloss zerstört und später wieder aufgebaut. Die napoleonischen Truppen richteten 1809 im Augustinerhof ein Feldspital ein.

Nach Auflösung des Augustinerordens 1812 wurde der Augustinerhof verkauft und vom neuen Besitzer zu einem biedermeierlichen Landsitz umgestaltet (siehe Abbildung 86).

An Stelle der schon im Mittelalter erwähnten Oswaldkapelle, die während der beiden Türkenbelagerungen zerstört und danach wieder aufgebaut wurde, steht die Altmannsdorfer Pfarrkirche. Errichtet wurde sie in der heutigen Gestalt in den Jahren 1838/39.

In Altmannsdorf befand sich in der zweiten Hälfte des 19. Jh. ein Eiswerk. In diesem wurden im Winter Eisblöcke erzeugt, die zur Kühlung von Kellern, aber auch als Kühlmittel in den Vorläufern der Kühlschränke, den Eiskästen, verwendet wurden. Zur Eisproduktion wurden flache Seen angelegt, deren Wasser im Winter zu Eis fror (siehe Abb. 88). Dieses wurde in Blöcke geschnitten, in Kellern verwahrt und in den wärmeren Jahreszeiten verkauft. Das Wasser für die Eisproduktion wurde einer Reihe von Schöpfbrunnen und einem kleinen Bach entnommen, der offen durch Altmannsdorf und danach am Eiswerk vorbei ins freie Gelände floss. Während der wärmeren Jahreszeit wurde die Anlage auch als Bewässerungsanlage für Gemüsebeete verwendet.

13. Bezirk (Hietzing)

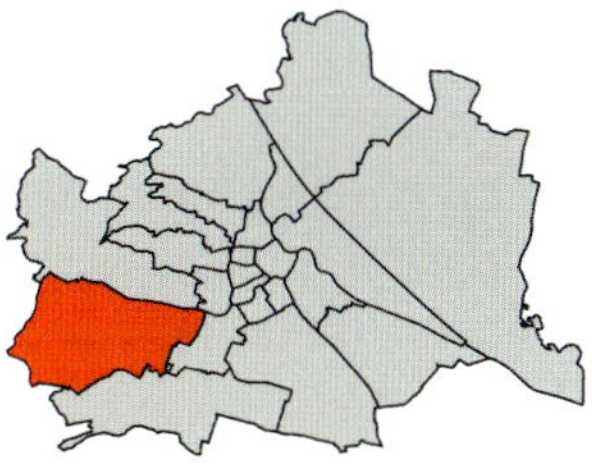

Vororte:
Hietzing, Lainz, Speising, Unter-St. Veit, Ober-St. Veit und Hacking

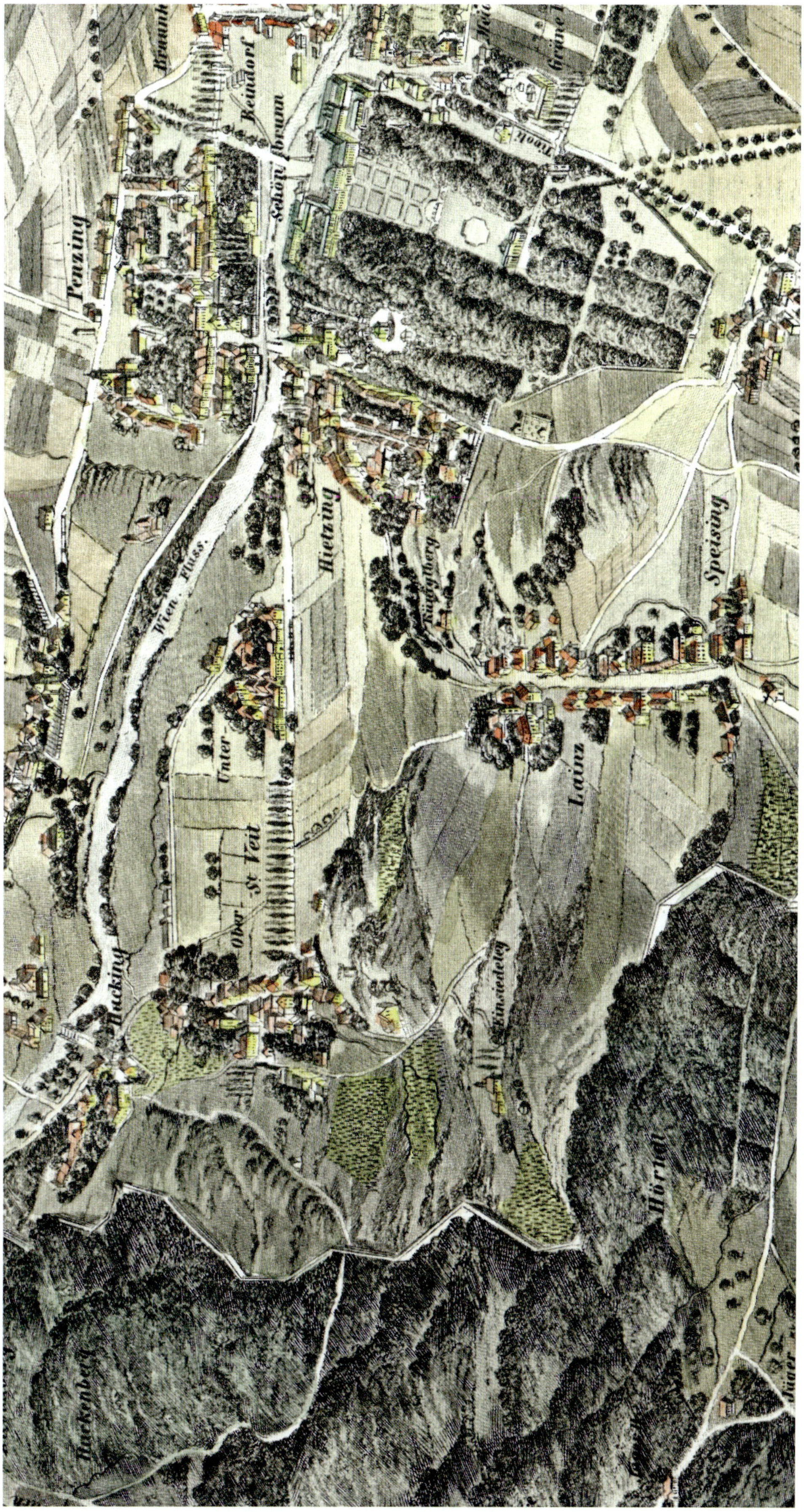

Ausschnitt der Perspektivkarte um 1830 von Franz Xaver Schweickhardt

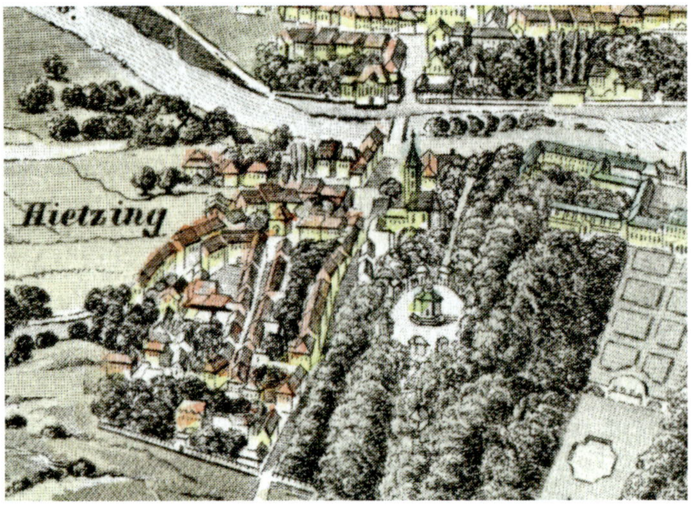

Abbildung 89: Hietzing um 1830 (180 Häuser mit 1.045 Einwohnern)

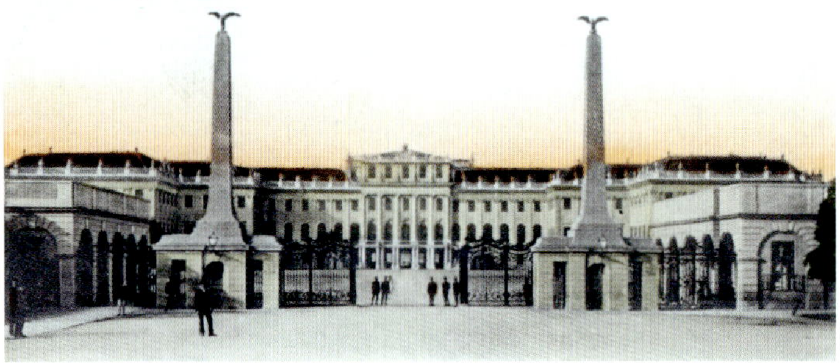

Abbildung 90: Schloss Schönbrunn um 1905

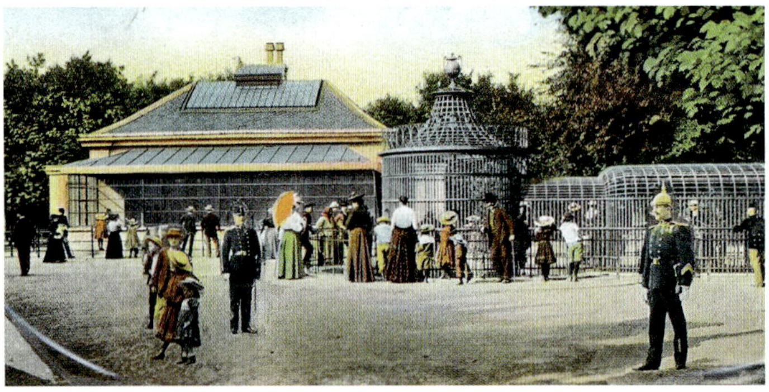

Abbildung 91: Der Tiergarten bestand bereits ab 1570. Er diente vor allem der Jagd. Kaiser Franz I. ließ eine Menagerie (Tiergehege) anlegen. Anfangs war sie nur der kaiserlichen Familie vorbehalten und wurde 1778 auch der Öffentlichkeit zugänglich gemacht.

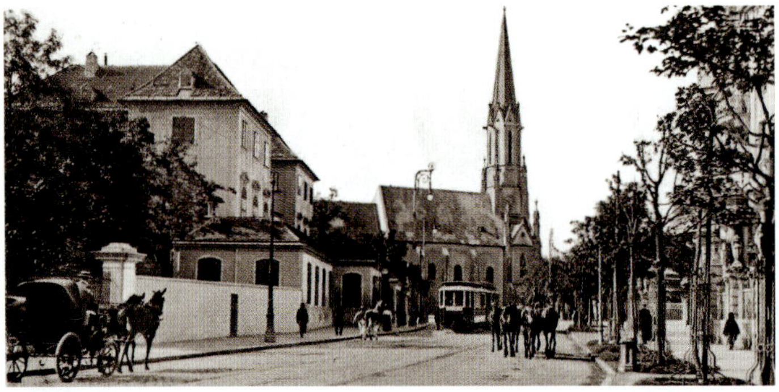

Abbildung 92: Die Hietzinger Kirche, erstmals 1253 erwähnt, wurde einige Male zerstört und wiederaufgebaut (Foto 1910).

Hietzing

Die Anfänge des Orts reichen ins 11. Jh. zurück, die erste urkundliche Nennung erfolgte 1130. Hier befand sich eine Furt, die durch den Wienfluss führte, an deren Stelle nach 1800 eine hölzerne, später steinerne Brücke trat. Bereits im 13. Jh. gab es eine Kapelle.

Urkundlich erwähnt wird 1312 am Wienfluss die „Kattermühle". 1548 erwarb der Wiener Bürgermeister Bayer den Grundbesitz und baute sie zu einem Herrensitz aus, der Katterburg. 1569 gelangte das Anwesen mit dem Herrenhaus durch Maximilian II. in habsburgischen Besitz. Damit war der Grundstein für einen repräsentativen Wohnsitz sowie für einen Lust- und Tiergarten gelegt.

Die kleine Ansiedlung wurde 1483/1484 bei den Ungarneinfällen und 1529 durch die Türken fast zur Gänze zerstört, entwickelte sich danach zum Wallfahrtsort (Hietzinger Kirche). Auch bei der Zweiten Türkenbelagerung (1683) wurde der Ort verwüstet. Anstelle der von den Türken zerstörten Katterburg ließ Kaiser Leopold I. auf den noch vorhandenen Grundmauern im Jahre 1696 das Schloss Schönbrunn mit einer Parkanlage errichten. Erst Kaiserin Maria Theresia ließ 1743 für sich das Schloss großzügig zum Sommersitz ausbauen (siehe Abb. 90).

Die Nähe des kaiserlichen Hofes brachte im Ort starke Bautätigkeit mit sich, galt es doch, Quartiere für Adelige und Beamte zu schaffen. Der Palast war von der Mitte des 18. Jh. bis 1806 die Sommerresidenz der Könige und Kaiser des Reiches und dann bis zum Ende des Ersten Weltkrieges des österreichischen Kaiserhauses.

Die Stellwagen, die von der Stadt nach Hietzing fuhren, förderten auch die Entstehung von florierenden Vergnügungsetablissements, die von den Wiener Bürgern gerne aufgesucht wurden, z. B. das „Dommayers Casino" gegenüber der Hietzinger Kirche und die „Neue Welt". Letzteres war ein sommerliches Vergnügungsetablissement, das von 1861 bis 1882 in Betrieb war. Es handelte sich dabei um ein parkartiges Areal mit Schloss, Tanzfläche, Restaurant, Sommervarieté, Kaffeehaus, Arena (für 1000 Zuschauer) und Orchesterpavillons.

In der 2. Hälfte des 19. Jh. kam es in Hietzing zu einer cottageartigen Villenverbauung.

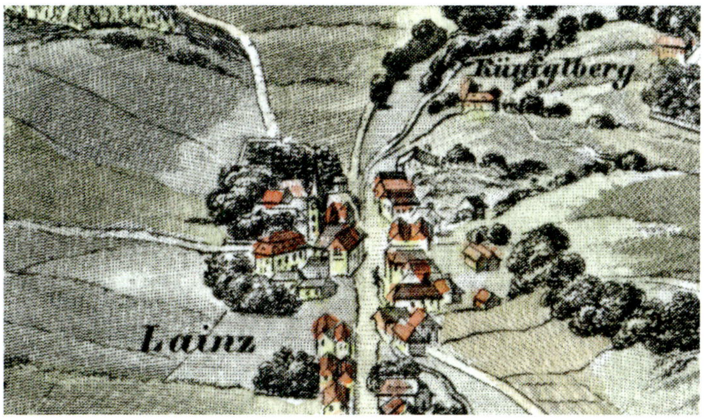

Abbildung 93: Lainz um 1830 (48 Häuser mit 359 Einwohnern)

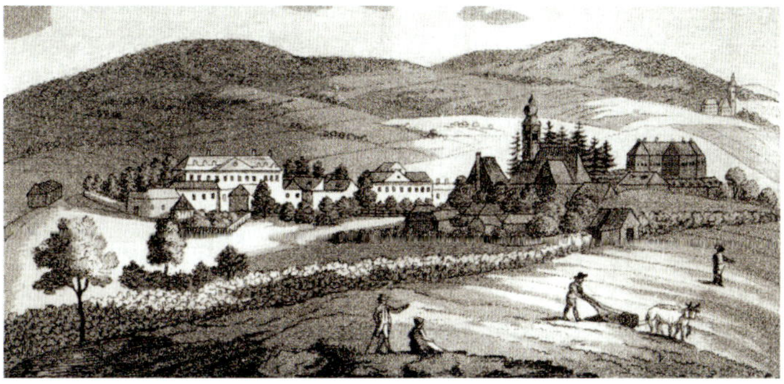

Abbildung 94: Lainz liegt östlich vom Lainzer Tiergarten (Kupferstich um 1800).

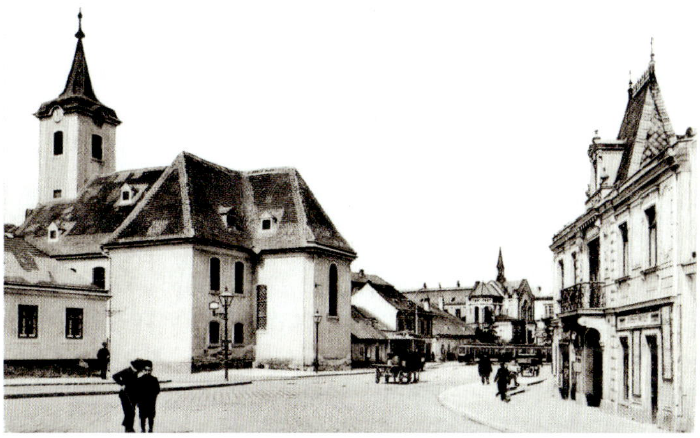

Abbildung 95: Lainzer Straße mit Lainzer Kirche und dem Jesuitenkloster im Hintergrund (Foto um 1903)

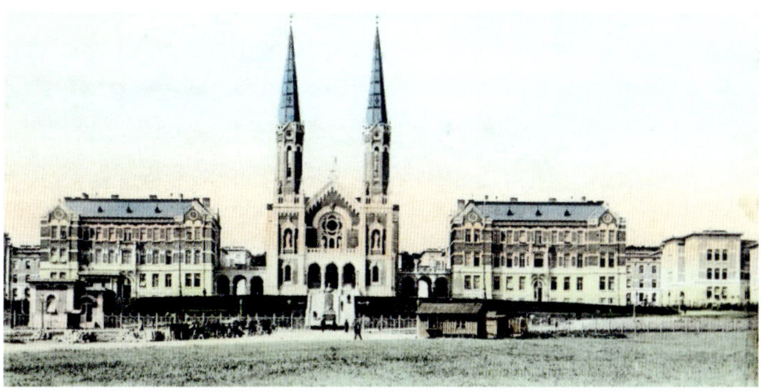

Abbildung 96: Versorgungsheim Lainz mit der Anstaltskirche (Foto um 1910

Lainz

Der historische Ort Lainz bestand aus einigen Gehöften am Lainzer Sattel, dem Durchgang zwischen Wienerwald und Küniglberg entlang der Lainzer Straße. Der Siedlungsbeginn dürfte im 11. oder 12. Jh. zu finden sein. Erstmals urkundlich erwähnt wird das Jahr 1313. Die Grundsteinlegung der Lainzer Dreifaltigkeitskirche dürfte 1421 gewesen sein, die lange Zeit das Dasein einer stillen Dorfkirche führte.

Damals waren Lainz und Speising eine kleine Ansiedlung und hatten eine enge Beziehung zueinander. Die Bewohner lebten von der Holzschlägerei, von der Verarbeitung des Holzes zu Bauholz und von der Kohlenbrennerei. Landwirtschaft wurde nur für den Eigenbedarf betrieben.

Die beiden Türkeneinfälle von 1529 und 1683 haben auch hier starke Schäden zugefügt. Sie waren nach dem zweiten Kriegssturm der Türken so groß, dass die Lainzer Kirche abgebrochen und 1736 durch einen Barockbau ersetzt wurde.

Ein um 1830 nachweisbares kaiserliches Jagdschloss, das auch eine Kapelle besaß, wurde 1884 vom Jesuitenorden erworben, umgebaut und zur Abhaltung von Exerzitien bestimmt. Anstelle der Kapelle entstand 1886 die neuromanische Kirche „Zum Heiligsten Herzen Jesu" (siehe Abb. 95).

Nachdem die Lainzer Straße bis Schönbrunn befestigt und 1860 die Verbindungsbahn erbaut wurde, errichteten reiche Geschäftsleute aus Wien hier Villen. Lainz verlor damit auch seinen Dorfcharakter. Hinzu kommt noch, dass 1883 die Anbindung an die Dampftramway von Hietzing bis nach Mödling erfolgte. All das führte auch zu einem starken Ausflugsverkehr und einem wirtschaftlichen Aufschwung.

1902 bis1904 wurde von der Stadtverwaltung das große Versorgungsheim Lainz für alte und pflegebedürftige Menschen im Pavillonsystem errichtet. Mittelpunkt der Anlage ist die Anstaltskirche, die Karl-Borromäus-Kirche (siehe Abb. 96).

Der Lainzer „Tier- und Saugarten" wurde erstmals 1457 urkundlich erwähnt. Dieser ist durch das Lainzer Tor leicht zu erreichen und seit 1919 für die Bevölkerung geöffnet (siehe nächste Seite).

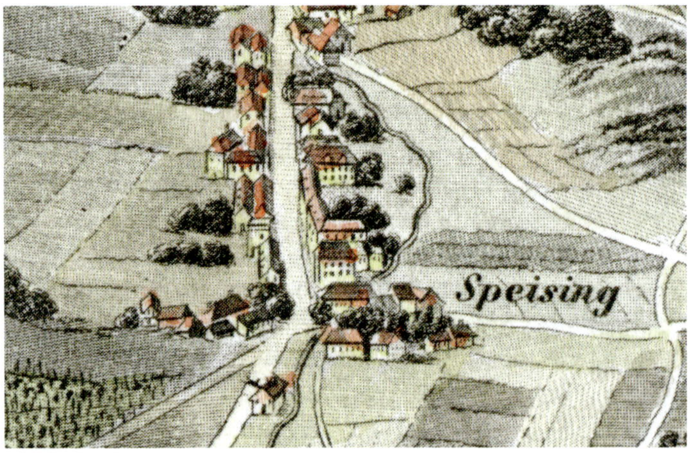

Abbildung 97: Speising um 1830 (49 Häuser mit 384 Einwohnern)

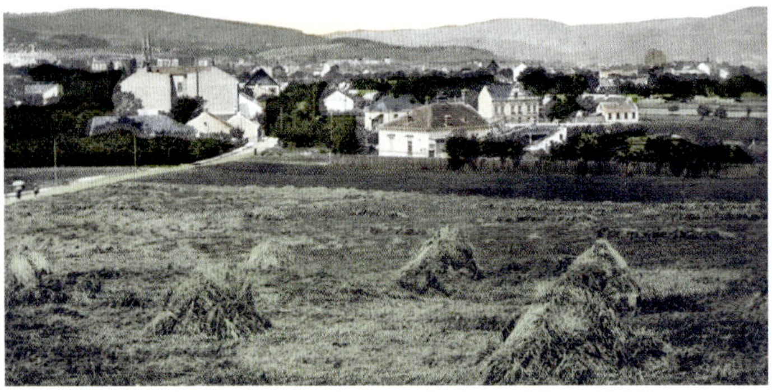
Abbildung 98: Speising vom Rosenhügel aus (Foto 1912)

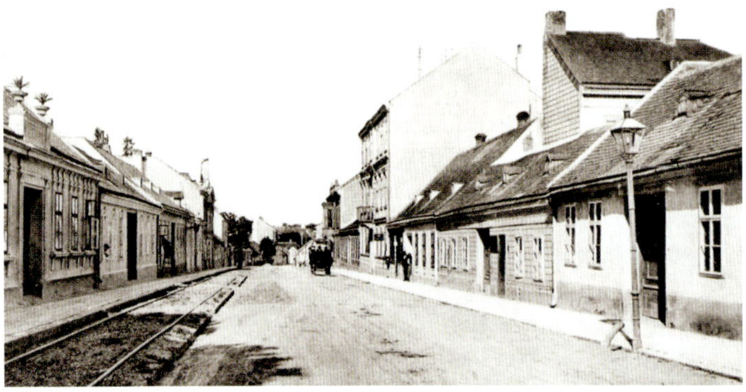
Abbildung 99: Speisinger Straße um 1910. Links im Foto sieht man die Gleise der Dampftramwaylinie der Strecke von Hietzing bis nach Mödling.

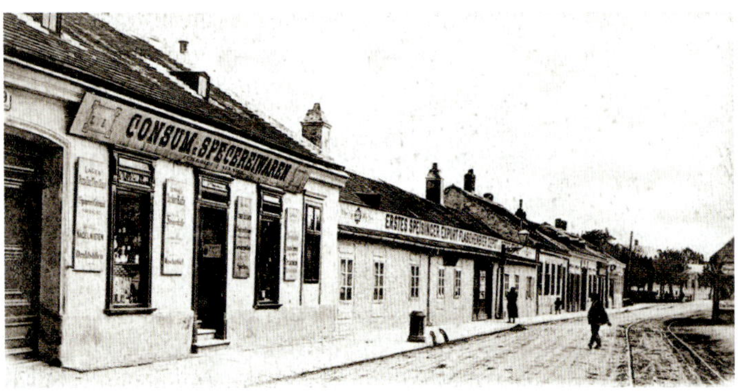

Abbildung 100: Häuserzeile in der Speisinger Straße (Foto 1898)

Speising

Die Geschichte von Speising ist eng mit der von Lainz verbunden und beide waren zur Zeit ihrer Entstehung im 11. oder 12. Jh. kleine Siedlungen von Holzfällern und Bauern. Speising entstand als planmäßig angelegtes Gassendorf mit einer regelmäßigen zweizeiligen Bebauung des schmalen Ortsweges, der heutigen Gallgasse. Die erste urkundliche Erwähnung von Speising erfolgte 1365. Die Gutsherren von Lainz waren dieselben wie von Speising. Die Entwicklung der Orte war deshalb beinahe identisch.

Wegen der relativ ungeschützten Lage der Ortschaft hatte die Bevölkerung unter den Kriegseinwirkungen und dabei besonders während der Ersten Türkenbelagerung 1529 zu leiden.

Als Kaiser Ferdinand 1561 die östlich von Lainz und Speising liegenden Waldungen kaufte und sie zu einem kaiserlichen Jagdrevier machte, fanden auch viele Ortsbewohner hier Arbeit (siehe dazu auch Abb. 94). Er ließ um das Jagdrevier einen Holzzaun bauen. Der ursprüngliche Zaun umschloss dabei nur einen kleinen Bereich des heutigen Areals und erforderte immer wieder intensive Reparaturmaßnahmen. Es gab ein absolutes Betretungsverbot außer für von der Kaiserfamilie geladene Gäste. Diese Einfriedung sollte das dem Kaiserhaus vorbehaltene Revier vor Wilderern schützen, aber auch verhindern, dass Wildtiere die umliegenden Siedlungen heimsuchten. Erwähnt sei, dass die Angehörigen der Kaiserfamilie fanatische Jäger waren. Speising und Lainz wurden 1609 als gern besuchte Jagdorte des Kaisers Matthias erwähnt. Weil aber zu viele Wilderer den Holzzaun überstiegen und offenbar auch Wildtiere immer wieder durchbrachen, ließ Kaiser Josef II. in den Jahren 1782 bis 1787 eine Tiergartenmauer bauen, die mit 22 km Länge eine viel größere Fläche als das ursprüngliche Jagdrevier einnimmt.

Das erste Schienenverkehrsmittel, das Speising erreichte, war die 1860 erbaute Verbindungsbahn. Gegen Ende des 19. Jh. setzte eine größere Bautätigkeit ein. Ausgelöst wurde diese Entwicklung durch den Bau der Humananstalt (Waisenhaus, Taubstummeninstitut, Rothschildstiftung und Jubiläums-Spital).

Unter St. Veit

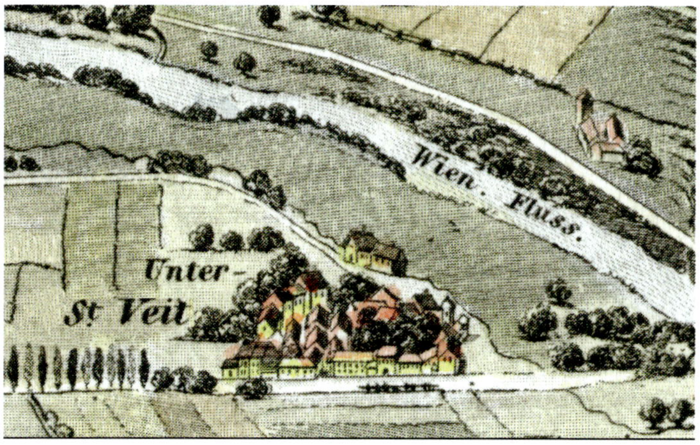

Abbildung 101: Unter St. Veit um 1830 (86 Häuser mit 752 Einwohnern)

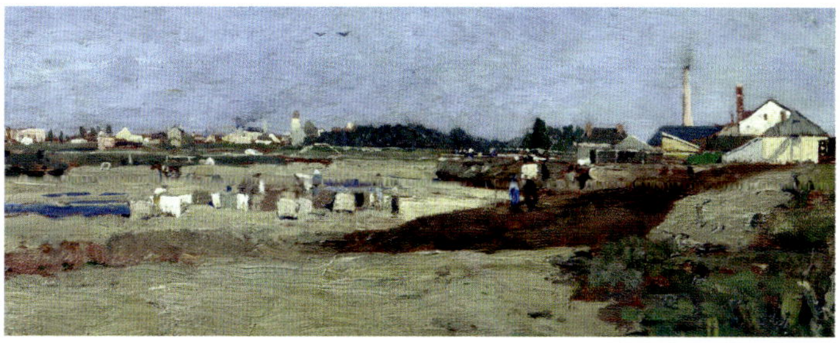

Abbildung 102: Wäscherinnen an der Wien bei St. Veit um 1880. Diese benutzten den Wienfluss bis in die 1860er Jahre als Wasserspender und Arbeitsplatz gleichzeitig. Wegen der Verseuchung des Flusses auch in den stadtentfernteren Teilen erließ man 1872 ein Verbot der Flusswäscherei im Wienfluss.

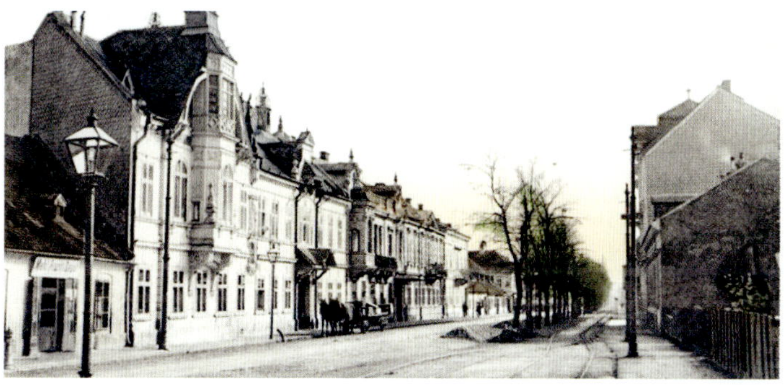

Abbildung 103: In Unter St. Veit entstanden entlang der Hietzinger Hauptstraße gründerzeitliche Villen (Foto um 1905).

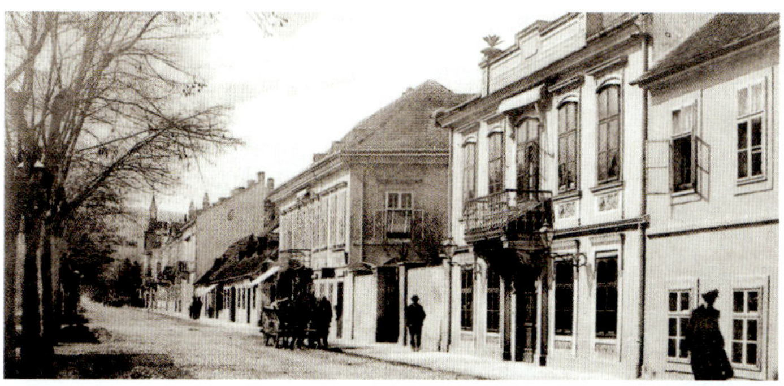

Abbildung 104: Unter St. Veit mit der Hietzinger Hauptstraße (Foto um 1904)

Bis Ende des 18. Jh. war die Gegend des späteren Unter St. Veit nahezu unbesiedelt. Das einzige Anwesen war eine Feldmühle, die 1568 das erste Mal erwähnt wurde. Für lange Zeit war sie das einzige Gebäude in der umliegenden Gras- und Ackerbaufläche.

In der Nähe dieser Feldmühle war gegen Ende des 18. Jh. eine „wilde" Ansiedlung aus Häusern Gewerbetreibender entstanden. Im Jahr 1803 wurden die Häuser legalisiert, Bauplätze für 100 Häuser von der landwirtschaftlich genutzten Flur abgeteilt und an Siedler verkauft.

Es ließen sich zu Beginn vor allem Klein- und Kleinstgewerbetreibende nieder, die für ihre Tätigkeit das Wasser des nahen Wienflusses benötigten: Weber, Gerber, Färber, und verschiedene Wäscher, vor allem Pferdehaarwäscher. Die neue Siedlung nannte sich zunächst „Neudörfel", bald aber schon „Unter St. Veit". Der Ort wuchs rasch. 1862 bis 1865 entstand die Unter St. Veiter Kirche, 1851 eine Galanteriewarenfabrik und 1866 eine Lederfabrik.

Die vielen Zuwanderer waren eine arme, in kleinen Mietwohnungen lebende Arbeiterschicht. Einen Einblick in die ärmlichen Verhältnisse vieler Gewerbefamilien gibt das folgende Beispiel eines Bewohners, dessen Antrag bei der Behörde 1871 auf Erteilung einer Bierausschank abgelehnt wurde. Das Häuschen, wo er lebte, bestand aus einem Gassenladen, einem Wohnzimmer, einem Hofzimmer, einer Küche und einem kleinen Keller. Im Gassenladen hatte sich der Mann eine Greißlerei samt Branntweinausschank eingerichtet, im Wohnzimmer einen Tabakverschleiß, im Hofzimmer und in der Küche wohnte er mit seinen fünf Kindern.

Zu den Wohnhäusern und Werkstätten der Gewerbetreibenden Unter St. Veits gesellten sich im Laufe der Zeit kleinere Landhäuser, aber auch stattliche Villen prominenter Besitzer. So kam es im Ort zu einem Bevölkerungsgemisch aus Arbeitern, Geschäftsleuten sowie reichen Bürgern und Adeligen aus Wien.

Der Wienfluss wurde 1895–1903 reguliert; im gleichen Zeitraum wurde die am südlichen Flussufer verlaufende Teilstrecke der Wiener Stadtbahn gebaut.

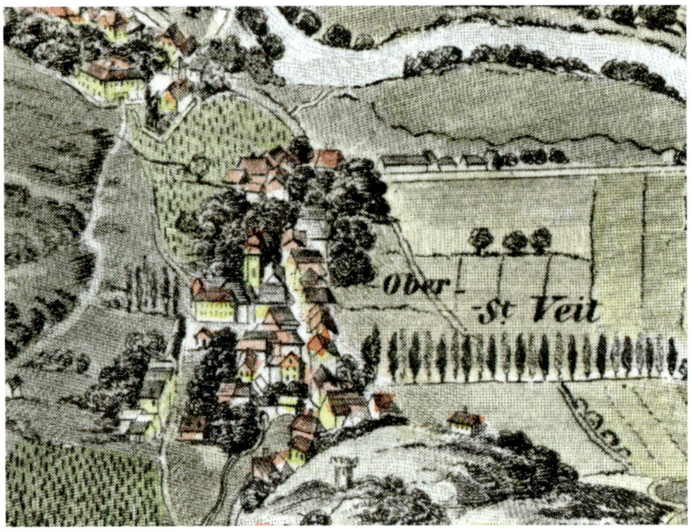

Abbildung 105: Ober St. Veit um 1830 (141 Häuser mit 1.217 Einwohnern)

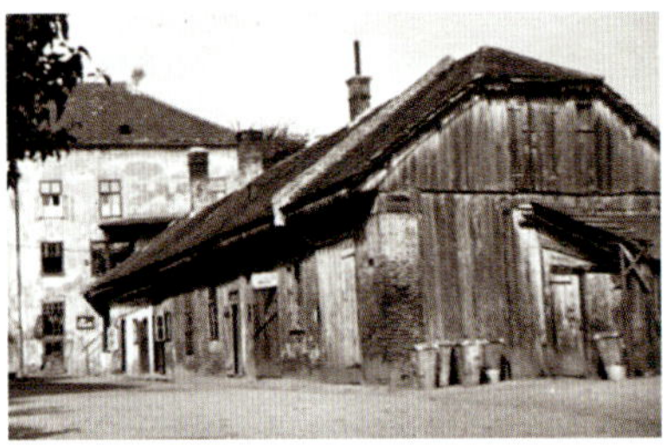

Abbildung 106: In dem niedrigen Gebäudeteil waren 3 Werkstätten untergebracht, wo auch 6 Familien wohnten.

Entlang des Wienflusses haben sich in der 2. Hälfte des 19. Jh. viele kleinere und größere Gewerbebetriebe niedergelassen. Gleichzeitig wurden primitive Arbeiterwohnstätten geschaffen. Das Wasser und auch das Klosett irgendwo draußen waren damals nicht unüblich und der einfache Waschtisch samt Wasserkanne und Kübel eine gewohnte Ausstattung.

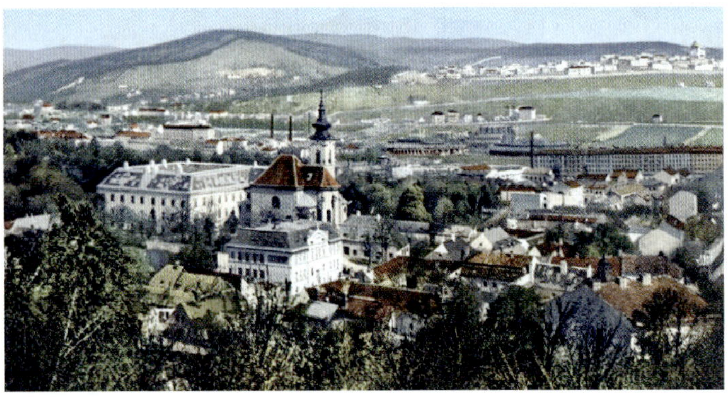

Abbildung 107: Panorama von Ober St. Veit (Foto um 1910)

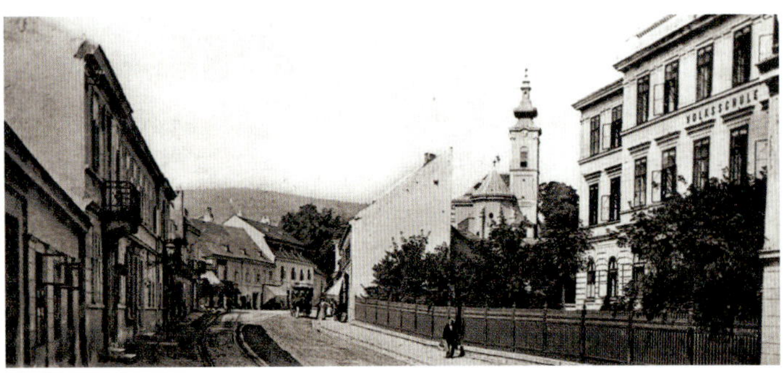

Abbildung 108: Hietzinger Hauptstraße (Foto um 1898)

Ober St. Veit

Der erste schriftliche Nachweis einer Besiedelung geht auf das Jahr 1015 zurück. Erstmals urkundlich erwähnt wird St. Veit 1194.

Auf den Hügeln wurde von dem Adelsherrn eine Feste (Burg) mit einer Kirche gebaut. Diese Bauten gehen auf das 12. Jh. zurück. Wegen der Sicherheit dieses Platzes gegenüber den Überschwemmungen des Wienflusses und anderen Gefahren ist bald auch der Ort entstanden.

Betroffen war Ober St. Veit nach 1480 von den Plünderungen der Söldnerheere des Königs Matthias Corvinus von Ungarn und dann von den Türkenzügen 1529 und 1683. Die Schäden an der Kirche (bereits 1260 als Pfarrkirche urkundlich genannt) wurden bis zu ihrem Neubau 1742 immer nur notdürftig behoben.

Im Jahr 1762 verkaufte Erzbischof Kardinal Migazzi Schloss und Herrschaft Ober St. Veit an Kaiserin Maria Theresia; 1779 kaufte die Erzdiözese beides zurück. Das Schloss Ober St. Veit fand später als Sommerresidenz der Erzbischöfe Verwendung. Im Umfeld des Schlosses kam es zur Ansiedlung landwirtschaftlicher und handwerklicher Betriebe. Anfangs stand der Weinbau im Vordergrund. Dieser wurde durch den Befall der Reblaus immer schwieriger, sodass sich im 19. Jh. die Milchwirtschaft durchsetzte.

Um die Mitte des 19. Jh. begann ein Zuzug wohlhabender Leute, die zahlreiche Villen im oberen Ortsbereich errichteten. Gleichzeitig entstanden im unteren Ortsbereich zum Wienfluss hin Fabriken und Arbeiterwohnungen, so etwa 1844 eine Wagenfabrik und 1882 eine Färberei. Die zahlreichen Arbeiter dieser Fabriken wohnten in primitiven Arbeiterquartieren (siehe Abbildung 106).

In der zweiten Hälfte des 19. Jh. war der Ort wegen seiner schönen Umgebung und seiner guten Luft als Sommeraufenthaltsort der Wiener beliebt. Auch die verbesserten Verkehrsverbindungen spielten dabei eine große Rolle. Ab 1887 führte die so genannte „Schönbrunner Linie" der Dampftramway von Gaudenzdorf bis nach Ober St. Veit. Durch die leichtere Erreichbarkeit des Ortes kamen nicht nur die Sommergäste und Ausflügler nach Ober St. Veit, sondern auch die freien Flächen (vor allem Weingärten) wurden zunehmend mit Villen und Landhäusern verbaut.

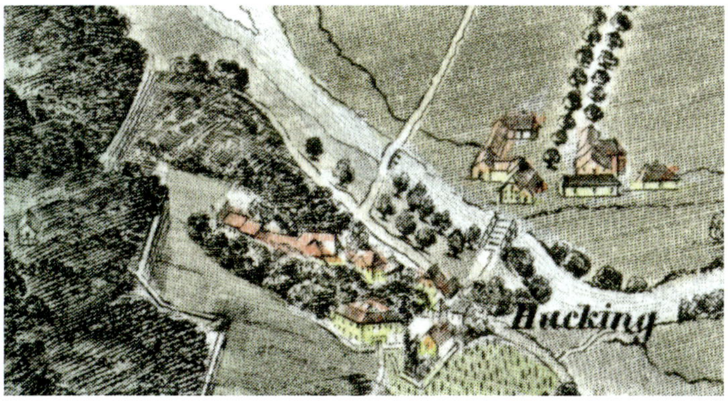

Abbildung 109: Hacking um 1830 (31 Häuser mit 173 Einwohnern)

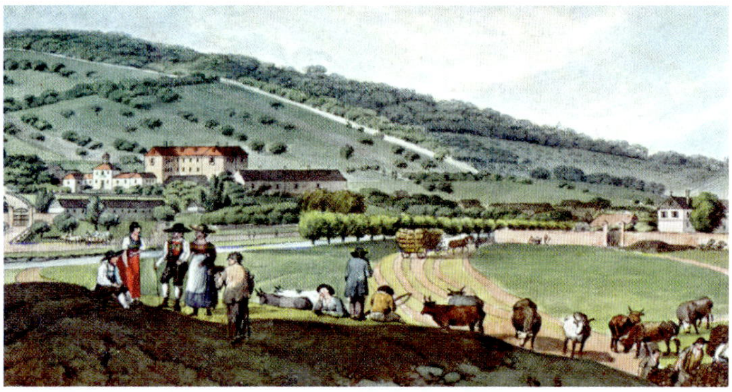

Abbildung 110: Am Fuße des Hagenberges liegt das Schloss Hacking mit der Kapelle und den Wirtschaftsgebäuden und weiter rechts im Tal das Dorf. Ganz rechts, am gegenüberliegenden Wienflussufer, die Hackermühle.

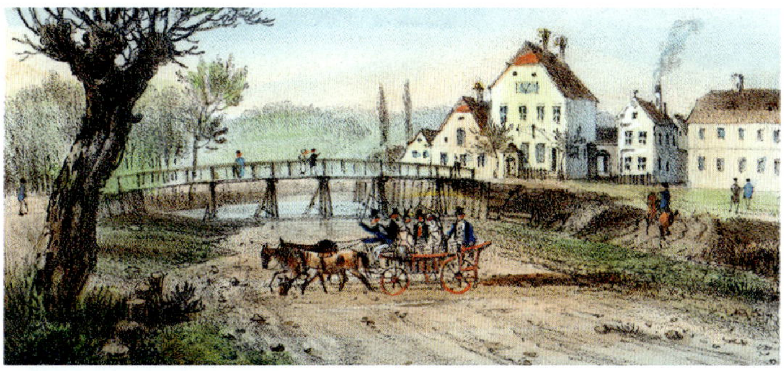

Abbildung 111: Das Bild zeigt den Hackinger Steg für Fußgänger und davor die Furt um 1820. Am rechten Wienfluss ist eine gewerbliche Ansiedlung zu sehen.

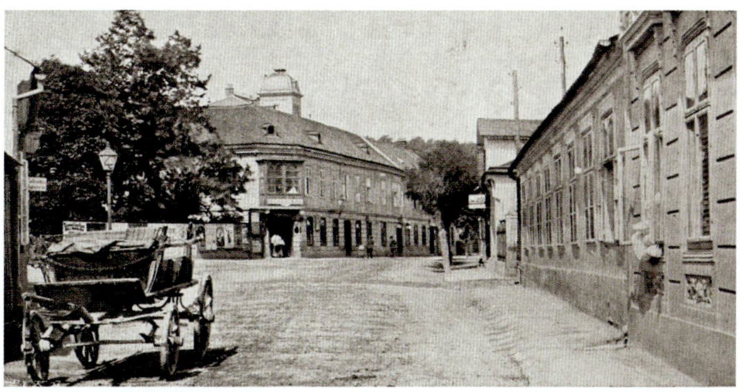

Abbildung 112: Hacking war um 1900 auch ein Sommerfrischeort (Foto um 1903).

Hacking

Hacking wurde erstmals 1156 erwähnt. Der Ort entstand am Hang des Hackinger Berges (heute Hagenberg) unterhalb der Hackinger Festung (Veste), die erstmals im 13. Jh. erwähnt wurde. Die Hackinger Festung war ein strategisch wichtiger Punkt im Wiental. Die Nikolai-Kapelle, die auf das Jahr 1200 zurückgeht, wurde erstmals 1321 erwähnt.

Bei der Ersten Türkenbelagerung 1529 wurde der Ort wie die Festung durch Feuer zerstört. Der Ort entwickelte sich nur langsam und hatte auch 1683 unter den Türken zu leiden. Die Festung wurde, wie bei der Ersten Türkenbelagerung, wieder niedergebrannt und erst 1718 wieder aufgebaut. Das Schloss hatte zahlreiche Besitzer, unter anderem den Deutschen Ritterorden. Ab dem 17. Jh. spricht man vom Schloss Hacking (Abbildung 110).

Der Wienfluss war so fischreich, dass das Fischereirecht verpachtet werden konnte. Der Haupterwerbszweig war in der 2. Hälfte des 18. Jh. die Viehzucht. Es gab auch eine Mühle (siehe Abbildung 110).

Sehr früh spielte auch das Gewerbe eine nennenswerte Rolle. Die Lederei am linken Wienufer wurde schon vor 1684 errichtet, weitere Manufakturen sind seit 1724 nachweisbar. In der 1. Hälfte des 19. Jh. entstanden entlang des Wienflusses weitere Betriebe wie Gerbereien, Färbereien und eine Cotton-Druckfabrik.

Der Bau der Kaiserin Elisabeth Westbahn 1858 und die Anbindung durch den Bahnhof Hütteldorf brachten den Vorort Hacking näher an Wien. Durch die leichtere Erreichbarkeit wurde der Ort nicht nur zur Sommerfrische genutzt, sondern es entstanden auch die ersten gründerzeitlichen Villen. Der 1870 gegründete Konvent, ein Schulbetrieb der Dominikanerinnen, bewirkte einen weiteren Aufschwung.

Erst im Jahre 1878 wurde eine Brücke über den Wienfluss errichtet, welche die Furt und den Holzsteg ersetzte (siehe Abbildung 111).

14. Bezirk (Penzing)

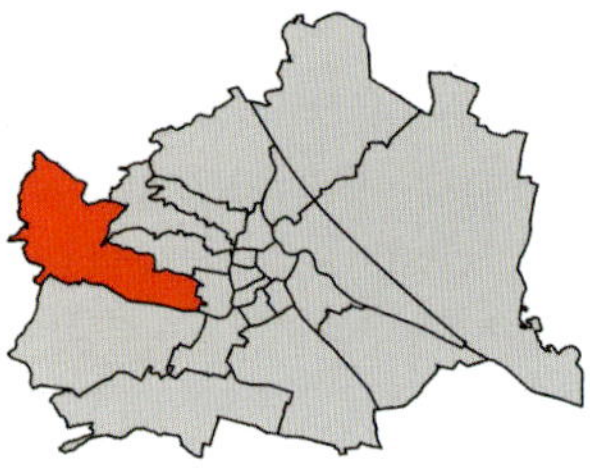

Ehem.Vororte:
Penzing, Breitensee, Baumgarten, Hütteldorf und Hadersdorf-Weidlingau

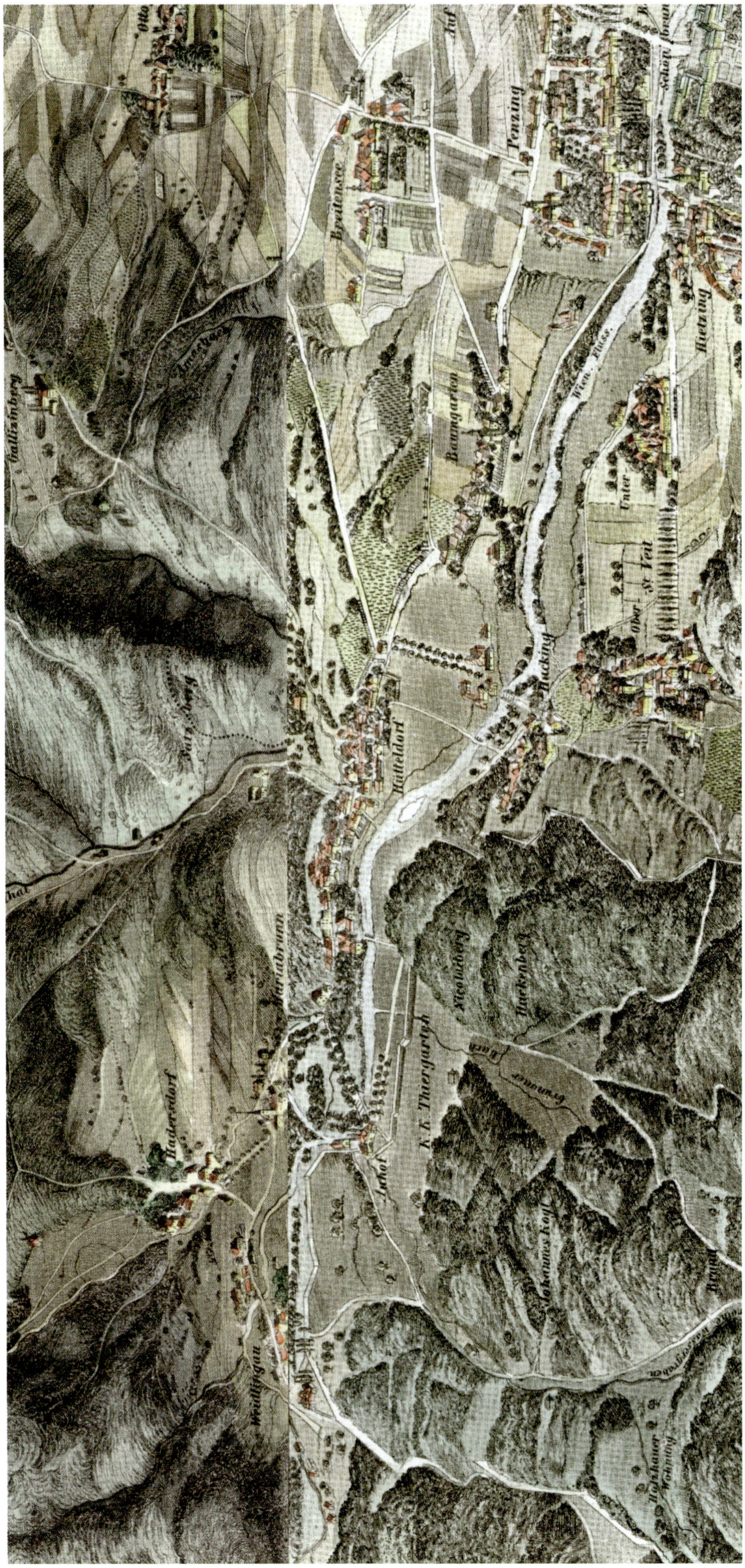

Ausschnitt der Perspektivkarte um 1830 von Franz Xaver Schweickhardt

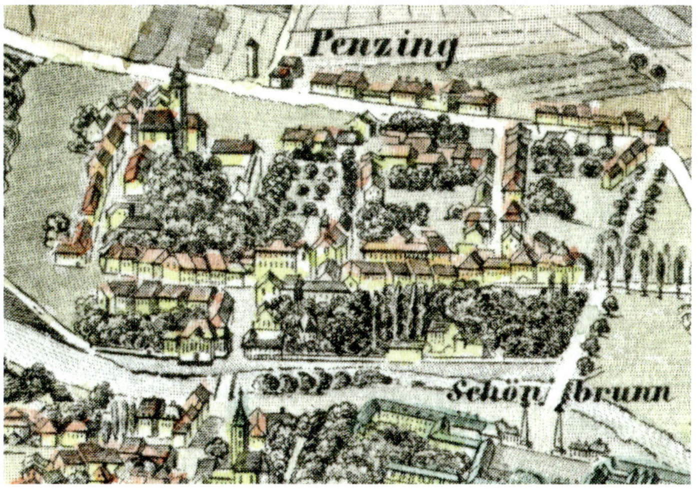

Abbildung 113: Penzing um 1830 (194 Häuser mit 3.127 Einw).

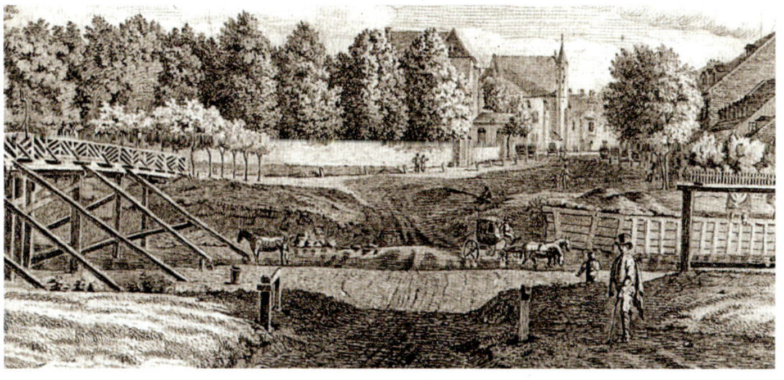

Abbildung 114: Furt zwischen Penzing und Hietzing bei der heutigen Kennedybrücke. Das Wasser war bei niedrigem Wasserstand knöchelhoch. Links war ein Holzsteg für Fußgänger (Stich 1820).

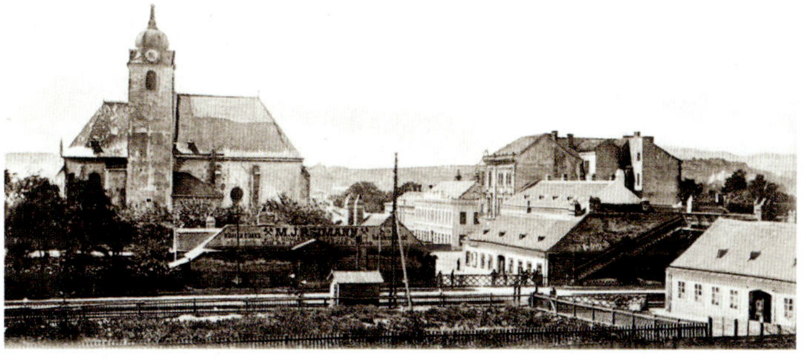

Abbildung 115: Penzinger Kirche mit zwiebelartigem Turmhelm und angrenzndem Friedhof (Foto um 1898)

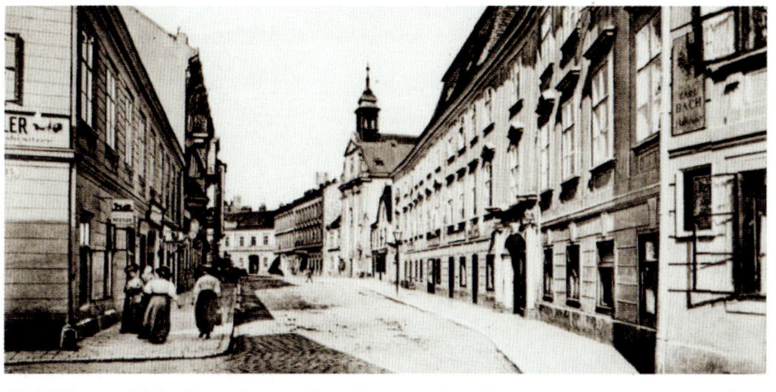

Abbildung 116: Penzinger Straße mit der Kapelle zum heiligen Rochus (Foto um 1905)

Penzing (Vorort)

Penzing wurde nach 800 als Wehrbauernsiedlung zum Schutz der Furt über den Wienfluss gegründet (siehe Abbildung 114). Bereits die Römer nutzten die Furt, da über diese die Römerstraße zum damaligen Legionslager Vindobona führte. Die erste urkundliche Erwähnung erfolgte 1120. Die Bewohner fanden ihren Erwerb teilweise im Weinbau. Der Ort hatte zwei historische Ortskerne: einen älteren um die Penzinger Kirche St. Jakob (Jakobskirche), einen jüngeren in Form eines Straßendorfs im Bereich der heutigen Penzinger Straße. Im Mittelalter war die Pfarrkirche zum hl. Jakobus (1267) eine viel besuchte Wallfahrtskirche (siehe Abbildung 115). Die Rochuskapelle wurde 1660 errichtet (siehe Abbildung 116).

Pestepidemien, Türkenkriege und Überschwemmungen des Wienflusses hatten durch Jahrhunderte die Entwicklung beeinträchtigt. U. a. wurde die Jakobskirche schwer beschädigt und die Rochuskapelle sogar zerstört, so dass sie wieder aufgebaut werden musste. Nach der Zweiten Türkenbelagerung (1683) verlor Penzing endgültig seinen agrarischen Charakter.

Im 18. Jh. begann der Ort aufzublühen; der Bau des Schlosses Schönbrunn, der Bau einer Seidenfabrik, der Zuzug vornehmer Familien ins benachbarte Hietzing brachten Penzing einen Aufschwung.

1834 bis 1843 sorgte der Bau der Kettenbrücke über den Wienfluss für eine Verbindung von Penzing und Hietzing, während zuvor nur eine Furt und ein Holzsteg bestanden (siehe Abbildung 114). 1858 wurde am Bahnhof Penzing die Westbahn eingeweiht. Penzing entwickelte sich dadurch zu einem beliebten Sommerfrischeort. 1898 kam es dann noch zur Inbetriebnahme der Stadtbahn und der Vorortelinie. Im Jahr 1901 folgte die Pferdebahnlinie bis zur Hietzinger Brücke (heute Kennedybrücke), die 1901 elektrisch betrieben und 1903 bis Hütteldorf verlängert wurde.

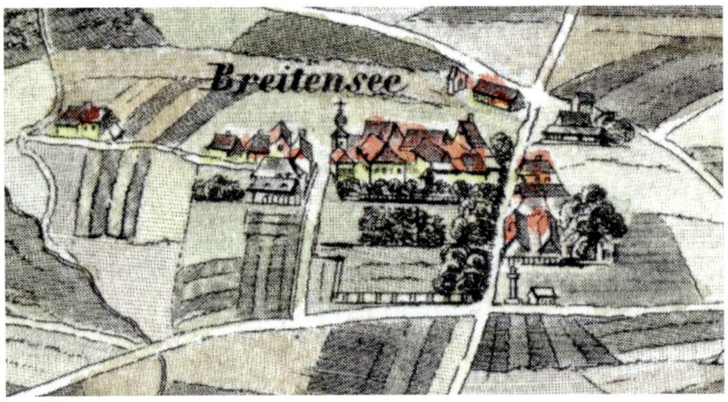

Abbildung 117: Breitensee um 1830 (30 Häuser mit 269 Einwohnern)

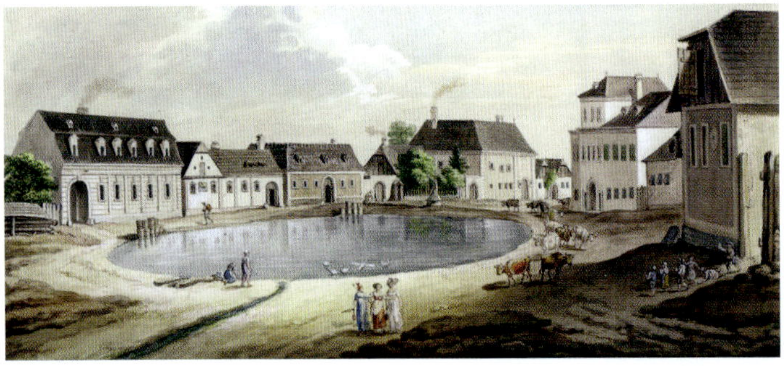

Abbildung 118: Noch 1828 befand sich mitten im Ort ein tiefer Wassertümpel, der erst 1873 vollständig trockengelegt wurde (Aquarell um 1800).

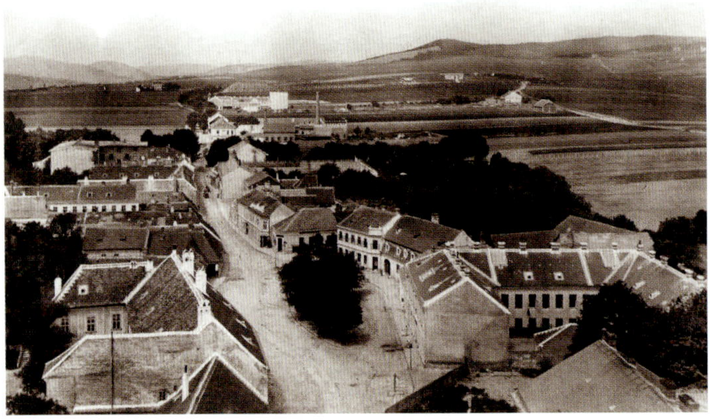

Abbildung 119: Blick vom Breitenseer Kirchturm auf den Ortskern in Richtung Westen (Foto um 1898).

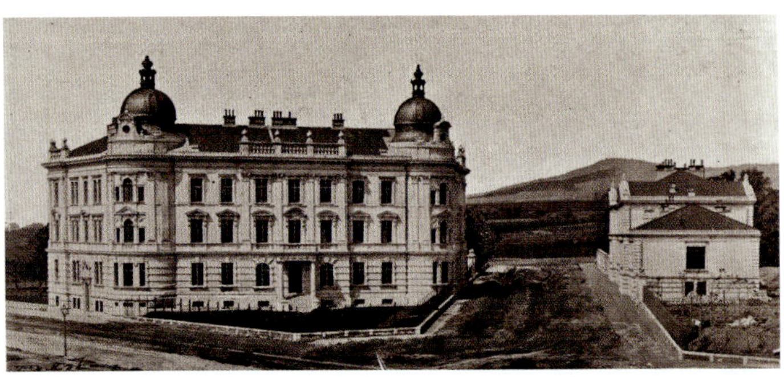

Abbildung 120: Offiziers-Gebäude und Nebentrakt der „k. u. k. Infanterie-Kadetten-Schule" in Breitensee (Foto um 1902)

Breitensee

Die Siedlung wurde vermutlich nach einer Brandrodung um einen kleinen Teich angelegt (siehe Abbildung 118). Breitensee wurde in einer Urkunde erstmals 1195 erwähnt. Nach der Gründung einer Siedlung wurde hauptsächlich Feldwirtschaft betrieben, später entwickelte sich Breitensee zu einem bedeutenden Weinbauort.

Die Bewohner waren großteils Bauern und Handwerker. Durch die Türkenbelagerungen 1529 und 1683 sowie die Pest wurde der Ort sehr in Mitleidenschaft gezogen.

1726/36 wurde die Breitenseer Schlosskapelle errichtet, die ab 1740 für die Öffentlichkeit zugänglich gemacht wurde. Das Anwachsen der Bevölkerung machte einen Kirchenneubau notwendig. 1898 erfolgte die Einweihung der neugotischen Kirche „St. Laurentius" am Laurentiusplatz.

In Breitensee befanden sich mehrere Militärgebäude, wie das Kommandogebäude Theodor Körner, wo 1898 die k. u. k. Infanterie-Kadetten-Schule untergebracht war, welche mit 360 Zöglingen eine der größten Militärschulen der Monarchie war (siehe Abb. 120).

1874 fuhr erstmals die Pferdetramway vom Linienwall bis nach Breitensee. 12 Jahre später wurde diese auf Dampf umgestellt. An Sonn- und Feiertagen brachte diese Scharen von Ausflüglern in den Ort, die auch die Wirtshäuser des Ortes aufsuchten, wie z. B. das in der Hütteldorfer Straße an der Wiener Dampftramwaystation gelegene Gasthaus „Zur deutschen Fahne". Noch bis ins erste Viertel des 20. Jh. gab es in Breitensee umfangreiche Weingärten.

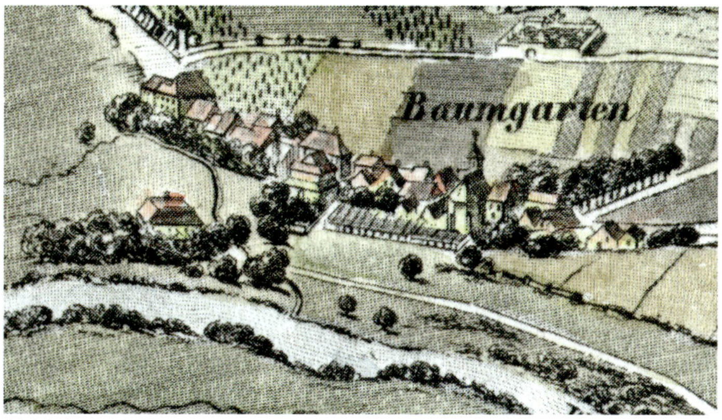

Abbildung 121: Baumgarten um 1830 (57 Häuser mit 372 Einwohnern)

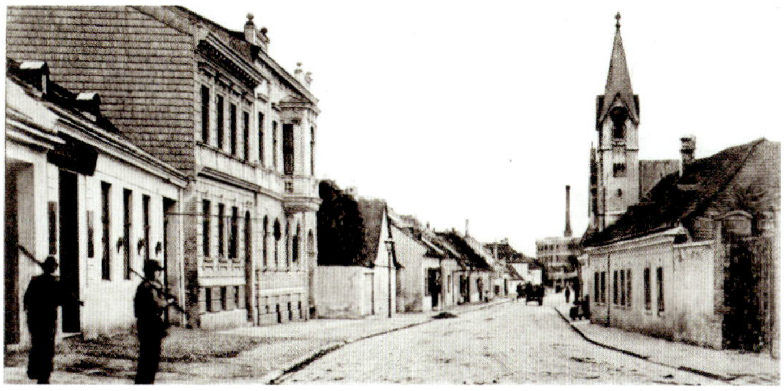

Abbildung 122: Linzer Straße mit der St. Anna geweihten Baumgartner Kirche (Foto um 1905)

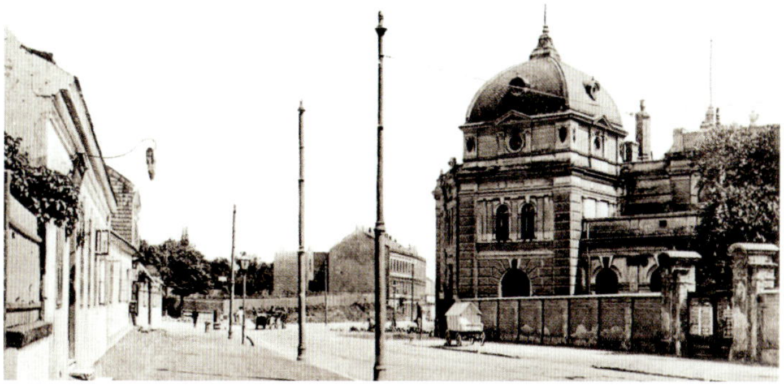

Abbildung 123: Das Baumgartner Casino in der Linzer Straße wurde 1892 fertiggestellt.

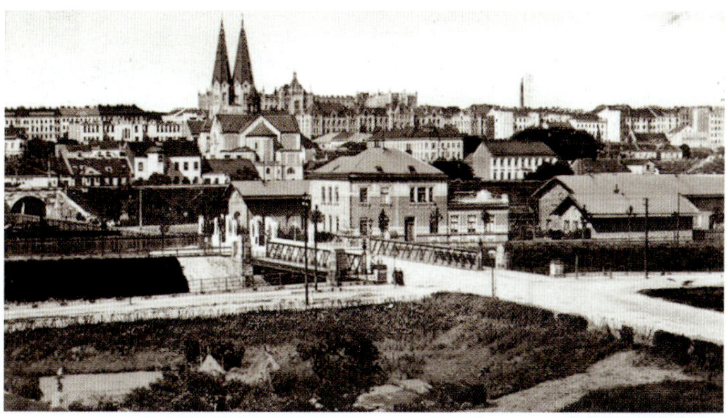

Abbildung 124: Baumgarten mit der Kirche St. Anna. Im Vordergrund sieht man den bereits regulierten Wienfluss mit der Brücke, die Baumgarten mit Unter St. Veit verbindet (Foto um 1911).

Baumgarten

Baumgarten wurde erstmals um das Jahr 1195 erwähnt. Damals gab es hier hauptsächlich Ackerland, im höher gelegenen Norden Weingärten. Ansonsten war der Obstbau zu dieser Zeit noch recht bescheiden. Im Wienfluss bestand bei Baumgarten eine Furt.

Der Ort war noch bis 1848 in Ober- und Unter-Baumgarten geteilt. Unter-Baumgarten besaß seit dem 15. Jh. eine der heiligen Anna geweihte Kirche. Diese brannte im Zuge der Ersten Türkenbelagerung 1529 ab und wurde nur notdürftig wiederhergestellt. Bei der Zweiten Türkenbelagerung 1683 wurden die Kirche sowie der Ort neuerlich beschädigt. 1753 bis 1755 wurde das Gotteshaus grundlegend restauriert und bei dieser Gelegenheit vergrößert (siehe Abbildung 124).

Durch Baumgarten führte schon über die heutige Linzer Straße eine Fernstraße von Wien Richtung Linz und Salzburg. Im Mittelalter hieß sie Poststraße, da über sie die Post nach Baumgarten, Hütteldorf und Hadersdorf geliefert wurde.

Baumgarten war lange Zeit ein Zeilendorf, es gab nur wenige Sackgassen zum Wienfluss. Nicht zuletzt wegen der Hochwassergefahr des damals noch recht weitläufigen Wienflusses dienten die Flächen zum Fluss hinunter überwiegend als Weideland und blieben bis zur Wienflussregulierung unverbaut.

Zu Beginn des 18. Jh. errichteten Adelige hier ihre Sommersitze. Einer der schönsten war das „Baumgartner Schloss“, das 1779 errichtet wurde. Im Park dieses Schlosses wurde dann 1892 ein Kasino errichtet, ein beliebtes „Vergnügungs-Etablissement“ (siehe Abbildung 123). Es hatte einen sehr schönen Saal, für Ballveranstaltungen gut geeignet. Höhepunkt waren die im angrenzenden Park abgehaltenen Sommerfeste.

Durch den Bau der Westbahn (1856 bis 1858) kam es zu einem starken Bevölkerungszuzug und großen baulichen Veränderungen.

1875 wurde zwischen Westbahn und Wienfluss das Baumgartner Bad, ein einfaches Sommerbad mit Liegewiese, eröffnet. 1997 wurde es geschlossen.

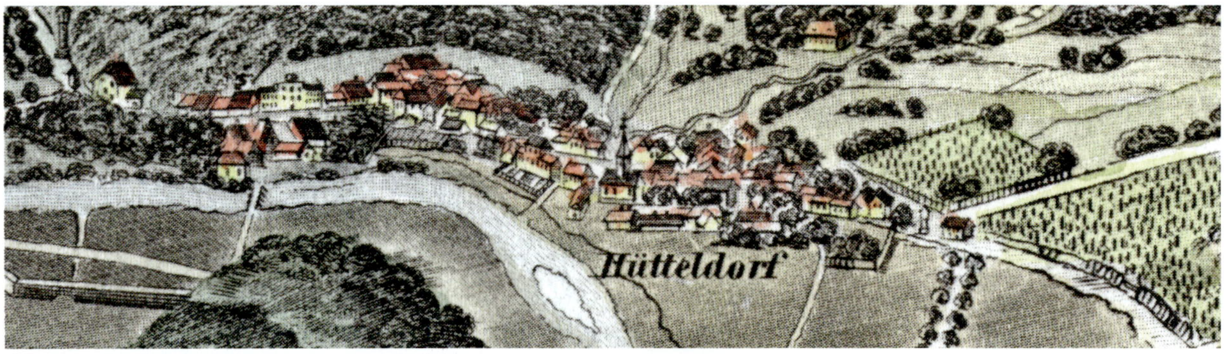

Abbildung 125: Hütteldorf um 1830 (122 Häuser mit 1.099 Einwohnern)

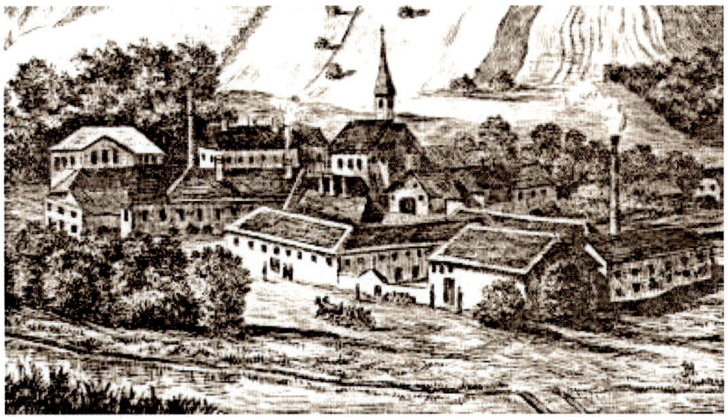

Abbildung 126: In Hütteldorf wurde ab 1599 ein „Bräuhäusel" betrieben. Die Anlage wurde mehrfach vergrößert. An Sommertagen war das Brauhaus ein beliebtes Wanderziel der Wiener, wie überhaupt Hütteldorf ein gern besuchter Ausflugsort war. Das Brauhaus hatte auch einen Konzertsaal, wo bekannte Musikkapellen auftraten. Die Verbindung zur Stadt Wien stellte ein Gesellschaftswagen her, der vor dem Brauhaus seinen Abfahrtsplatz hatte (Bild um1830).

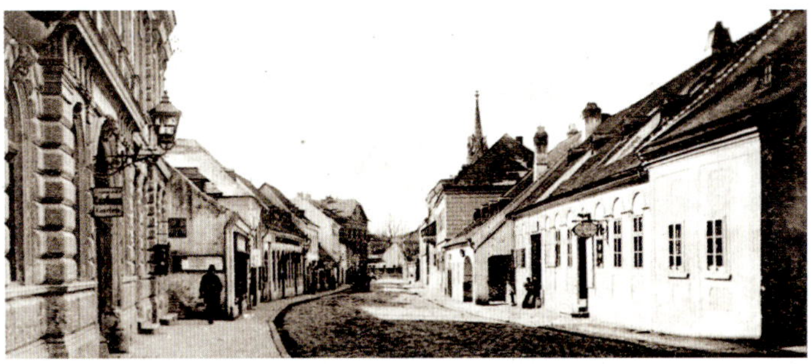

Abbildung 127: Linzer Straße in Richtung Hütteldorfer Kirche (Foto um 1898)

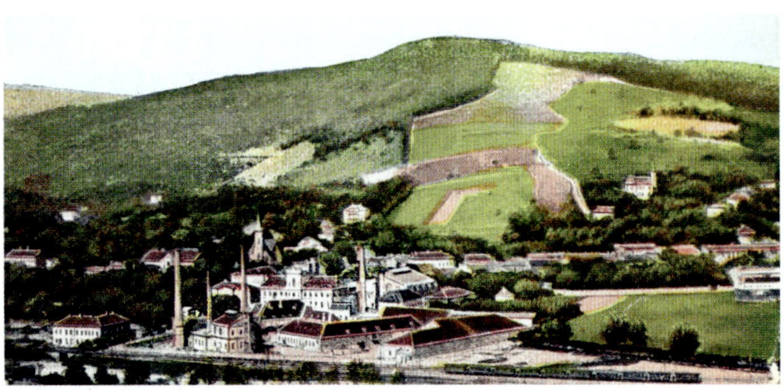

Abbildung 128: Hütteldorf mit dem Brauhaus im Vordergrund

Hütteldorf

Hütteldorf, ein typisches Zeilendorf, wird urkundlich erstmals 1170 erwähnt. 1356 wurde die Pfarrkirche zum hl. Andreas gebaut. Betrieben wurden Weinbau, Ackerbau und Viehzucht, aber auch Forstwirtschaft. Durch Hütteldorf fließen die Wienerwaldbäche Halterbach und Rosenbach. Die Anfänge der Wassermühlen entlang des Wienflusses gehen bis in das frühe Mittelalter zurück.

Die Türken brannten sowohl 1529 als auch 1683 den Ort nieder. Die Franzosenkriege hingegen verursachten 1805 und 1809 nur mäßige Schäden.

Die Hütteldorfer Mühle erhielt bereits 1599 die Brauberechtigung und es entstand daraus die Hütteldorfer Brauerei (siehe Abbildung 126).

Nachdem die neue römisch-katholische Hütteldorfer Pfarrkirche 1881/82 fertiggestellt worden war, wurde die danebenstehende, schon sehr baufällig gewordene alte Pfarrkirche abgetragen.

Vor der Eröffnung der Westbahn (der Bahnhof Wien-Hütteldorf wurde 1858 eröffnet) diente ein Stellwagen als Verbindung zu Wien. Prachtvolle Villen mit Parkanlagen wurden in Hütteldorf errichtet, wie z. B. die Villen der Fürstin Paar und der Fürstin Esterházy. Hütteldorf wurde durch die leichte Erreichbarkeit von Wien aus auch zu einem beliebten Ausflugsort. Zahlreiche Gaststätten mit schönen Gastgärten entstanden wie etwa das am Halterbach gelegene Gasthaus „Zum schweinernen Frack".

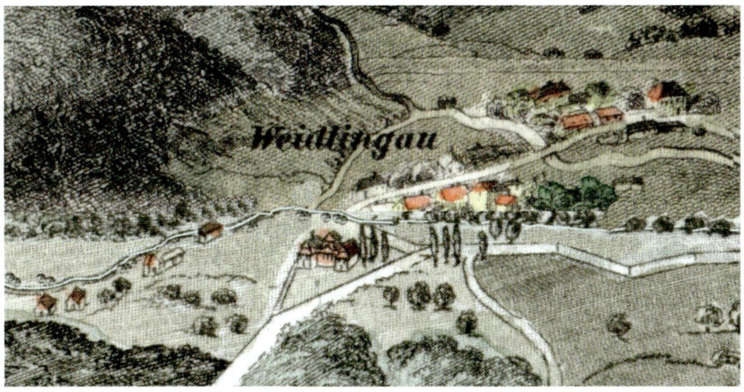

Abbildung 129: Weidlingau um 1830 (49 Häuser mit 312 Einwohnern). Nach 1848 wurde der Ort Weidlingau mit Hadersdorf zur Gemeinde Hadersdorf-Weidlingau zusammengeschlossen.

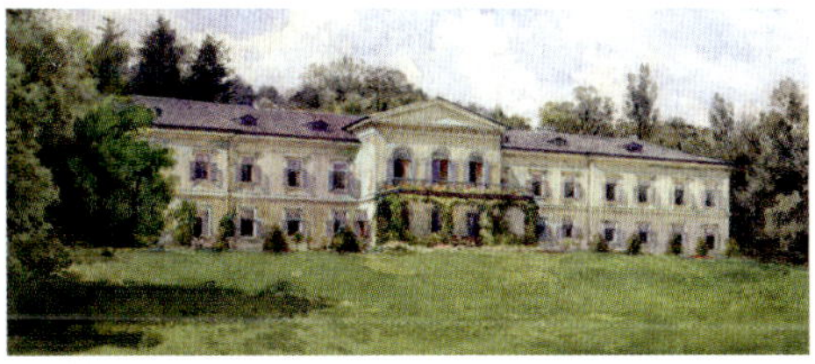

Abbildung 130: Schloss Weidlingau (Aquarell 1888)

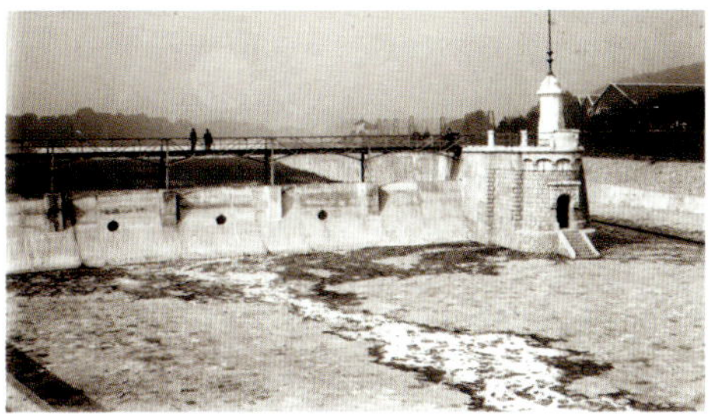

Abbildung 131: Bei der Mündung des Mauerbachs in den Wienfluss war ein Hochwassersammelbecken (Foto um 1900).

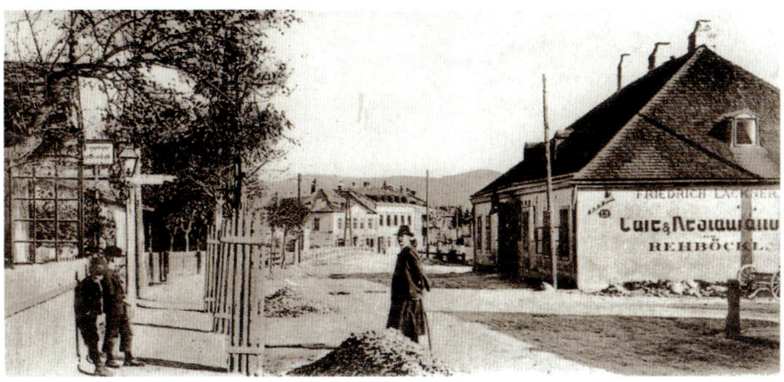

Abbildung 132: Sommerfrische in Weidlingau (Foto um1899)

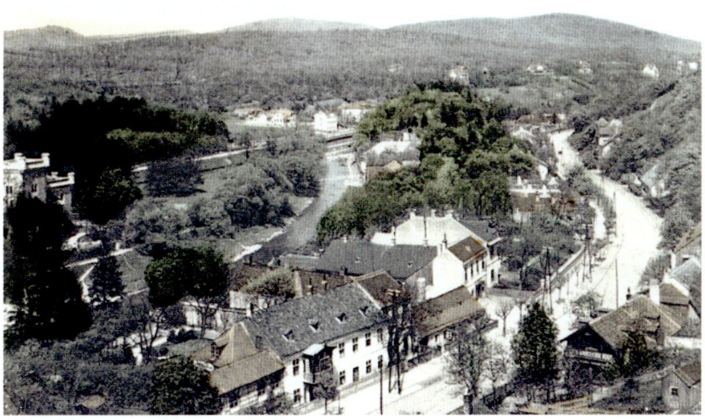

Abbildung 133: Weidlingau (Foto um 1900)

Weidlingau

Der Ort entstand im 11. Jh. Er wurde 1226 erstmals erwähnt. Der Ortskern befand sich im Bereich des Überganges über den Wienfluss. Die Nähe zum Fluss war auch die Ursache für zahlreiche Überschwemmungen der Ansiedlung. Zusätzlich brachten die Türkenkriege große Not über den Ort.

1715 entstand das Ledererschlössel, auch Schloss Weidlingau genannt, mit seinem Barockgarten am Fuß des Mühlberges in Weidlingau (siehe Abbildung 130).

Anstelle einer Furt durch den Wienfluss, die die beiden Orte Weidlingau und Hadersdorf verband, wurde schon sehr früh eine Holzbrücke errichtet, 1898 an deren Stelle dann eine Stahlbogenbrücke.

Mit dem Bau der Westbahn 1858 kamen viele Sommergäste und der Ort gewann an Bedeutung (siehe Abb. 137). Es entstanden ausgedehnte Villenviertel.

Um 1900 wurden im Zuge der Wienflussregulierung große Wehranlagen und Retentionsbecken gebaut (Abbildung 131). Ihre Aufgabe war das Abfangen der für die Wien typischen rasch an- und abschwellenden Hochwasserwellen. Während der Wienfluss die meiste Zeit des Jahres nur sehr wenig Wasser führt, kann er während der Schneeschmelze oder nach starken Regenfällen erheblich anschwellen, wobei seine Wassermenge manchmal bis zu 2.000 Mal größer ist als bei Trockenheit. Sowohl Niedrigwasser als auch massive Schäden durch Hochwasser stellten eine große Herausforderung für die Bewohner dar. Niedrigwasser war für die vielen Mühlen an der Wien problematisch, die manchmal bei Niedrigwasser für mehrere Monate nicht mahlen konnten.

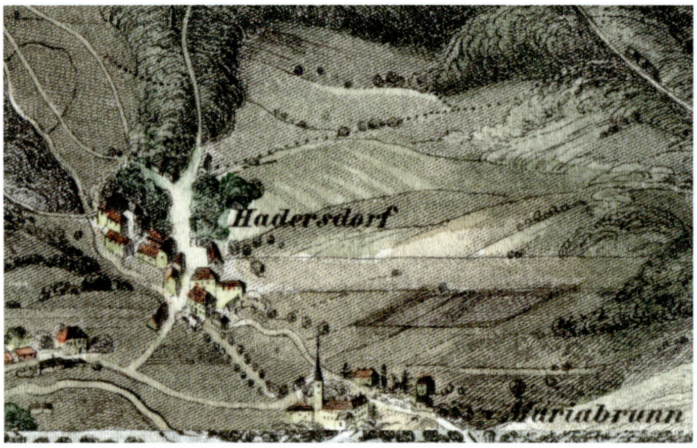

Abbildug 134: Hadersdorf um 1830 (30 Häuser mit 151 Einwohnern)

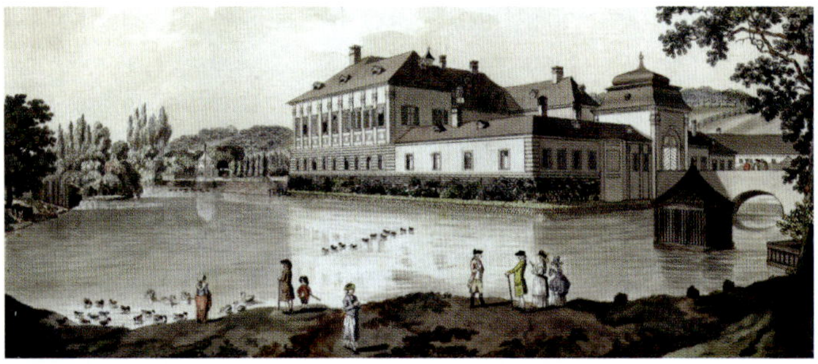

Abbildung 135: Das Schloss Laudon, auch Schloss Hadersdorf genannt, ist ein barockes Wasserschloss. Feldmarschall Laudon ließ um 1780/90 einen prächtigen Landschaftsgarten anlegen, von dem heute nur mehr Teile erhalten sind (Umrissradierung um 1790).

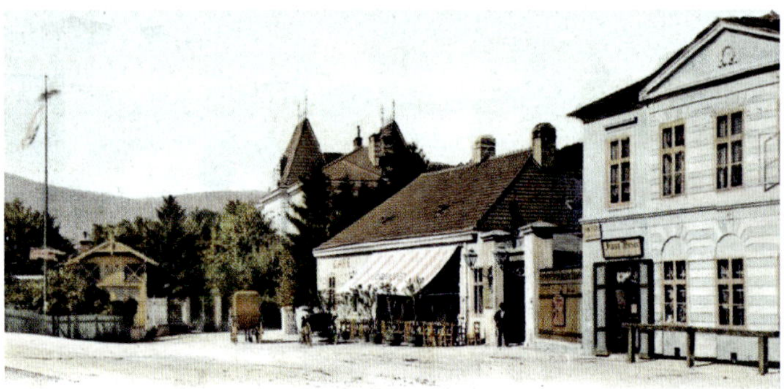

Abbildung 136: Gasthof zum Feldmarschall Laudon in der Hauptstraße (Foto um 1905)

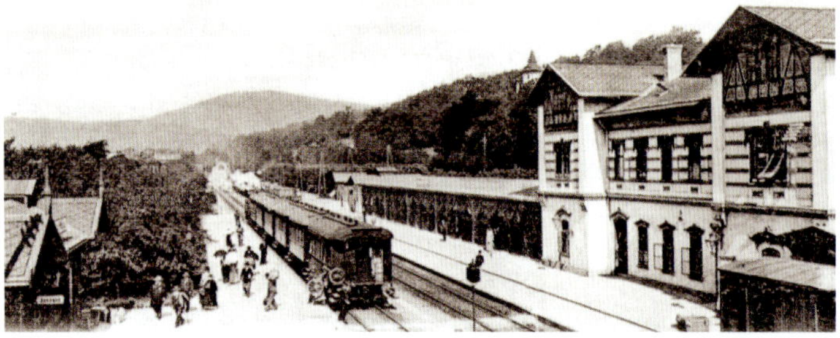

Abbildung 137: Bahnhof Hadersdorf-Weidlingau. Mit der Bahnverbindung rückte der Ort näher an Wien. Während 1859 täglich 5 Züge fuhren, waren es 1896 bereits 30 Züge von Wien nach Hadersdorf-Weidlingau (Foto um 1900).

Hadersdorf

Der Ort dürfte im 11. Jh. entstanden sein. Er wurde um 1130 erstmals genannt. In dieser Zeit stand wahrscheinlich auch schon eine Wehranlage. Diese wurde, wie der Ort und die Pfarrkirche, bei der Ersten Wiener Türkenbelagerung 1529 zerstört. In den Jahren danach entstand auf den Resten dieser Wehranlage ein Schloss, das mehrmals umgebaut wurde. In der Mitte des 18. Jh. bekam das Schloss seine heutige Form. Es ist das einzige Wasserschloss im Wiener Stadtgebiet (siehe dazu Abbildung 135).

Die kleine Ortschaft Mariabrunn hatte 1830 acht Häuser und wurde 1850 nach Hadersdorf eingemeindet. Das Ortsbild war damals geprägt durch Bauernhäuser, Mühlen und Häuser von Holzarbeitern, die im waldreichen Wienerwald Holz für Wien schlugen. Mariabrunn besaß eine Pfarrkiche sowie ein Kloster, das zwischen 1639 und 1655 entstand.

1858 wurde die Westbahn durch Hadersdorf-Weidlingau gebaut. Dabei entstanden zwei Haltestellen: Hadersdorf-Weidlingau (heute: Wien Hadersdorf) und Weidlingau-Wurzbachtal (heute: Wien Weidlingau). Durch die schnelle Verbindung nach Wien begannen die Bewohner des Ortes zur Arbeit nach Wien zu pendeln (siehe Abb. 137). Gleichzeitig kam es zu einem Bevölkerungszuzug (viele davon waren Beamte oder Bahnarbeiter). Die Wiener entdeckten den Ort auch als Ausflugsziel und als Sommerfrische. An Sonntagen kamen hunderte Wiener, um hier zu wandern. Hinzu kommt noch, dass bürgerliche Wiener Familien während der Sommermonate Übernachtungsmöglichkeiten suchten. Meist waren es private Unterkünfte, da es nur wenige Gasthäuser gab. Die es sich leisten konnten, wie wohlhabende und adelige Familien, errichteten gleich stattliche Villen mit großzügigen Gärten. Der Ort wurde in dieser Zeit zum Treffpunkt für die Oberschicht.

Standseilbahn auf die Sophienalpe

1872 führte vom hinteren Halterbachtal aus, nahe der Rieglerhütte, eine Standseilbahn auf die Sophienalpe. Eine 1837 erbaute Gaststätte befand sich bereits auf dem Hochplateau der Sophienalpe (siehe Abb. 138). Errichtet wurde die Standseilbahn, die „Knöpferlbahn“, vom Lokomotiv-Fabrikanten Georg Sigl. Diese Standseilbahn überwand auf einer Länge von 682 m eine Höhe von 108 m.

Die offenen viersitzigen Wagen waren ähnlich aufgebaut wie die damals üblichen Kutschen (siehe Abb. 139) und wurden über ein mittig unter dem Wagen verlaufendes Seil gezogen. An dem Umlaufseil waren zur Erkennbarkeit und als Warnung in regelmäßigen Abständen rot lackierte Eisenkugeln angebracht, daher der Name „Knöpferlbahn“. Die Standseilbahn wurde, da sie nicht rentabel geführt werden konnte, 1881 abgebaut. Die ehemalige Trasse ist heute ein Wanderweg zwischen Rieglerhütte und Sophienalpe (siehe Abbildung 142).

Die Rieglerhütte besteht seit 1874 und war ursprüngich eine Unterstandshütte für Waldarbeiter. Bald entwickelte sich die Unterstandshütte zu einem florierenden Gasthausbetrieb. In der Zwischenkriegszeit gab es eine eigene Autobuslinie, um die Gäste vom Bahnhof Hütteldorf zur Rieglerhütte und wieder zurück zu bringen.

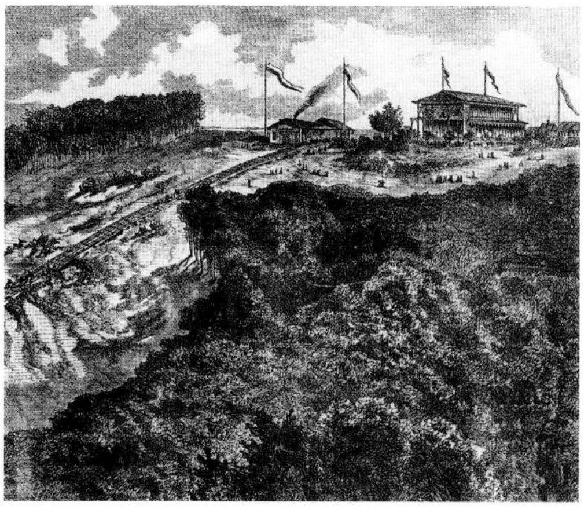

Abbildung 138: Sophienalpe um 1874 mit der Standseilbahn

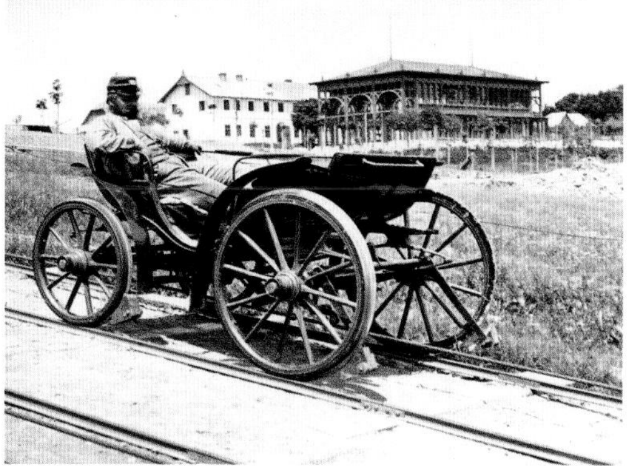

Abbildung 139: „Fiakerwagen“ mit dem Gasthof auf der Sophienalpe im Hintergrund (Foto 1875)

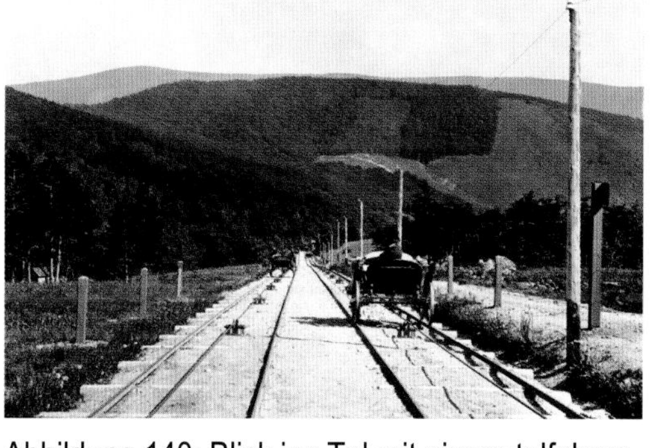

Abbildung 140: Blick ins Tal mit einem talfahrenden Wagen (Foto 1875)

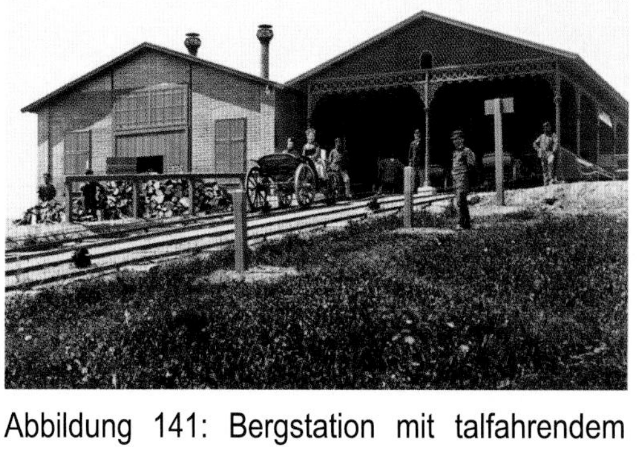

Abbildung 141: Bergstation mit talfahrendem Wagen (Foto 1875)

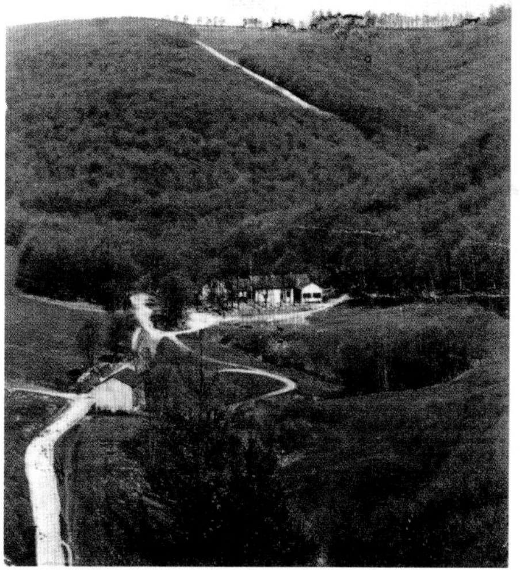

Abbildung 142: Das Bild zeigt den Weg von der Rieglerhütte zur Bergstation Sophien. alpe. Von den Schienen der einst auf die Sophienalpe führenden Drahtseilbahn ist nichts mehr erhalten. Die einstige Trasse ist ein Fußweg.

Der Wienerwald diente vor allem der Forstwirtschaft und der Jagdnutzung. Mit dem Aufkommen des Massenverkehrsmittels (Bahn, Bus, Tramway) begann man den Wienerwald als Erholungsgebiet zu nutzen. Es war auch die ärmere Bevölkerung, die beim Wandern den drückend empfundenen Alltag sowie die sozialen und ökonomischen Verhältnisse zu vergessen versuchte. Der sonn- und feiertägliche Ausflug von Familien, Freunden bzw. Hausgemeinschaften wurde zum Höhepunkt der Woche. Wander- oder Ausflugsziel waren meist die vielen im Wienerwald gelegenen Gasthäuser und Hütten, die in dieser Zeit errichtet wurden.

15. Bezirk (Rudolfsheim-Fünfhaus)

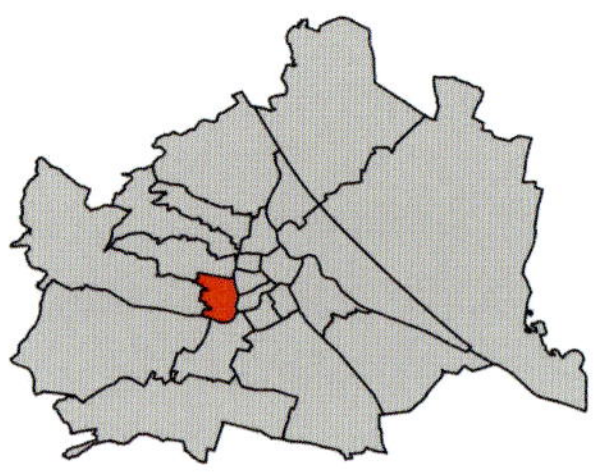

Ehem.Vororte:

Rudolfsheim (Rustendorf, Reindorf und Braunhirschengrund), Fünfhaus und Sechshaus

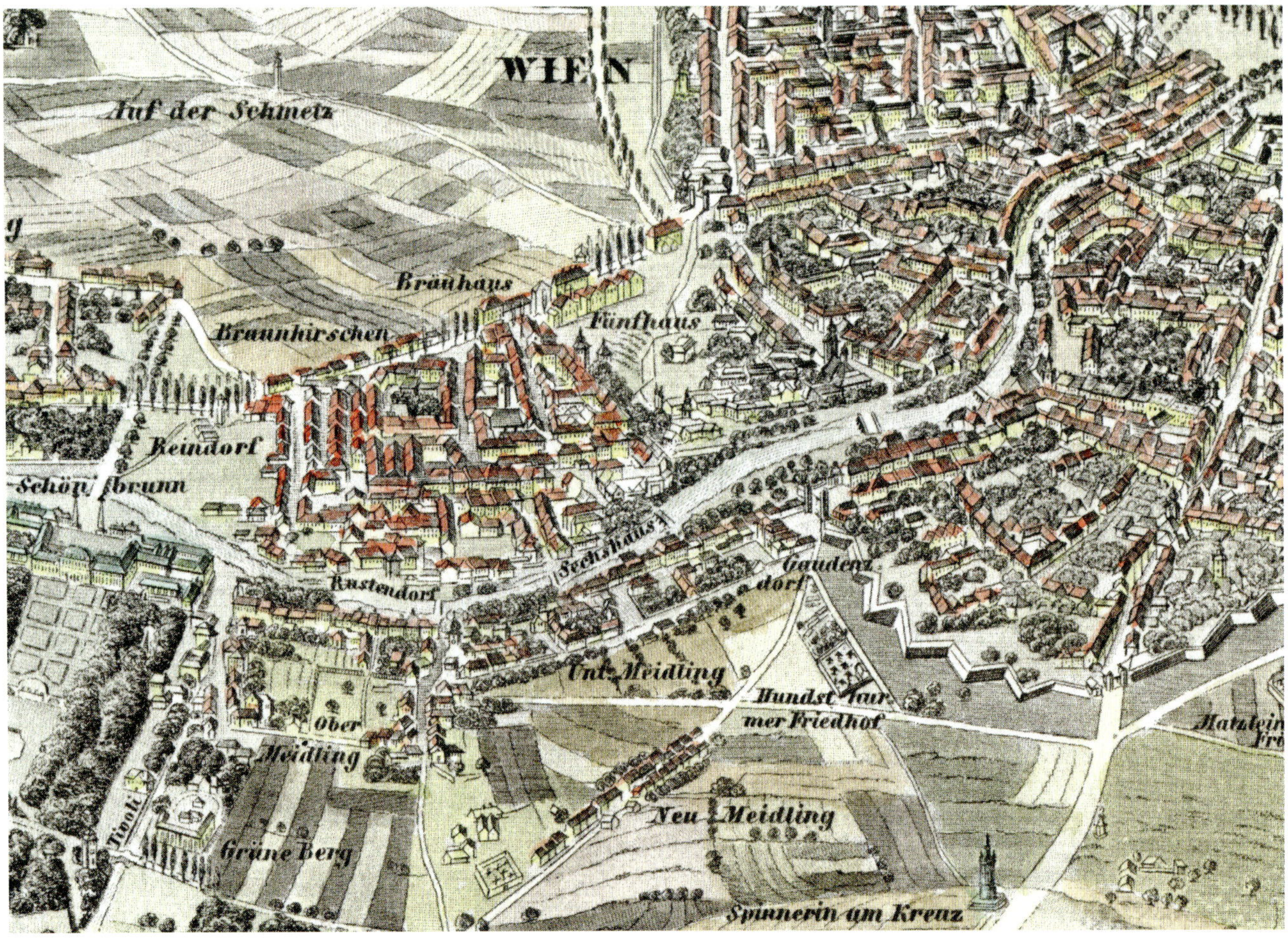

Ausschnitt der Perspektivkarte um 1830 von Franz Xaver Schweickhardt

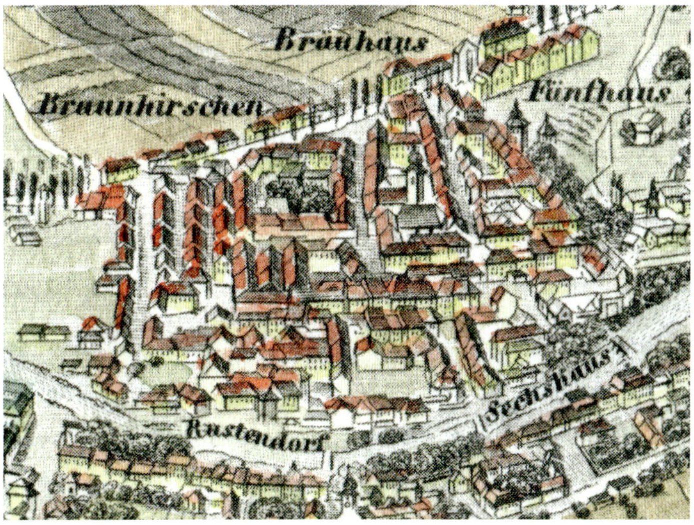

Abbildung 143: Rudolfsheim um 1830 (236 Häuser mit 5.582 Einwohnern)

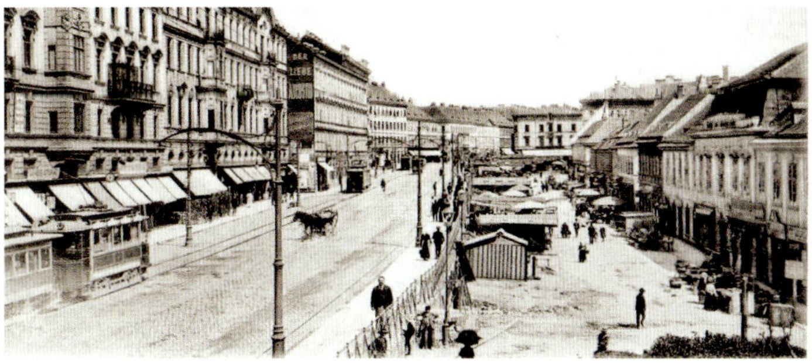

Abbildung 144: Mariahilfer Straße mit Schwendermarkt, rechts der Gasthof „Zum schwarzen Adler". In diesem konnten die Marktfahrer auch ihre Pferde und Kutschen einstellen (Foto 1912).

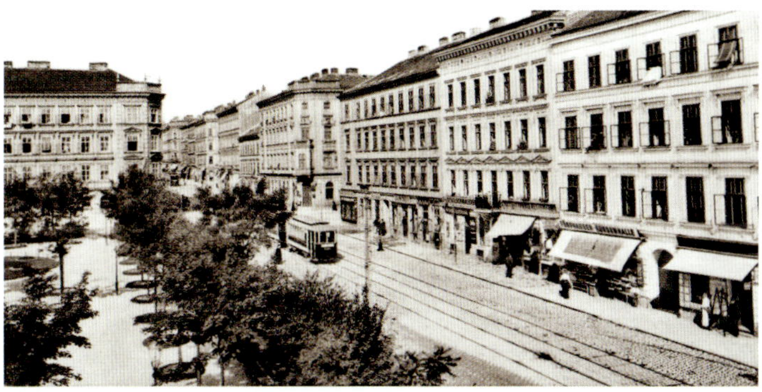

Abbildung 145: Reithofferplatz (Foto um1910)

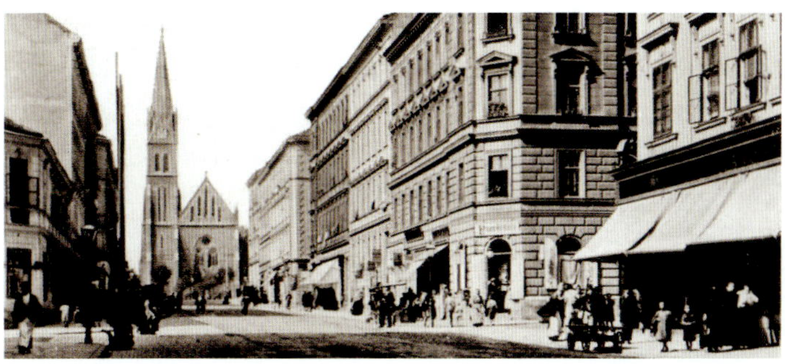

Abbildung 146: Märzstraße mit der 1893 fertiggestellten Rudolfsheimer Kirche (Foto um 1900)

Rudolfsheim

Während der zweiten Türkenbelagerung im Jahre 1683 wurden alle Orte auf dem Gebiet des heutigen 15. Bezirkes zerstört. Durch den Wiederaufbau entstanden in diesem Bezirk fünf Dörfer: Rustendorf, Braunhirschen, Reindorf, Sechshaus und Fünfhaus.

Durch die Franzosen erlitten diese Vororte sowohl 1805 als auch 1809 beträchtliche Schäden. Im Vormärz, der Zeit zwischen 1815 (Wiener Kongress) und der Revolution 1848 wurden außerhalb des Linienwalls viele Produktionsbetriebe angesiedelt, da ihnen die Errichtung in der damaligen Stadt Wien gesetzlich untersagt war. Die Bevölkerungszunahme und die damit entstandene Bautätigkeit bewirkten ein immer näheres Zusammenrücken der einzelnen Ortschaften.

Im Zuge der Revolution von 1848 kam es in den Orten zu Plünderungen und Zerstörungen, die auch von Textilarbeitern ausgingen, die unter anderem wegen der Einführung von Maschinen um ihre Arbeitsplätze fürchteten (siehe Abbildung 25). Die Benennung der Märzstraße erfolgte im Gedenken an die Gefallenen der Märzrevolution 1848 (siehe Abb. 146).

1863 schlossen sich Braunhirschen, Reindorf und Rustendorf zur Gemeinde Rustendorf zusammen. Der Grund war, dass diese drei Orte, nicht zuletzt infolge des Baus der Westbahn, so stark gewachsen waren, dass die Verbauung nahtlos ineinander übergriff. Sie waren getrennt nicht in der Lage, die technische Infrastruktur (insbesondere Wasserversorgung und Kanalisation) organisatorisch zu bewältigen.

In der Gemeinde Rudolfsheim war die holzverarbeitende Industrie besonders stark vertreten, doch siedelten sich auch Betriebe anderer Branchen an. In den 1870er Jahren wurden neue Straßenzüge angelegt. Mit dem Bau von mehrstöckigen Zinshäusern versuchte man, der Wohnungsnot Herr zu werden. Um zumindest kleine Grünoasen zu schaffen, wurden kleine Parkanlagen errichtet wie z.B. der Reithofferplatz (siehe Abbildung 145). Auf diesem wurden auch kleine Märkte abgehalten. Am Reithofferplatz gab es ein städtisches Volksbrausebad (Tröpferlbad). Die Benützungsgebühr war niedrig, so dass das Bad sehr stark frequentiert wurde.

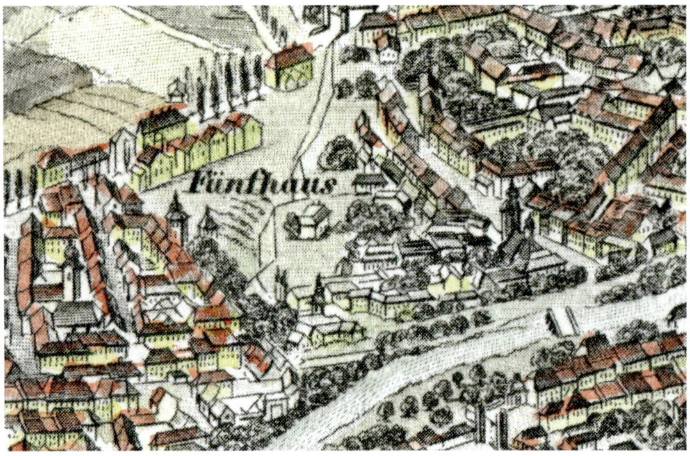

Abbildung 147: Fünfhaus um 1830 (130 Häuser mit 3.388 Einw.)

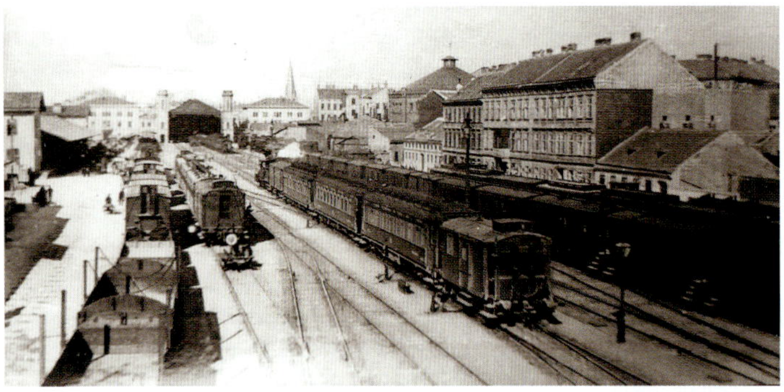

Abbildung 148: Westbahnhof mit dem Orientexpress. In der zweiten Hälfte des 19. Jh. kam es nach der Inbetriebnahme der Westbahn im gesamten Bezirk Rudolfsheim zu einer regen Bautätigkeit.

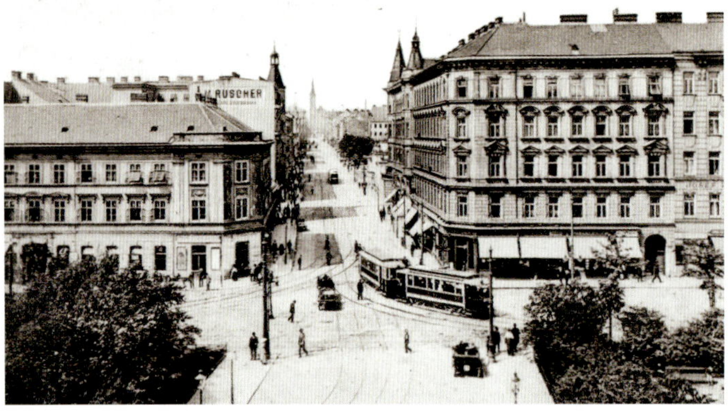

Abbildung 149: Vom Neubaugürtel in Richtung Märzstraße mit der Rudolfsheimer Kirche im Hintergrund

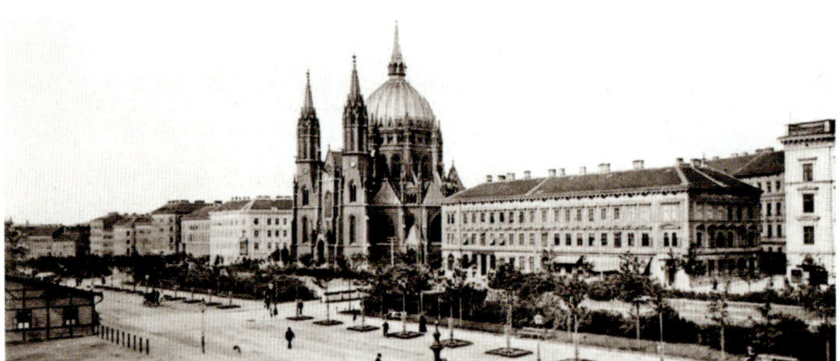

Abbildung 150: Mariahilfer Gürtel mit der um 1875 fertiggestellten Fünfhauser Kirche „Maria vom Siege“ (Foto um 1908)

Fünfhaus

Fünfhaus wurde so wie die anderen Orte im heutigen 15. Bezirk während der Zweiten Türkenbelagerung 1683 zerstört und wieder aufgebaut. Die Siedlungsgeschichte bis 1848 verlief ähnlich wie in den beiden anderen Vororten des 15. Bezirkes (siehe vorhergehende Seite).

1805 und 1809 erlitt Fünfhaus durch die Franzosen beträchtliche Schäden. Auch während der Revolution 1848 kam es zu Plünderungen.

Mit der beginnenden Industrialisierung entstand ein kleines Industriezentrum. Schon gegen Ende des 18. Jh. wurde eine Gewehrfabrik errichtet, die bald einige hundert Arbeiter beschäftigte. Unmittelbar daneben entstand das „Fünfhauser Brauhaus" mit einem Gastgarten.

Dank stetig verbesserter Verkehrsverbindungen zur Stadt in der zweiten Hälfte des 19. Jh. (Stellwagen, Pferdetramway und danach auch Westbahn) gehörte Fünfhaus um diese Zeit zu den vornehmsten und dank seines Brauhauses auch zu den bei Ausflügen häufig aufgesuchten Vororten Wiens. Eine besondere Attraktion war der Zirkus Schuhmann in der Märzstraße. Es war ein festes Haus, das 3.200 Personen fasste. Gebaut wurde es 1904 und abgerissen 1921.

Mit dem Bau der Westbahn und des Westbahnhofes 1858 (siehe Abbildung 148) setzte relativ schnell in unmittelbarer Umgebung eine rege Bautätigkeit ein. Nördlich der Gleisanlagen der Westbahn wurde ab 1870 begonnen, rasterförmige Arbeiterwohnblöcke anzulegen. Diese waren meist vier- bis fünfstöckige Mietshäuser mit historischen Fassaden, wo das Wasser und WC am Gang waren (sogenannte „Bassena-Häuser“). Auch mehrstöckige Wohnhäuser für die Bahnbediensteten und Hotels für die Reisenden wurden gebaut. Eine Belebung der Wirtschaft war die Folge. Auf der „äußeren“ Mariahilferstraße war reger Betrieb. Hier gab es viele Gasthöfe und auf der Straße waren viele Pferdefuhrwerke, Handkarren, Einspänner, Straßenbahnen und Fußgänger unterwegs.

Die Schmelz war früher Wiesengrund und Ackerland. Ab 1847 wurden Teile der Schmelz zum militärischen Übungsgelände und Exerzierplatz. Jedes Jahr wurde hier die Frühjahrsparade vor dem Kaiser abgehalten. Erst 1911 gab das Militär ein Fünftel der Schmelz zur Bebauung frei. Ab dieser Zeit entstanden auch Kleingärten.

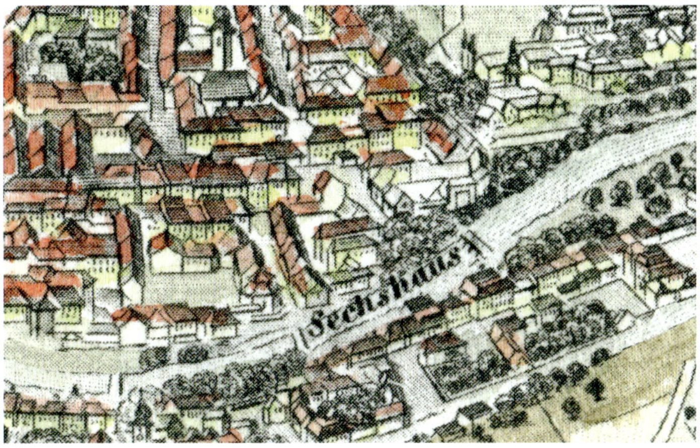

Abbildung 151: Sechshaus um 1830 (134 Häuser mit 2.527 Einwohnern)

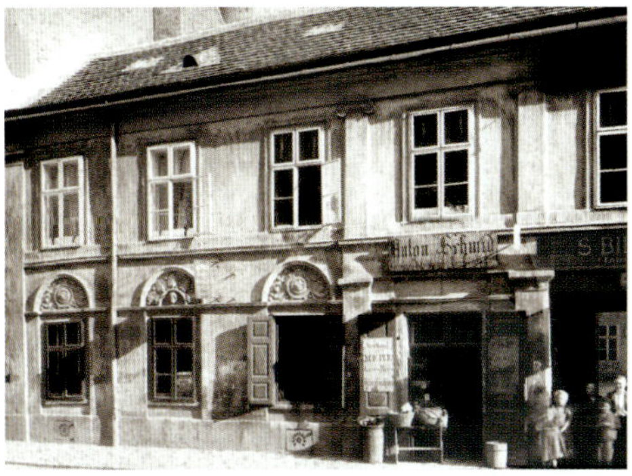

Abbildung 152: Eines der typischen Vorortehäuser in der Sechshauser Straße (Foto um 1900)

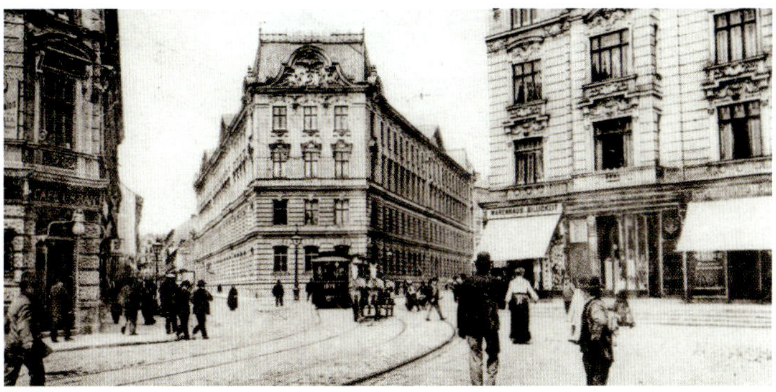

Abbildung 153: Blick von der Diefenbachgasse in die Ullmannstraße. Der Eckbau mit Kuppel wurde 1903 für die 1881 gegründete Rudolfsheimer Kommunalsparkasse errichtet, der späteren Zentralsparkasse der Gemeinde Wien (Foto 1912).

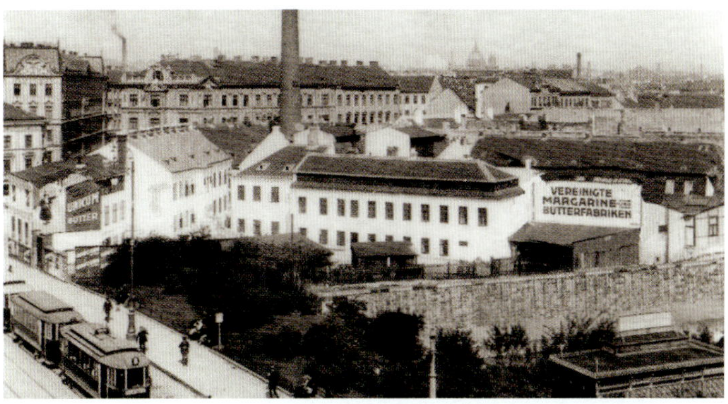

Abbildung 154: Diefenbachgasse mit Wienfluss (Foto 1910)

Sechshaus

Sechshaus entstand auf Teilen des bei der Ersten Türkenbelagerung 1529 endgültig zerstörten Meinhartsdorfes. Es bestand zu Beginn nur aus fünf Häusern. Nach dem Bau eines weiteren Hauses bürgerte sich der Name Sechshaus ein. Wie bereits erwähnt, wurde der Ort Sechshaus während der Zweiten Türkenbelagerung zerstört und dann wieder aufgebaut. Trotz Rückschlägen in der Franzosenzeit (1805 und 1809) entwickelte sich der Ort rasch.

Die Lage am unregulierten Wienfluss, der hier den sogenannten Mühlarm hatte, begünstigte im 18. und frühen 19. Jh. die Ansiedlung von Handwerkern und Gewerbetreibenden, vor allem von solchen, die zu ihrem Betrieb Wasser benötigten, wie etwa die Färber- oder Wäschereien.

Bis 1848 behielt das Dorf seinen gewerblich-industriellen Charakter. Die Revolution 1848 verursachte ein empfindliches Absinken seines Wohlstands.

Die Abbildung 152 zeigt eines der damaligen Vorortehäuser. Im ersten Stock befanden sich die Mietwohnungen, meist nur aus Zimmer und Küche bestehend, wobei die Fenster der Zimmer an der Straßenseite lagen, während die Küche ohne Fenster dem Gang zugewandt war. Wasser und sanitäre Anlagen befanden sich gleichfalls am Gang. Ebenerdig waren die Geschäfte und Werkstätten untergebracht. Die Waren wurden auch vor den Geschäften auf der Straße zum Verkauf angeboten.

Der Abbruch des Linienwalls, der Bau der Gürtelstraße, der Stadtbahn und die Wienflussregulierung Ende des 19. Jh. veränderten das Stadtbild wesentlich. Der an Sechshaus vorbeiführende Teil des Gürtels hieß seit 1869 Mariahilfer Gürtel.

Die Stadtbahn war bei den Bewohnern von Sechshaus ein beliebtes Verkehrsmittel, lagen doch die beiden Stadtbahnstationen Meidlinger Hauptstraße und Gumpendorfer Straße an der Grenze des Bezirkes.

16. Bezirk (Ottakring)

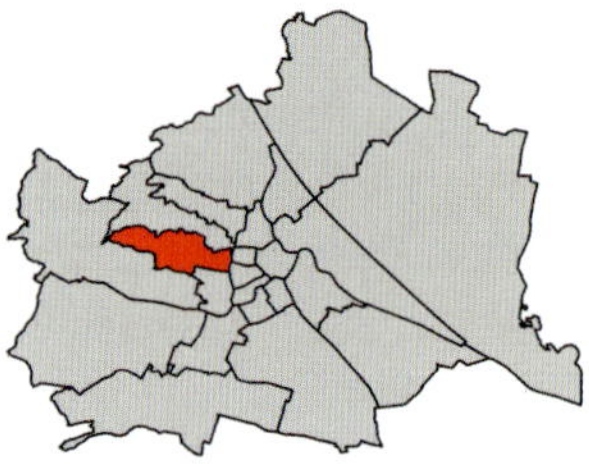

Ehem.Vororte:
Ottakring und Neulerchenfeld

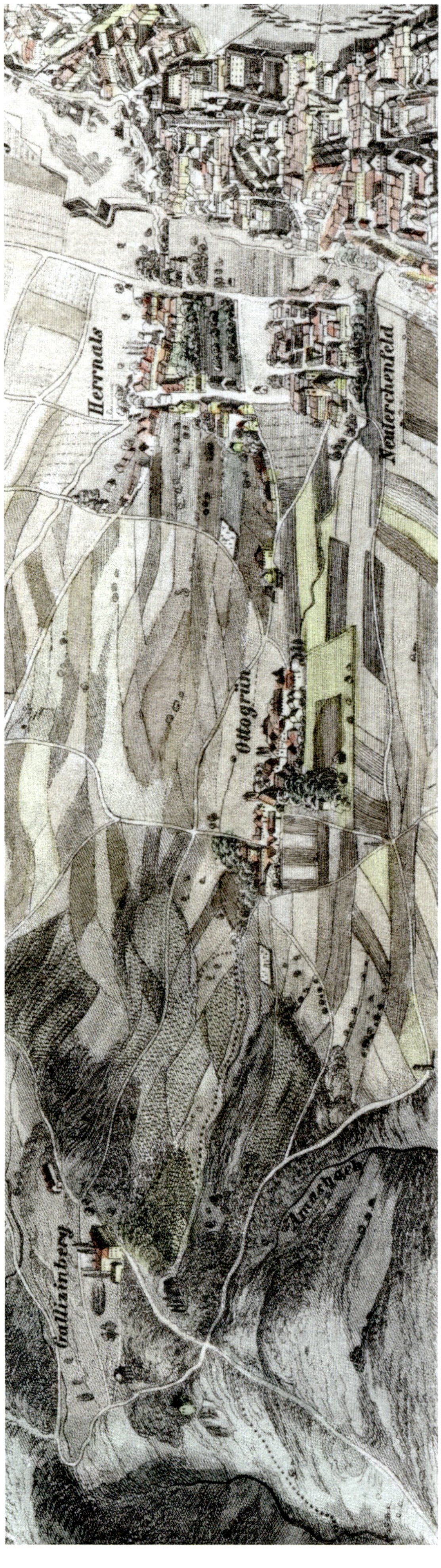

Ausschnitt der Perspektivkarte um 1830 von Franz Xaver Schweickhardt

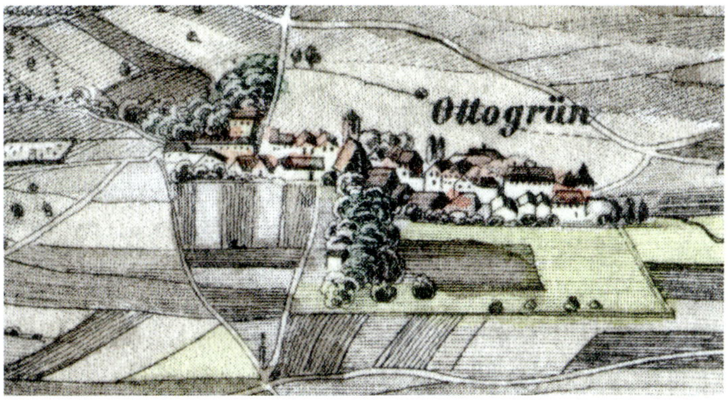

Abbildung 155: Ottakring um 1830 (87 Häuser mit 998 Einwohnern)

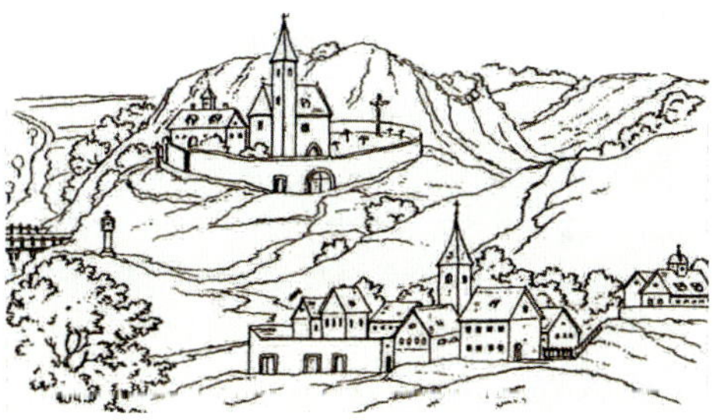

Abbildung 156: In Ottakring gab es zwei Siedlungskerne. Der ältere mit der Lamprechtskirche befand sich auf jenem Hügel, den der heutige Friedhof einnimmt und der jüngere aus dem 11. Jh. mit der Wolfgangskapelle entlang des Ottakringer Baches bei der heutigen Alt-Ottakringer Pfarrkirche (siehe Abbildung 157).

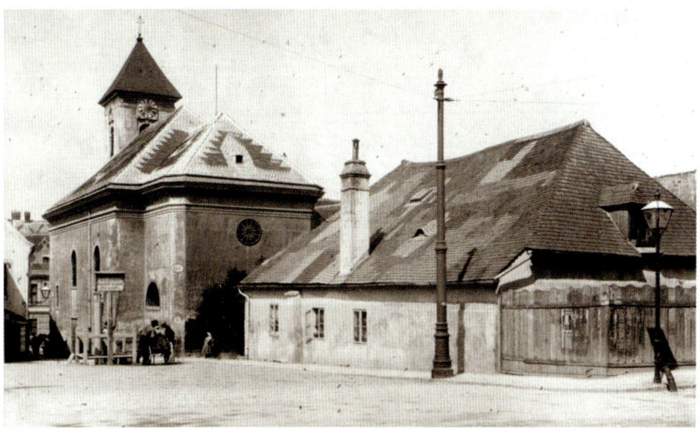

Abbildung 157: Alt-Ottakringer Pfarrkirche in der Ottakringer Straße vor dem Neubau der viel größeren, im Jahre 1912 errichteten Kirche (Foto um 1900)

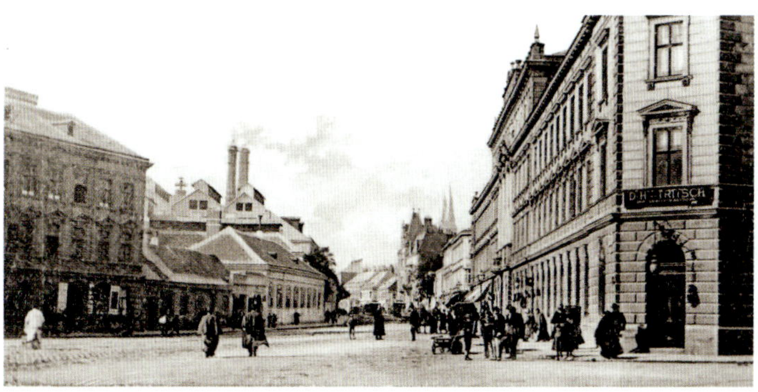

Abbildung 158: Ottakringer Brauerei in der Ottakringer Straße. Es gab damals nur wenige Grünflächen, jedoch viele Rauchwolken aus den Fabriksschloten (Foto um 1898).

Ottakring (Vorort)

Ottakring besaß zwei Siedlungskerne, wobei der ältere ein „Kirchenweiler" rund um die Lambertkirche war und der jüngere ein „Grabendorf" an den Ufern des Ottakringer Baches (siehe Abbildung 156).

Der ältere Siedlungskern entstand um 800 und wurde erstmals 1150 urkundlich erwähnt. Der Ort selbst lag um die Lamprechtskirche (1230 urkundlich genannt) und bestand hauptsächlich aus Einzelgehöften.

Während der Türkenbelagerungen von 1529 und 1683 wurde der Ort zerstört, Einwohner getötet oder verschleppt. Die Lamprechtskirche wurde nach der Zweiten Türkenbelagerung zwar wieder aufgebaut, die Gehöfte um die Lamprechtskirche blieben hingegen verwaist. Der älteste Teil Ottakrings hörte damit auf zu existieren. Einige der Überlebenden wurden im jüngeren Siedlungskern von Ottakring rund um die Wolfgangskapelle sesshaft. Dies deshalb, da die Gebäude die Türkenzeit mit nur geringen Beschädigungen überstanden hatten. Die meisten Überlebenden suchten sich jedoch einen Wohnsitz näher an der Stadt, wo sie sich viel sicherer fühlten als inmitten abgelegener Wälder. Unter-Ottakring (heute Neulerchenfeld) entstand (siehe nächste Seite).

In den 1780er Jahren ließ der damalige russische Botschafter vom Fürsten Galliziens am 449 m hohen Gallizienberg ein Jagdschlösschen bauen (Schloss Wilhelminenberg).

1835 wurde ein großer Teil Ottakrings durch eine Feuersbrunst zerstört (70% der Häuser wurden eingeäschert). Danach entwickelte sich Ottakring durch Zuwanderung zu Groß-Ottakring. Die Industrialisierung schritt zunächst nur langsam voran. So wurde z.B. 1806 im Ort eine Spinnerei gegründet, in den 1830er Jahren eine Bronzewarenfabrik und eine Zündholzfabrik und 1837 die Ottakringer Brauerei (siehe Abbildung 158).

Ab der Mitte des 19. Jh. begann sich die Infrastruktur zu verbessern wie 1865 die Pferdetramway, 1885 das Stefaniespital und 1891 der erste Pavillon des Wilhelminenspitals.

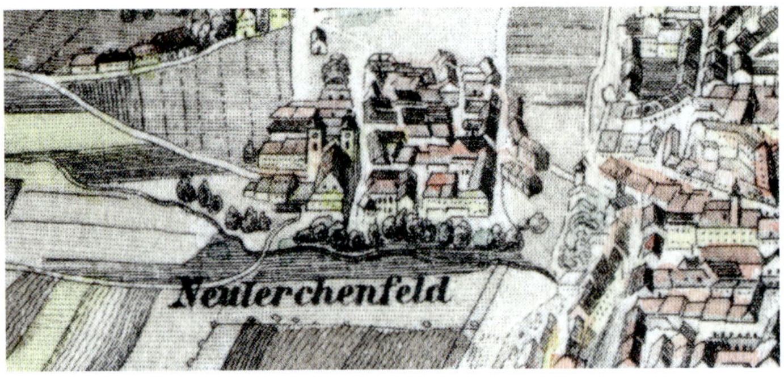

Abbildung 159: Neulerchenfeld um 1830 (157 Häuser mit 4.677 Einwohnern)

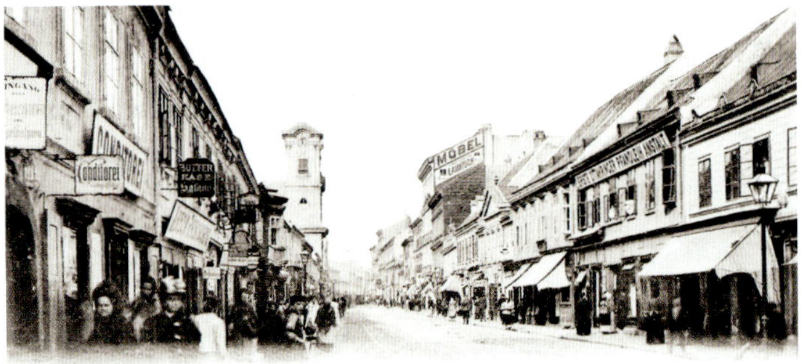

Abbildung 160: Neulerchenfelder Pfarrkirche mit der Neulerchenfelder Straße. Die Straße war nach der Öffnung des Linientors die wichtigste Straße im Vorort Neulerchenfeld (Foto um 1898).

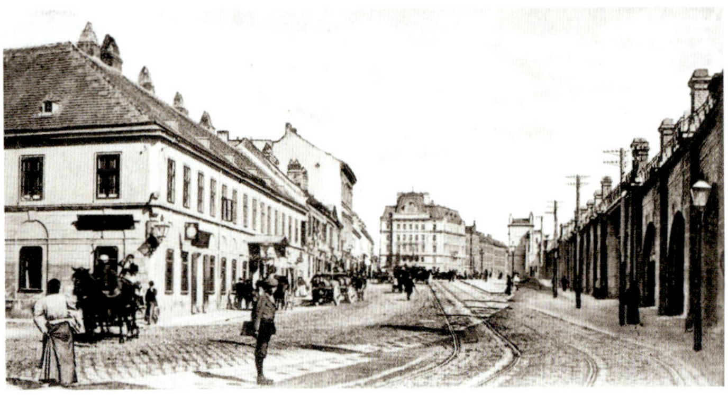

Abbildung 161: Neulerchenfelder Gürtel mit der Stadtbahntrasse (Foto um 1905)

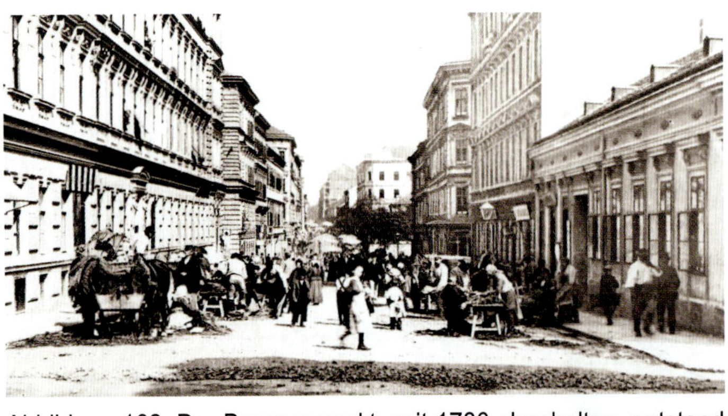

Abbildung 162: Der Brunnenmarkt, seit 1786 abgehalten, entstand um einen Brunnen, der Wasser aus dem Wienerwald in die Hofburg für die Wasserversorgung leitete. Der Markt war nach dem Naschmarkt der zweitgrößte Detailmarkt in Wien (Foto um 1900).

Neulerchenfeld

Neulerchenfeld wurde erst nach der Zweiten Türkenbelagerung 1683 gegründet. Bis 1703 hieß die Siedlung allerdings noch Unter-Ottakring. Das kommt daher, dass Überlebende des Vorortes Ottakring, deren Häuser während der Zweiten Türkenbelagerung völlig zerstört worden waren, lieber näher an der „schützenden“ Stadt Wien wohnen wollten.

Nach dem Bau des Linienwalls 1704 hatten sich in erster Linie Handwerker und Kleingewerbetreibende angesiedelt. Die große Industrialisierung des Vorortes blieb jedoch auf Grund des Platzmangels aus.

Es siedelten sich im 18. Jh. auch immer mehr Arbeiter im Ort an, die in den Textilbetrieben des heutigen 3. Bezirks arbeiteten und in Neulerchenfeld günstiger wohnen konnten. Der Ort war auch vom Gartenbau geprägt. Obst und Kräuter wurden auf den umliegenden Märkten verkauft. So besteht bereits seit 1786 im Norden von Neulerchenfeld der Brunnenmarkt (siehe Abbildung 162).

In der zweiten Hälfte des 18. Jh. gewann in Neulerchenfeld das Schankgewerbe immer mehr an Bedeutung. Begünstigt wurde dies deshalb, da innerhalb des Linienwalls die so genannte Verzehrungssteuer, eine Art Umsatzsteuer auf Lebensmittel, eingehoben wurde, außerhalb aber nicht. Deshalb konnten, wie bereits erwähnt, die Vororte ihre Produkte billiger anbieten. Noch dazu lag der Vorort Neulerchenfeld unmittelbar am Linienwall mit einem Linienamt und war von der Stadt und den Vorstädten aus leicht erreichbar (siehe Karte 14).

Die Kirche „Zur schmerzhaften Mutter Gottes“, die Neulerchenfelder Kirche (fertiggestellt 1753), bildete den Mittelpunkt des sich vergrößernden Ortes (siehe Abbildung 160).

Mit der Industrialisierung Mitte des 19. Jh. veränderte sich allmählich die Wohnsituation in Neulerchenfeld. Durch den Zuzug kam es zu einem hohen Anteil an Substandardwohnungen mit dichter Belegung und hohem Untermieteranteil.

17. Bezirk (Hernals)

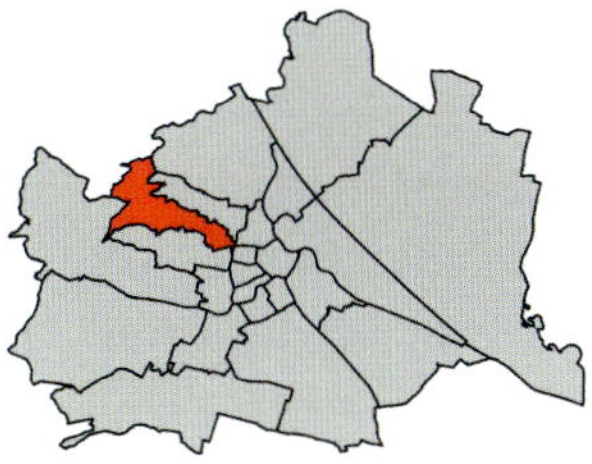

Ehem.Vororte:
Hernals, Dornbach und Neuwaldegg

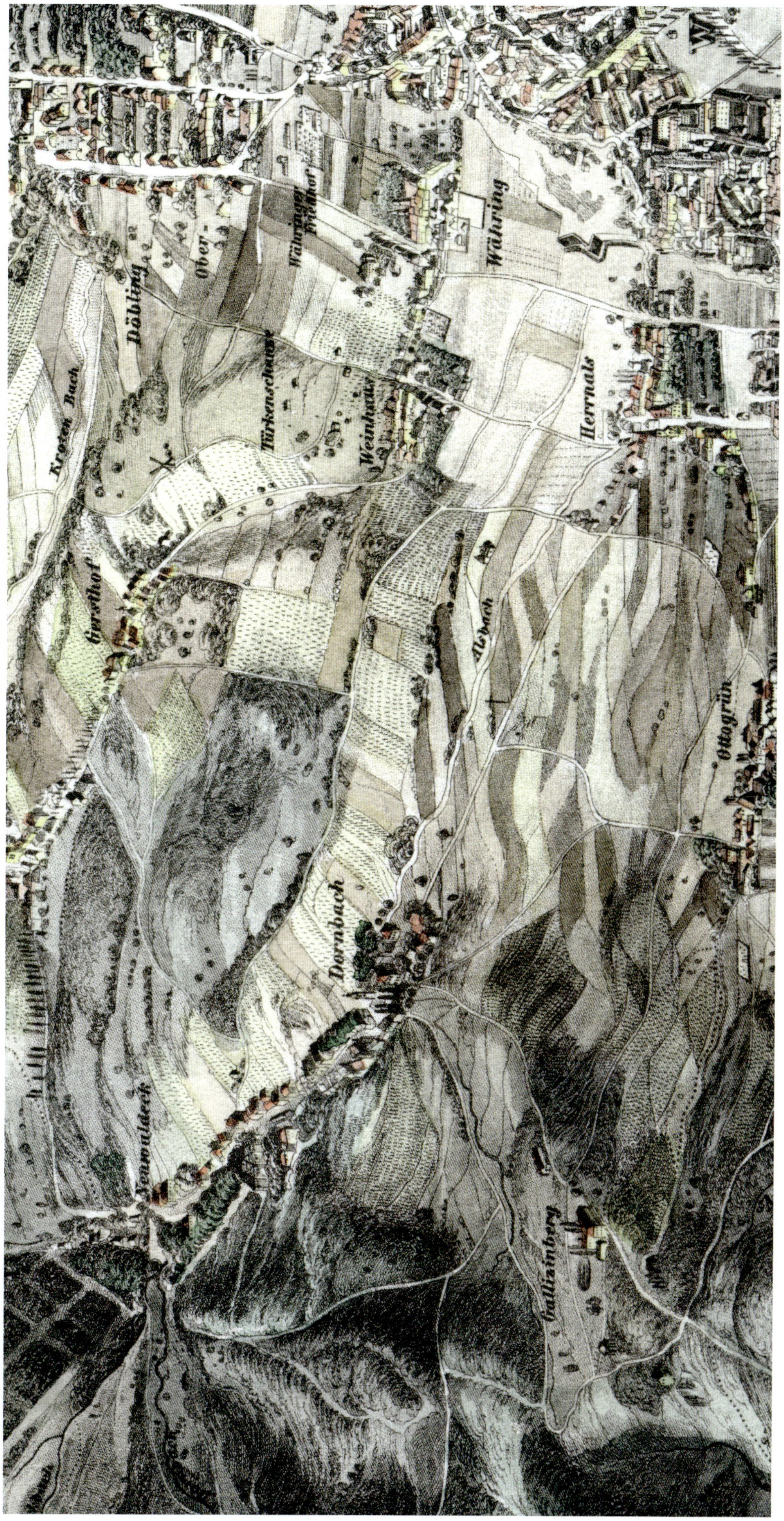

Ausschnitt der Perspektivkarte um 1830 von Franz Xaver Schweickhardt

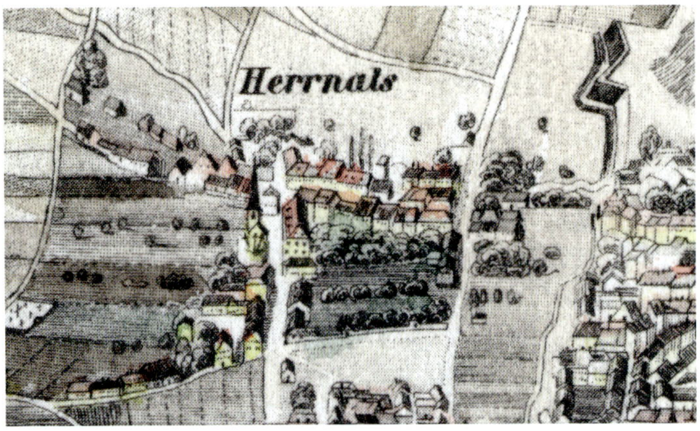

Abbildung 163:. Hernals um 1830 (161 Häuser mit 3.875 Einw.)

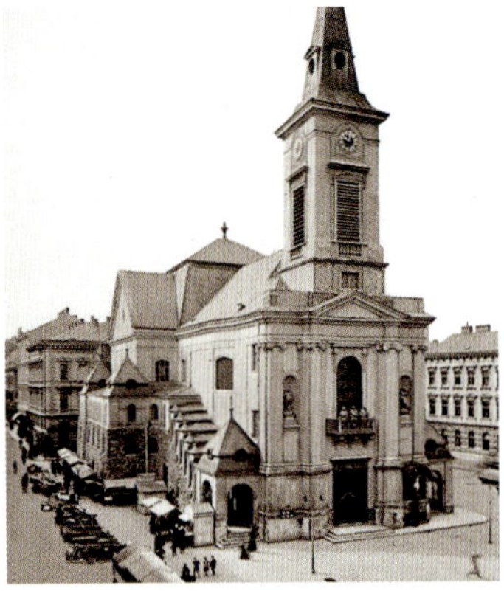

Abbildung 164: Kalvarienbergkirche um 1900. Die leicht erhöht gelegene Kirche befindet sich am Sankt-Bartholomäus-Platz im historischen Ortszentrum beim Elterleinplatz. Die Kirche (erstmals 1301 erwähnt) wurde bei der Ersten Wiener Türkenbelagerung zerstört. Nach ihrem Wiederaufbau wurde sie zu einer evangelisch-lutherischen Kirche, die um 1600 zu einer Hochburg der Protestanten wurde. In der Hernalser Kirche und dem Schloss Hernals (ein Herrschaftssitz einer protestantischen Adelsfamilie) fanden sich zeitweise tausende Gläubige ein. Bei der Zweiten Türkenbelagerung wurde die Kirche weitgehend zerstört.

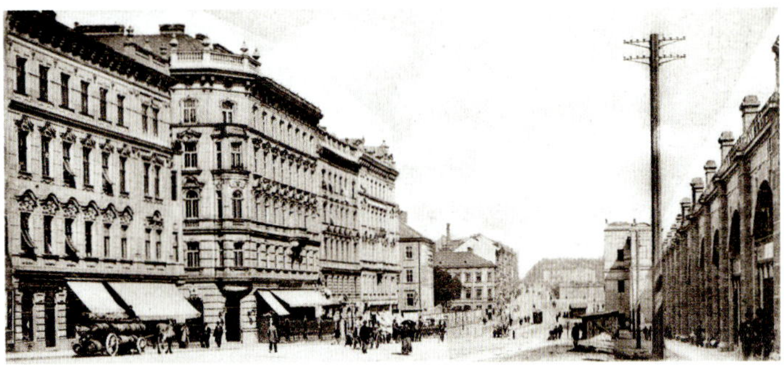

Abbildung 165: Hernalser Gürtel mit Stadtbahnbögen und der Stadtbahnstation Alser Straße (Foto um 1905)

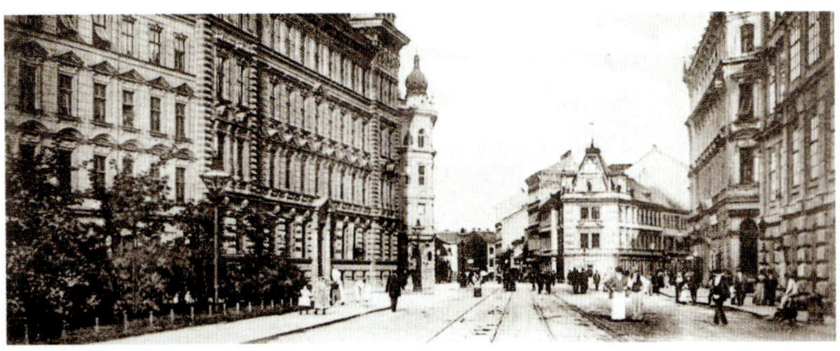

Abbildung 166: Der Elterleinplatz mit dem Magistratischen Bezirksamt bildete den Zentralraum von Hernals (Foto um 1902).

Hernals (Vorort)

Die erste urkundliche Nennung geht auf das Jahr 1044 zurück. Der Hof der Herren von Als (ein angesehenes Rittergeschlecht) stand ursprünglich auf einer Anhöhe (ungefähr der heutigen Kalvarienbergkirche) und war mit einem Wassergraben und einer Ringmauer umgeben. Aus einigen Gutshöfen der Adeligen und den Hütten der leibeigenen Bauern wurde allmählich ein kleines Dorf, das im 14. Jh. schon über eine Kirche, die Bartholomäuskapelle (siehe Abbildung 164), und eine Mühle verfügte. Die Haupteinnahmequelle war der Weinbau.

Bei beiden Türkenbelagerungen wurde der Ort zerstört. Nach diesen gewann der Ackerbau gegenüber dem Weinbau größere Bedeutung und dies nicht nur, weil die Türken die Weinstöcke zerstört hatten. Adeligen und kirchlichen Großgrundbesitzern schien der Ackerbau gewinnbringender.

Im 18. Jh. änderte sich der Charakter des Ortes hin zu einem Gartendorf mit Wein- und Lustgärten. Hernals wurde so um 1800 zu einem beliebten Sommerfrischeort der begüterten Wiener Bürger.

Waren bislang nur kleinere Gewerbebetriebe im Ort vorhanden, siedelten sich nach 1800 auch größere an. Diese hatten im Schnitt zehn bis fünfzehn Arbeiter. So gründete 1839 Rudolf Müller eine handwerkliche Brauerei, die er nur für den örtlichen Bedarf auslegte. Aus ihr ging dann das Hernalser Brauhaus hervor. In den 1860er und 1870er Jahren kam eine große Zahl weiterer Fabriken hinzu, so etwa eine Ziegelei oder die Schokoladefabrik Manner. Schlechte Wohnverhältnisse prägten damals das Bild jener Jahrzehnte. In den 1870er Jahren war Hernals durch Zuzug so sehr gewachsen, dass man daran dachte, es zur Stadt zu erheben.

1877 war beim Linienwall mit der Einwölbung des Alserbaches begonnen worden, wodurch sich das Ortsbild stark veränderte (siehe Abbildung 28). Eine bessere Verkehrsanbindung für Hernals brachte 1898 die Eröffnung der Stadtbahnstation Alser Straße und der Wiener Vorortelinie Hernals. 1914 wurde in der Jörgerstraße das erste städtische Hallenbad Wiens eröffnet. In unmittelbarer Nähe errichtete 1868 Eduard Engelmann eine Kunsteisbahn.

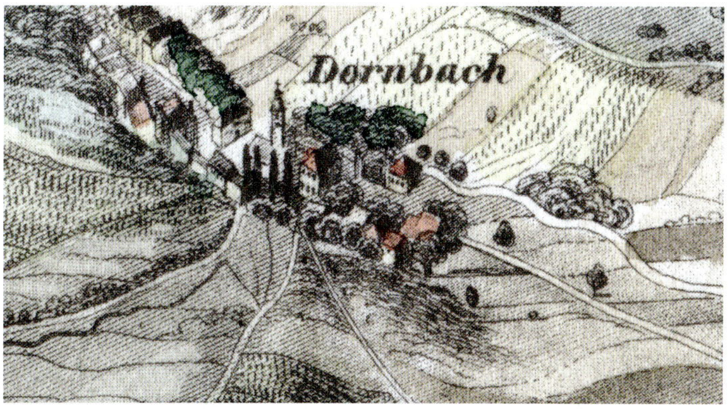

Abbildung 167: Dornbach um 1830 (84 Häuser mit 762 Einwohnern)

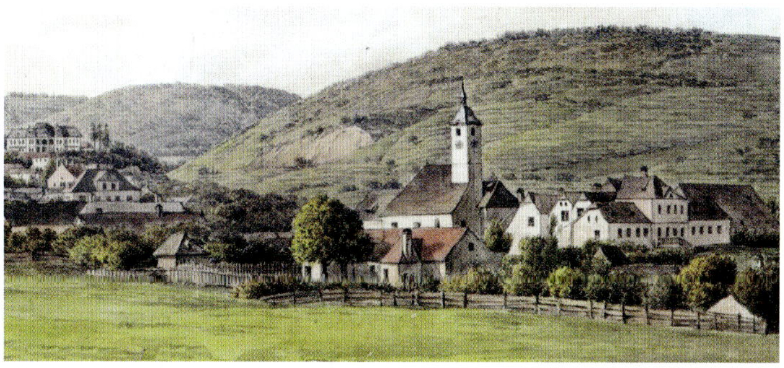

Abbildung 168: Dornbach mit Kirche und ganz links im Bild das auf einer Anhöhe liegende Neuwaldegger Schloss

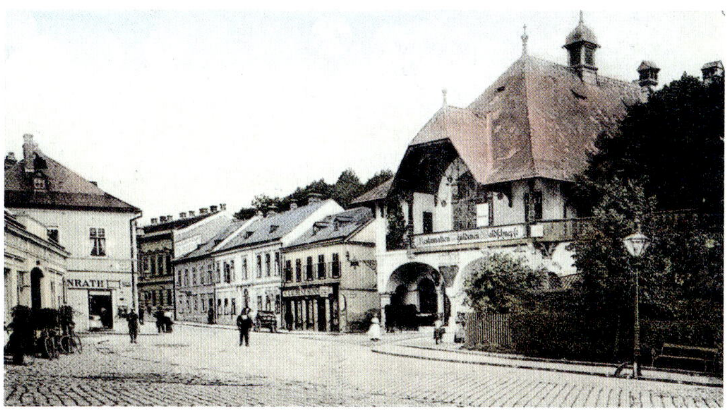

Abbildung 169: Dornbacher Straße stadtauswärts mit dem Restaurant „Zur Goldenen Waldschnepfe". Der Kern des 1884 errichteten Gebäudes stammt aus dem 17. Jh. (Foto um 1902).

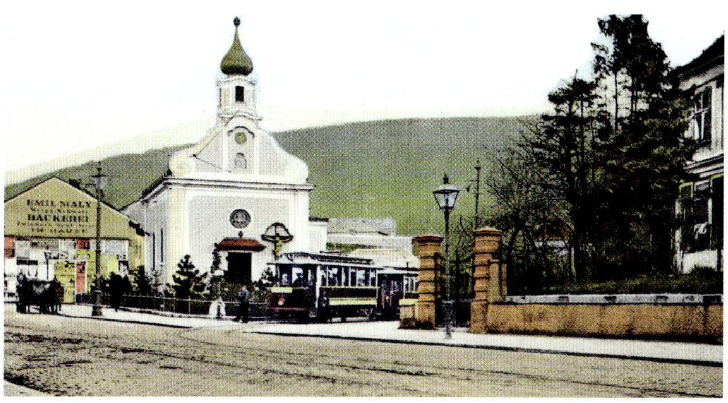

Abbildung 170: Dornbach mit der Annakapelle und der Endstation der Linie 43, die die Kapelle umrundet (Foto um 1912).

Dornbach

Urkundlich wurden in Dornbach 1044 zwei Edelhuben [behauste Hofstätten] an der Alsbach (Alsberbach) genannt. Aus Salzburg kommende Mönche verwalteten diese Huben, rodeten die Wälder und legten Verkehrswege an. 1138 ist bereits eine Kapelle nachweisbar. Die Pfarrerhebung erfolgte 1251. Rings um das geistliche Anwesen drängten sich allmählich Häuser und ein Dorf erblühte mitten im Wald. Wolf, Luchs und Bären hausten in den Wäldern.

Das Ende einer Pestepidemie war der Anlass, 1713 eine Kapelle – zunächst aus Holz – zu bauen, die den Namen Anna-Kapelle erhielt. Bereits 1717 folgte die Errichtung eines Stein- bzw. Ziegelbaues. 1905 wurde sie abgebaut und an der heutigen Stelle neu errichtet.

Dornbach hatte unter den Einfällen der Ungarn (Matthias Corvinus) zu leiden. Im Zuge der beiden Türkenkriege wurde der Ort sowie die Kirche jedes Mal zerstört und wieder aufgebaut. Zur Zeit der Franzosenkriege wurden die Ortschaften Dornbach und Neuwaldegg in den Jahren 1805 und 1809 von den Franzosen, die sich hier einquartiert hatten, arg mitgenommen.

Die Dornbacher Bevölkerung war lange Zeit stark abhängig vom Weinbau. In der Biedermeierzeit wurden Dornbach und Neuwaldegg um 1830 zu einem beliebten Ausflugsziel für die Wiener. Man konnte sich mit dem Vermieten von Sommerwohnungen an „betuchte" Wiener ein Zusatzeinkommen sichern. Dies forcierte den Ausbau des Dorfes. Adelige und reiche Bürger errichteten bald Villen oder Sommerhäuser. 1861 wurde in Dornbach ein Bad gebaut, das bis 1920 bestand.

Man fuhr mit dem Fiaker (das war teuer) oder mit dem »Zeiserlwagen«, einem von Pferden gezogenen ungefederten Holzwagen mit einem langgezogenen Korbgeflecht, der bis zu 12 Personen fasste, nach Dornbach und Neuwaldegg. 1865 verkehrte die erste Pferdebahn Wiens vom Schottentor bis Hernals, 1866 wurde eine Probebahn bis Dornbach geführt. Die „Goldene Waldschnepfe", ein 1883 im altdeutschen Stil des 17. Jh. erbauter Einkehrgasthof mit Schrammelmusik, wurde zum »In-Lokal« des hochrangigen Bürgertums, des Adels und aller, die sich zur »Gesellschaft« zählten (siehe Abbildung 169).

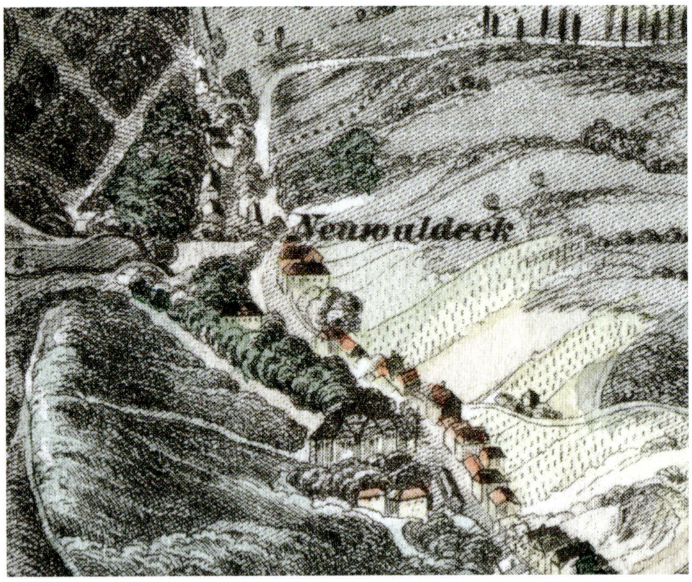

Abbildung 171: Neuwaldegg um 1830 (53 Häuser mit 268 Einwohnern)

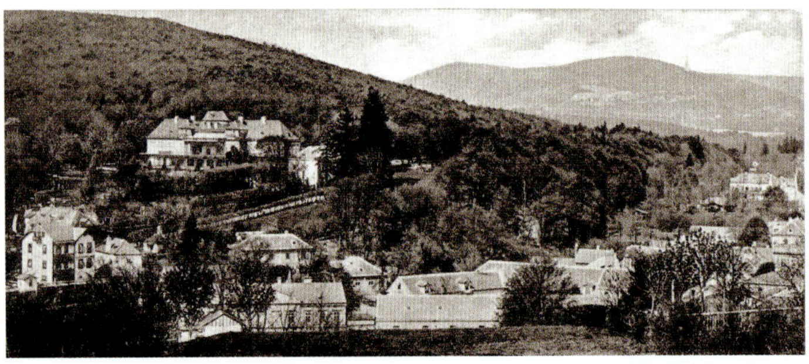
Abbildung 172: Neuwaldegger Schloss Schwarzenberg und Fürstlich Schwarzenberg'sche Meierei (Foto um 1898)

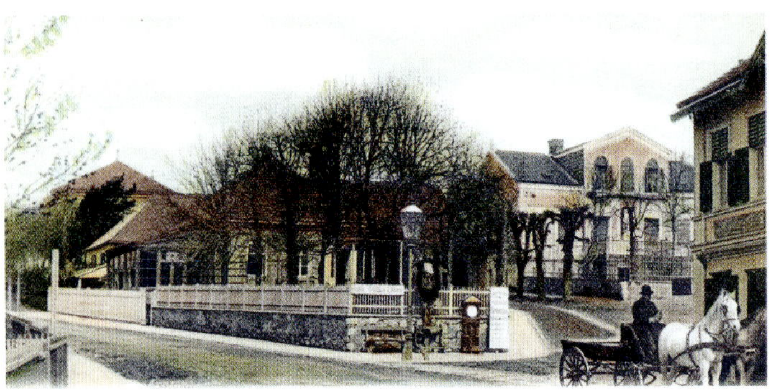
Abbildung 173: Neuwaldegger Straße (Foto um 1904)

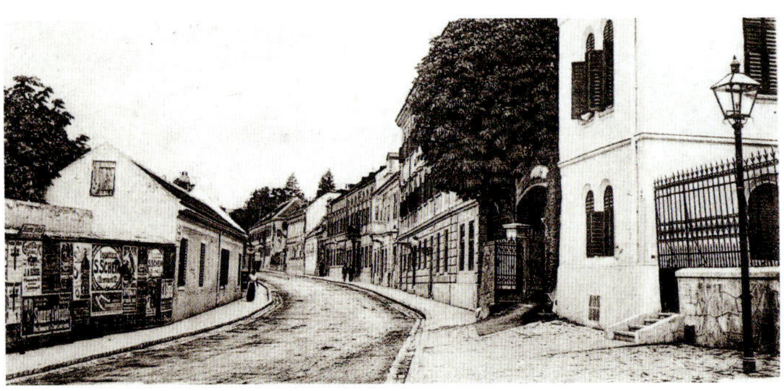
Abbildung 174: Neuwaldegger Straße (Foto um 1903)

Neuwaldegg

Bereits 1309 wurde ein „Schloß Waldeckh" erwähnt, allerdings eindeutig erst 1535. Anfang des 16. Jh. wurde die auf einer Anhöhe gelegene Hofstatt zu einem burgartigen Gebäude umgebaut (Neuwaldegger Hof). 1537 wurde der Hof, um den sich inzwischen eine Ansiedlung gebildet hatte, zum Freihof. Der Neuwaldegger Hof (ein Renaissanceschloss) wurde während der Zweiten Türkenbelagerung 1683 zerstört. Das Schloss wurde dann von 1692 bis 1697 in barocker Form neu aufgebaut. (Neuwaldegger Schloss). Dabei wurde der Besitz vergrößert und ein englischer Landschaftsgarten angelegt. Im 19. Jh. kam es in den Besitz der Familie Schwarzenberg. Zu ihrer Zeit galt es als größte und schönste Parkanlage Österreichs. Besonders reizvoll sind die Allee und freien Wiesen wie die Marswiese (heute ist hier der Schwarzenbergpark).

Der Ort erholte sich nach der Zweiten Türkenbelagerung nur sehr langsam. Erst mit der sich allmählich entwickelnden Verkehrsverbindung nach Wien im Laufe des 19. Jh. begann ein Wachstum. Zuerst waren der Stellwagen und schließlich die Pferdetramway der Anlass, dass sich wohlhabende Wiener Bürger hier ihre Landhäuser bauten. In den Bauernhöfen wurden Sommerwohnungen vermietet. Neuwaldegg wurde zu einem vornehmen Villenvorort Wiens. In Neuwaldegg war besonders der Schwarzenbergpark als Ausflugsziel sehr geschätzt.

18. Bezirk (Währing)

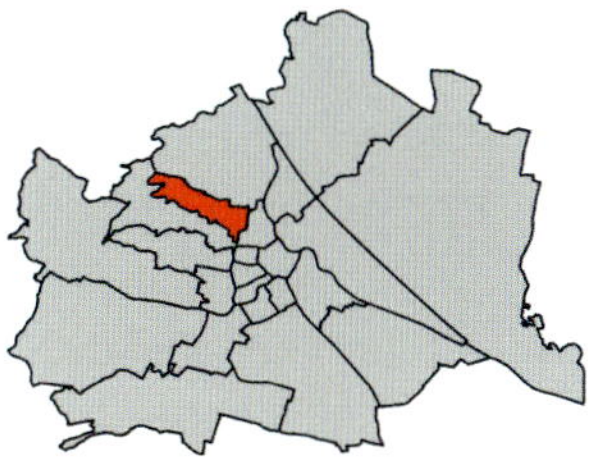

Ehem.Vororte:
Währing, Weinhaus, Gersthof und Pötzleinsdorf

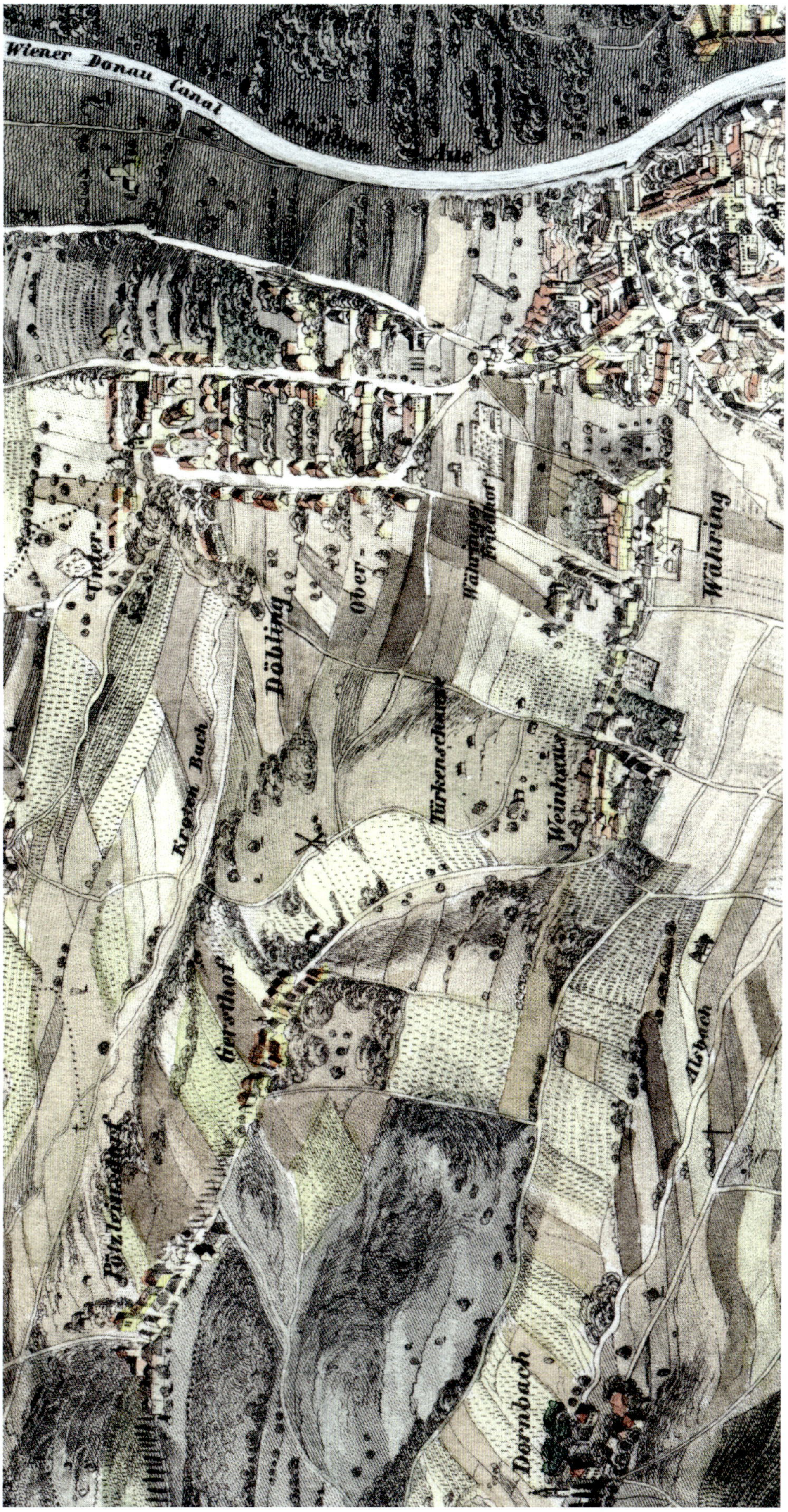

Ausschnitt der Perspektivkarte um 1830 von Franz Xaver Schweickhardt

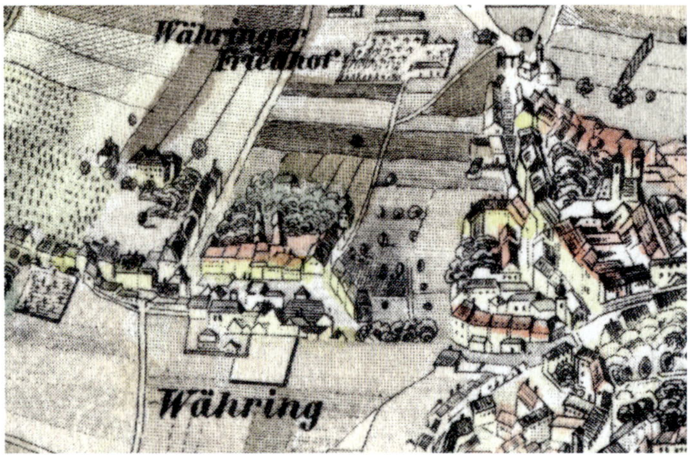

Abbildung 175: Währing um 1830 (150 Häuser mit 2.578 Einwohnern)

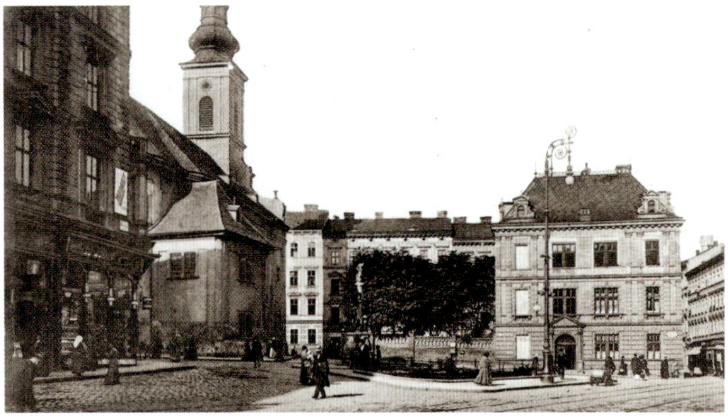

Abbildung 176: Ecke Währinger Straße - Kutschkergasse steht die Währinger Pfarrkirche St. Gertrud (Foto um 1904).

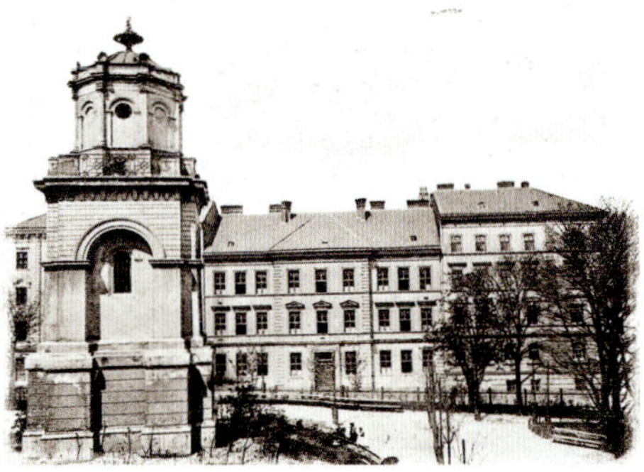

Abbildung 177: Anton-Baumann-Park mit dem ehemaligen Wasserturm. Der Park ist heute durch eine Fußgängerbrücke mit der dazwischen liegenden U-Bahn-Station „Michelbeuern - Allgemeines Krankenhaus“ und dem Spital verbunden.

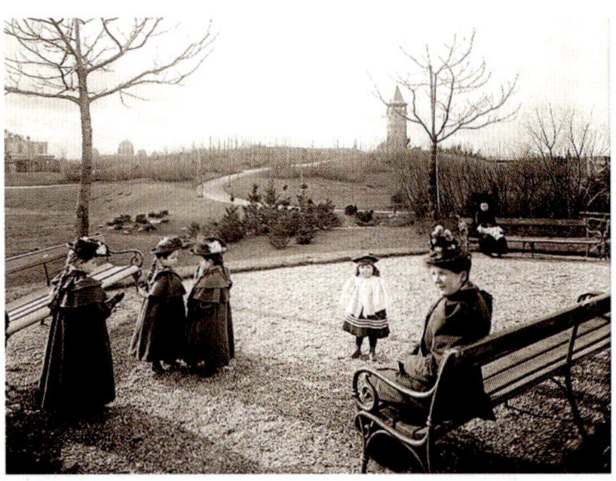

Abbildung 178: Türkenschanzpark mit der Paulinenwarte, einem Aussichtsturm, im Hintergrund (Foto um 1900). Der Park wurde im Stil eines englischen Landschaftsgartens angelegt. Eröffnet wurde dieser 1888 von Kaiser Franz Joseph I. im Rahmen eines großen Volksfestes.

Währing (Vorort)

Die Besiedlung des Gebietes setzte um 1000 ein, erstmals urkundlich erwähnt wurde Währing 1170. Der Ort entwickelte sich entlang des Währinger Baches, zwischen der heutigen Währinger Straße und Gentzgasse. Um 1400 wurde die Gertrudkapelle, die schon 1232 urkundlich bezeugt ist, zu einer Pfarrkirche ausgebaut. 1753 wurde die dem Einsturz nahe Kirche neu gebaut (siehe Abbildung 176),

Bis gegen Ende des 15. Jh. konnte sich die Ansiedlung ungestört entwickeln. Als 1485 Matthias Corvinus hier eines seiner drei großen Lager aufschlug, wurde die Ortschaft samt Kirche und vielen Weingärten fast zur Gänze vernichtet.

Der Ort selbst lebte lange Zeit überwiegend vom Wein, der ins benachbarte Wien geliefert wurde. Im Bereich der Türkenschanze, einer plateauartigen Erhebung, hatten sich möglicherweise bereits während der Ersten Wiener Türkenbelagerung Proviant- oder Pulvermagazine befunden, die verschanzt angelegt worden waren. Während der Zweiten Wiener Türkenbelagerung hatten hier die Türken eine rasch aufgeworfene Befestigungsanlage errichtet, um den türkischen Belagerungsring vor dem Entsatzheer zu schützen.

In der ersten Hälfte des 19. Jh. begannen sich im Ort sehr viele Handwerker, Wäscherinnen und Industriearbeiter anzusiedeln. 1836 wurde der „Wasserturm“ der Kaiser-Ferdinands-Wasserleitung im Anton-Baumann-Park am Wiener Gürtel gebaut (siehe Abb. 177). Durch diese war es gelungen, die Vorstädte mit genügend Wasser zu versorgen, das aus dem Donaukanal gepumpt, gefiltert und weitergeleitet wurde. 1873 wurde die Leitung stillgelegt und durch die Erste Wiener Hochquellwasserleitung abgelöst.

Bevor der Türkenschanzpark auf dem Areal der Türkenschanze eröffnet wurde (siehe Abb. 178), befanden sich bis 1885 auf dem hügeligen Gelände Sand- und Schottergruben. Bereits 1873 begann der Wiener Cottageverein mit der Errichtung der ersten Villen auf der Türkenschanze (siehe Abb. 193). Der 1872 in Wien gegründete Wiener Cottage-Verein förderte in seinen Zielsetzungen ein bequemes Wohnen. Die Familie sollte zu einer „heimatlichen Wohnung“ kommen.

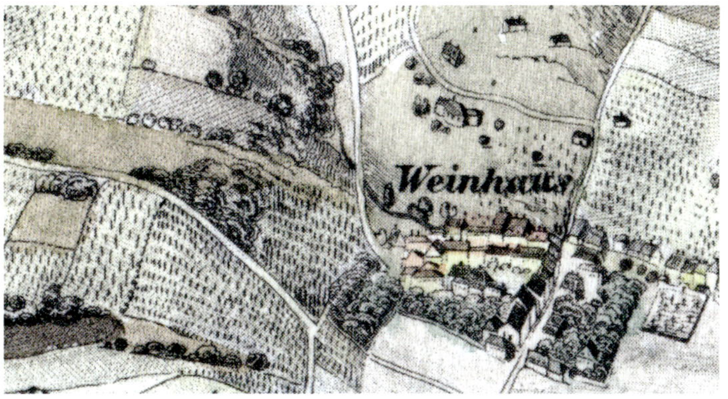

Abbildung 179: Weinhaus um 1830 (43 Häuser mit 504 Einwohnern)

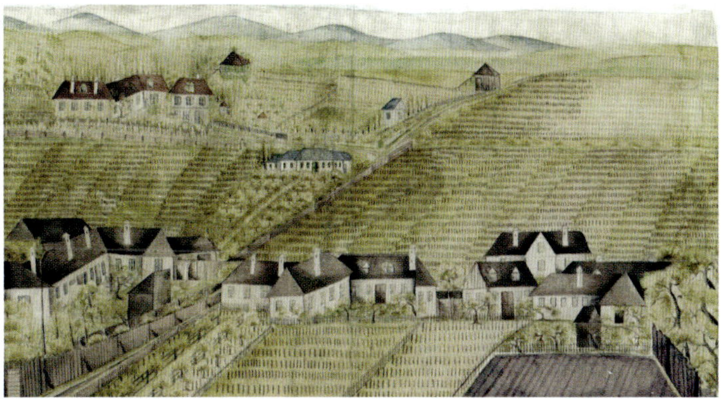

Abbildung 180: Weinhaus um 1800 (Aquarell)

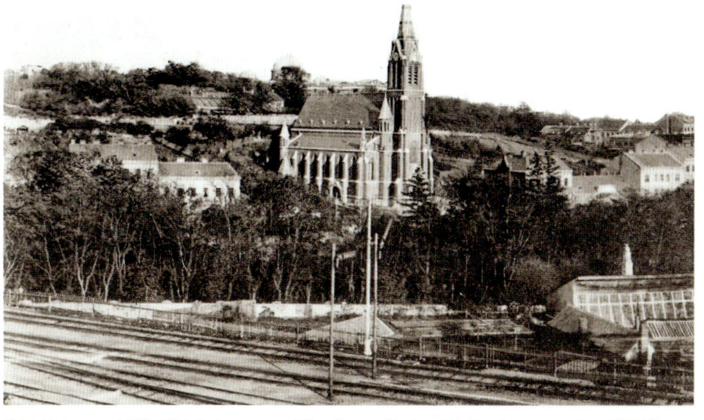

Abbildung 181: Weinhauser Kirche mit der Bahntrasse der 1898 eröffneten Vorortelinie. Nicht weit davon entfernt befand sich der Bahnhof Wien-Gersthof (Foto um 1904).

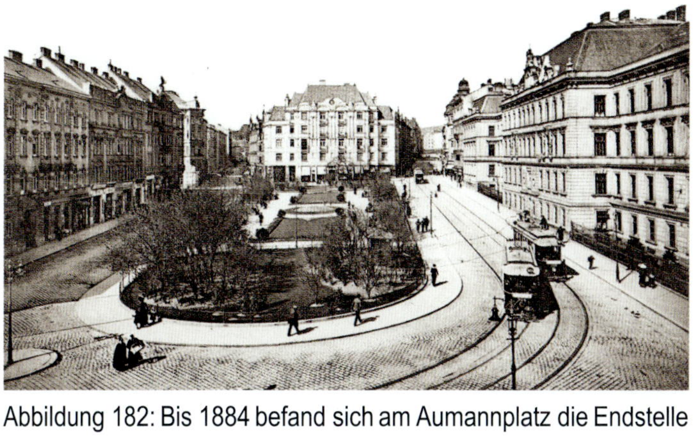

Abbildung 182: Bis 1884 befand sich am Aumannplatz die Endstelle der aus der Stadt führenden Pferdebahnlinie (Foto um 1904).

Weinhaus

Die älteste urkundliche Nennung des Dorfs fand sich 1349. Wichtigste Einnahmequelle der Bewohner war der Weinbau. Der Ort lag zu beiden Seiten der Talenge des Währinger Bachs. Eine Kapelle wurde 1736 erbaut.

Von den beiden Türkenkriegen wirkte sich der Zweite wesentlich stärker als der Erste auf den Ort aus, da dieser in Schutt und Asche gelegt wurde. Die Weinhauser Bevölkerung, die nicht geflohen war, wurde getötet oder versklavt.

Im 18. Jh. wurde der Ort Weinhaus auch für die Wiener Bürger interessant. Bereits 1750 hatten einige von ihnen ihr Haus in Weinhaus errichtet, wo man die Sommermonate verbrachte. Manche Häuser hatten auch einen Lustgarten. So ließ beispielsweise der Hofjuwelier Schwab ein Landhaus mit einem großen Garten errichten und dahinter eine Kapelle bauen. Weinhaus war damals auch ein beliebter Heurigenort und damit Ausflugsziel für viele Wiener. Um der Hitze der Stadt zu entgehen, nutzte man den Ort auch als Sommerquartier. Dies änderte sich erst, als in der zweiten Hälfte des 19. Jh. immer mehr der städtische Charakter zu überwiegen begann.

1830 trat der Währinger Bach aus den Ufern, 1844 brach eine Typhusepidemie aus. Da der Währinger Bach zu einer offenen Kloake verkommen war, wurde er 1874 entlang der oberen Währinger Straße eingewölbt und in einen Bachkanal verwandelt, 1886 dann der gesamte Bach.

Die heutige Weinhauser katholische Kirche, ein neugotischer Ziegelrohbau, wurde 1893 fertiggestellt (siehe Abbildung 181). An dieser Stelle stand vorher schon die 1736 errichtete Kapelle.

1884 wurde zwischen Gürtel und Weinhaus eine Pferdebahnlinie der Wiener Tramwaygesellschaft errichtet (siehe Abbildung 182). Die Haltestelle der Vorortelinie „Wien Gersthof“ liegt an der Grenze zum Vorort Gersthof und ist ein zentraler Verkehrsknotenpunkt. Sie wurde als Bahnhof der Wiener Dampfstadtbahn 1889 in Hochlage eröffnet.

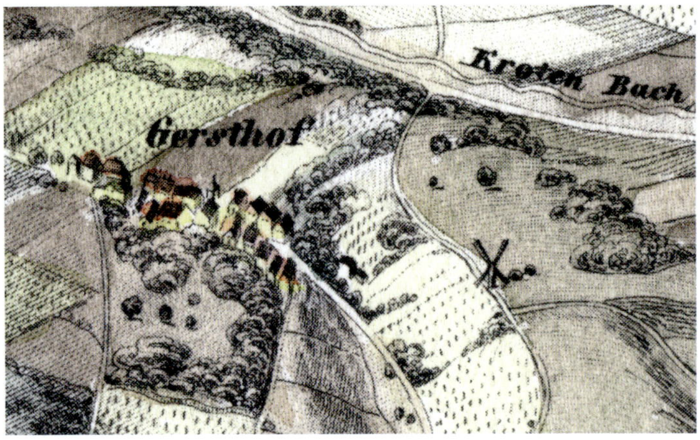

Abbildung 183: Gersthof um 1830 (29 Häuser mit 273 Einwohnern)

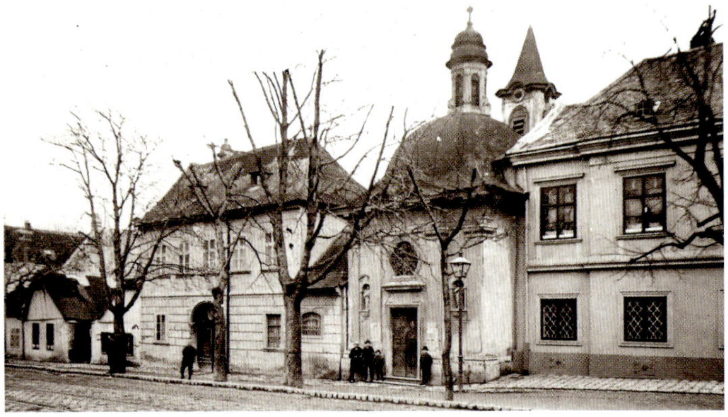

Abbildung 184: Johann Nepomuk-Kapelle in der Gersthofer Straße (Foto um 1904)

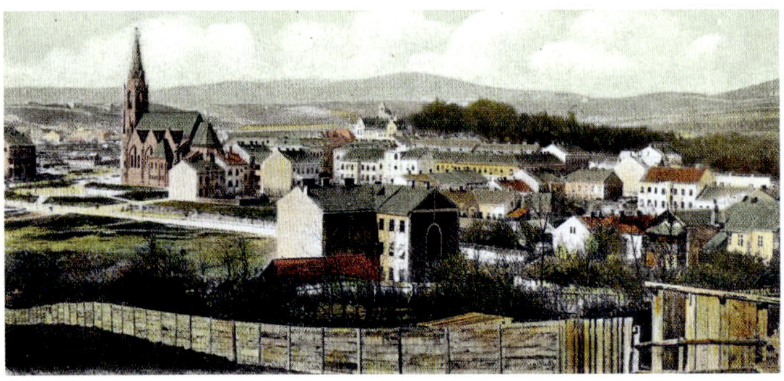

Abbildung 185: Gersthof mit der Gersthofer Kirche (Foto 1903)

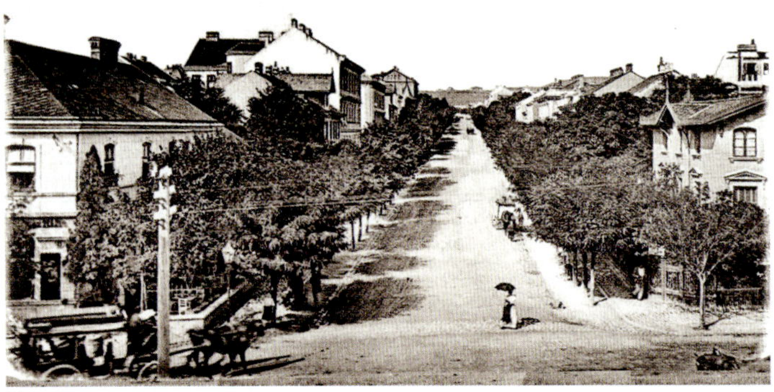

Abbildung 186: Blick von der Gersthofer Straße in die beginnende Herbeckstraße. Um 1850 gab es hier noch Felder und Wiesen (Foto um 1908).

Gersthof

In einer Urkunde wurde Gersthof, ein Straßendorf, zum ersten Mal im Jahre 1497 erwähnt. Der Ort bestand nur aus wenigen Häusern. 1683 wurde Gersthof wie auch die Nachbarorte durch die Türken verwüstet. In der Folge blieb der Ort weiterhin beschaulich.

Die 1737 errichtete Kapelle wurde 1784 zur Pfarrkirche von Gersthof erhoben. 1790 erhielt die Johannes-Nepomuk-Kapelle ihren Turmaufsatz, dessen Helm 1813 erneuert wurde (siehe Abbildung 184). Da nun durch eine gewisse Bautätigkeit und damit steigende Einwohnerzahl das „Kirchlein" viel zu klein wurde, begann man am Bischof Faber-Platz im Jahre 1887 mit dem Bau einer neuen Pfarrkirche (siehe Abbildung 185).

Ein größeres Wachstum, ausgehend vom alten Ortskern (Alt-Gersthof), setzte erst in der zweiten Hälfte des 19. Jh. ein. So wurde ab 1874 „Neu-Gersthof" mit rasterförmigem Straßenverlauf angelegt. Dies geschah teilweise nach dem Vorbild des Währinger Cottageviertels. Kleine Villen mit Gärten entstanden (siehe Abbildung 186). Die zunächst unbesiedelte Fläche zwischen Alt-Gersthof und Neu-Gersthof wurde ab den 1890er Jahren mit Mietshäusern verbaut.

Der an der Eisenbahnstrecke der Vorortelinie gelegene Bahnhof „Wien Gersthof" wurde 1898 nach Plänen von Otto Wagner errichtet. Dieser liegt an der Grenze zum Vorort Weinhaus. Das Bahnhofsgebäude ist eines von mehreren entlang der von Heiligenstadt nach Penzing führenden Verbindungsbahn (siehe Karte 17).

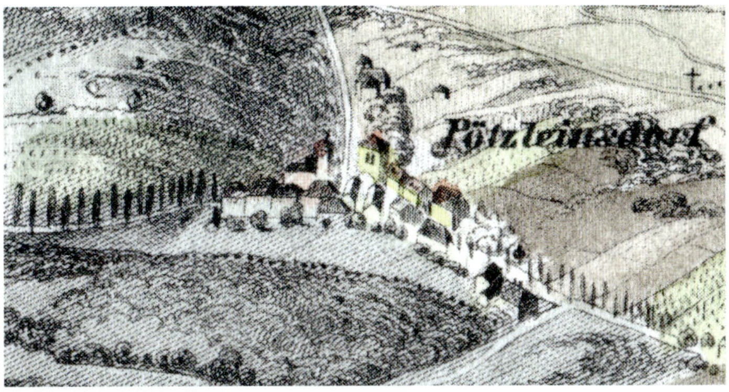

Abbildung 187: Pötzleinsdorf um 1830 (33 Häuser mit 272 Einwohnern)

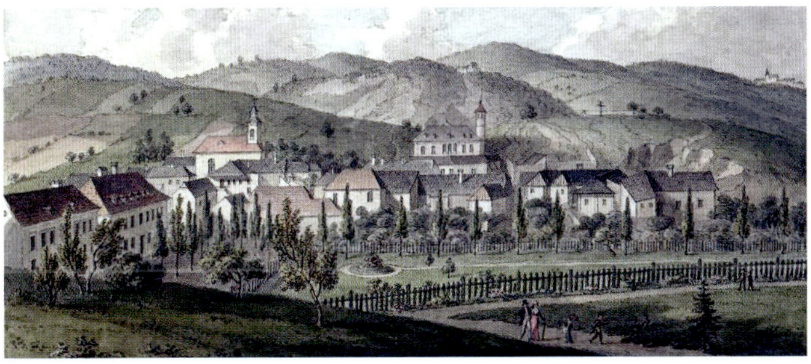

Abbildung 188: Pötzleinsdorf um 1824 mit der Pfarrkirche (links) und dem Geymüller Schlössel (Mitte)

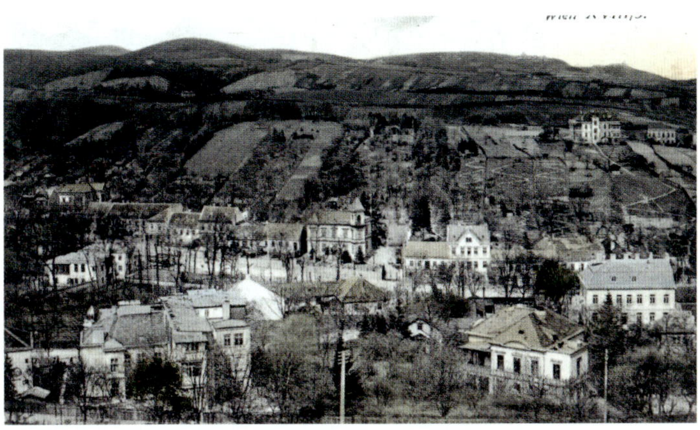

Abbildung 189: Pötzleinsdorf (Foto um 1907)

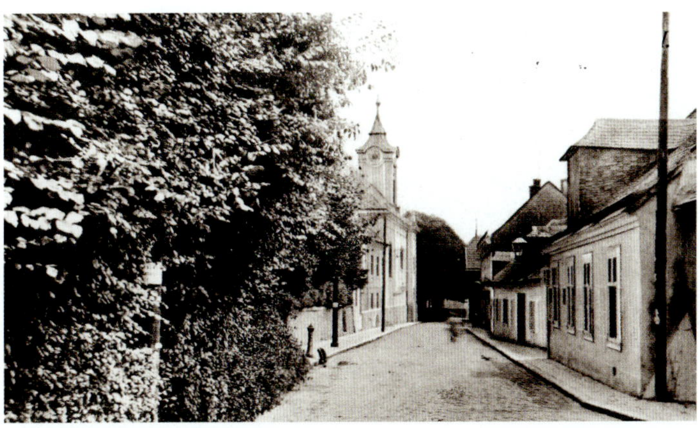

Abbildung 190: Pötzleinsdorfer Straße mit Pötzleinsdorfer Kirche (Foto um 1910)

Pötzleinsdorf

Im Jahr 1112 wurde Pötzleinsdorf erstmals urkundlich erwähnt. Das Zentrum der Siedlung war eine Burg, aus der sich dann ein Freihof entwickelte. Die Siedler, Leibeigene der Grundherren, betrieben vor allem Weinbau. Ackerbau gab es nur eingeschränkt. 1529 wurde bereits eine Kapelle erwähnt.

Der Ort wurde 1529 und 1683 durch die Türken verwüstet. Eine Feuersbrunst zerstörte 1750 erneut große Teile des Ortes. Beim Wiederaufbau wurde auch eine neue Kirche errichtet, die dem heiligen Ägydius geweiht wurde.

Freiherr von Geymüller erwarb zu Beginn des 19. Jh. die Herrschaft und den alten Freihof und wandelte diesen in ein schlossartiges Gebäude um. Er ließ auch einen großartigen Park anlegen und überließ diesen der Öffentlichkeit. Dieser Park wurde zum beliebten Treffpunkt und zur Sommerfrische für die Wiener Oberschicht.

Haupteinnahmequelle der Ortsbewohner war weiterhin der Weinbau. Die abgeschiedene Lage von Pötzleinsdorf und der Charakter der Landschaft machten es für die Wiener zu einem beliebten Naherholungsziel. In der Gründerzeit wurden viele Villen errichtet. Der alte Dorfkern von Pötzleinsdorf mit seinen einstöckigen alten Häusern ist auch heute noch relativ gut erkennbar.

Auf der Pötzleinsdorfer Wiese gab es 1896 den ersten Skiwettlauf in Österreich und auf einer Naturschanze ein Skispringen.

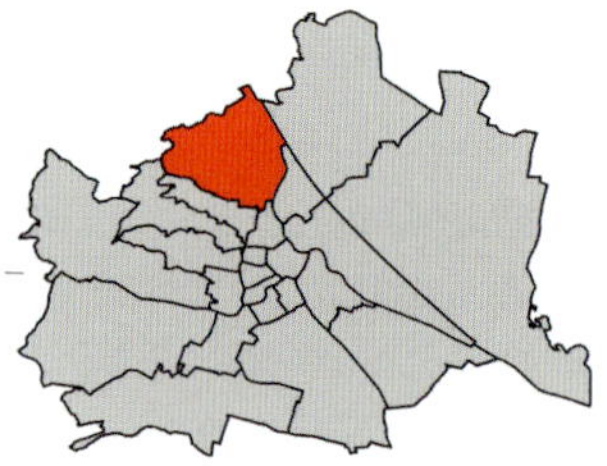

19. Bezirk (Döbling)

Ehem.Vororte:

Oberdöbling, Unterdöbling, Sievering, Neustift am Walde, Salmannsdorf, Heiligenstadt, Nußdorf, Grinzing, Kahlenbergerdorf und Josefsdorf auf dem Kahlenberg

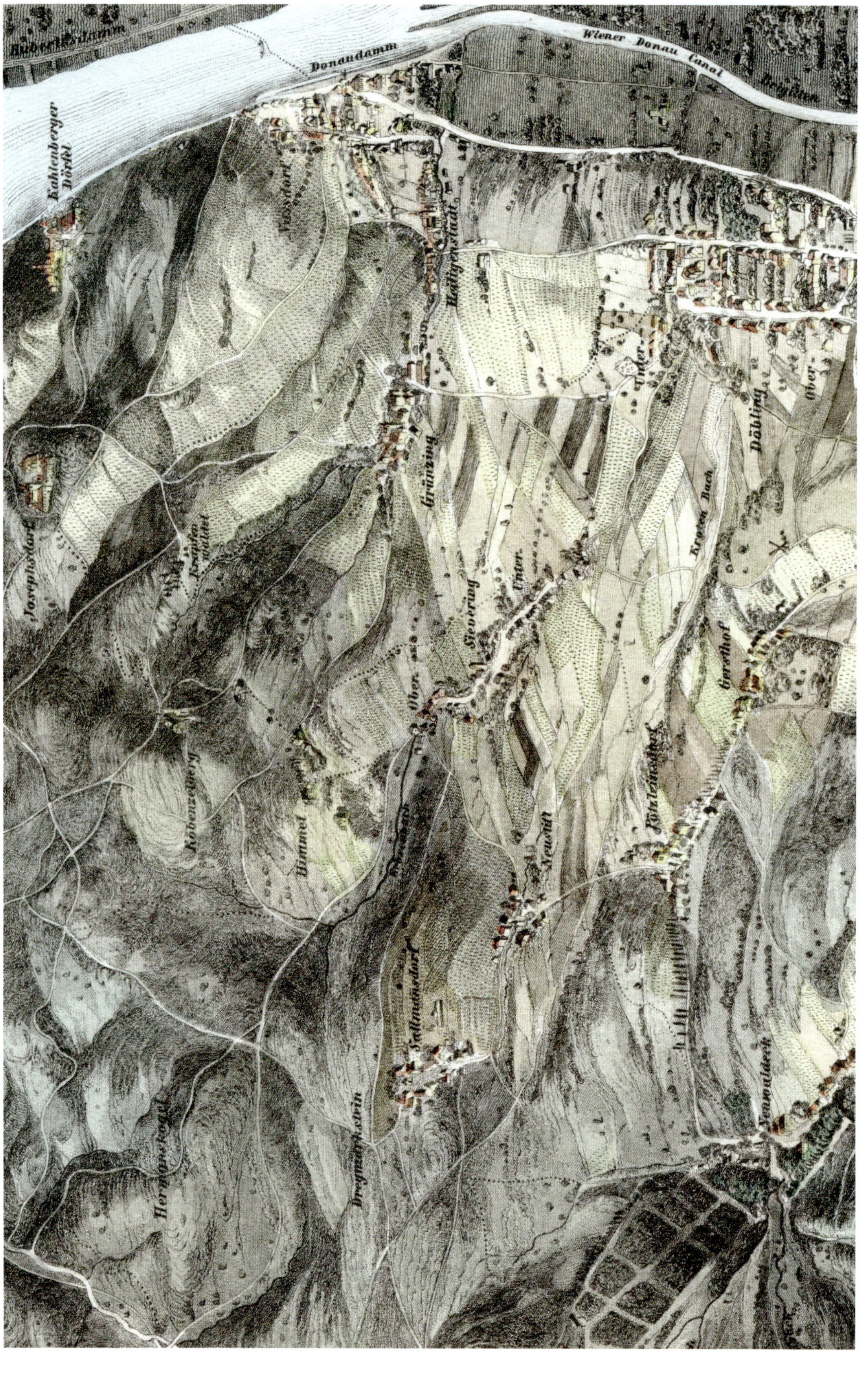

Ausschnitt der Perspektivkarte um 1830 von Franz Xaver Schweickhardt

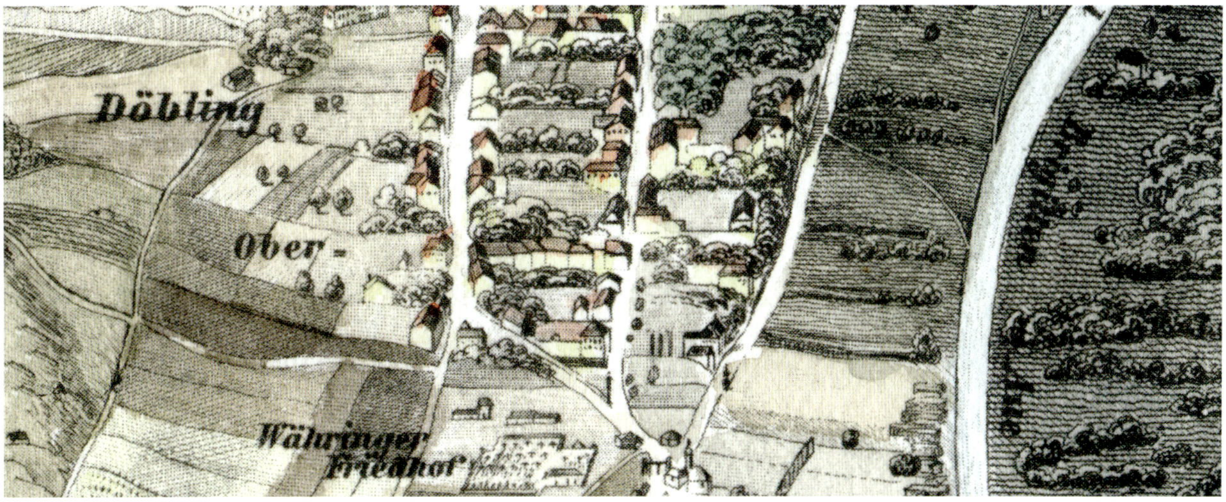

Abbildung 191: Oberdöbling um 1830 (202 Häuser mit 1.517 Einwohnern)

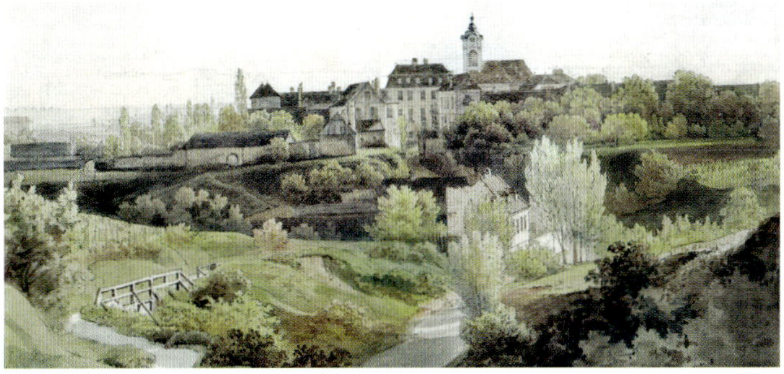

Abbildung 192: Oberdöbling (Aquarell 1814)

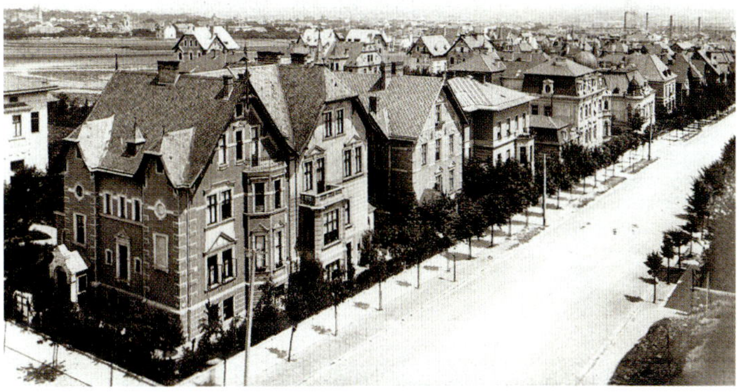

Abbildung 193: Das Cottageviertel zwischen Währing und Oberdöbling zählt auch heute noch zu den vornehmsten Wohngebieten Wiens (Foto 1900).

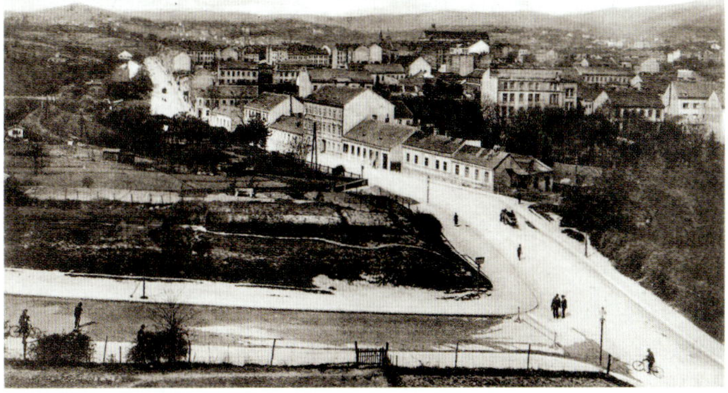

Abbildung 194: Oberdöbling mit der Krim (Foto um 1910)

Oberdöbling

Sowohl Ober- als auch Unterdöbling wurden 1481 durch die Truppen des Matthias Corvinus, 1529 und 1683 durch die Türken verwüstet. Eine in Oberdöbling stehende Kirche wurde erstmals 1267 erwähnt, ein durchgehender Bestand der Kirche ist jedoch erst ab dem 15. Jh. nachweisbar. Die Döblinger Pfarrkirche, 1413 urkundlich erwähnt, wurde 1826 abgetragen und durch eine neue ersetzt (siehe Abb. 192).

Bereits 1754 siedelte sich in Oberdöbling eine Sammet-, Seiden- und Dünntuchfabrik an. Ende des 18. Jh. entstand eine Stahlwarenfabrik und im 19. Jh. weitere Fabriken (vor allem im Textil-, Leder- und Chemiebereich).

Schon in den 1730er Jahren hatte sich Oberdöbling als Sommerfrische entwickelt. Wer es sich leisten konnte, wie der Adel und das wohlhabendere Wiener Bürgertum, baute sich hier einen „Sommerwohnsitz". Dieser Neu-Döbling genannte Ortsteil war vom Reichtum der Hausbesitzer geprägt, während Alt-Döbling eine unregelmäßige Bebauung mit teilweise noch vielen, armseligen Hütten aufwies.

Durch die Franzosenkriege 1805 und 1809 mit ihren Einquartierungen erlitt die Entwicklung einen Rückschlag, die Bautätigkeit stagnierte und lebte erst in der Mitte des 19. Jh. wieder auf. Die zunächst auf Währinger Gebiet angelegte Cottage-Siedlung griff auch auf Oberdöbling über. Ein Villenviertel entstand (siehe Abb. 193). Im Gegensatz dazu entwickelte sich zu Beginn des 19. Jh. nördlich der Krottenbachstraße ein Armenviertel, das Krim genannt wurde (siehe Abb.194).

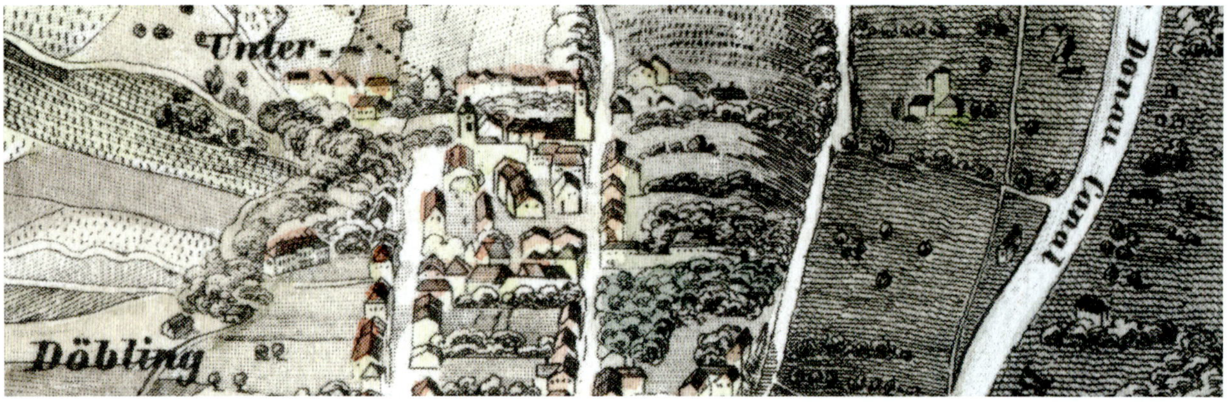

Abbildung 195: Unterdöbling um 1830 (50 Häuser mit 392 Einwohnern)

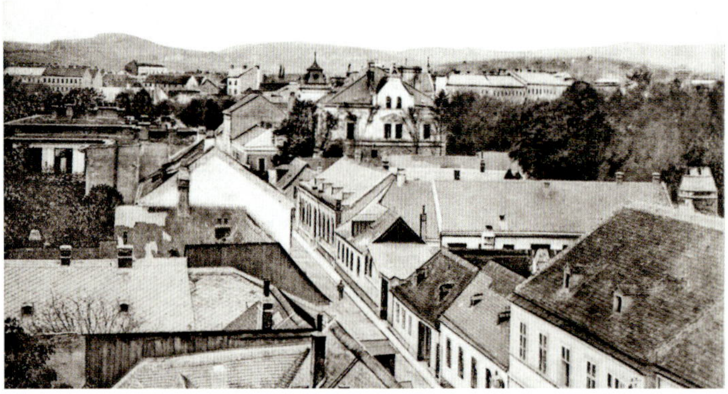

Abbildung 196: Unterdöbling (Foto um 1910)

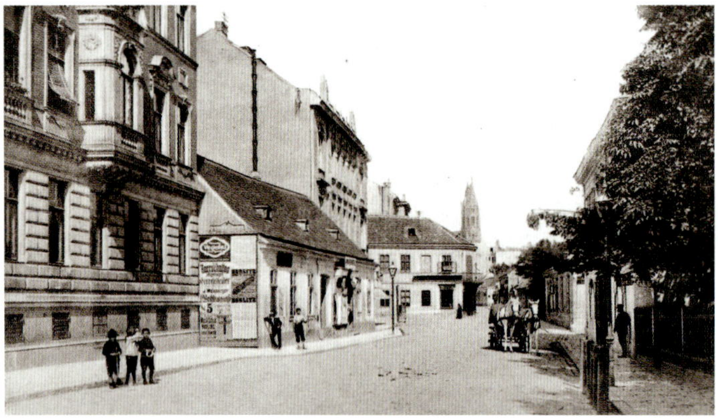

Abbildung 197: Silbergasse mit Blick gegen Karmeliterkiche (Foto 1909)

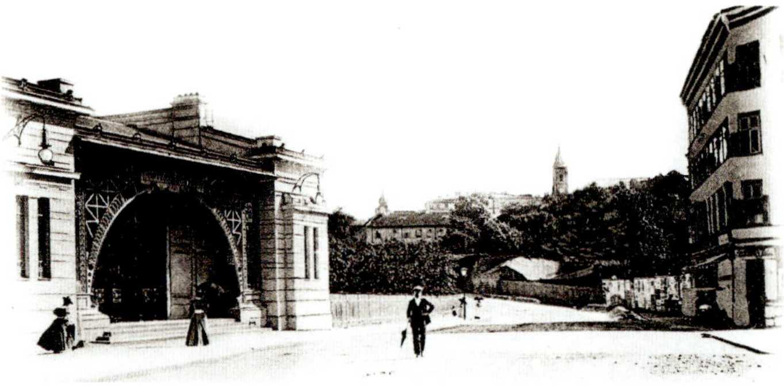

Abbildung 198: Döblinger Hauptstraße um 1898 mit der Haltestelle der Vorortelinie Unterdöbling (links im Foto). Die Haltestelle wurde 1932 aufgelassen, heute fahren die Züge ohne Halt durch.

Unterdöbling

Unter- und Oberdöbling waren zwei Orte, getrennt durch den tief eingeschnittenen Krottenbach. Im frühen Mittelalter dürfte sich hier eine Slawensiedlung befunden haben. Unterdöbling wurde erstmals 1114 urkundlich erwähnt. Erst im 15. Jh. soll der Name Unterdöbling aufgekommen sein. Urkundlich wurde zwischen Ober- und Unterdöbling erst ab 1591 unterschieden. Im Mittelalter waren die Bewohner Bauern, die im Wesentlichen für den Eigenbedarf produzierten.

Wie erwähnt, verwüsteten nicht nur 1481 die Truppen des Matthias Corvinus den Ort, sondern 1529 und 1683 auch die Türken und 1805 und 1809 die Franzosen. Nach dem Ende des Wiener Kongresses 1815, in der Biedermeierzeit, errichteten wohlhabende Wiener Bürger in Unterdöbling ihre Landhäuser.

Mit der Errichtung von Gewerbebetrieben und Fabriken wurde die Landwirtschaft immer weiter zurückgedrängt. Zum wichtigsten Industriebetrieb von Unterdöbling entwickelte sich dabei die im orientalischen Stil errichtete Insektenpulverfabrik Zacherl.

Die Einwölbung des Krottenbachs im Jahre 1889 bewirkte, dass die optische Trennung zwischen Unter- und Oberdöbling, die damals mit einer Bachbrücke verbunden waren, wegfiel.

Das Karmeliterkloster mit der benachbarten römisch-katholischen Kirche (erbaut zwischen 1898 bis 1901) gab mit den beiden Fassadentürmen dem umliegenden Gebiet ein charakteristisches Bild (siehe Abbildung 197).

Ab 1898 wurde der Ort mit der Haltestelle Unterdöbling an die Wiener Vorortelinie angeschlossen (siehe Abbildung 198).

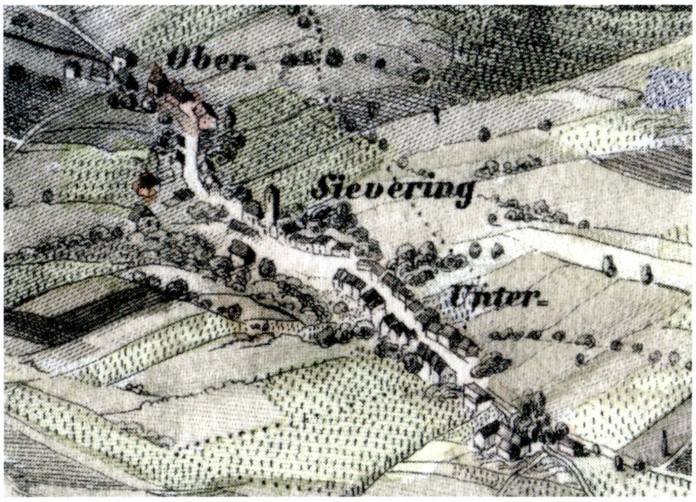

Abbildung 199: Sievering um 1830 (117 Häuser mit 1.060 Einw.)

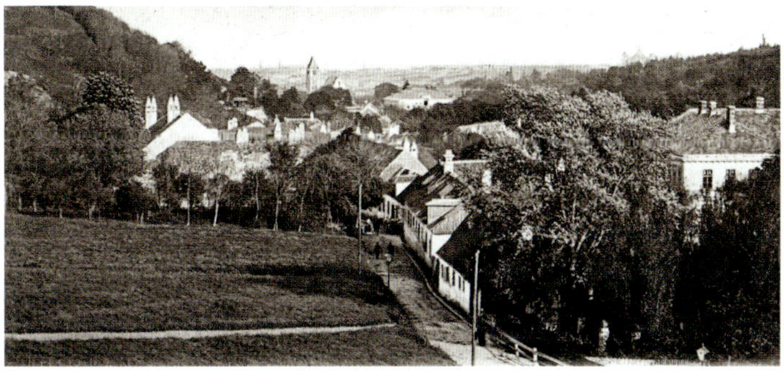

Abbildung 200: Ober- und Untersievering (Foto um 1905). Zwischen den beiden Orten liegt die Kirche.

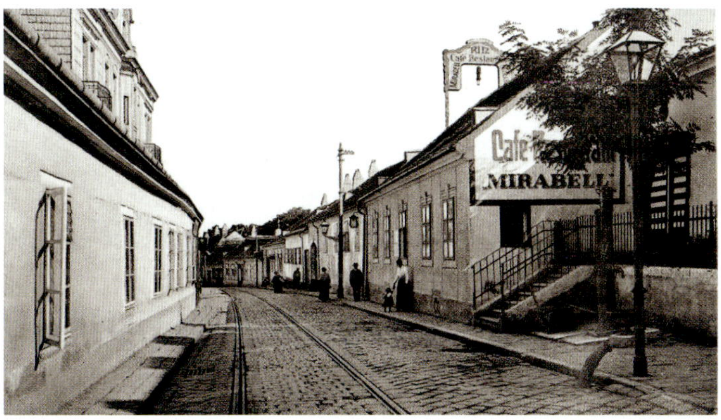

Abbildung 201: Sieveringer Straße mit Tramwaygleisen (Foto 1910)

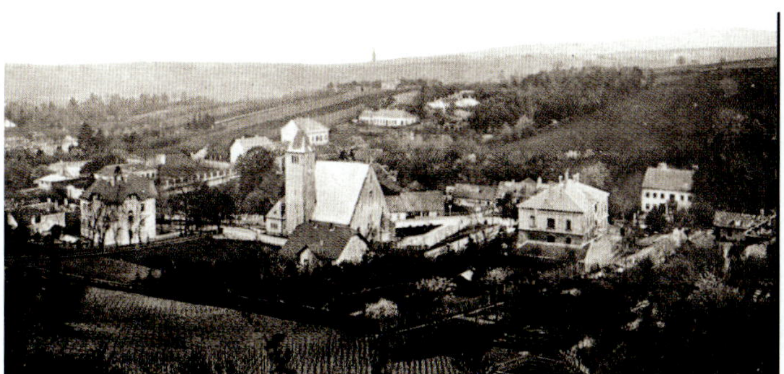

Abbildung 202: Panorama von Obersievering (Foto um 1907)

Sievering

In Sievering befand sich zur Römerzeit ein großer Steinbruch, dessen Steine für das Militärlager Vindobona verwendet wurden. Mit Sicherheit bestand dort auch eine größere Arbeitersiedlung.

Obersievering entwickelte sich am oberen Lauf und Untersievering am unteren Lauf des Arbesbaches (Krottenbach). Ursprünglich gab es Meierhöfe, um die sich die Weinbauern, als Untertanen der Gutsherren, ansiedelten. Wahrscheinlich schon im 12. Jh. entstanden um die Meierhöfe Dörfer. Die Bewohner im Mittelalter waren Bauern, die im Wesentlichen für den Eigenbedarf produzierten. Für den Verkauf wurde Wein angebaut. Mit der Zeit wuchsen die beiden Orte, die durch den Arbesbach geteilt waren, zu einem langgestreckten Straßendorf zusammen.

Die Kirche von Sievering liegt zwischen Ober- und Untersievering (siehe Abb. 200). Diese ging auf eine 1330 errichtete Kapelle zurück. Schon Mitte des 14. Jh. ist sie urkundlich als Pfarre nachzuweisen. In den Jahren 1895/96 wurde die Kirche stark verändert.

Sievering litt ähnlich wie die umliegenden Orte stark unter den Türkenkriegen, die die Entwicklung hemmten.

Während gegen Ende des 18. Jh. die umliegenden Orte durch die Sommerfrische wirtschaftlichen Aufschwung nahmen, war dies in Sievering nicht der Fall. Dies deshalb, da der Ort abseits der Verkehrsstraßen lag und diese dazu noch in sehr schlechtem Zustand waren. Aus diesem Grund fand man auch kaum Gewerbebetriebe. Immerhin gab es am Arbesbach von 1807 bis 1869 eine Mühle.

Die Sieveringer Straße, die den Ort mit Wien verband, war lange Zeit nur ein ausgefahrener Feldweg. Ab 1837 gab es eine Stellwagenlinie und ab 1902 eine Straßenbahnlinie, die über weite Strecken eingleisig fuhr (siehe Abbildung 201). Das im Vergleich zum Stellwagenverkehr viel bequemere Verkehrsmittel Straßenbahn hatte zur Folge, dass manche Ortsbewohner begannen, täglich in die Stadt zur Arbeit zu fahren. Viele Wiener nutzten jetzt auch Sievering als Sommerfrischeort, von wo aus man ausgedehnte Wienerwaldwanderungen unternehmen konnte (siehe Abbildung 202).

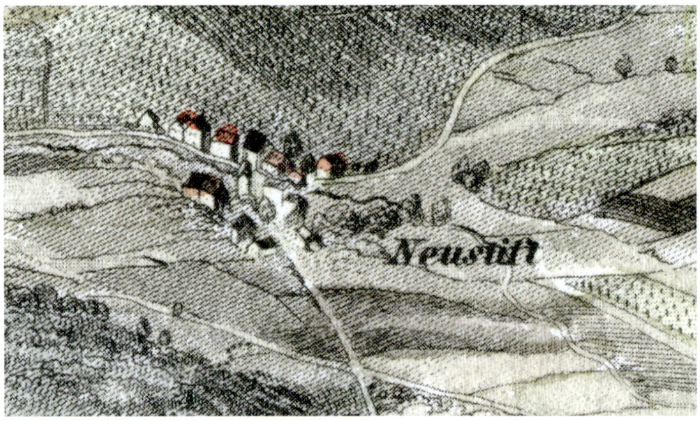

Abbildung 203: Neustift am Walde um 1830 (38 Häuser mit 307 Einwohnern)

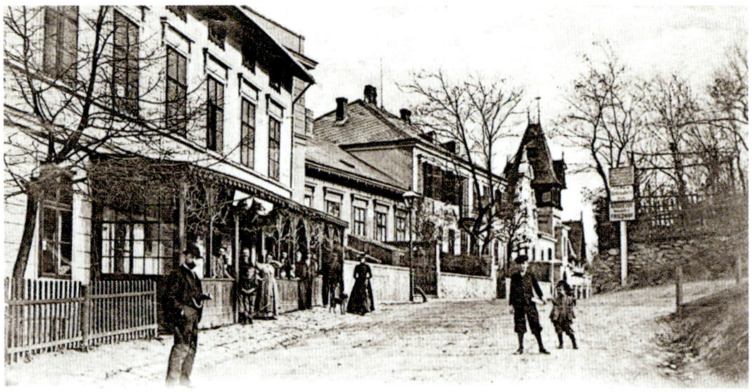

Abbildung 204: Neustift am Walde (Foto 1903)

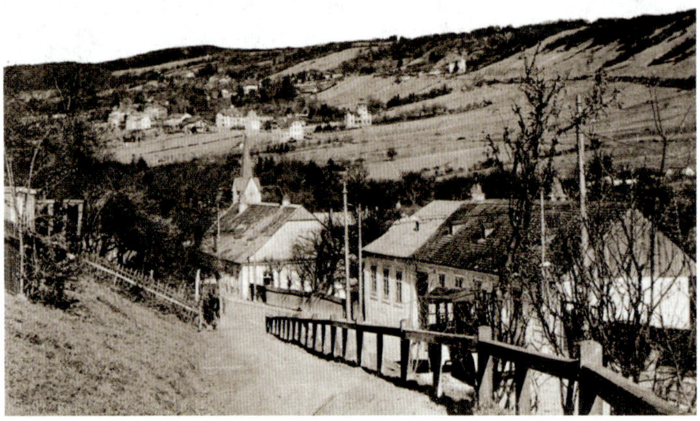

Abbildung 205: Neustift am Walde mit der Neustifter Kirche

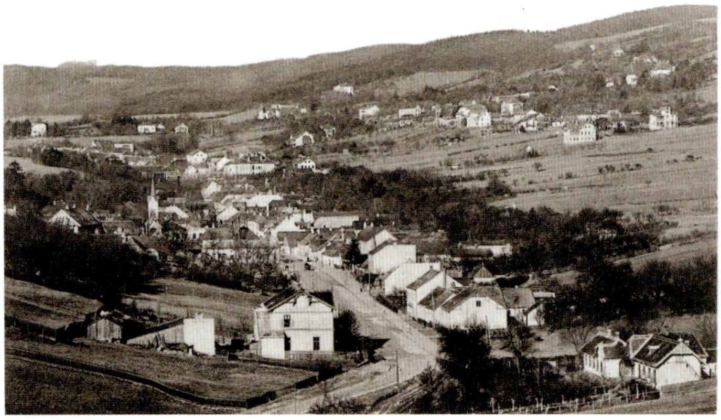

Abbildung 206: Neustift am Walde (Foto um 1912)

Neustift am Walde

Der Name Neustift wurde bereits 1330 erstmals urkundlich erwähnt. Die Bewohner waren Bauern, die im Wesentlichen für den Eigenbedarf produzierten.

Wie die benachbarten Siedlungen wurde Neustift am Walde während der beiden Türkenbelagerungen 1529 und 1683 schwer in Mitleidenschaft gezogen.

1713 entstand jenseits des Krottenbachs eine Kapelle mit einer Holzkuppel (Rochuskapelle). Diese wurde im Laufe der Zeit mehrfach umgebaut bzw. vergrößert. So wurde der Kirchturm 1851 neu gebaut, wobei eine neuerliche Erweiterung der Kirche erfolgte (siehe Abbildung 205).

Von den Schäden durch die französischen Truppen Anfang des 20. Jh. erholte sich Neustift nur schwer.

Während der Zeit des Biedermeiers (1815 bis 1848) war es zunächst ein beliebtes Ausflugsziel der Wiener. Ab der Mitte des 19. Jh. wurden dann die Häuser mit Gästezimmern für wohlhabende Wiener ausgestattet, auch einige Gästehäuser entstanden (siehe Abbildung 204). Zur Sommerfrische beigetragen hatte der ab den 1870er Jahren verkehrende Stellwagen, dieser wurde 1908 durch den elektrischen O-Bus, der von Neustift am Walde bis Pötzleinsdorf fuhr, abgelöst. Anfang des 20. Jh. entstanden am Krottenbach eine Reihe schöner Döblinger Landhäuser.

Die Bedrohung durch den Krottenbach, der für Überschwemmungen sorgte, wurde 1908/09 durch Überbauung gebannt. Durch die Kanalisierung wurde das Landschaftsbild der Gegend völlig verändert, weil der Krottenbach zuvor offen zur Donau floss.

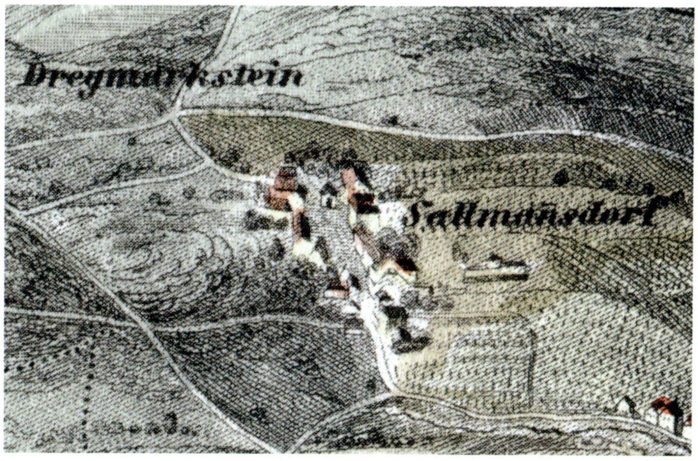

Abbildung 207: Salmannsdorf um 1830 (22 Häuser mit 119 Einwohnern)

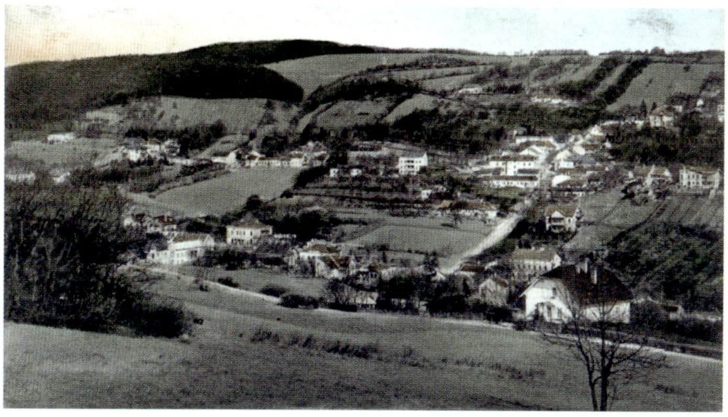

Abbildung 208: Sommerfrische in Salmannsdorf am Südhang des Dreimarksteins im Tal des oberen Krottenbachs (Foto um 1912)

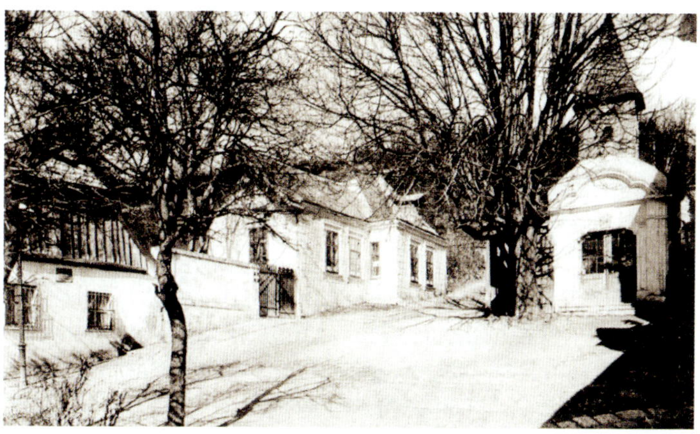

Abbildung 209: Kapelle im Zentrum von Salmannsdorf (Foto um 1904)

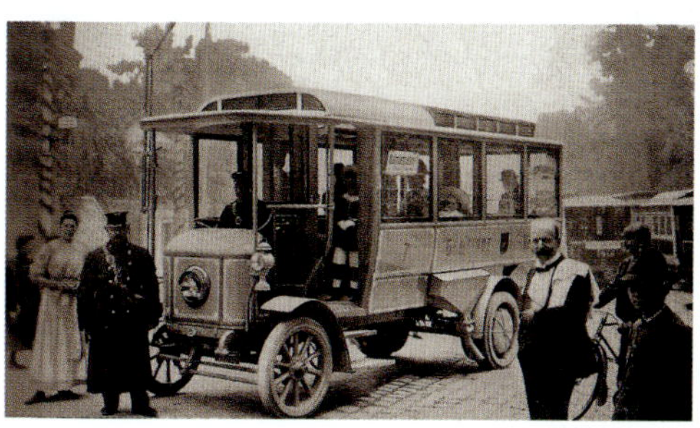

Abbildung 210: „Gleislose Straßenbahn“ von Pötzleinsdorf nach Salmannsdorf (Foto 1908)

Salmannsdorf

Erstmals urkundlich erwähnt wurde Salmannsdorf 1279. Die Lage von Salmannsdorf lässt auf eine planmäßige Anlage des Dorfes schließen, wobei sich der Ort zu einem typischen Weinhauergassendorf entwickelte. Ab 1330 gab es eine Kapelle, wo die wenigen Bewohner ihre Messe feiern konnten.

Im Laufe der Zweiten Türkenbelagerung 1683 wurde Salmannsdorf zerstört. Zwei Großbrände setzten dem Ort weiter zu.

Anfang des 19. Jh. waren zwei Drittel der Flächen von Wald bedeckt. Die Bewohner lebten vor allem vom Verkauf von Wein und Milchprodukten. Die Milchwirtschaft verlor jedoch im Laufe des 19. Jh. an Bedeutung.

Ein gewisses Bevölkerungswachstum setzte 1860 durch die Sommerfrische ein. Im Vergleich zum Nachbarort Neustift am Walde kamen nach Salmannsdorf die weniger Wohlhabenden. Beliebt war auch ein Heurigenbesuch.

Ursprünglich bestand eine Stellwagenverbindung nach Salmannsdorf. 1908 wurde von der Automobil-Stellwagen-Unternehmung der Gemeinde Wien eine Oberleitungsbuslinie von Pötzleinsdorf über Neustift am Walde nach Salmannsdorf eröffnet. Diese war bis 1938 in Betrieb (siehe Abbildung 210).

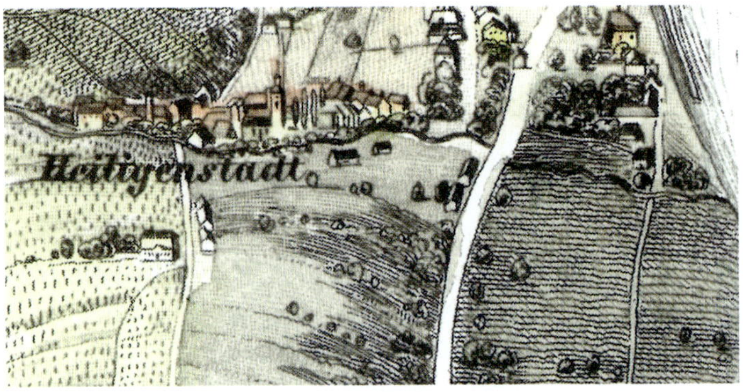

Abbildung 211: Heiligenstadt um 1830 (94 Häuser mit 677 Einw.)

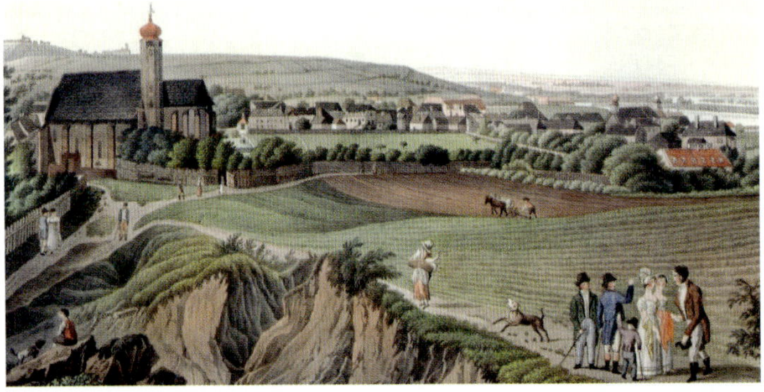

Abbildung 212: Jakobskirche gegen den Kahlenberg (kolorierter Kupferstich um 1815). Sie zählt zu den ältesten Kirchen Wiens und hat sich teilweise noch in ihrer ursprünglichen Form erhalten.

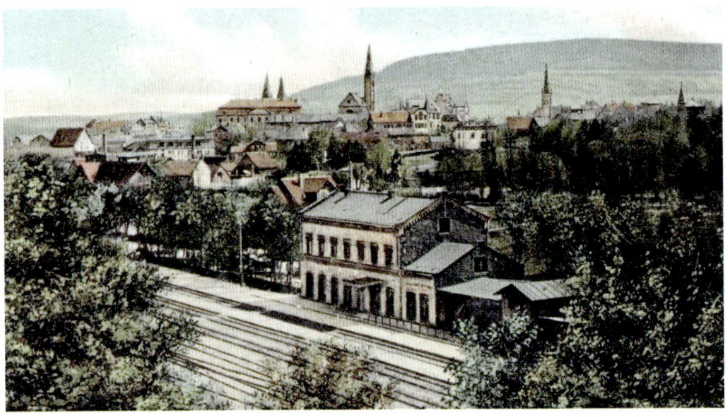

Abbildung 213: Bahnhof Wien Heiligenstadt der Franz-Josefs-Bahn (Foto um 1907)

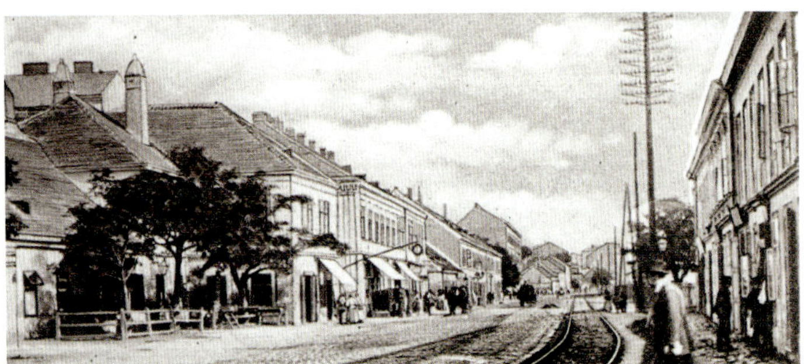

Abbildung 214: Heiligenstädter Straße mit Tramwaygleisen (Foto um 1902). Ab 1885 fuhr hier eine Dampftramway, die dann 1902 auf einen elektrischen Betrieb umgestellt wurde. Der Donaukanal verlief im 17. Jh. noch entlang der Heiligenstädter Straße (siehe Abb. 33).

Heiligenstadt

Die Entstehung der Jakobskirche geht ins 5. Jh. n. Chr. zurück. Die Franken siedelten sich 900 um die Jakobskirche an (siehe Abb. 212). Die Bewohner des Ortes waren Bauern, die im Wesentlichen für den Eigenbedarf produzierten. Auch der Fang von Krebsen und Fischen im westlichsten Arm der Donau spielte eine Rolle. Dieser Seitenarm, der dem heutigen Verlauf der Heiligenstädter Straße entspricht, wurde später zugeschüttet (siehe dazu Abb. 33). Für den Verkauf wurde Wein angebaut. Heiligenstadt war im Mittelalter einer der reicheren Orte in der Umgebung Wiens. Die zweite in Heiligenstadt errichtete Kirche, die Michaelerkirche, erstmals um 1243 erwähnt, wurde angeblich 1095 errichtet.

1484 plünderte Matthias Corvinus Heiligenstadt. Auch die beiden Türkenbelagerungen setzten dem Ort schwer zu. Die Franzosen verwüsteten den Ort 1809.

Ende des 18. Jh. siedelten sich bereits die ersten Industriebetriebe an, wie z. B. 1790 in der Heiligenstädter Straße eine Schwefelsäurefabrik. Zum Aufschwung des Ortes trug das 1784 errichtete öffentliche Badehaus bei, das eine 1781 entdeckte heiße Mineralquelle nutzte. Bis zu 300 Menschen täglich besuchten das Heilbad, an dem ein Gasthaus angeschlossen war. Von der Innenstadt (Freyung) führte deshalb ein Stellwagen zum Nußdorfer Bad. In der zweiten Hälfte des 19. Jh. versiegte jedoch die Quelle. In dieser Zeit begannen sich reiche Wiener Bürger hier anzusiedeln und in den Sommermonaten wurde der Ort von Touristen frequentiert.

Als die Franz-Josefs-Bahn 1870 Wien erreichte, existierte in Heiligenstadt noch keine Bahnstation. Erst 1898 wurde der von Otto Wagner gestaltete Bahnhof Wien Heiligenstadt als Umsteigebahnhof zwischen der Kaiser-Franz-Josephs-Bahn, der Vorortelinie, der Gürtellinie und der Donaukanallinie eröffnet (siehe Abbildung 213).

1885 wurde zur Verbindung mit der von Nussdorf aus betriebenen Zahnradbahn eine Pferdebahnlinie durch die Heiligenstädter Straße nach Nussdorf eröffnet (siehe Abb. 214).

Erwähnt sei auch der Sportplatz Hohe Warte. Es ist der Platz des 1894 gegründeten „First Vienna Football Clubs“, des ältesten Fußballvereins Österreichs.

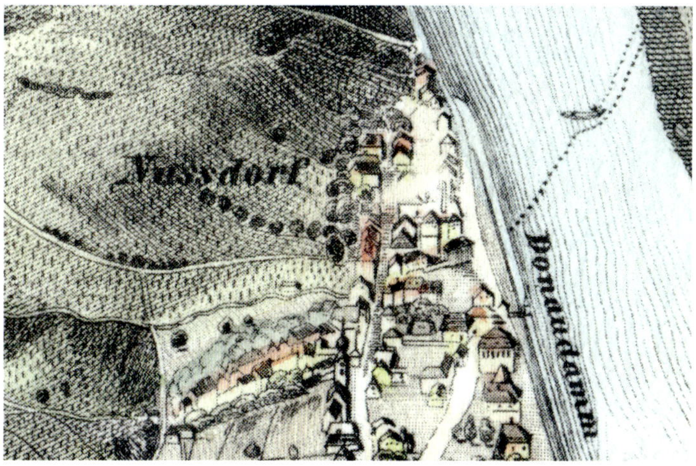

Abbildung 215: Nußdorf um 1830 (152 Häuser mit 1.503 Einwohnern)

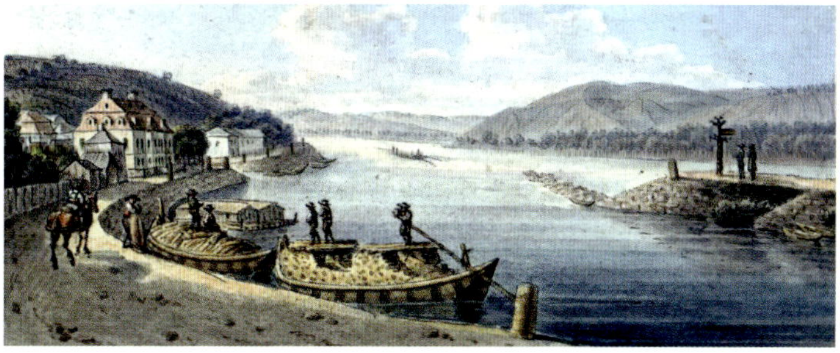

Abbildung 216: Nußdorf um 1820. Wo der Donaukanal von der Donau abzweigt, konnten die Donauschiffe be- und entladen werden. An dieser Stelle wurde 1894 bis 1898 eine Wehr- und Schleusenanlage errichtet

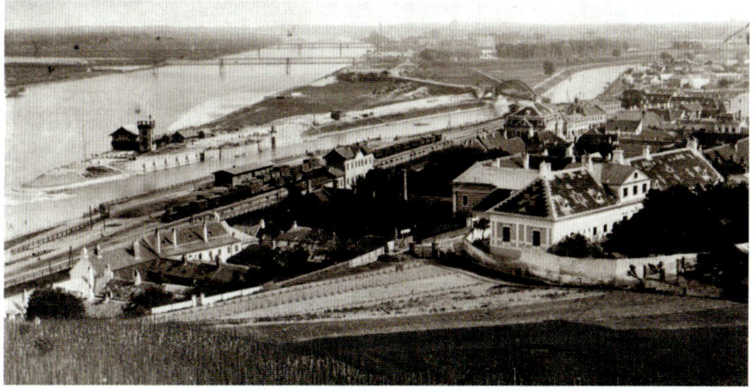

Abbildung 217: Nußdorf mit Blick auf Donau, Donaukanal und den Brigittenauer Sporn (Foto 1893)

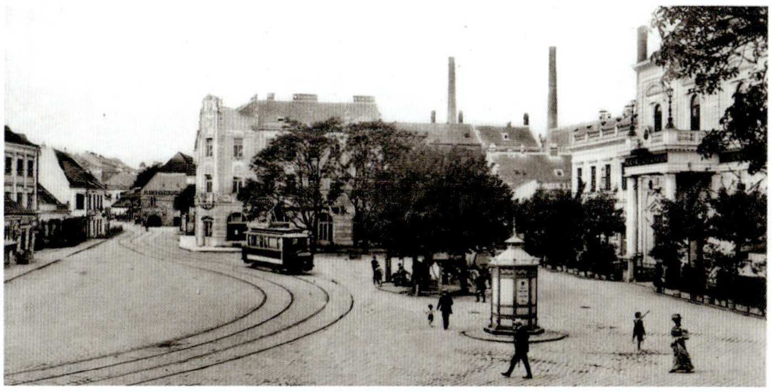

Abbildung 218: Nußdorf Hauptplatz (Foto um 1910)

Nußdorf

Die erste Nennung des Ortes war 1114. Im 15. Jh. gab es bereits eine dem heiligen Thomas geweihte Kapelle. Die Bewohner waren Bauern, die im Wesentlichen für den Eigenbedarf produzierten. Auch Fischfang spielte eine Rolle. Für den Verkauf wurde Wein angebaut. Schon frühzeitig besaßen weltliche und geistliche Grundherren wie Klöster und Stifte in Nußdorf zahlreiche Weingärten; die Zahl der letzteren verringerte sich erst durch die Klosteraufhebungen Josephs II.

Einträglich für Nussdorf war darüber hinaus das Fährrecht, das heißt, das Recht zum Transport von Waren und Menschen über die Donau. Am Donauufer, wo die Fähre anlegte, gab es Hütten, die als Unterkünfte für die Fährleute oder die Reisenden dienten. Diese Hütten verloren durch den Bau der ersten großen Donaubrücke 1439 völlig an Bedeutung und verschwanden schließlich zur Gänze.

1425 beschossen die Hussiten von Jedlesee aus Nußdorf und 1484 legte Matthias Corvinus, als er Wien belagerte, in dieser Gegend Verschanzungen an. Der Ort litt auch unter den Türkenbelagerungen 1529 und vor allem 1683, in der bei der Schlacht am Kahlenberg die osmanische Armee vom Entsatzheer zum Rückzug gezwungen wurde. 1809 kam es zu Plünderungen der Franzosen, von denen sich der Ort nur langsam erholen konnte.

Mit der 1787 bis 1789 neu erbauten Thomaskirche (Nußdorfer Kirche) bekam man eine eigene Pfarrkirche. Die Donaudampfschiffe und die 1819 begründete Nußdorfer Bierbrauerei mit ihrer Restauration „Bockkeller“, die auf dem Plateau über den Braukellern eingerichtet worden war, trugen wesentlich dazu bei, Nußdorf zu einem stark besuchten Ausflugsort der Wiener zu machen. Schon zu Beginn des 19. Jh. ließen sich begüterte Wiener Sommerhäuser errichten. Mit dem Bahnhof Nussdorf, der gleichzeitig mit der Inbetriebnahme der Franz-Josefs-Bahn 1870 eröffnet wurde, sowie der Zahnradbahn 1874 auf den Kahlenberg (siehe Abbildung 224), erfolgte ein weiterer touristischer Aufschwung.

In der zweiten Hälfte des 19. Jh. kam es verstärkt zu Industriegründungen. Bis zur Donauregulierung war der Hafen für den Ort von wirtschaftlicher Bedeutung (siehe Abbildung 216).

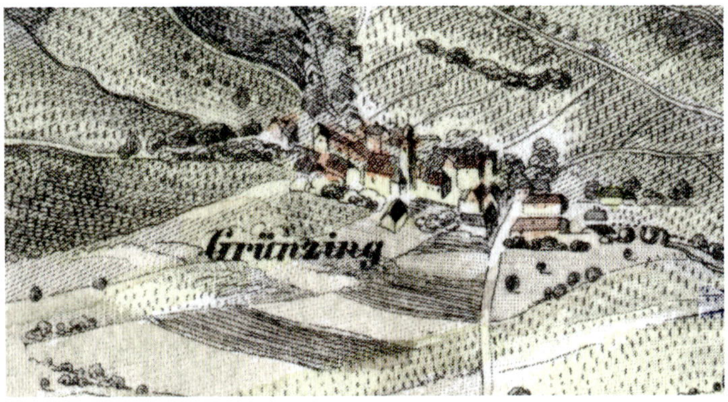

Abbildung 219: Grinzing um 1830 (112 Häuser mit 940 Einwohnern)

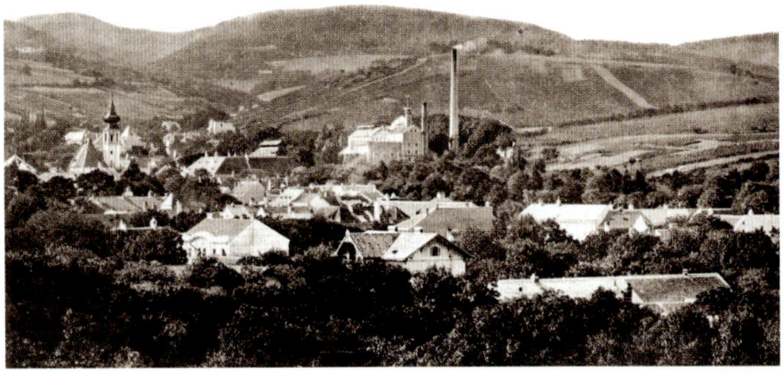

Abbildung 220: Panorama von Grinzing mit der Brauerei St. Leopold (Foto 1905)

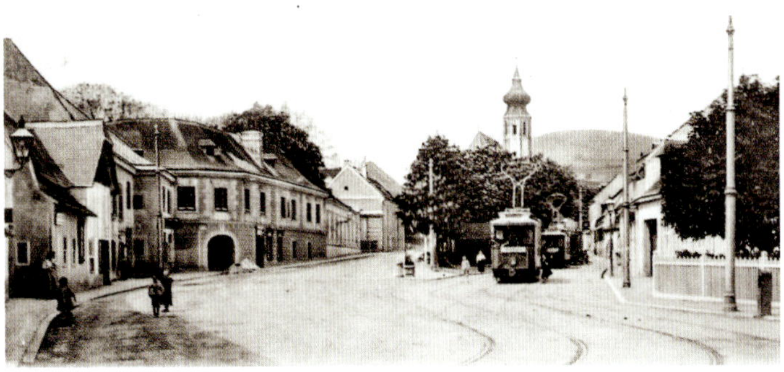

Abbildung 221: Endstation der Straßenbahnen in Grinzing. Im Hintergrund die Dorfkirche mit dem charakteristischen Zwiebelhelm. (Foto um 1904).

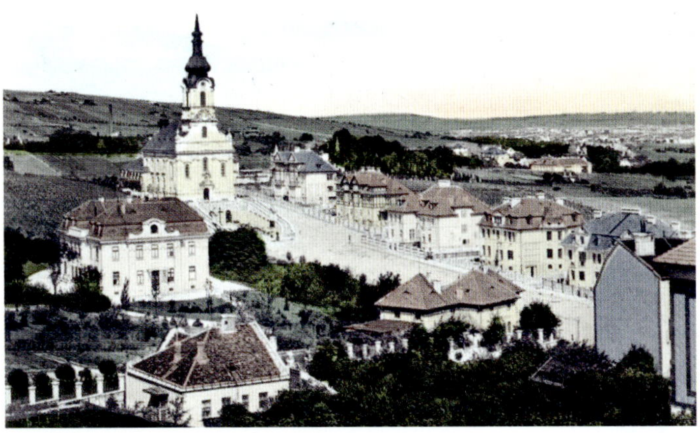

Abbildung 222: Wallfahrtskirche Maria Schmerzen auf der sogenannten Grinzinger Höhe (Foto um 1910)

Grinzing

Grinzing war im 12. Jh. ein blühendes Dorf, in dem insbesondere Weinbauern und Tagelöhner lebten, die im Dienst der Klöster und reicher Wiener Bürger standen. 1426 wurde die Kapelle „Zum heiligen Kreuz" errichtet, die später (1783) zur Pfarrkirche wurde. Schon im Mittelalter verkauften die Weinbauern Wein in Heurigenlokalen.

1484 wurde die Ansiedlung durch die Truppen des ungarischen Königs Matthias Corvinus vernichtet; nur wenige Einwohner blieben am Leben. 1529 und 1683 richteten die Türken während der Belagerung schwere Schäden an und 1806 dann die Franzosen. In ruhigen Zeiten lebten die Einwohner vom Weinbau und lieferten ihre Erzeugnisse den Grundherren und in der Stadt ab. In der Folgezeit entwickelte sich Grinzing nur sehr langsam.

Neben dem Weinbau spielte in Grinzing zeitweise auch das Brauwesen eine Rolle. 1814 wurde die Grinzinger Brauerei im Trummelhof gegründet. Sie bestand mit einigen Unterbrechungen bis 1931.

Nach 1815, in der Biedermeierzeit, wurde der Ort für die Wiener ein beliebtes Ausflugsziel. Begünstigt wurde das durch die 1827 eröffnete Stellwagenverbindung von Döbling nach Grinzing. Dennoch blieb Grinzing ein stilles Weindorf. Dies änderte sich, als die dampfbetriebene Zahnradbahn 1874 eröffnet wurde (siehe nächste Seite). In unmittelbarer Nähe des Dorfs begann eine gewisse Bautätigkeit. Villen wohlhabender Industrieller und Künstler entstanden.

Der Bau der ersten elektrischen Straßenbahn 1902, die das Wiener Stadtzentrum unmittelbar mit Grinzing verband, förderte noch mehr den Tourismus im Ort. Das oberhalb Grinzings gelegene Krapfenwaldl entwickelte sich zu einem beliebten Ausflugsziel. Viele Gastronomiebetriebe entstanden. 1889 wurde die Habsburgwarte, eine Aussichtswarte auf dem 544m hohen Hermannskogel, errichtet. Erwähnt sei auch die 1910 im Kaasgraben fertiggestellte Kaasgrabenkirche, offiziell Wallfahrtskirche Maria Schmerzen (siehe dazu Abbildung 222).

Zahnradbahn auf den Kahlenberg

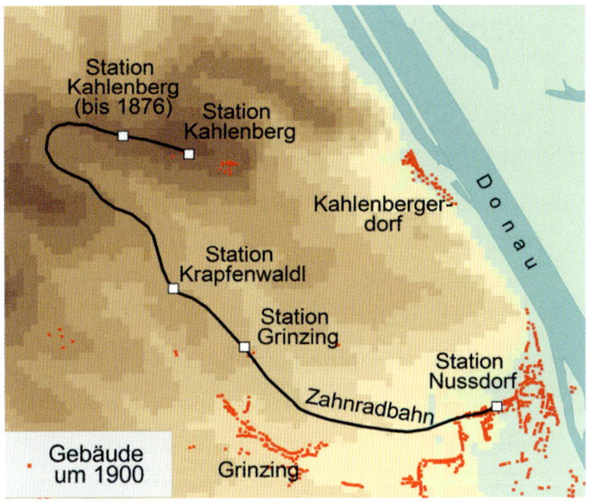

Abbildung 223: Zahnradbahn auf den Kahlenberg

Anlässlich der Wiener Weltausstellung 1873 sollten zwei Bergbahnen auf den Kahlenberg die Besucher anlocken: die Zahnradbahn von Nußdorf aus (siehe Abbildung 223) sowie die Drahtseilbahn von der Kuchelau aus (Abbildung 229). Obwohl bei der Eröffnung der Weltausstellung noch keine der beiden Bahnen fertig gestellt worden war, besichtigten viele Besucher zumindest die beiden Baustellen. Nach deren Eröffnung führten beide Konkurrenten eine Art Preiskrieg gegeneinander.

Da die Drahtseilbahn (ein Schrägaufzug) relativ schnell nach ihrer Eröffnung in wirtschaftliche Schwierigkeiten kam, wurde sie 1876 von der Kahlenbergbahn gekauft und stillgelegt. Danach konnte die Zahnradbahn eingleisig bis fast auf den Gipfel des Kahlenberges (484 m) verlängert werden (siehe Abb. 225).

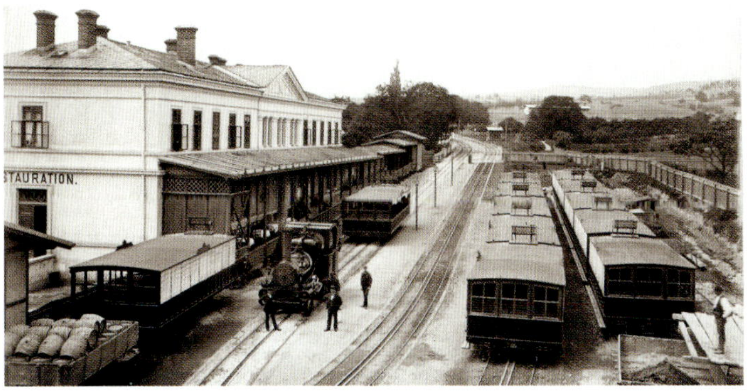

Abbildung 224: Kopfbahnhof der Kahlenbergbahn (Zahnradbahn) in Nußdorf (Foto 1875)

Die dampfbetriebene Zahnradbahn von Nußdorf auf den Kahlenberg, die zwei Stationen hatte (Grinzing und danach Krapfenwaldl), wurde 1874 eröffnet. Sie hatte offene Personenwagen, bei denen im Winter Fenster eingesetzt wurden und konnte 54 Personen transportieren. Bei 5,5 km Länge hatte die Zahnradbahn eine Steigung von über 300 m zu überwinden. Die Fahrt betrug etwa eine halbe Stunde. Die Bahn versorgte auch das Kahlenberg-Hotel mit Wasser, Lebensmitteln und Post.

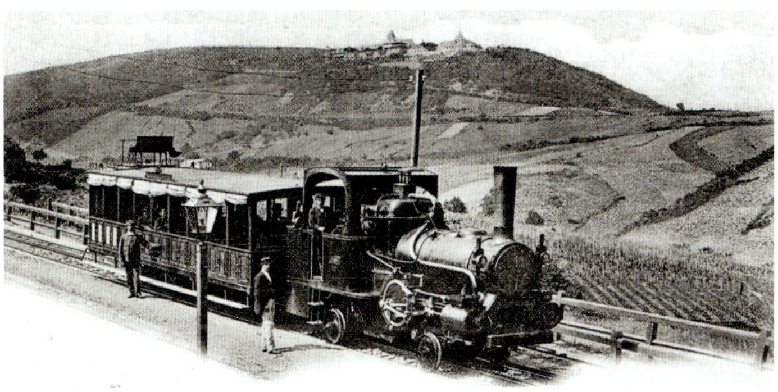

Abbildung 225: Kahlenberg mit Kahlenberghotel und der normalspurigen dampflockgetriebenen Zahnradbahn (Foto 1898)

Mit der Zahnradbahn waren bequeme Ausflüge möglich. Gefördert wurde der Ausflugsverkehr auch durch den Ausbau bzw. den Bau von neuen Gaststätten. So wurde bei der Station Krapfenwaldl 1911 eine bestehende einfache Gaststätte zu einem „Volksrestaurant“ umgebaut. Weiters wurde das bereits 1776 bestehende Schloss Cobenzl 1896 bis 1899 in ein Hotelrestaurant (Schlosshotel Cobenzl) umgestaltet. Die Stefaniewarte, ein Aussichtsturm, wurde 1887 auf dem höchsten Punkt des Kahlenberges eröffnet. Bereits 1871/72 ließ die Österreichische Bergbahngesellschaft AG das Kahlenberghotel mit einem luxuriösen Restaurant errichten (siehe 234).

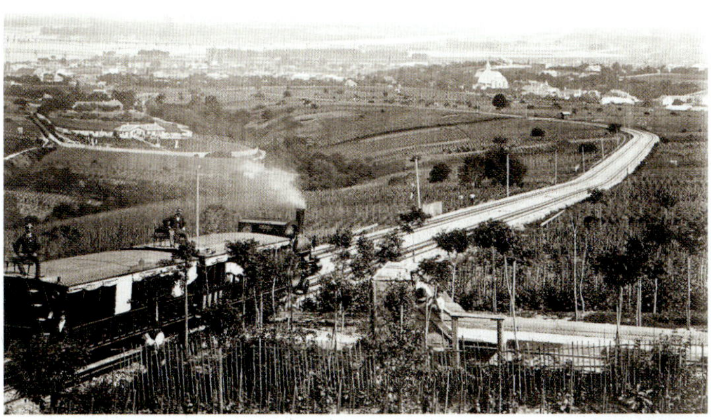

Abbildung 226: Blick von der Haltestelle Grinzing in Richtung Nussdorf (Foto 1910). Die Zahnradbahn war von 1874 bis 1922 in Betrieb

Kahlenbergerdorf

Erstmals urkundlich erwähnt wurde der Ort 1133/36. Die Bewohner waren im 12. Jh. Bauern, die im Wesentlichen für den Eigenbedarf produzierten. Für den Verkauf wurde Wein, aber auch Obst angebaut. Die Kirche wird urkundlich das erste Mal 1168 genannt.

Im Kahlenbergerdorf wurde einige Jahrzehnte lang (um 1700) auch Bergbau betrieben. Anfangs war nur allgemein von Erz die Rede, später von Silber.

Im 19. Jh. wurde eine Brauerei geplant. Nach der Bewilligung 1839 wurde jedoch nicht Bier sondern Spiritus und danach Essig erzeugt. Die Produktion lief bis 1860. Daneben bestand im Ort ab 1834 bis etwa 1870 eine Zuckerfabrik.

Auf den Leopoldsberg/Kahlenberg wurde 1873 eine Standseilbahn eröffnet (siehe dazu Abbildung 229). Bei der Talstation der Standseilbahn befand sich damals auch eine Haltestelle der Franz-Josefs-Bahn und eine Anlegestelle der Donaudampfschifffahrtsgesellschaft. Schon im Jahr 1874 war die Frequenz der Seilbahn nach der Eröffnung der „Zahnradbahn auf den Kahlenberg" merkbar zurückgegangen. Im Jahr 1876 wurde sie nach einem Erdrutsch stillgelegt.

Der Kuchelauer Hafen wurde zwischen 1901 und 1903 gebaut, indem man einen Damm aufschüttete, der das Hafenbecken von der Donau trennt (siehe Abbildung 230). Bald nach dem Bau des Hafens gab es an dessen Ende eine sehr kleine Bootswerft. Da es im Mündungsbereich der Kuchelau immer wieder zu Verlandungen kam, konnte er den vorgesehenen Zweck eines „Wartehafens“ für die bei Nussdorf in den Donaukanal einzuschleusenden Schiffe nicht erfüllen. Stattdessen wurde der Hafen zu einem beliebten Badeplatz. Eine besondere Attraktion war ein Badeschiff. Eine „schwimmende Brücke“ verband im Rahmen des Strombades Lände und Hafensporn (siehe Abbildung 230 rechts unten). Der Bau des Hafens brachte auch einen wirksamen Hochwasserschutz, da der Ort zuvor oftmals unter Überschwemmungen zu leiden hatte.

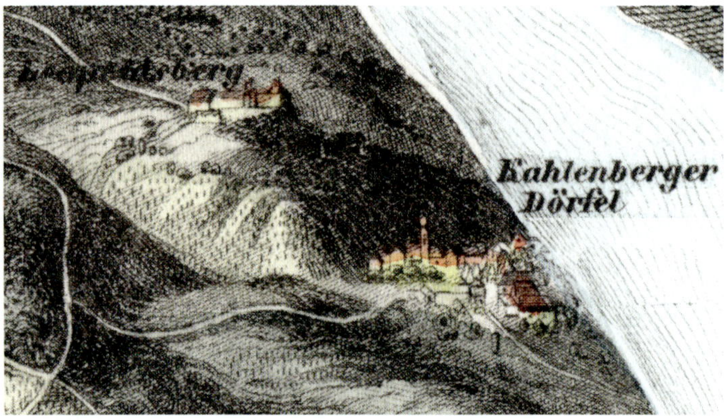

Abbildung 227: Kahlenbergerdorf um 1830 (29 Häuser mit 234 Einwohnern)

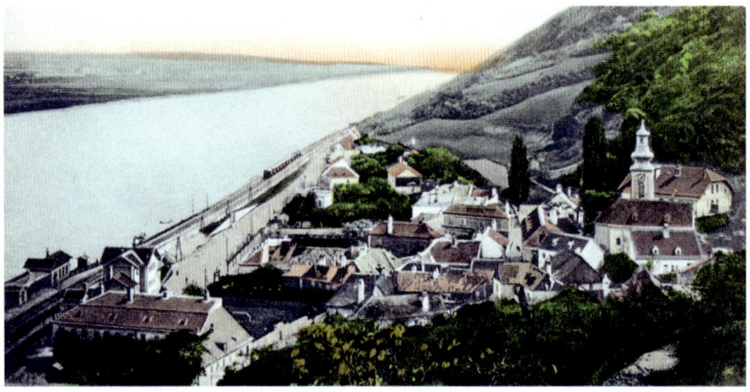

Abbildung 228: Kahlenbergerdorf in Richtung Wien um 1909

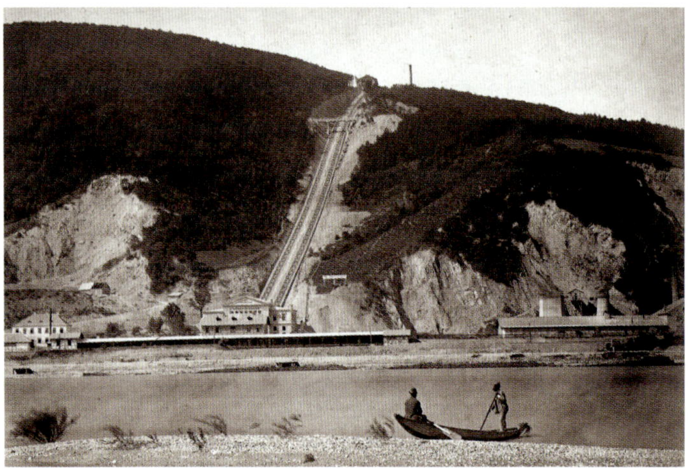

Abbildung 229: Drahtseilbahn auf den Sattel zwischen Kahlenberg und Leopoldsberg vom Kuchelauer Hafen aus (Foto 1873).

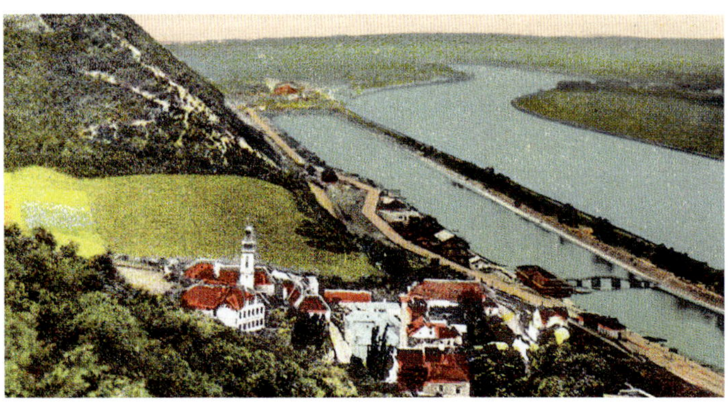

Abbildung 230: Kahlenbergerdorf mit dem Kuchelauer Hafen

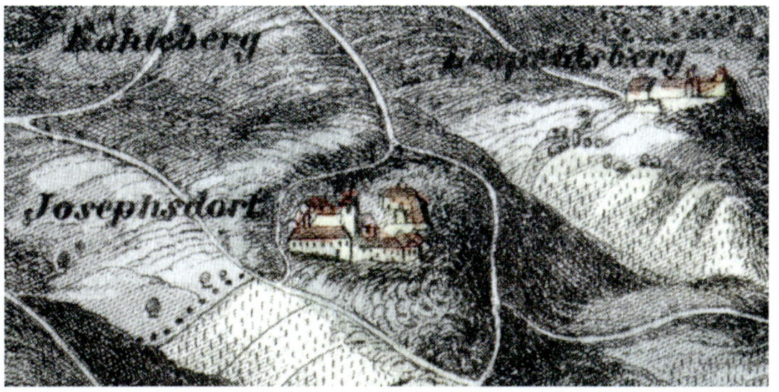

Abbildung 231: Josefsdorf um 1830 (27 Häuser mit 53 Einwohnern)

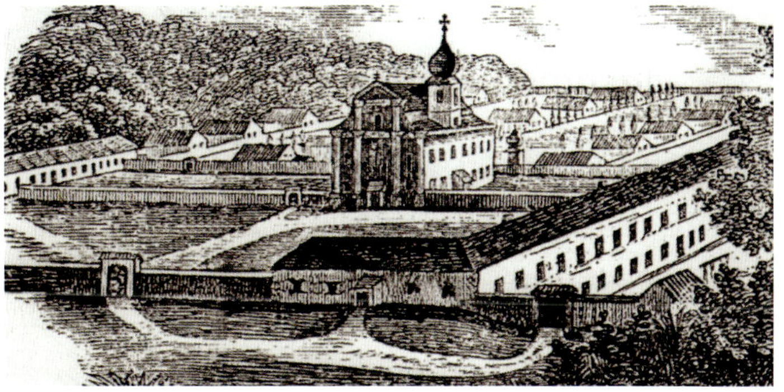

Abbildung 232: Die Eremitage wurde 1683 von den Türken niedergebrannt und unter Leopold I. etwas kleiner wieder aufgebaut. Die Kirche wurde erst 1734 vollendet.

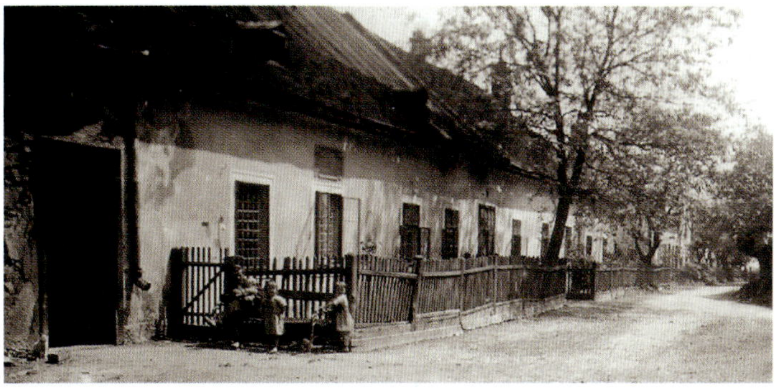

Abbildung 233: Um 1910 gab es in Josefsdorf noch sechs, wenn auch umgebaute, Eremitenhäuschen, die auf das Kamaldulenserkloster zurückgehen.

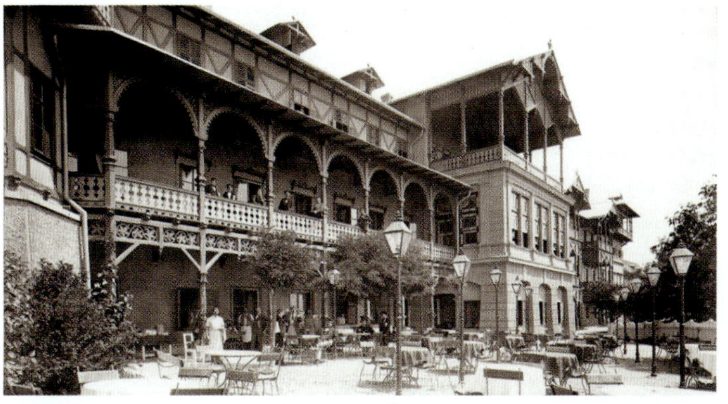

Abbildung 234: 1871/1872 ließ die Österreichische Bergbahn-Gesellschaft auf den Grundmauern des Kamaldulenserklosters ein großes Hotel errichten (Foto um 1873).

Josefsdorf

Josefsdorf liegt an der zu Wien gewandten steil abfallenden Seite des Kahlenbergs. Der Grundstein von Josefsdorf wurde 1629 von den Kamaldulensern, einem katholischen Orden, gelegt. Die Mönche lebten als Einsiedler unter Schweigen und häufigem Gebet in der geschlossenen Klosteranlage. Die Kamaldulenser-Eremitage umfasste zwanzig kleine Eremitenhäuschen mit je einem dazu gehörigen Gärtchen, eine Meierei mit dazugehörigem großem Weinkeller, ein „Hospital" für Reisende als Herberge, ein Gästehaus und eine Kapelle. Die Kapelle war zunächst in einer der Zellen der Eremitage untergebracht. Ein Fischteich und eine Zisterne sowie das Brunnenhaus sorgten für die Wasservorräte auf dem Berg. Diese Eremitage wurde während der Zweiten Türkenbelagerung zerstört und dann wieder aufgebaut (siehe Abbildung 232).

Nach Aufhebung der Eremitage der Kamaldulenser auf dem Kahlenberg durch Joseph II. im Jahre 1782 wurden die bestehenden Gebäude an Privatpersonen versteigert und die Gründe als Bauplätze abgegeben. Um die kleine Kirche wurden einige Häuser errichtet, woraufhin der Ort Josefsdorf entstand.

Für den Ausflugstourismus von Bedeutung war, dass 1783 in der ehemaligen Krankenhausabteilung ein Gasthaus mit Gastgarten errichtet wurde. Über die Jahre blieb Josefsdorf jedoch eine sehr kleine Siedlung.

Noch zur Zeit der Monarchie wurden an der Südseite des Berges, mit dem herrlichen Blick auf Wien, einige Villen gebaut. Wiener aus gutbürgerlichen Kreisen hatten hier ihren „Zweitwohnsitz".

Wie erwähnt, ließ 1872/73 die Österreichische Bergbahngesellschaft das Kahlenberghotel auf den Grundmauern des früheren Hauptgebäudes des Kamaldulenserklosters errichten (siehe Abbildung 234).

Die Anreise erfolgte damals mit der Pferdekutsche oder zu Fuß. Nur wenige konnten sich den Luxus eines eigenen Automobils leisten, meist nicht einmal die Fahrt mit der Zahnradbahn.

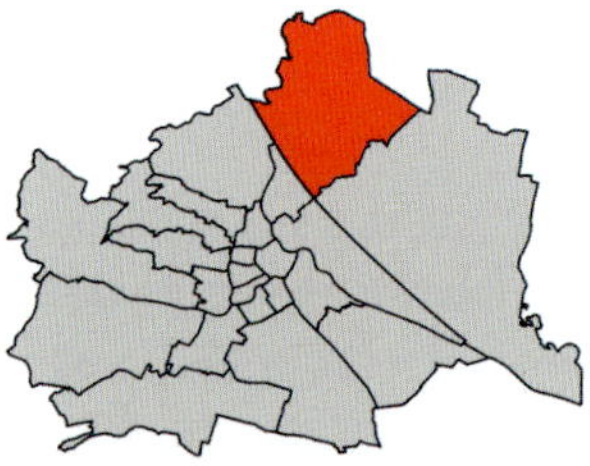

21. Bezirk (Floridsdorf)

Ehem.Vororte:

Floridsdorf, Leopoldau, Jedlesee, Großjedlersdorf, Strebersdorf und Stammersdorf.

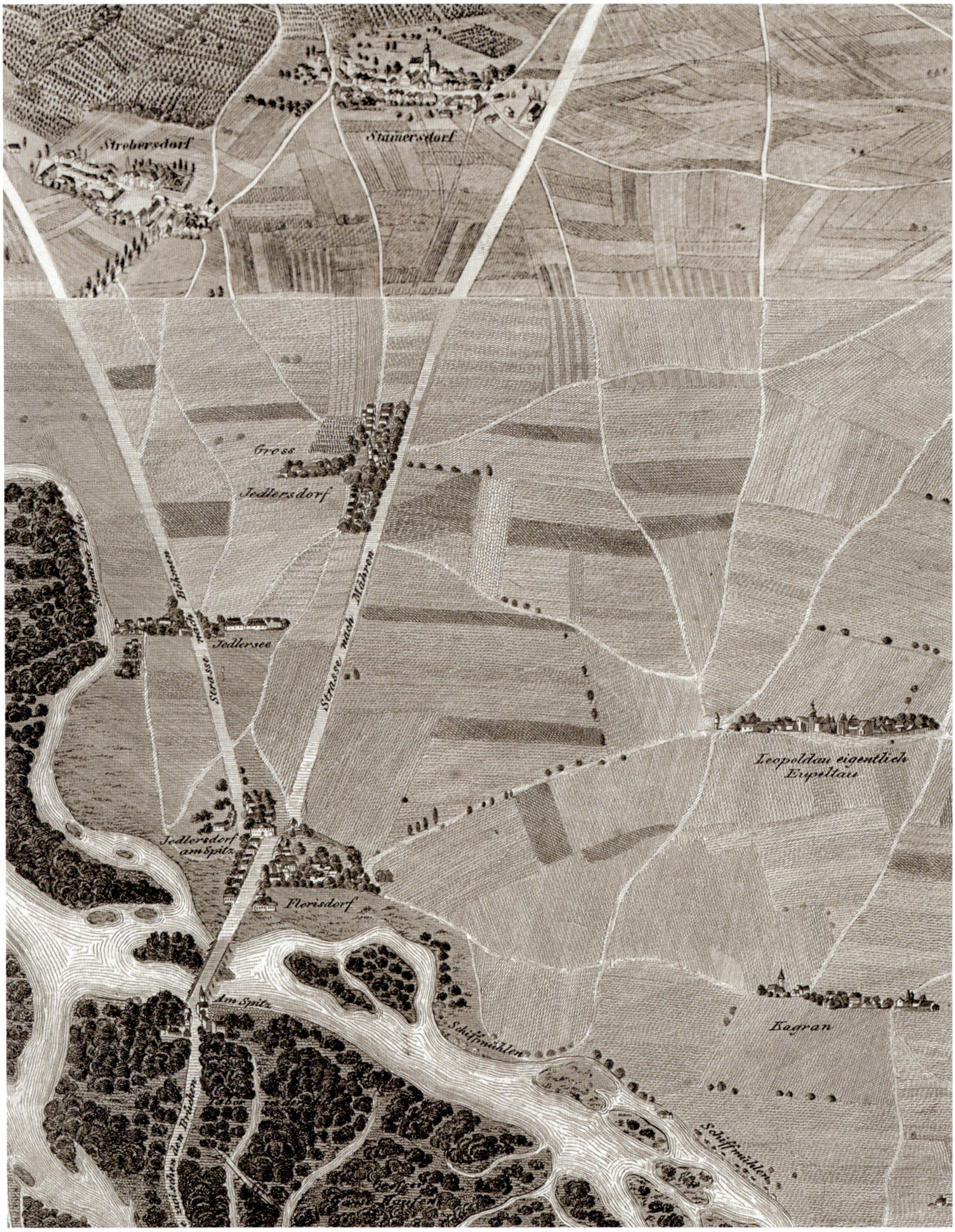

Ausschnitt der Perspektivkarte um 1830 von Franz Xaver Schweickhardt

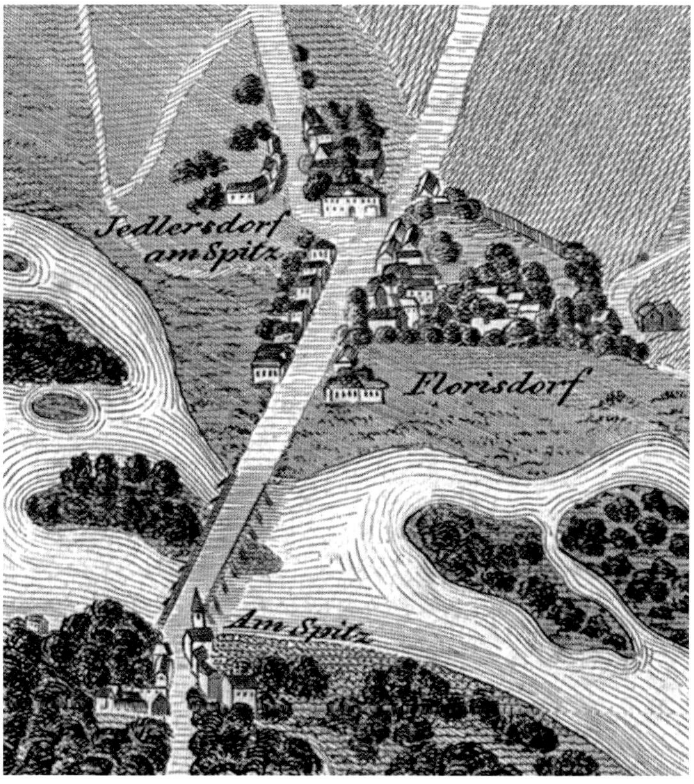

Abbildung 235: Floridsdorf um 1830 (64 Häuser mit 758 Einwohnern) mit der Prager- (links) und der Brünner Straße (rechts).

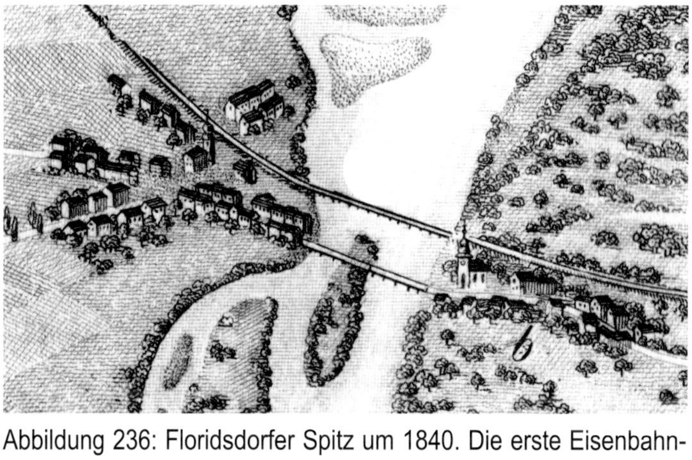

Abbildung 236: Floridsdorfer Spitz um 1840. Die erste Eisenbahnbrücke wurde 1838 gebaut und verlief parallel zur bereits vorhandenen Straßenbrücke. Es waren einfache Holzbrücken (Stahlstich).

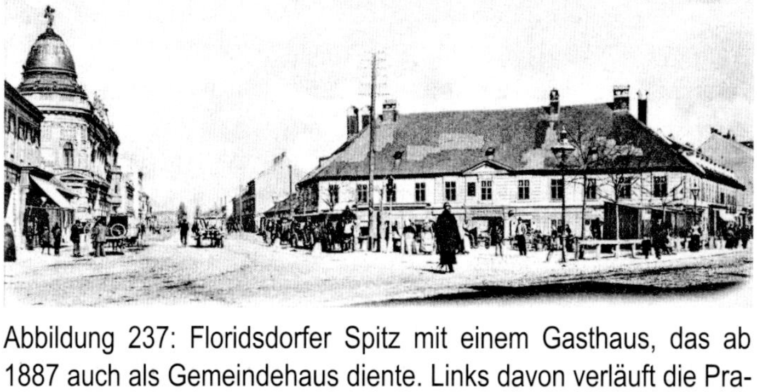

Abbildung 237: Floridsdorfer Spitz mit einem Gasthaus, das ab 1887 auch als Gemeindehaus diente. Links davon verläuft die Prager- und rechts die Brünner Straße. Anstelle des alten Gasthauses wurde 1906 das Floridsdorfer Rathaus errichtet (Foto um 1898).

Floridsdorf (Vorort)

An der Stelle der heutigen Floridsdorfer Hauptstraße beim Wasserpark wurde die erste Holzbrücke („Taborbrücke") errichtet, über einen weiteren kleinen Donauarm führte das „Kuhbrückl". Dort wurden 1728 bis 1736 Prager und Brünner Straße zu Poststraßen ausgebaut. Diese beiden wichtigen Verbindungen nach Böhmen und Mähren laufen „Am Spitz" zusammen, der eben danach benannt ist. An dieser Gabelung wuchs 1782 die neue Ansiedlung Jedlersdorf am Spitz (siehe Abb. 235). Eine weitere kleine Siedlung entstand 1786 weiter östlich im Bereich der heutigen Schlosshofer Straße. Die beiden Siedlungen wuchsen rasch zusammen und wurden ab 1850 gemeinsam verwaltet.

Floridsdorf besaß 1802 eine Kapelle, die 1809 zum Teil von den Franzosen abgerissen wurde. Erst 1836 wurde eine Kirche (Sankt-Jakobs-Kirche) errichtet.

1830 erging es Floridsdorf sowie den anderen Dörfern, die an der Donau lagen und vom Hochwasser verheert wurden. Die Bewohner flüchteten auf die Dachböden, sie kletterten von Haus zu Haus, weil das Wasser und das Eis die Gemäuer vieler Häuser eindrückten.

Das Eisenbahnzeitalter in Österreich begann 1838 mit dem Bau der Kaiser Ferdinands-Nordbahn, vorerst von Wien über Floridsdorf nach Deutsch-Wagram (siehe Abb. 40 und 236). 1841 erfolgte dann der Bau der Nordwestbahn, zuerst von Wien über Floridsdorf nach Stockerau (siehe Karte 17). Wurde bei Hochwasser das Augebiet überflutet, musste der Bahnbetrieb unterbrochen werden.

Zusätzlich zur Errichtung der beiden Bahnlinien wurde die Entwicklung Floridsdorfs durch die Erste Wiener Donauregulierung (1870-1875) gefördert, da sich viele Großindustrien auf den neu entstandenen hochwassersicheren Gründen nahe der Donau ansiedelten. Hinzu kommt noch, dass die Transportkosten wegen der Nähe zur Bahn niedrig waren. Nicht weit von den Industriebetrieben entfernt entstanden Arbeiterwohngebiete. Im Zuge der Donauregulierung wurden die über die Donau führenden Brücken hochwassersicher neu errichtet (siehe Abb. 34). 1886 wurde die Dampftramway, als Vorläuferin der heutigen Straßenbahn, in Betrieb genommen. Das von der Landwirtschaft geprägte Floridsdorf wandelte sich in kurzer Zeit zu einem Industrieort.

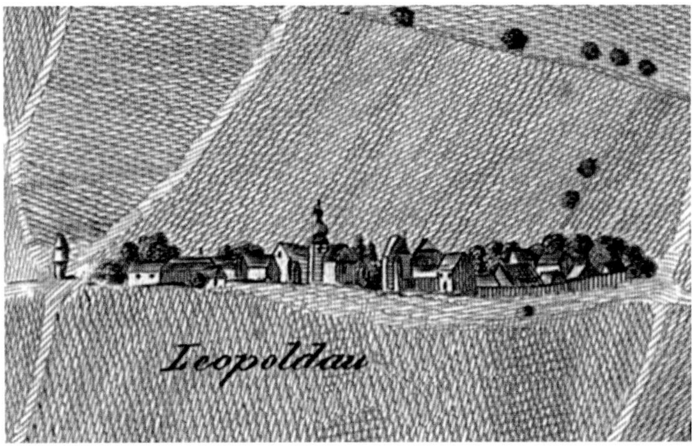

Abbildung 238: Leopoldau um 1830 (94 Häuser mit 750 Einwohnern)

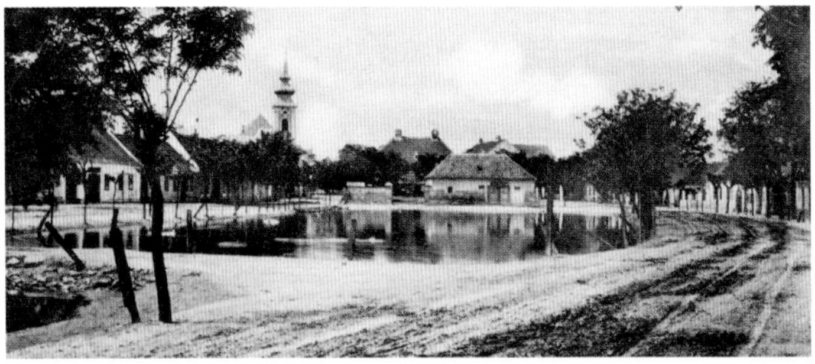

Abbildung 239: Leopoldauer Ortskern mit dem Gänseteich (Foto um 1900)

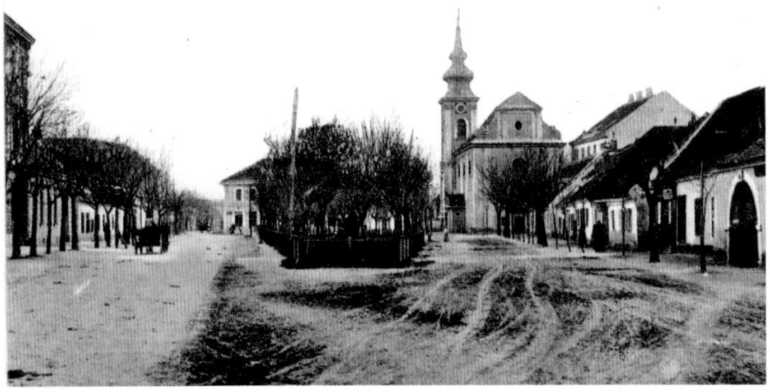

Abbildung 240: Leopoldauer Platz mit Kirche (Foto um 1908)

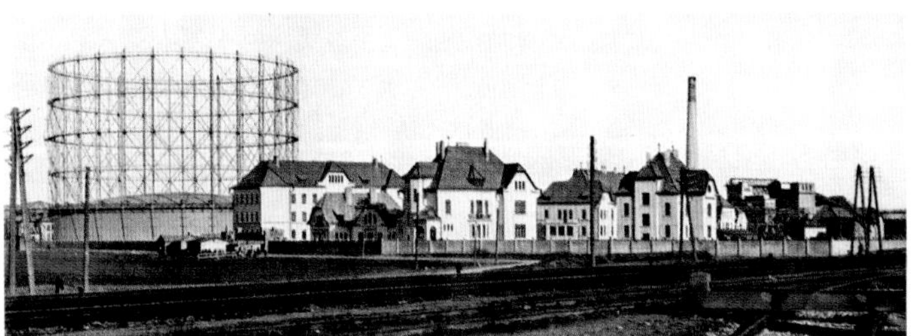

Abbildung 241: Die Errichtung des Gaswerks Leopoldau war das zweite städtische Gaswerk zur Erzeugung von Stadtgas, nach dem Gaswerk Simmering. Der Vollbetrieb des Gaswerks wurde schon 1911 aufgenommen. Neben Betriebsgebäuden und technischen Anlagen wurde eine Reihe von Verwaltungsgebäuden und Wohnhäusern gebaut (Foto 1911).

Leopoldau

Die ersten Erwähnungen von Ansiedlern in der Gegend von Leopoldau stammen aus dem 10. Jh. Urkundlich erwähnt wurde der Ort allerdings erst um 1125. Das Dorf lag als Angerdorf auf einem verlandeten Donauarm. 1489 wurde eine bereits bestehende Kapelle zur Pfarrkirche erhoben.

Lange Zeit war Leopoldau immer wieder durch Hochwasser der Donau gefährdet, deren Seitenarme damals bis an den Westrand des alten Ortskernes reichten. Die häufigen Überschwemmungen veranlassten die Besitzer, die in ebenerdigen Häusern wohnten, zur Errichtung sogenannter Wasserzimmer. Diese waren sieben bis acht Stufen höher angelegt als die anderen und boten den Bewohnern einen Hochwasserschutz.

Im Mittelalter lebten die Leopoldauer hauptsächlich vom Fischfang. Wohlhabende Bauern belieferten Wien mit landwirtschaftlichen Produkten. So war Leopoldau für seine Pferde und Gänse bekannt. Der Bau der Donaubrücke 1439 war für die Leopoldauer von Vorteil, denn sie konnten nun ihre landwirtschaftlichen Erzeugnisse müheloser auf die Wiener Märkte bringen.

Von 1431 bis 1439 verwüsteten die Hussiten aus Böhmen das Gebiet. Bereits 12 Jahre danach kam mit den Ungarn unter Matthias Corvinus die nächste Armee und zerstörte den Ort erneut. Durch die Türkenbelagerungen 1529 und 1683 wurde Leopoldau stark in Mitleidenschaft gezogen.

Der heutige Kirchenbau entstand 1696, nachdem die alte Kirche während der Zweiten Türkenbelagerung 1683 zerstört wurde. Der nahe Pfarrhof war anfangs ein stiftlicher Gutshof, der später zum Sommersitz für den Prälaten des Stiftes Klosterneuburg umgebaut wurde.

Um die Mitte des 19. Jh. entstanden zahlreiche Fabriken und Wohnhäuser. Damals begannen sich zwei neue Ortschaften zu entwickeln: Neu-Leopoldau und Mühlschüttel. 1881 wurden diese beiden Orte von Alt-Leopoldau getrennt.

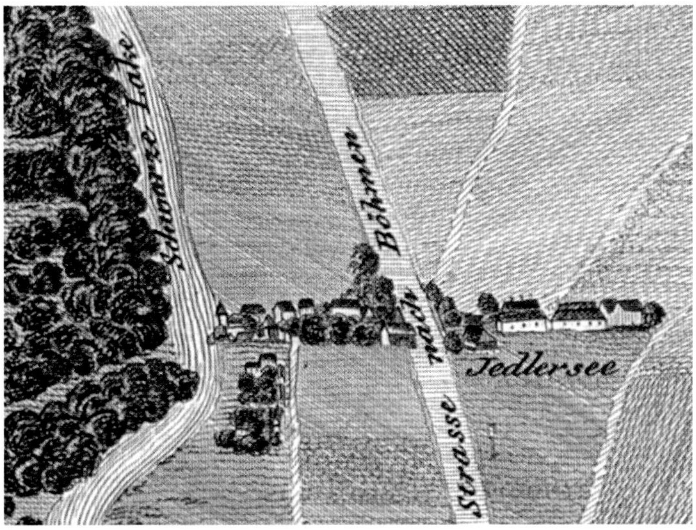

Abbildung 242: Jedlesee um 1830 (94 Häuser mit 678 Einwohnern) mit der Straße nach Böhmen (Prager Straße)

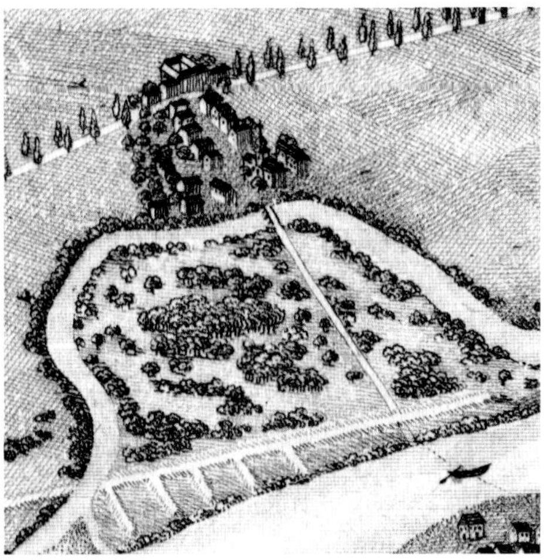

Abbildung 243: Jedlesee lag an einem Seitenarm der Donau, der Schwarzen Lacke, der sich bei Hochwasser in einen reißenden Seitenarm des Stromes verwandelte. 1430 wird erstmals eine Überfuhr nach Nußdorf genannt. (Stahlstich um 1840).

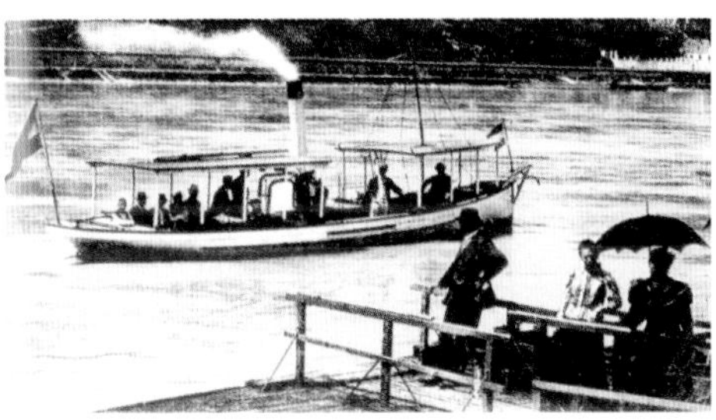

Abbildung 244: Die Überfuhr über die Donau von Jedlesee zur Dampfschiffstation Nußdorf erfolgte um 1900 mit einem Dampfboot.

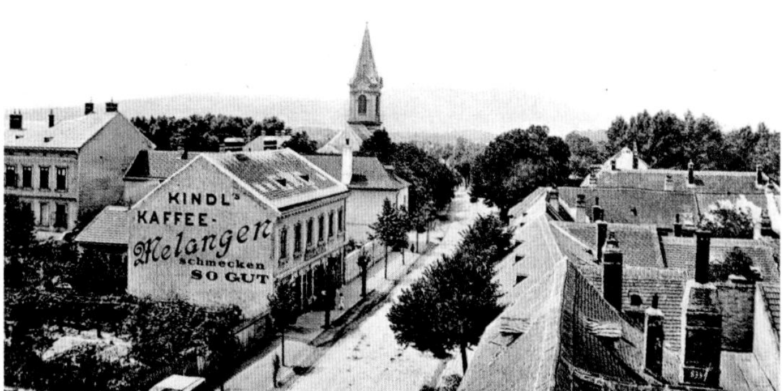

Abbildung 245: An der Stelle der heutigen Pfarrkirche stand eine Kapelle, die 1779 zur Pfarrkirche umgestaltet wurde (Foto 1910).

Jedlesee

Dieser Ort war ein Fischer- und Bauerndorf im Augebiet der Donau. Er lag an einem Seitenarm der Donau, der Schwarzen Lacke. Bei Hochwasser wurde diese zu einem reißenden Strom. Jedlesee wurde auch oft überschwemmt. Eine dem heiligen Nikolaus (Patron der Schiffbrüchigen) geweihte Kapelle am Ufer der Schwarzen Lacke wurde, wie der Ort selbst, bereits 1014 in einer Urkunde erwähnt. Trotz der ständigen Hochwasser blieben die Leute sesshaft, da die Donau auch zu Nahrung und Verdienst verhalf, manchen sogar zu Wohlstand.

Nicht nur die Hochwasser oder Eisstöße verwüsteten den Ort, sondern auch die entlang des nördlichen Donauufers durchziehenden Heerscharen auf dem Marsch nach Wien, wie 1428 die Hussiten, 1529 und 1683 die Türken, 1645 die Schweden, 1805 und 1809 die Franzosen.

In Jedlesee befand sich schon seit jeher eine Überfuhr über die Donau. Diese brachte große Einnahmen, da viele Kaufleute über die Donau wollten. Die Donauüberfuhr verlor an Bedeutung, als in der Mitte des 15. Jh. mit dem Bau der befestigten Donaubrücken begonnen wurde. Trotzdem war die Überfuhr für die Ortsbewohner wichtig, da sie weiterhin von regionaler Bedeutung war (siehe Abb. 243).

Nachdem die Prager Straße (Wien-Floridsdorf über Korneuburg, Hollabrunn und Znaim) um 1736 als Reichsstraße nach Böhmen errichtet wurde, folgten die Fuhrwerke nicht mehr dem alten Weg durch den Ortskern von Jedlesee nach Langenzersdorf, sondern am Ort vorbei (siehe Abb. 242).

Mit der Donauregulierung 1870–1875 wurde die „Schwarze Lacke" vom Hauptstrom abgetrennt. Das hatte zur Folge, dass die Schiffsmüller in der Schwarzlackenau keine Strömung mehr hatten und ihre Schiffsmühlen an den Hauptstrom verlegten. Hier war dann auch der Landeplatz für die Überfuhr nach Nussdorf (siehe Abb. 244).

Nach der Donauregulierung wuchs Jedlesee über seinen Dorfkern hinaus, vor allem Richtung Prager Straße. Impulse erhielt Jedlesee durch den Bau der Nordwestbahn (1872).

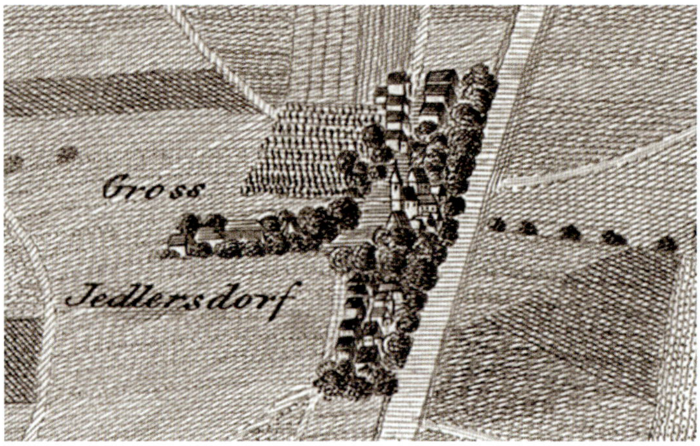

Abbildung 246: Großjedlersdorf um 1830 (81 Häuser mit 535 Einwohnern) mit der Straße nach Mähren (Brünner Straße)

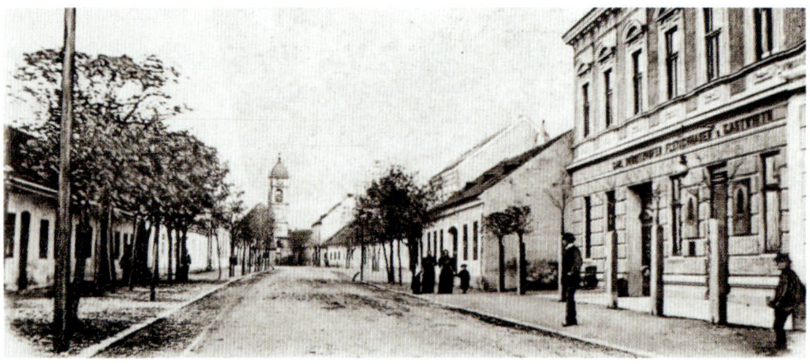

Abbildung 247: Amtsstraße mit der Pfarrkirche zum hl. Karl Borromäus (Foto um 1900)

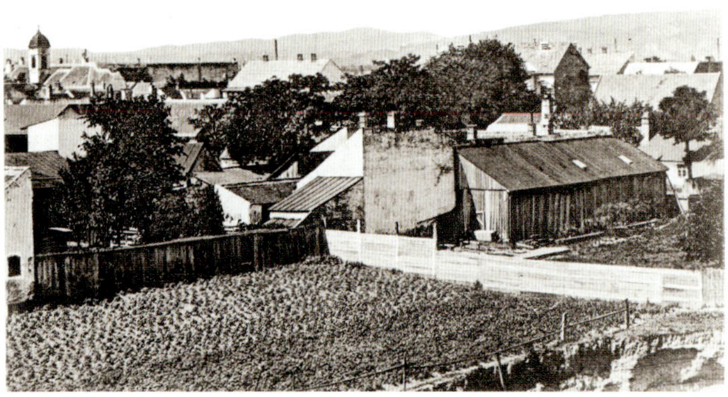

Abbildung 248: Panorama von Großjedlersdorf (Foto um 1910)

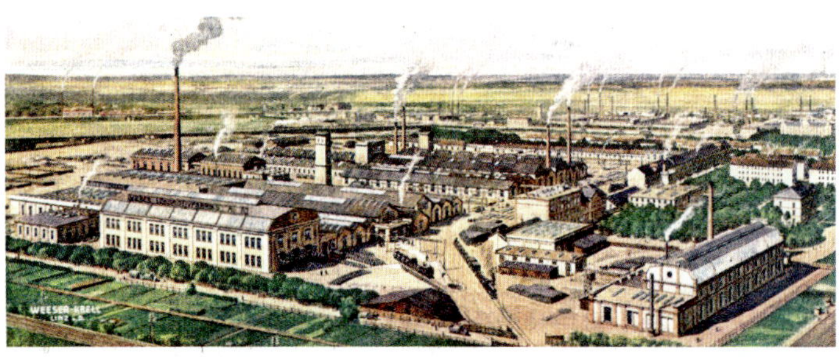

Abbildung 249: Am freiliegenden Gelände zwischen der Nordbahn und der Nordwestbahn wurde 1870/71 eine Lokomotivfabrik errichtet. Zusätzlich zu den Produktions- und Verwaltungsgebäuden wurden auch Arbeiterwohnhäuser gebaut (Foto um 1900).

Großjedlersdorf

Jedlersdorf entstand auf einer Insel, die von den Seitenarmen der Donau gebildet wurde. Bis zum 19. Jh. waren Reste des Seitenarms als Viehtrift und in Form von Teichen und Wassergräben erkennbar. Die beiden Dorfteiche stammten von diesem Seitenarm. Die erste urkundliche Erwähnung des Ortes fällt in das Jahr 1150. Der Ort wurde 1529 und 1683 durch die Türken in Schutt und Asche gelegt..

1745 wurde eine 1714 errichtete hölzerne Kapelle bei einer Feuersbrunst zerstört und 1764 wieder errichtet und gleichzeitig erweitert (siehe Abb. 247). Im Jahre 1809 brannten die Franzosen den Ort zur Gänze nieder.

Die ursprünglich durch den Ort führende Brünner Straße (Reichsstraße) geht seit der Straßenregulierung unter Karl VI. (1728) am Ortskern vorbei (siehe Abb. 246). Die damals zwischen der Brünner- und Pragerstraße liegenden Weidegründe wurden parzelliert und 1782 an „Neusiedler" verkauft. „Jedlersdorf am Spitz" entstand (siehe Abbildung 235). Diese zunächst aus 15 Häusern bestehende Siedlung, auch „Spitz" genannt, wurde 1804 von der Muttergemeinde getrennt und blieb dann bis 1874 selbständig, bis sie 1894 mit der Großgemeinde Floridsdorf vereinigt wurde.

Mit dem Bau der Nordwestbahn 1872 erhielt Jedlersdorf eine eigene Bahnstation (siehe Karte 17). Damit waren sehr gute Voraussetzungen für Betriebsansiedlungen geschaffen (Neujedlersdorf entstand). Man hatte wegen der Nähe zur Bahn geringere Transportkosten und genug unverbaute Flächen. So erfolgte z. B. die Gründung der Wiener Lokomotiv-Fabrik 1869 in Neujedlersdorf (siehe Abb. 249), 1870 das Gaswerk oder 1871 die „Erste Österreichische Jute-Spinnerei und Weberei".

1886 wurde die Dampftramwaylinie (Wien - Floridsdorf - Stammersdorf) in Betrieb genommen und im gleichen Jahr wurde in Neujedlersdorf ein Rangierbahnhof errichtet.

Neujedlersdorf wurde 1894 von Großjedlersdorf getrennt und der Großgemeinde Floridsdorf hinzugefügt.

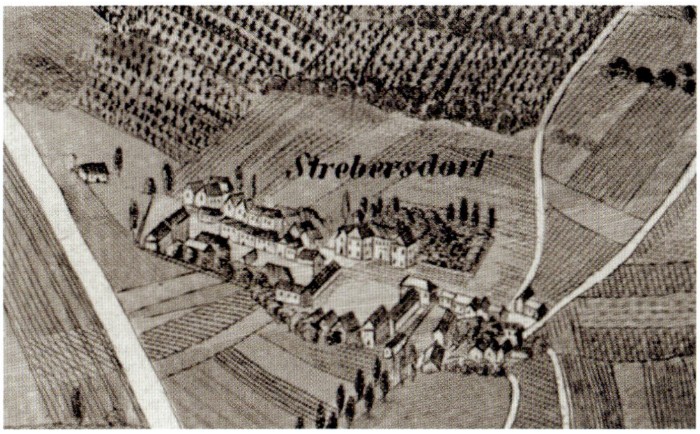

Abbildung 250: Strebersdorf um 1830 (84 Häuser mit 493 Einwohnern) mit der damals noch am Ort vorbeiführenden Prager Straße.

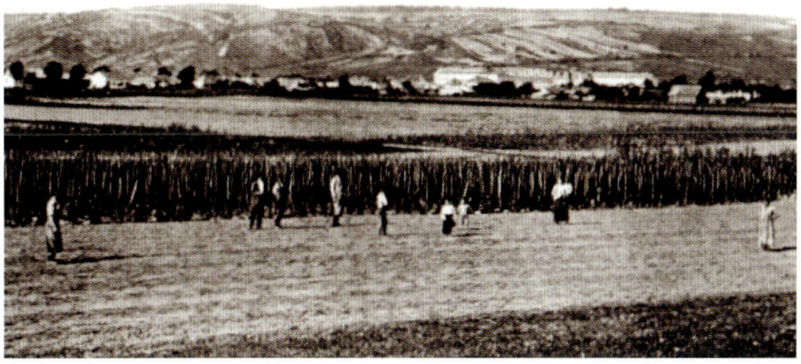

Abbildung 251: Strebersdorf in Richtung Bisamberg (Foto um 1905)

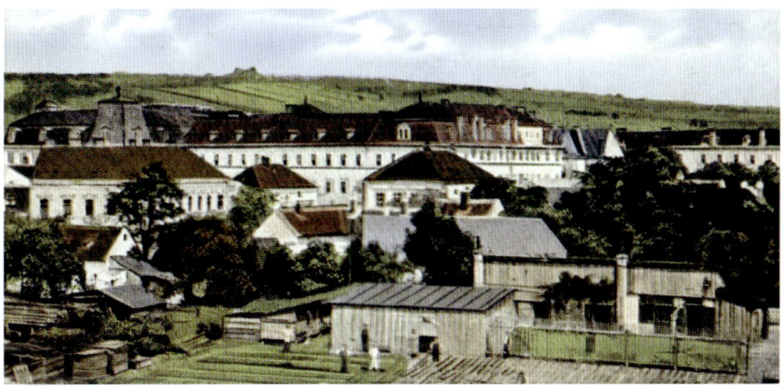

Abbildung 252: Strebersdorf mit dem Pensionat St. Josef (Foto um 1910)

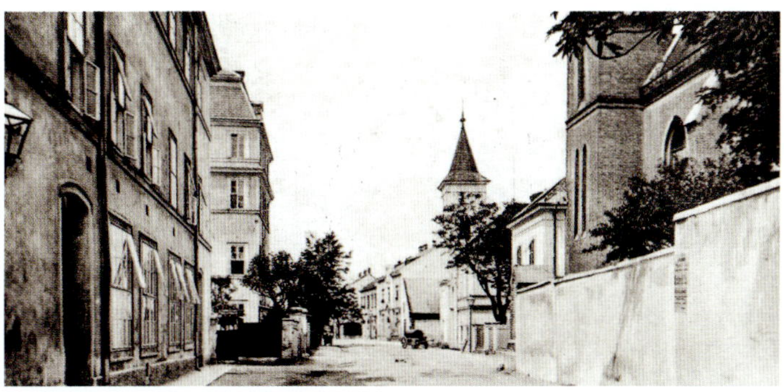

Abbildung 253: Strebersdorf mit der Schulbrüderkirche. Die Schulbrüder machten sich den unentgeltlichen Volksschulunterricht zur Aufgabe (Foto um 1912).

Strebersdorf

Strebersdorf wurde um 1078 zum ersten Mal in einer Urkunde erwähnt. Es war eine Fischersiedlung im Gewirr der vielen Donauarme.

1440 zerstörte ein Hochwasser den ganzen Ort. Die Überlebenden siedelten sich daraufhin weiter weg von der Donau am Fuß des Bisamberges an.

Strebersdorf litt, so wie viele andere Orte im Marchfeld auch, unter feindlichen Einfällen. 1477 war es der Ungarnkönig Mathias Corvinus, der den Ort verwüstete, und 1529 und 1683 die Türken. Während des Dreißigjährigen Krieges (1618 bis 1648) war Strebersdorf nur am Anfang und am Ende betroffen. 1703 brandschatzten die Kuruzzen, eine Truppe der antihabsburgischen Aufstandsbewegung in Ungarn, die Region. Die Anwesenheit der Franzosen 1809 überstanden die Strebersdorfer wegen guter Kontakte ihres Herrschaftsbesitzers relativ schadlos.

1753 erhielten die Strebersdorfer das Recht zur Weinausschank; Weinbau und Schafzucht bildeten lange Zeit die Haupterwerbsquellen der Bevölkerung.

1886 kaufte die Kongregation der christlichen Schulbrüder das Strebersdorfer Herrschaftsgut und errichtete im sogenannten „Marienheim" ein Bildungshaus. Sie erweiterten das Gebäude und eröffneten 1889 eine zweiklassige Schule für Knaben, das Pensionat St. Josef. Die rasche Zunahme des Schulbetriebes machte Erweiterungen durch Anbau nötig (siehe Abb. 252). Da die Kapelle bald den Ansprüchen der Strebersdorfer nicht mehr genügte, wurde 1887 beim Schloss eine Kirche errichtet, die ab 1888 auch als Ordens- und Pfarrkirche diente (siehe Abb. 253).

Die Stockerauer Flügelbahn (später Nordwestbahn) führte ab 1845 erstmals die Eisenbahn an Strebersdorf heran. Einen eigenen Bahnhof bekam der Ort aber erst 1887. Im Jahre 1912 wurde Strebersdorf an das Netz der elektrischen Straßenbahn angeschlossen.

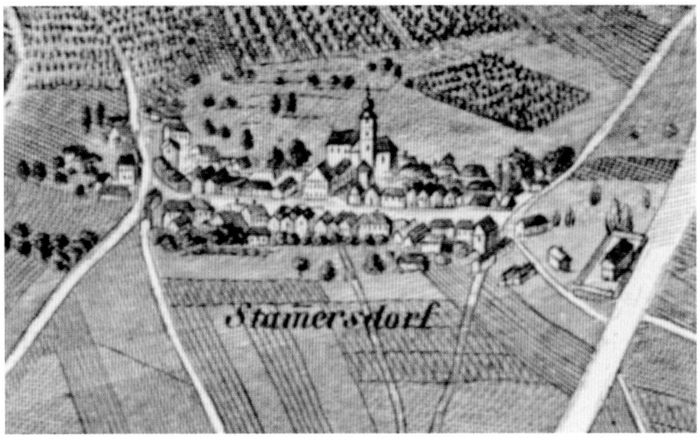

Abbildung 254: Stammersdorf um 1830 (135 Häuser mit 800 Einwohnern). Rechts am Ort vorbei verlief die Brünner Straße.

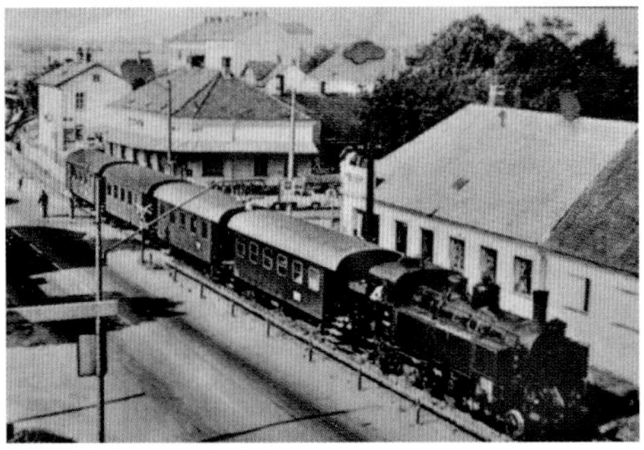

Abbildung 255:. 1903 erfolgte die Eröffnung der Strecke Stammersdorf bis Auersthal, die, wie das Foto zeigt, durch das Ortsgebiet führt.

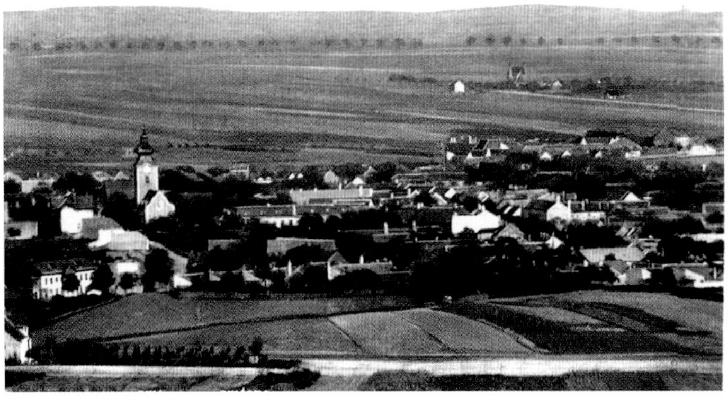

Abbildung 256: Das alte Stammersdorf, der Weinort, am Südhang des Bisamberges gegen das Marchfeld (Foto um 1900)

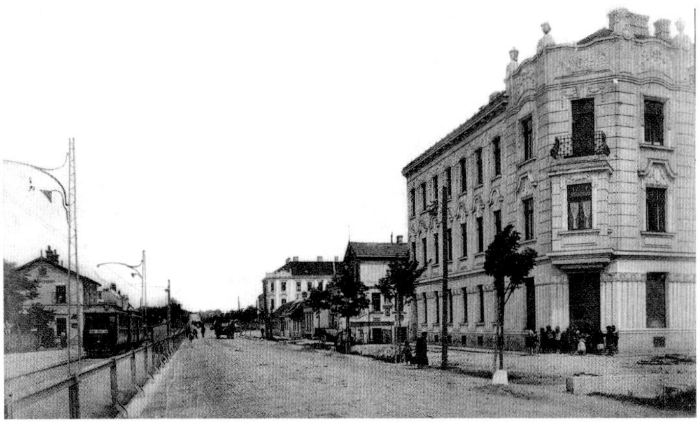

Abbildung 257: Stammersdorf mit der Brünner Straße und der Straßenbahnlinie, die ins Wiener Stadtzentrum führt.

Stammersdorf

Der Ort wurde 1077 zum ersten Mal urkundlich erwähnt. Die Stammersdorfer Kirche, eine Wehrkirche, lag auf einer Anhöhe oberhalb des Angerdorfes, die durch eine schmale Gasse erreichbar war. Der Ort war verteidigungsfähig, da der Anger, auf dem notfalls das Vieh weiden konnte, von geschlossenen Häuserzeilen umgeben war. Dennoch verwüsteten nacheinander Ungarn, Türken, Schweden, nochmals Türken und schließlich Franzosen den Ort. Stammersdorf war ein beliebtes Feldlager. Hier ließen sich 1619 die Böhmen unter Graf Thurn nieder, 1645 wählte der schwedische Feldherr Torstensson bei seinem Zug nach Wien dieses Gebiet zu seinem Hauptquartier. Auch 1805 bezogen die Österreicher hier ihr Feldlager und 1866 projektierte man eine Verteidigungslinie bei Stammersdorf gegen die Preußen.

Mit der unter Kaiser Karl VI. errichteten Reichsstrasse nach Mähren, der „Brünner Straße", lag Stammersdorf längere Zeit abseits dieser Straße und entwickelte sich in der Folge in Richtung Brünner Straße (siehe Abbildung 254 und 257).

Ab 1876 verkehrte ein Stellwagen von Stammersdorf in die Leopoldstadt, 1886 wurde die Dampftramway von Wien über Floridsdorf nach Stammersdorf eröffnet (Elektrifizierung 1911). Auf Grund der jetzt guten Verkehrsverbindungen nach Wien, seiner landschaftlich schönen Lage und der vielen Heurigen im Ort, da an den Hängen des Bisambergs Wein angebaut wurde, entdeckten die Wiener Stammersdorf für Tagesausflüge und für die Sommerfrische (siehe Abbildung 256).

Die Lokalbahn von Stammersdorf nach Auersthal im Weinviertel wurde deshalb errichtet, um das nördliche Wiener Umland besser an die Stadt Wien anzubinden (siehe Abb. 255).

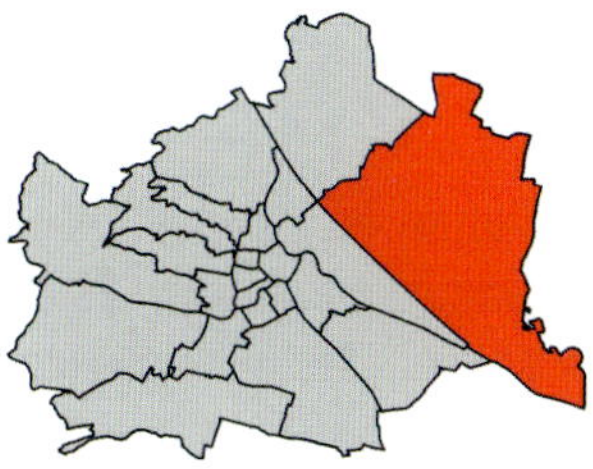

22. Bezirk (Donaustadt)

Ehem.Vororte:

Kagran, Hirschstetten, Stadlau, Aspern, Süßenbrunn, Breitenlee und Essling

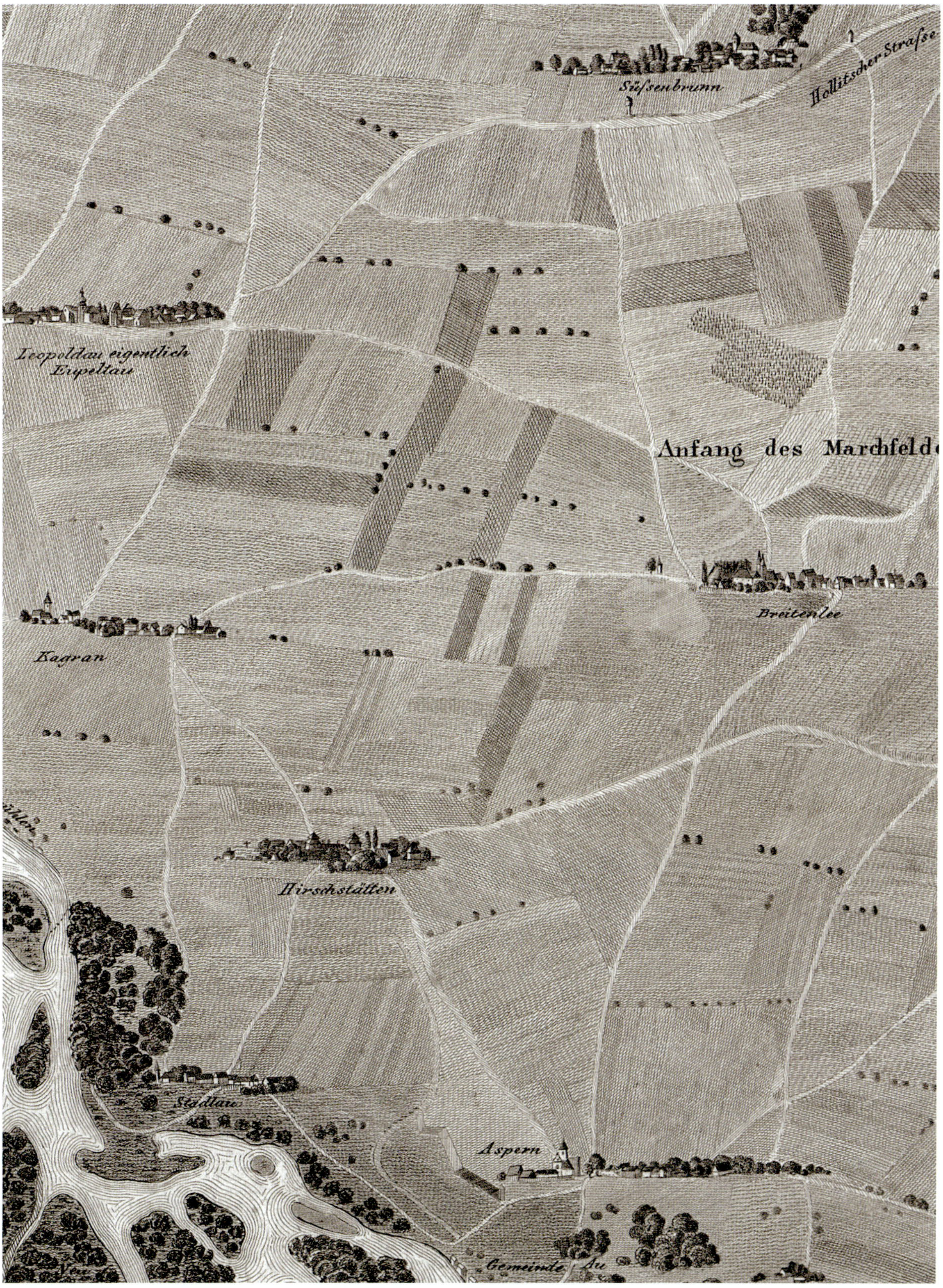

Ausschnitt der Perspektivkarte um 1830 von Franz Xaver Schweickhardt

Kagran

Urkundlich wurde Kagran erstmals 1199 erwähnt. Die Kirche (vermutlich aus dem 12. Jh.) lag außerhalb des Angerdorfes auf einer kleinen Anhöhe. Als die Kirche 1438 durch ein gewaltiges Donauhochwasser weggespült wurde, wurde sie an einer geschützteren Stelle auf einem kleinen Hügel wieder aufgebaut.

1683 brandschatzten die Osmanen den Ort. Seit der Mitte des 17. Jh. war in Kagran ein Freihof bekannt. Der Besitzer des Freihofes war auch Herr über das Dorf und die leibeigenen Bauern. Um 1800 wurde das Gebäude als Gemeindegasthaus verwendet.

Bis 1904 gab es einen großen Dorfteich. Dieser fand, bevor er zugeschüttet wurde, als Lösch- und Federviehteich Verwendung. Kagran war seinerzeit wegen seiner Gänse- und Entenzucht berühmt.

An der Donau sind Schiffsmühlen, auf denen Getreide gemahlen wurde, seit dem 12 Jh. nachgewiesen. Als die Stadt Wien Ende des 19 Jh. rasch wuchs, waren die Schiffsmühlen an der Donau und auch die entlang der Wienerwaldbäche wichtig für die Versorgung der Wiener mit ihrem täglichen Brot (siehe Abb. 258 und 262). Vor allem im Marchfeld, der „Kornkammer Wiens“, wurde viel Getreide geerntet. Weil Mehl in vorindustriellen Zeiten fast nicht transportabel war, musste man das Getreide zum Mahlen nach Wien bringen. Die Donauregulierung (1870 bis 1875) und die Konkurrenz der Dampfmühlen leiteten den Niedergang dieses Gewerbes ein. 1930 stellte die letzte Schiffsmühle an der österreichischen Donau ihren Betrieb ein.

Nach der Donauregulierung und der Eröffnung der Reichsbrücke (1876) kam der Ort in den Sog der Großstadt. 1886 wurde eine Dampftramwaylinie von der Augartenbrücke über Floridsdorf und Kagran bis nach Groß-Enzersdorf eröffnet. Dadurch fuhren viele Wiener Ausflügler nicht nur an die Alte Donau sondern auch in den Ort selbst.

Der Nachteil der Dampftramway war die langsame Betriebsabwicklung und die Rauchplage durch die Kastenlokomotiven. Zudem sorgten oftmalige Entgleisungen und sehr lange Zugintervalle für den Unmut der Fahrgäste. 1899 nahm eine elektrische Straßenbahnlinie vom Praterstern bis Kagran den Betrieb auf.

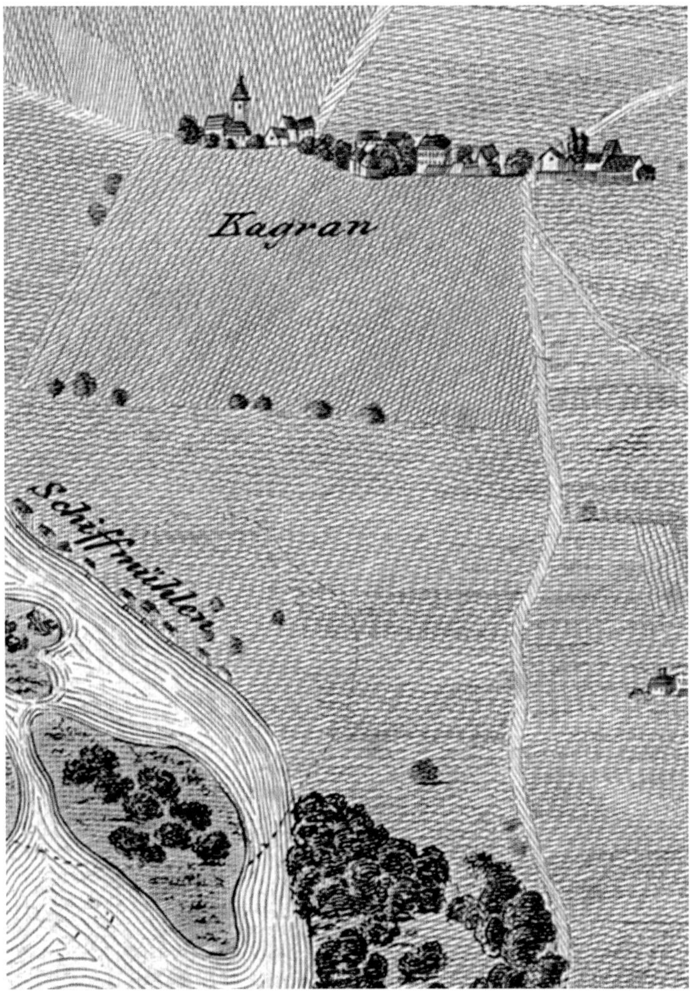

Abbildung 258: Kagran um 1830 (65 Häuser mit 461 Einwohnern)

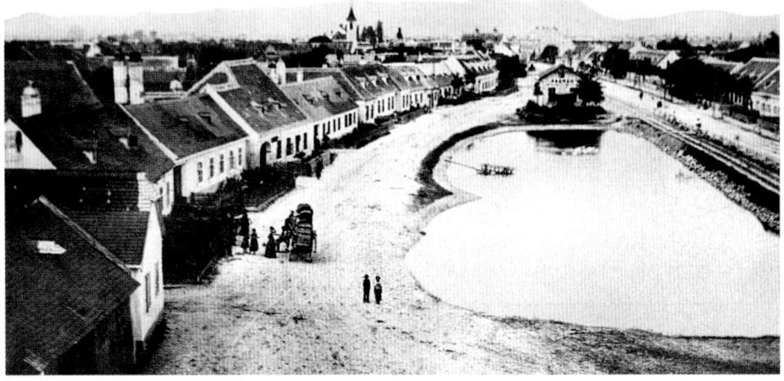

Abbildung 259: Kagraner Hauptplatz mit dem Dorfteich und der Pfarrkirche Kagran im Hintergrund (Foto 1890)

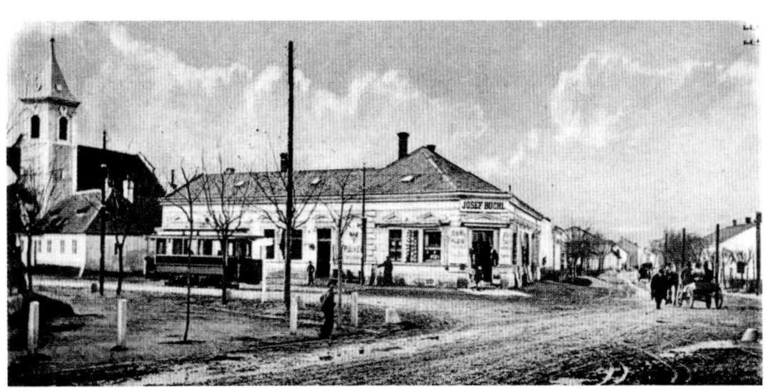

Abbildung 260: Wagramer Straße mit Kagraner Kirche (Foto 1902)

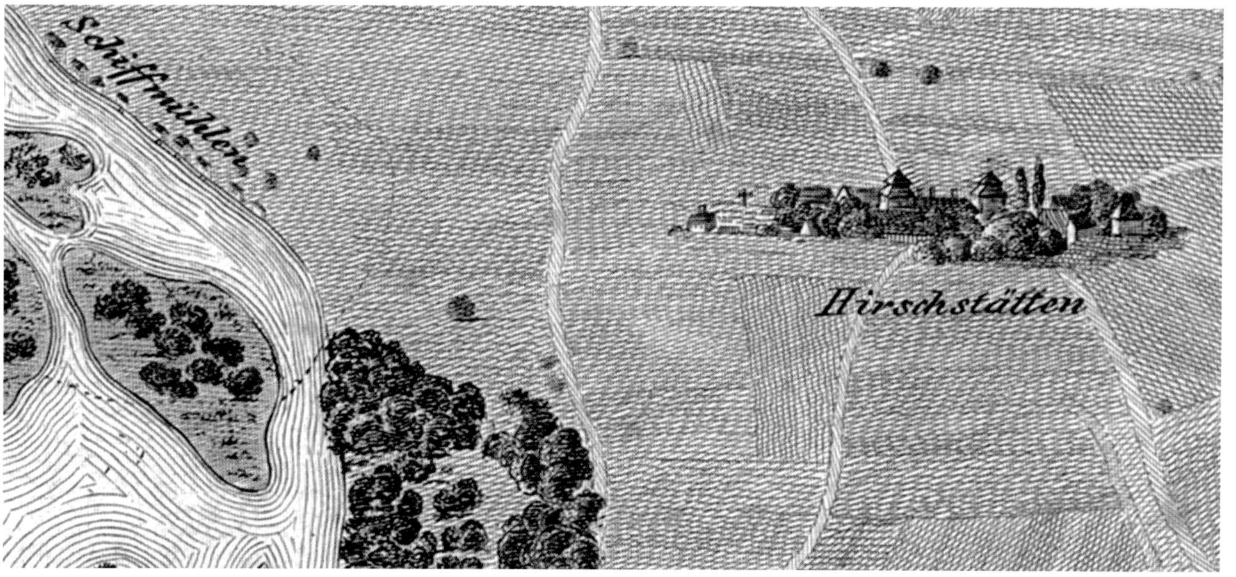

Abbildung 261: Hirschstetten um 1830 (33 Häuser mit 157 Einwohnern)

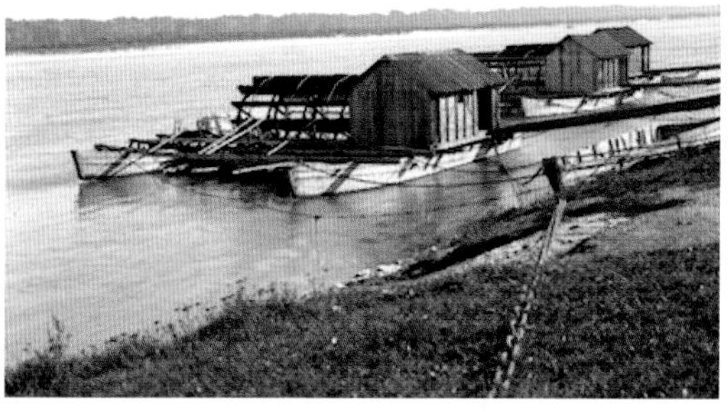
Abbildung 262: Schiffsmühlen an der Donau waren ein wichtiger Industriezweig in der Monarchie.

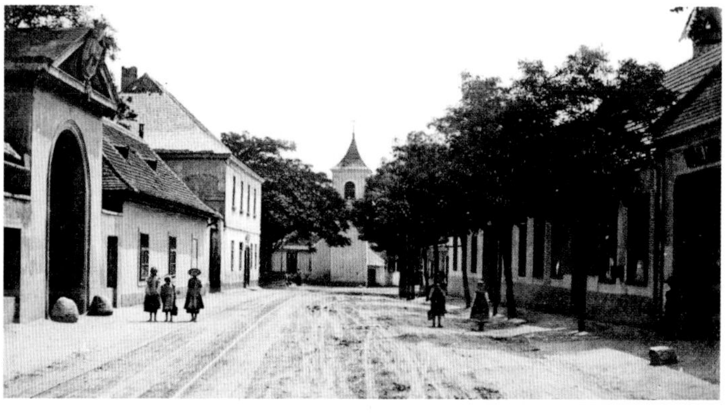
Abbildung 263: Hirschstetten mit Glockenturm (Foto um 1910)

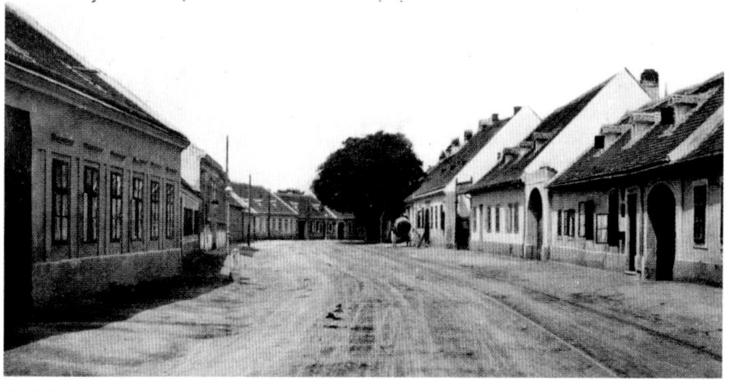
Abbildung 264: Hirschstettner Straße (Foto um 1910)

Hirschstetten

1158 wurde das ursprüngliche Straßendorf gegründet und war bis 1240 ein fürstliches Lehen, ein von Auen und Wasserarmen umgebenes Bauerndorf. Es lag an einem Nebenarm der Donau. 1693 wurde ein adeliges Landhaus errichtet und 1724 als Jagdschloss umgestaltet. Für die Dienerschaft sowie Karossen und Pferde wurden Unterkünfte und Stallungen geschaffen.

In seiner Geschichte war der Ort von Kriegen betroffen. So auch 1809, als er von den Franzosen teilweise zerstört wurde.

Die Einnahmen der Bewohner kamen aus der Landwirtschaft. Hirschstetten besaß gute Böden, die aber auch sandige und lehmige Stellen aufwiesen. Diese wurden von der Gemeinde genutzt, indem sie 1824 einen Ziegelofen errichten ließ.

Die Donauregulierung (1870 bis 1875), die Errichtung der Brücken und der Bau der Staatsbahn von Wien nach Marchegg belebten den Ort. Es kam zu Betriebsansiedlungen zwischen Hirschstetten und Kagran (AEG-Union, Gummifabrik Calmon und die Likörfabrik Wolfrum). Die Industrialisierung führte dazu, dass sich das landwirtschaftlich geprägte Bild des Dorfes änderte. Neben den Gärtnern und Bauern siedelten sich nun vermehrt Arbeiter an. Verstärkt wurde der Bevölkerungszuzug noch durch die Eröffnung der Dampftramway von Floridsdorf bis Groß-Enzersdorf, die von 1886 bis 1922 in Betrieb war.

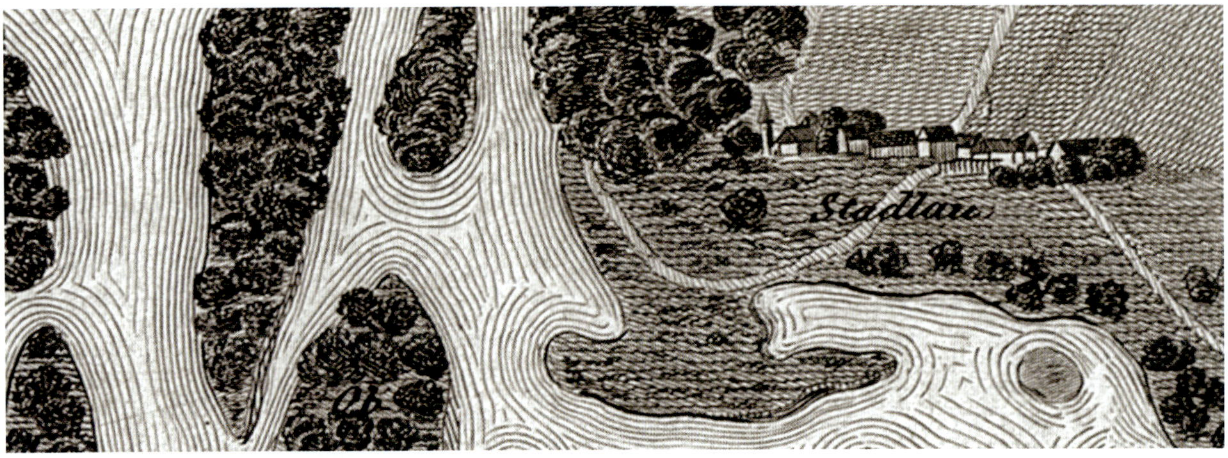

Abbdung 265: Stadlau um 1830 (13 Häuser mit 136 Einwohnern)

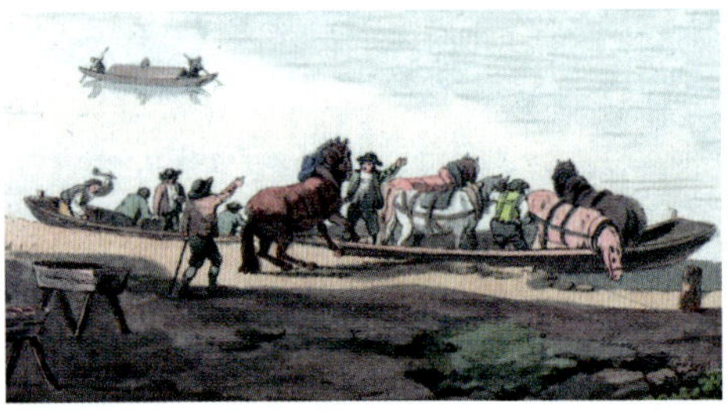

Abbildung 266: Donauüberfuhr (um 1800). Bei Hochwasser wurde der Fährverkehr eingestellt.

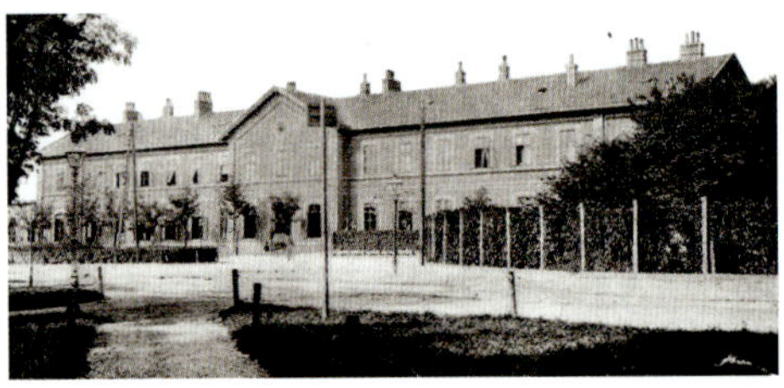

Abbildung 267: Der 1870 eröffnete Bahnhof Stadlau wurde an der Gabelung der Laaer Ostbahn in Richtung Brünn, und der Marchegger Ostbahn Richtung Pressburg errichtet (siehe Karte 17).

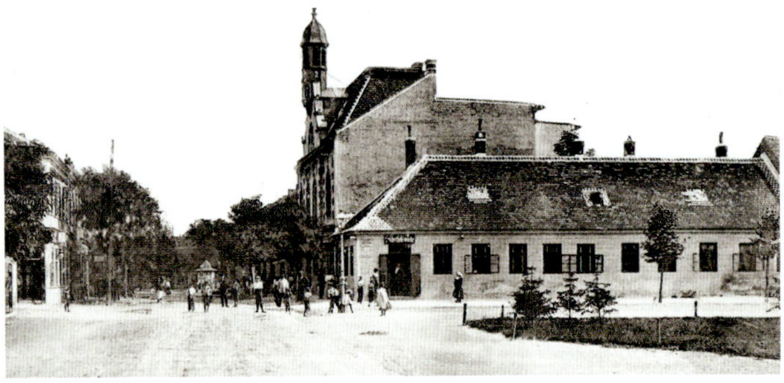

Abbildung 268: Stadlauer Straße mit dem Gemeindeamt, das ein Turm zierte (Foto um 1910).

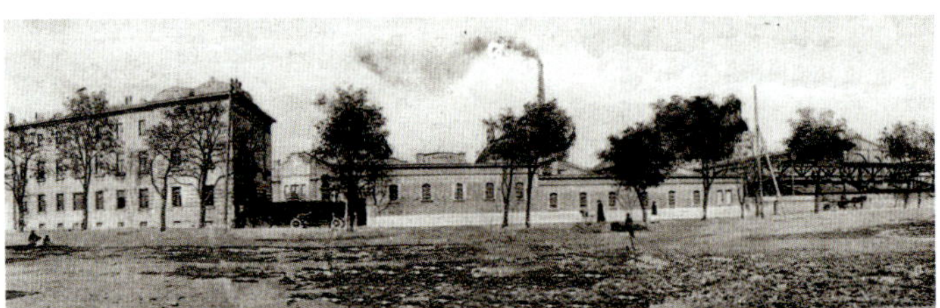

Abbildung 269: Ein Brückenbauwerk und eine Gießerei wurden von Waagner Biro 1905 in der Stadlau errichtet (Foto um 1916).

Stadlau

1150 wurde die Siedlung erstmals erwähnt. Sie lag nahe des Donaustromes auf einer Landzunge. Die Bewohner waren freie, relativ reiche Bauern, die aber ihren Zehnt abliefern mussten. Durch die Überfuhr von Erdberg nach Stadlau (nachweisbar ab 1220) war damals der Ort eine der bedeutendsten Marchfeldsiedlungen (siehe Abb. 266). Nach dem Bau der großen Donaubrücke (1439) ging die Bedeutung der Donauüberfuhr und damit auch des Ortes zurück. Der Regionalverkehr blieb aber erhalten.

1160 bekam der Ort bereits eine eigene Pfarrkirche. Diese wurde 1438 von einer Überschwemmung nach einem gewaltigen Eisstoß weggerissen und in Kagran neu aufgebaut. Dem Wunsch der Stadlauer, eine Kapelle im Ort zu errichten, wurde nicht entsprochen. 1795 wurde zumindest eine Schule mit einem Glockenturm errichtet, wo wenigstens die Gebetszeit und die Vesper (Feierabend) eingeläutet werden konnten.

Im Lauf der Jahrhunderte teilte Stadlau das Schicksal seiner Nachbargemeinden, die von Osmanen und Franzosen verwüstet wurden.

Die von 1870 bis 1875 durchgeführte Wiener Donauregulierung führte unter anderem zur Trockenlegung der bei der Stadlau vorbeiführenden Donaunebenarme.

1870 wurde für die Laaer Ostbahn und March egger Ostbahn der Stadlauer Bahnhof eröffnet. In weiterer Folge entwickelte sich das Dorf zu einem Eisenbahner- und Industrieort. Der 1884 gegründeten Malzfabrik folgten Betriebe der Stahl-, Elektro- und chemischen Industrie. Stadlau wurde eine Arbeitergemeinde.

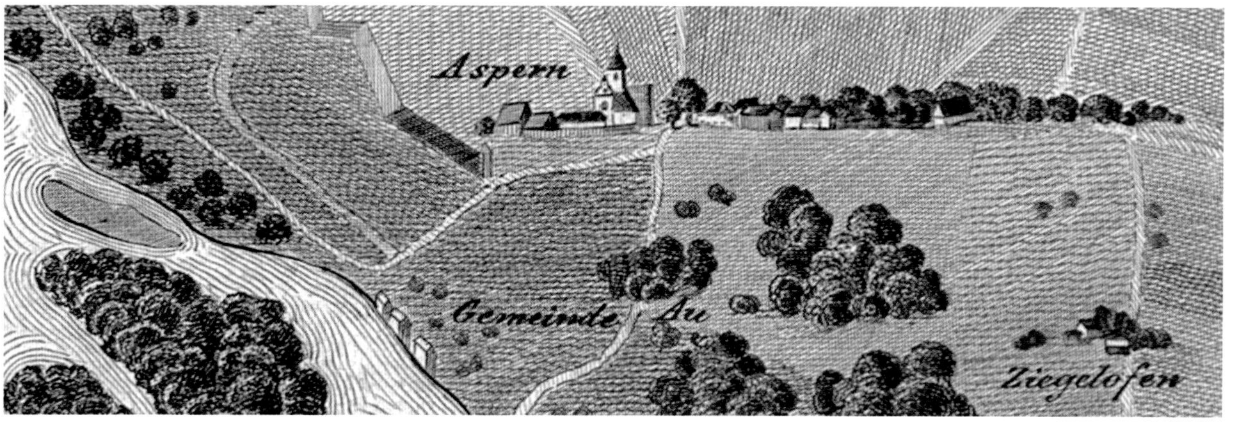

Abbildung 270: Aspern um 1830 (106 Häuser mit 611 Einwohnern). Die Bewohner waren relativ wohlhabend durch Landwirtschaft, Fischfang, Holzwirtschaft und durch ihre Schiffsmühlen. Es gab 1833 auch einen Ziegelofen. Durch die Donauregulierung (1870 bis 1875) verlor Aspern seine stromnahe Lage.

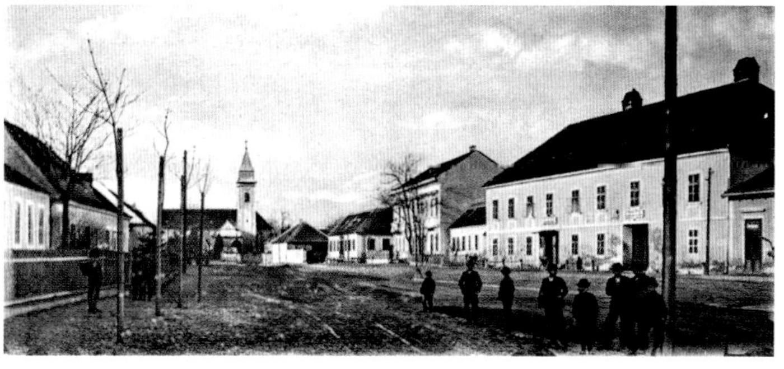

Abbildung 271: Aspern mit der Martinskirche (Foto um 1898)

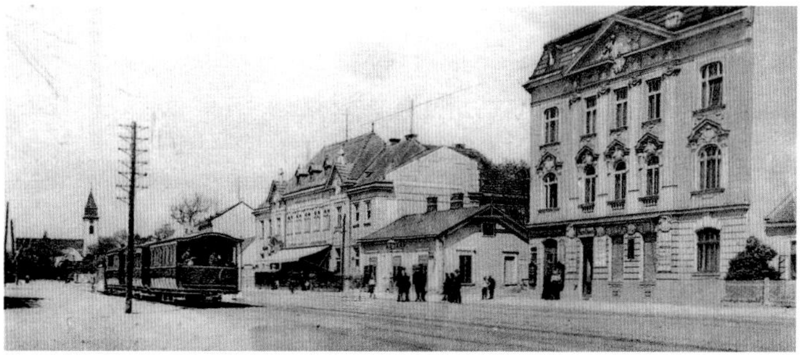

Abbildung 272: Siegesplatz in Aspern mit der Dampftramway (Foto um 1910)

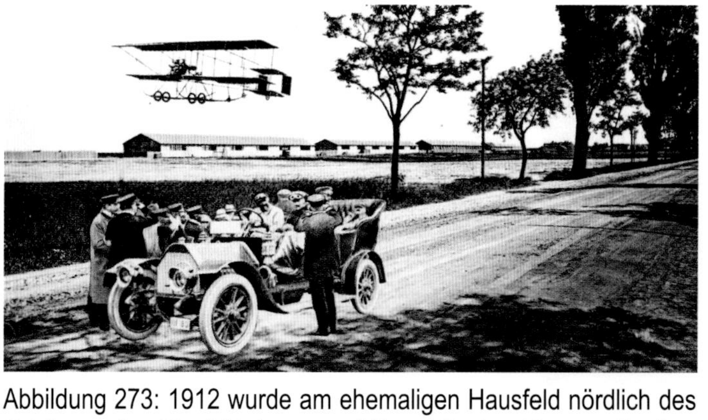

Abbildung 273: 1912 wurde am ehemaligen Hausfeld nördlich des Ortskerns das Flugfeld Aspern eröffnet. Hier lag bis zum Zweiten Weltkrieg das Zentrum der österreichischen Zivil- und Militärluftfahrt (Foto um 1913).

Aspern

1258 wurde Aspern erstmals urkundlich erwähnt. Von einem Wehrturm, den man knapp außerhalb des Ortes auf einem kleinen Hügel errichtete, hatte man einen guten Weitblick tief ins Marchfeld hinein. Bei Gefahr konnte man rechtzeitig Alarm schlagen und sich zur Verteidigung vorbereiten. Die Bevölkerung betrieb vorwiegend Ackerbau und hatte nur so viel Vieh auf dem Hof, wie für den eigenen Bedarf notwendig war. Die umliegenden Auwälder brachten einen regen Holzhandel mit Wien und die vielen Donauarme rings um Aspern sorgten für reichen Fischfang. Am Donaustrom verarbeiteten die Mühlen die reichen Kornernten. Es gab einen regen Handel mit Korn und Mehl.

Aufgrund der Lage an den alten Donauarmen kam es im Gebiet wiederholt zu schwerwiegenden Überschwemmungen und Eisstößen, weshalb der Ort 1568 beinahe aufgegeben wurde. Nachdem 1670 die ursprüngliche Kirche im Osten von Aspern bei einer verheerenden Überschwemmung zerstört wurde, baute man auf einem Hügel im Westen von Aspern an einem Wehrturm ein Kirchenschiff an (Martinskirche).

Während der Türkenbelagerungen von 1529 und 1683 wurde Aspern schwer beschädigt. Von Bedeutung war 1809 die „Schlacht bei Aspern", wo Napoleon I. die erste Niederlage zugefügt wurde. Daher der Name Siegesplatz in Aspern (siehe Foto 271 und 272).

Aspern wurde 1886 mit einer Dampftramwaylinie an den öffentlichen Verkehr angeschlossen. 1912 erfolgte die Umstellung auf einen elektrischen Straßenbahnbetrieb.

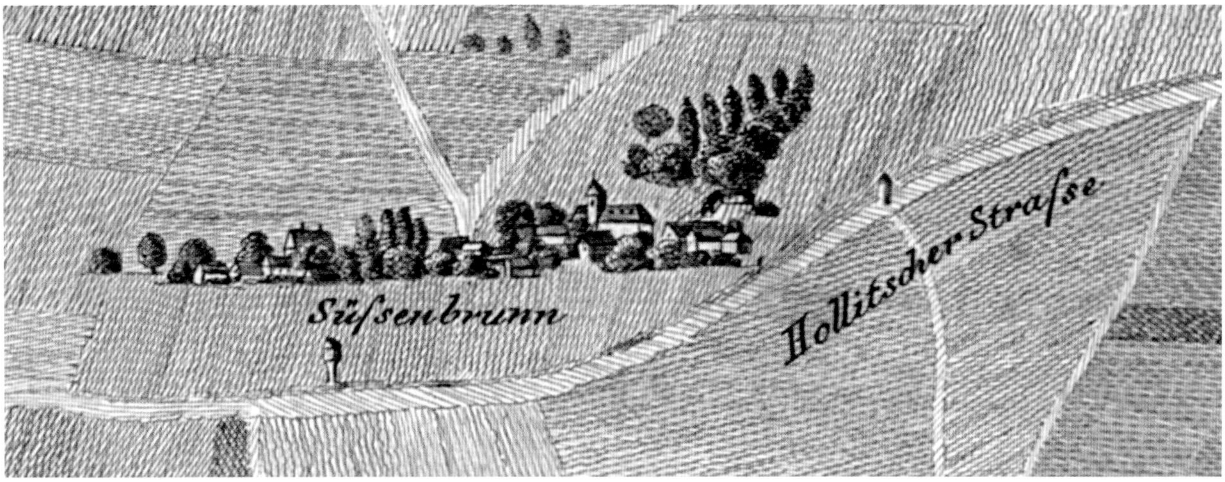

Abbildung 274: Süßenbrunn um 1830 (39 Häuser mit 233 Einwohnern). Die Hollitscher Straße war später die Kagraner Straße und seit 1910 Wagramer Straße.

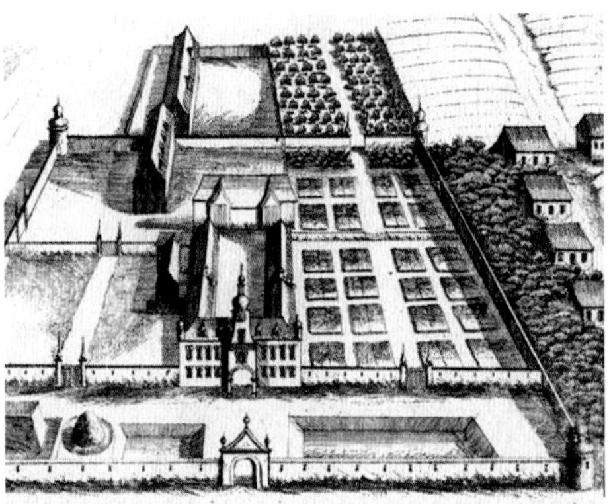

Abbildung 275: Renaissance Schloss mit Nebengebäuden, Gärten und Park (Kupferstich 1672). Während der napoleonischen Kriege wurden Ort und Schloss Süßenbrunn 1805 von den Franzosen besetzt.

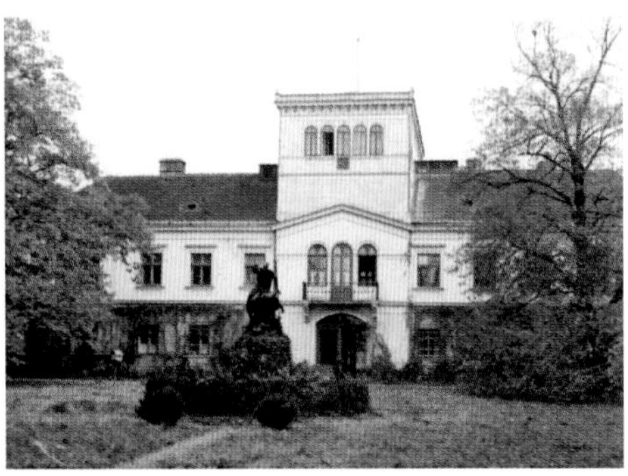

Abbildung 276: Im 19. Jh. wurde das Schloss Süßenbrunn im romantischen Stil umgestaltet. Es wurde als Sitz eines Landwirtschaftsbetriebes verwendet. Heute ist hier der Sitz einer Schuhmanufaktur (Foto um 1960).

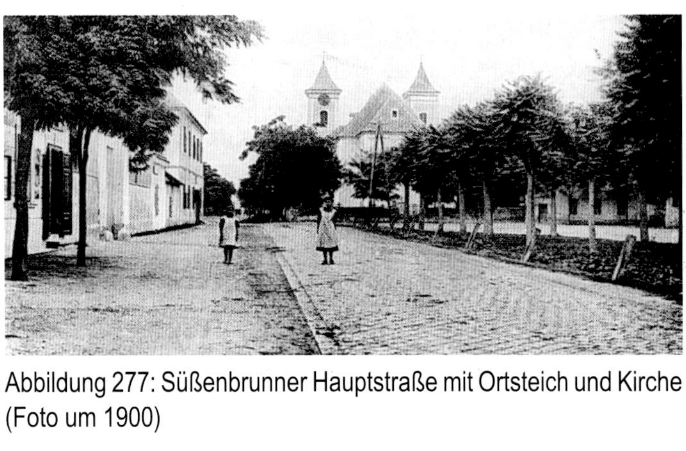

Abbildung 277: Süßenbrunner Hauptstraße mit Ortsteich und Kirche (Foto um 1900)

Süßenbrunn

Die Ansiedlung war, wie fast alle Marchfelddörfer, als Angerdorf angelegt, in dessen Mitte sich ein kleiner Teich mit einer Quelle befand. Aus dieser sprudelte auch bei Wassernot noch gutes, trinkbares Wasser. Die Siedlung Süßenbrunn, erstmals 1140 erwähnt, war ursprünglich im Besitz des Schottenstiftes. Im 12. Jh. gab es auch ein Schloss. 1320 wird ein Landgut erwähnt.

1529 wurde die Ortschaft durch die auf Wien vorrückenden Türken völlig zerstört und blieb in der Folge öde. Neu besiedelt wurde Süßenbrunn erst im letzten Viertel des 16. Jh. Während dieser Zeit wurde auch das ehemalige Landgut vom damaligen Herrschaftsinhaber großzügig zu einem repräsentativen Renaissance-Schloss umgebaut (siehe Abbildung 275). Von 1677 bis 1809 konnte auch von der Bevölkerung die Kapelle im Schloss genutzt werden.

1647 kurz vor Ende des Dreißigjährigen Krieges wurde Süßenbrunn von schwedischen Soldaten geplündert. Während der Wiener Türkenbelagerungen 1683 wurde es erneut zerstört.

Da die Bevölkerung von Süßenbrunn den Gottesdienst in Gerasdorf besuchen musste, wurde 1837 auf dem Platz des ehemaligen Dorfangers eine kleine Kirche errichtet (siehe Abbildung 277).

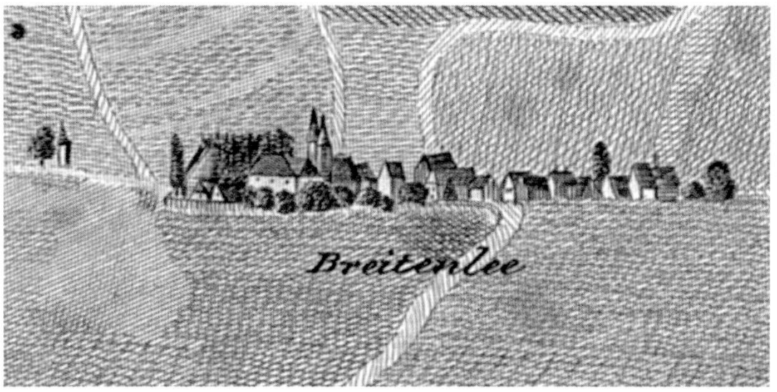

Abbildung 278: Breitenlee um 1830 (30 Häuser mit 269 Einwohnern)

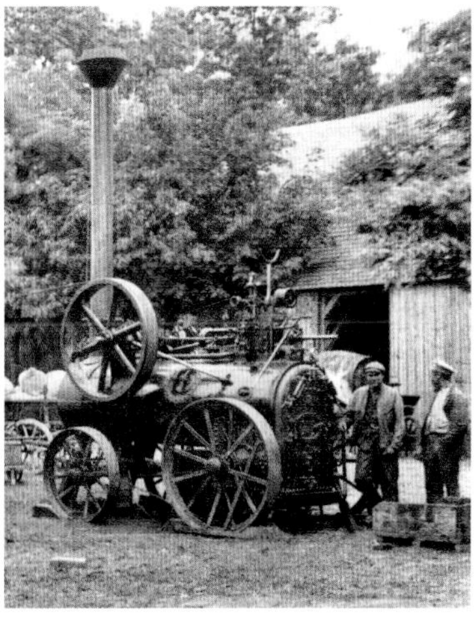

Abbildung 279: Schon früh wurde in Breitenlee großflächige Landwirtschaft betrieben. Das Foto zeigt eine dampfbetriebene Dreschmaschine. Bis Ende des 19. Jh. war noch das Dreschen mit dem Dreschflegel üblich. Die Aufbereitung des geernteten Getreides war damals eine langwierige Arbeit.

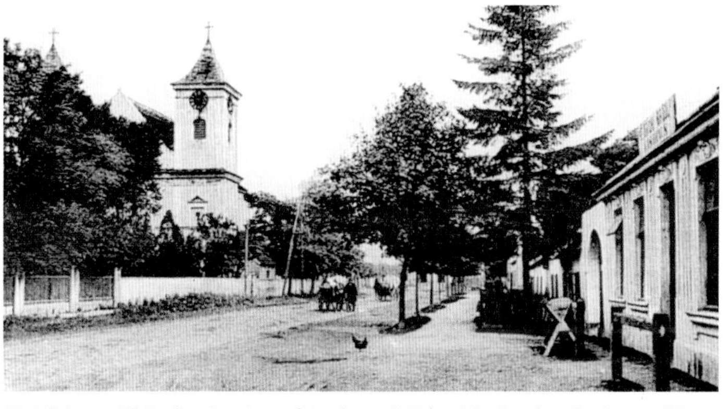

Abbildung 280: Breitenleer Straße mit Pfarrkirche Sankt Anna (Foto um 1910)

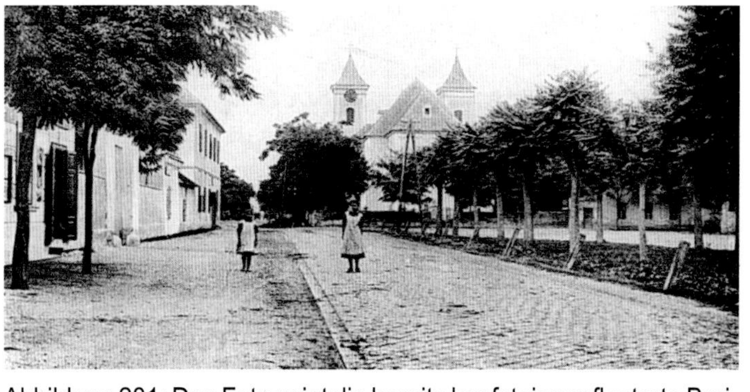

Abbildung 281: Das Foto zeigt die bereits kopfsteingepflasterte Breitenleer Straße. Im Hintergrund die zweitürmige Breitenleer Pfarrkirche (Foto um 1918).

Breitenlee

Breitenlee wurde 1160 erstmals urkundlich erwähnt. Das dort gelegene Gut gehörte zu den Besitzungen des Wiener Schottenstiftes.

Während der Ersten Wiener Türkenbelagerung 1529 wurde der Ort völlig zerstört und verödete, da kein Bewohner überlebte.

Erst 1694 (nach 165 Jahren) wurde begonnen, den Ort neu aufzubauen. Dabei bildete der 1698 errichtete Gutshof des Schottenstiftes den Mittelpunkt. Die Breitenleer Pfarrkirche, die der Heiligen Anna gewidmet wurde, errichtete man in den Jahren 1697-1699 (siehe Abb. 280 und 281). Als einzige im Marchfeld erhielt die im ländlich-barocken Stil erbaute Kirche zehn Meter hohe Türme. In den nächsten Jahren wurde der Ort von den Kuruzzen heimgesucht (mehrfach zwischen 1706 und 1714). Während der Schlacht bei Aspern (1809) stand bei Breitenlee die österreichische Grenadierreserve, die unter Erzherzog Karl die Schlacht entschied.

1848 endete die Jahrhunderte andauernde Grundherrschaft des Schottenstiftes über Breitenlee. Das Stift betrieb aber weiterhin hier eine Landwirtschaft.

Die Bewohner waren Landbauern, die sich in erster Linie mit Ackerbau beschäftigten. Die Viehzucht beschränkte sich auf den Hausbedarf. Es gab auch einen Viktualienhandel (Lebensmittelhandel) nach Wien.

Einige Bauern hatten sich Anfang des 20. Jh. zusammengetan und kauften gemeinsam eine Dreschmaschine (siehe Abbildung 279). Dies brachte, verglichen mit der manuellen Dreschung, eine große Arbeitsersparnis. Gleichzeitig mit der Verbreitung der neuen Dreschmaschinen nahm der Bedarf an Arbeitskräften ab, was die Lohnarbeiter und Tagelöhner zu spüren bekamen.

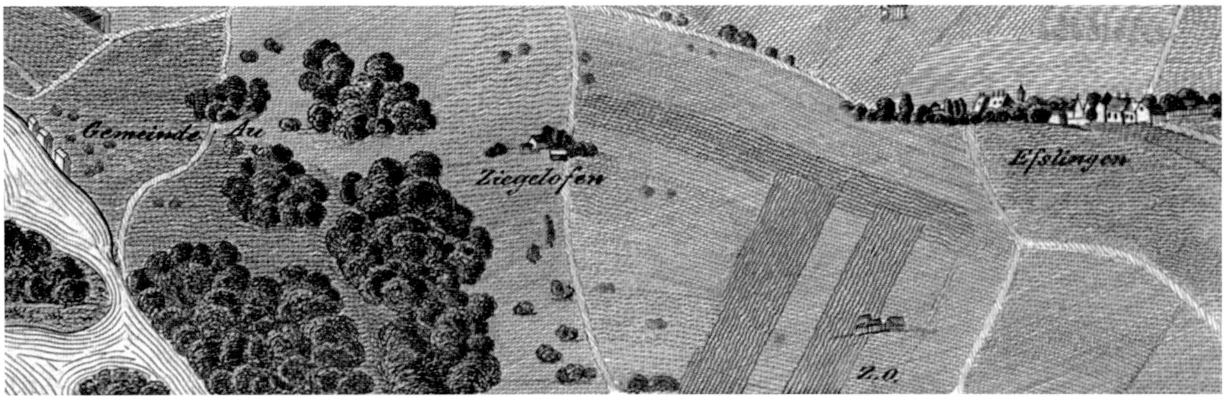

Abbildung 282: Essling um 1830 (58 Häuser mit 230 Einwohnern)

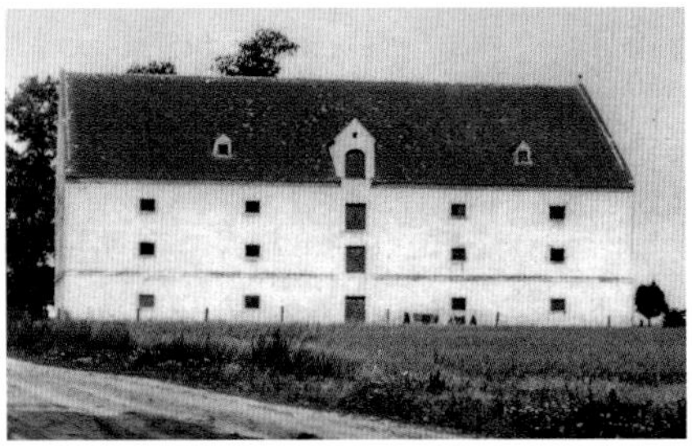

Abbildung 283: Der Getreidespeicher war Teil des Esslinger Schlosses. Dieser war mit seinen über einen Meter dicken Mauern und den kleinen fensterartigen Lüftungsöffnungen 1809 für die Franzosen ein idealer Stützpunkt. Er wurde wie eine Festung ausgebaut und mit 400 Mann besetzt. Eine große Menge Munition, Pulver, Flintensteine, Wasser und Verpflegung machte die Besatzung vom Nachschub weitgehend unabhängig. Dieses Bollwerk konnte von den Österreichern nicht erobert werden. Erst als man dieser Truppe freies Geleit zusicherte, wurde der Getreidespeicher geräumt.

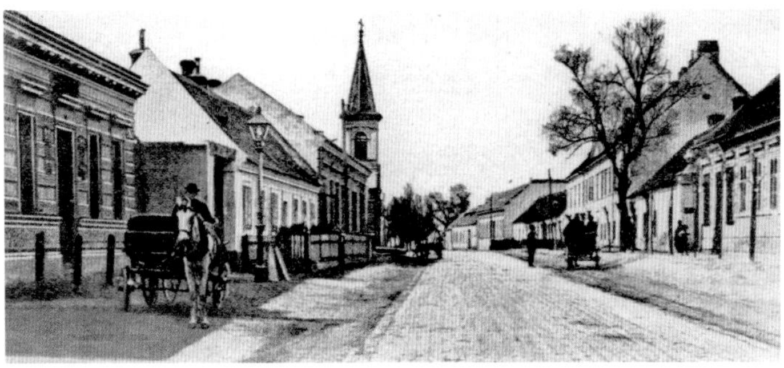

Abbildung 284: Esslinger Hauptstraße (Foto um 1910)

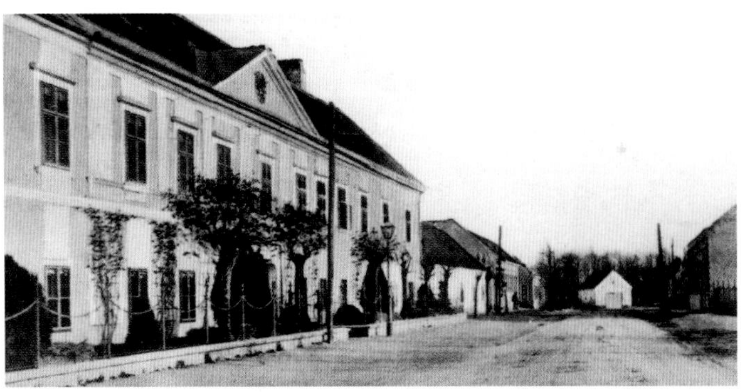

Abbildung 285: Das Esslinger Schloss wurde bereits im 13. Jh. erbaut und diente als Herrschaftssitz. Im 17. Jh. wurde es im Barockstil neu errichtet.

Essling

Die erste urkundliche Erwähnung des Ortes war im Jahre 1258. Der Ort dürfte sich aus einem Gutshof entwickelt haben. 1287 wurde das Schloss das erste Mal erwähnt (siehe Abbildung 285). Die Kirche wurde 1789 erbaut. Bis dahin waren die Gottesdienste in einer kleinen Kapelle des Schlosses abgehalten worden. Essling lag an einem Donauarm. Bei Überschwemmungen stand das Wasser oft bis zur halben Fensterhöhe, sodass die Bewohner mit Zillen durch den Ort fahren mussten.

1483 plünderten die Truppen des Matthias Corvinus den Ort. Im Dreißigjährigen Krieg (1618 bis 1648) fielen kaiserliche und schwedische Truppen in das Dorf ein, raubten und brandschatzten es. 1683 verheerten die Türken das Dorf und 1702 die Kuruzzen. Historische Bedeutung erlangte Essling durch die Schlacht bei Essling und Aspern 1809, wo Napoleon I. die erste Niederlage in offener Feldschlacht zugefügt wurde. Der Esslinger Getreidespeicher (Schüttkasten) war ein heftig umkämpfter Stützpunkt der Franzosen (siehe Abbildung 283).

1886 wurde eine Pferdebahnverbindung mit Wien hergestellt. 1888 dann die Dampftramwaylinie Floridsdorf bis Groß-Enzersdorf eröffnet. Die Dampftramwaylinie wurde 1922 durch die „Elektrische" Kagran bis Groß-Enzersdorf ersetzt.

Die Industrialisierung Wiens erreichte Essling erst um 1900, wobei sich hier vor allem Kleingewerbe ansiedelte.

23. Bezirk (Liesing)

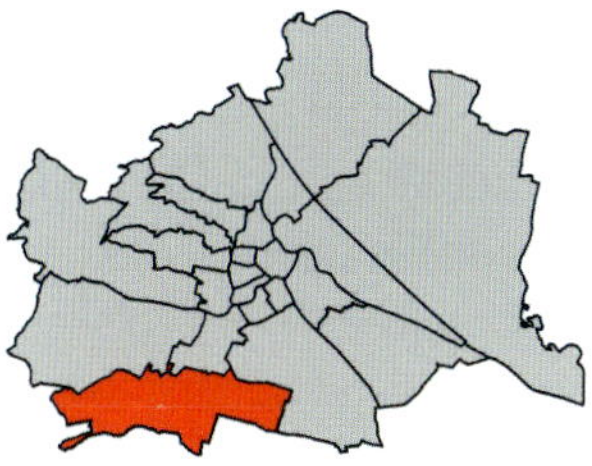

Ehem. Vororte:
Liesing, Mauer, Atzgersdorf, Erlaa, Rodaun, Kalksburg, Siebenhirten, Inzersdorf

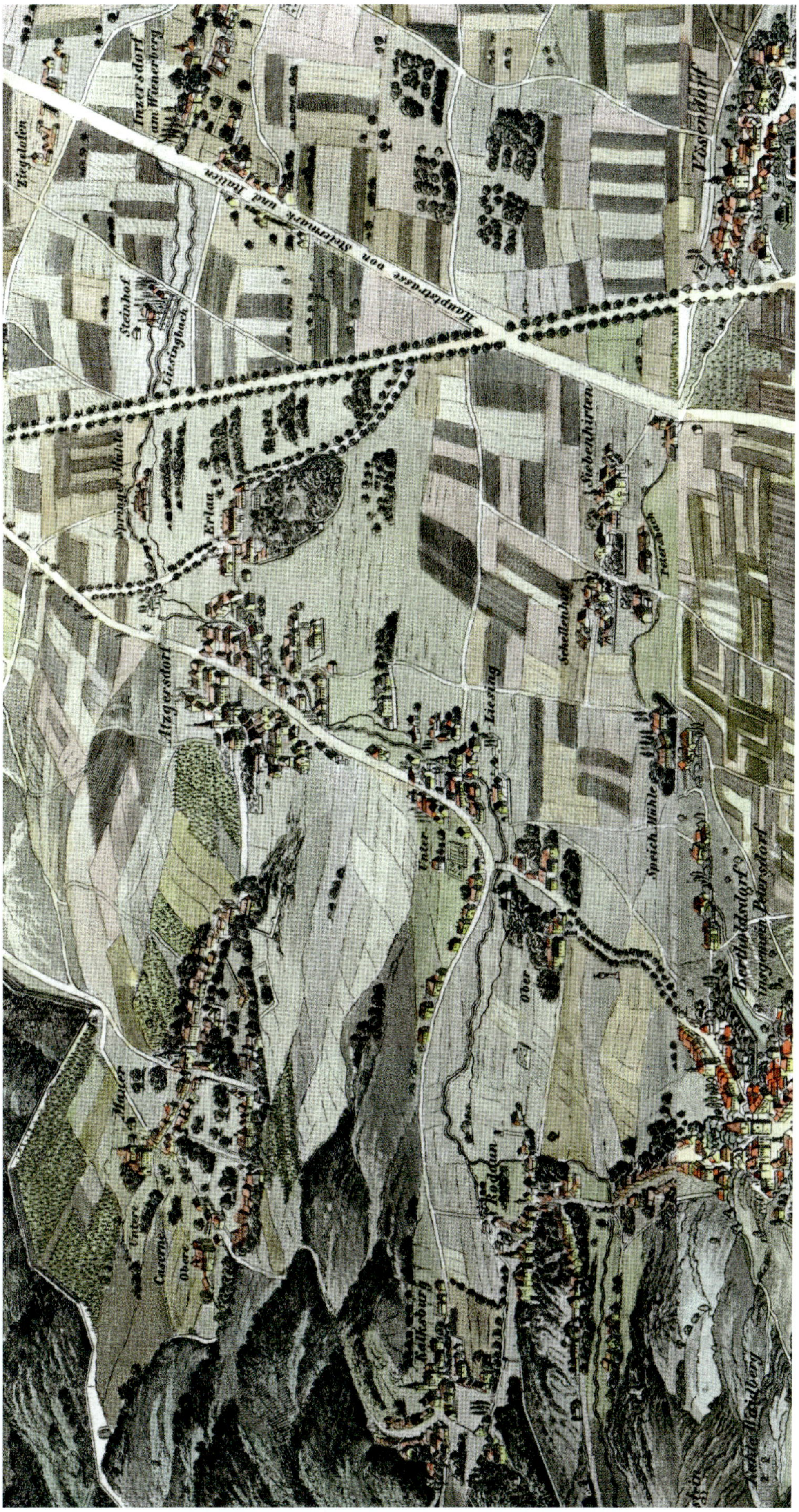

Ausschnitt der Perspektivkarte um 1830 von Franz Xaver Schweickhardt

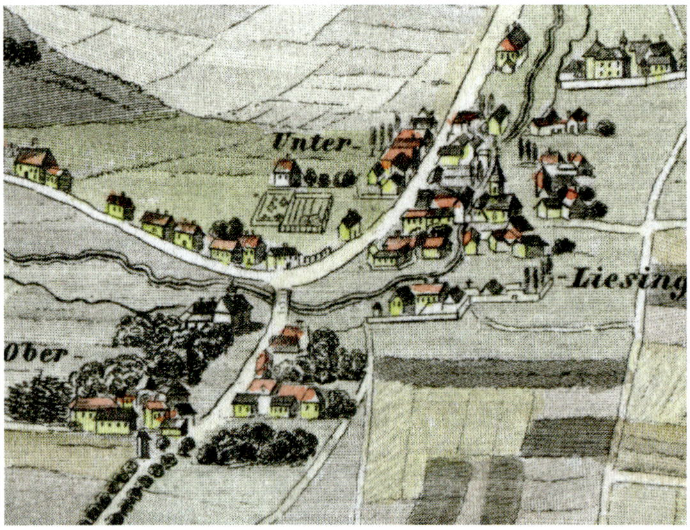

Abbildung 286: Liesing um 1830 (75 Häuser mit 648 Einwohnern)

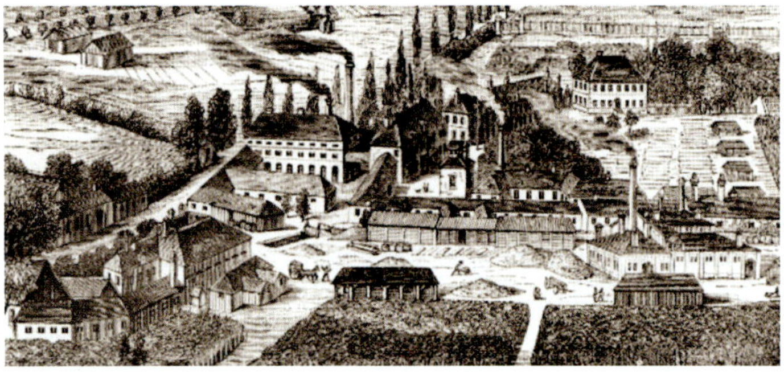

Abbildung 287: Die Mühlen an der Liesing bildeten die Grundlage der Industrialisierung im 19. Jh.

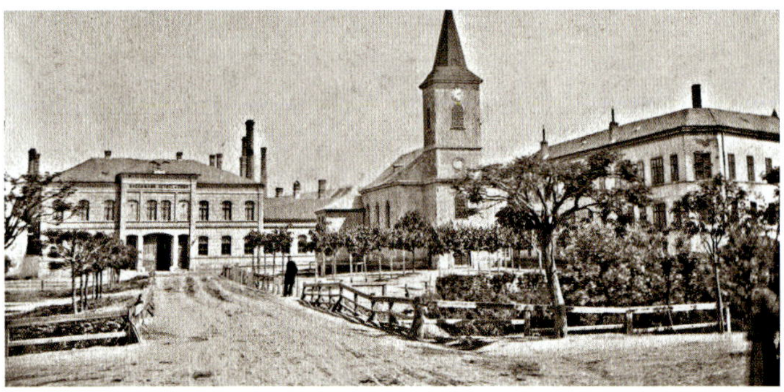

Abbildung 288: Blick über den Liesingsteg zur Pfarrkirche St. Servatius. Der Umbau zur Pellmannbrücke erfolgte 1880. Im Hintergrund das Eingangsgebäude zur chemischen Fabrik Wagenmann.

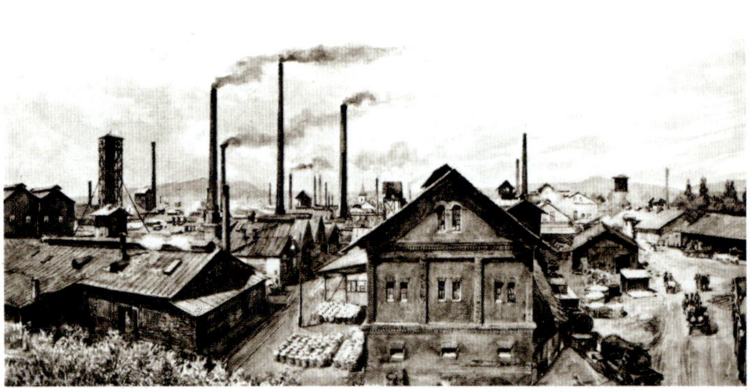

Abbildung 289 Werksgelände des Chemiebetriebes Wagenmann.

Liesing (Vorort)

Der Ort selbst entstand spätestens im 11. Jh. Er entsprach einem Straßendorf, das sich parallel zum Liesingbach entwickelte. Hier gab es eine Furt über den Bach mit einer Verkehrsverbindung von Perchtoldsdorf in Richtung Wien. Das Schloss Liesing, damals ein Wasserschloss, wurde bereits im Jahre 1387 erstmals als Gutshof urkundlich erwähnt. Der Ort bestand aus zwei Teilen (siehe Abbildung 286). Zentrum des südlich des Baches gelegenen Oberliesing war das seit dem 14. Jh. bestehende Wasserschloss und Zentrum des nördlich des Baches gelegenen Unterliesing die 1446 errichtete Servatiuskirche (siehe dazu auch Abb. 288). Insgesamt gab es entlang des Baches vier Mühlen, eine in Ober- und drei in Unterliesing.

Sowohl während der ersten als auch während der zweiten Wiener Türkenbelagerung wurden die beiden Ortsteile zerstört und mussten wieder neu besiedelt werden.

Noch im 18. Jh. war der Ort weiterhin Zentrum eines Gebietes mit landwirtschaftlicher Produktion. Vor allem der Weinbau war bedeutend.

Mit der Industrialisierung kam es im Laufe des 19. Jh. zu Industriegründungen. Man nutzte den Anschluss an die Wasserkraft und knüpfte an die alten Mühlen an (siehe Abb. 287). So wurde z. B. die „Unterliesinger Mühle" 1899 in eine Fabrik umgewandelt. Bestehende Unternehmen wurden ausgebaut. Ausschlaggebend war, dass der Ort bereits 1841 einen Anschluss an die Südbahnstrecke erhalten hatte. Z. B. der Chemiebetrieb Wagenmann und Seybel, dessen Unternehmen bereits 1828 gegründet und wie die Abb. 289 zeigt, um 1898 stark vergrößert wurde. Auch baute die bereits 1838 im Ort gegründete „Liesinger Brauerei" aus und vergrößerte sich schrittweise. Dazu gehörte die Liesinger Brauhaus-Restauration.

Nicht nur weitere Betriebsansiedlungen, sondern auch das Siedlungswachstum wurden begünstigt durch die Eröffnung der Dampftramway von Hietzing nach Rodaun in den 1880er Jahren und der Badener Bahn. Vom Liesinger Bahnhof zweigte 1883 die Kaltenleutgeber Bahn ab, die mittlerweile eingestellt ist.

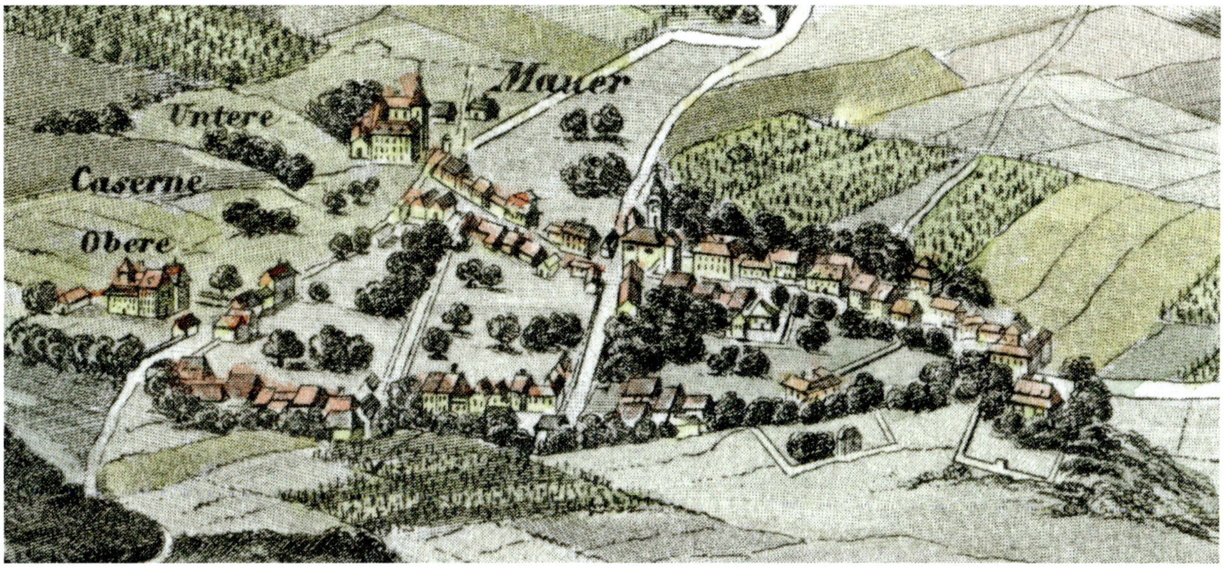

Abbildung 290: Mauer um 1830 (177 Häuser mit 1.056 Einwohnern). Sowohl in der Unteren Kaserne (Schloss Mauer) als auch in der Oberen Kaserne (Engelsburg) waren damals Soldaten einquartiert.

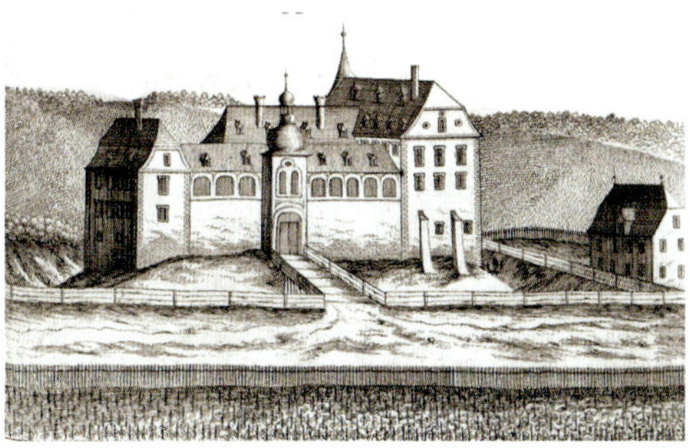

Abbildung 291: Maurer Schloss (später Untere Kaserne) (Stich 1672)

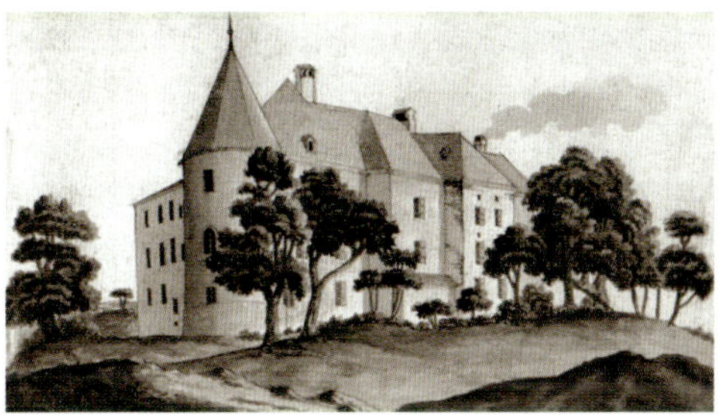

Abbildung 292: Engelsburg (später obere Kaserne (Federzeichnung um 1817)

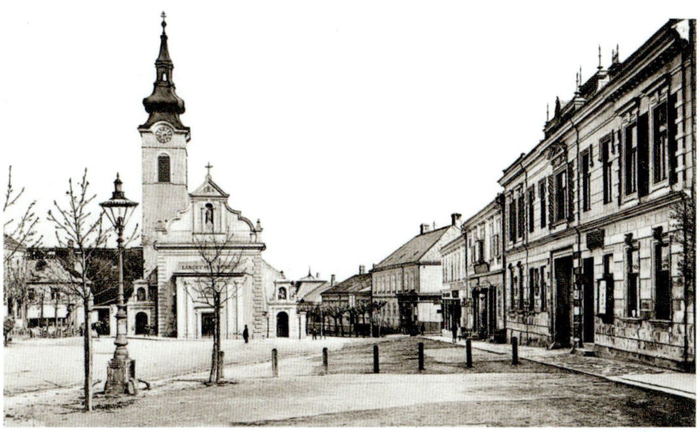

Abbildung 293: Hauptplatz von Mauer mit der Pfarrkirche (Foto um 1912). Das ursprünglich gotische Kirchengebäude wurde Mitte des 15. Jh. errichtet und während der Türkenkriege schwer beschädigt.

Mauer

Der Bau des Schlosses Mauer dürfte ins 12. Jh. zurückreichen; die alte Burg war im 13. Jh. Voraussetzung für die Entwicklung des darunter gelegenen Ortes Mauer. 1529 wurde Mauer durch die Türken verwüstet; danach wurde ein zweiter Wohnsitz, ein Meierhof (Engelsburg) der damaligen Grundherrschaft ausgebaut. Bereits im Mittelalter führte der Weinanbau zu engeren Beziehungen zu Wien. Neben Wiener Klöstern lassen sich auch Ritterbürgerfamilien als Grundherren nachweisen. Ein gotisches Kirchengebäude (Erhardkirche) wurde in der Mitte des 15. Jh. errichtet (siehe Abbildung 293). Das Gebäude wurde von Beginn an als Wehrkirche angelegt. 1683 kam es im Ort neuerlich zu schweren Zerstörungen durch die Türken.

Das Schloss Mauer aus dem 12. Jh., das den Jesuiten gehörte (siehe Abbildung 291), ging nach Aufhebung des Ordens 1777 an das Militär und konnte nach Umbauarbeiten bis 1895 als Kaserne genutzt werden. Ebenso kam die Engelsburg an das Militär, die ebenfalls den Jesuiten gehörte (siehe Abbildung 292). Nach Umbauten wurde das Gebäude bis 1918 als Kaserne genutzt.

In der Biedermeierzeit war der Ort als Sommerfrische wohlhabender Wiener beliebt. 1883 wurde eine von Hietzing nach Perchtoldsdorf verkehrende Dampftramwaylinie durch Mauer geführt.

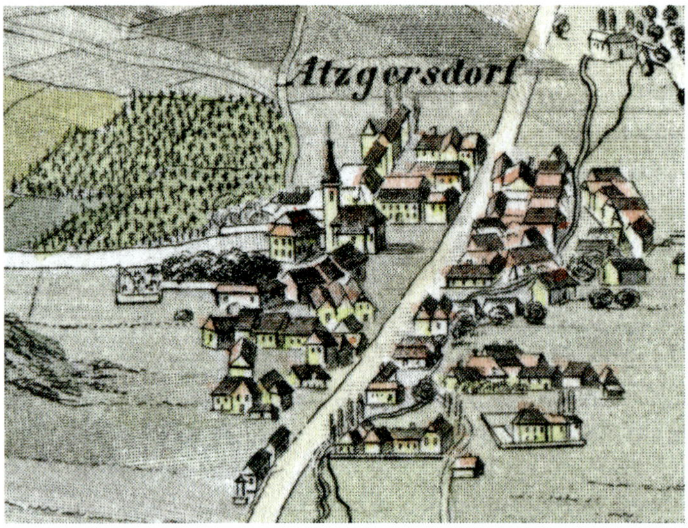

Abbildung 294: Atzgersdorf um 1830 (118 Häuser mit 1.899 Einwohnern)

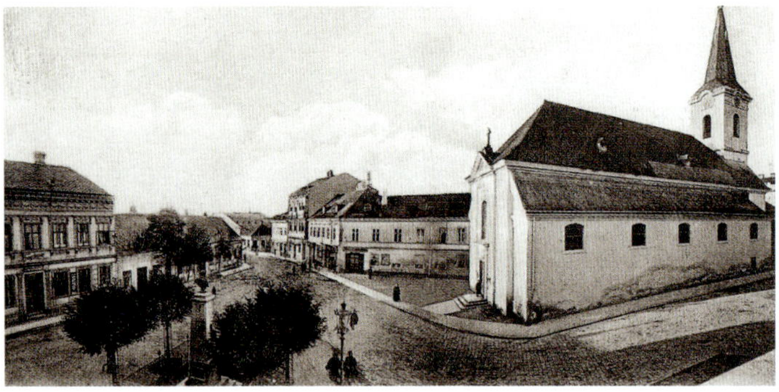

Abbildung 295: Kirchenplatz mit Pfarrkirche (Foto um 1900)

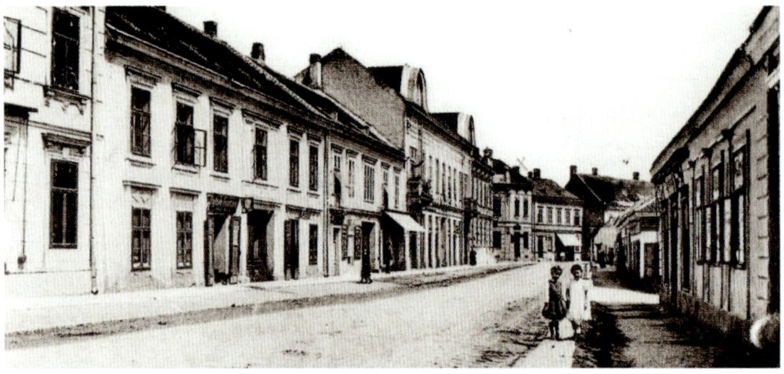

Abbildung 296: Breitenfurter Straße (Foto um 1905)

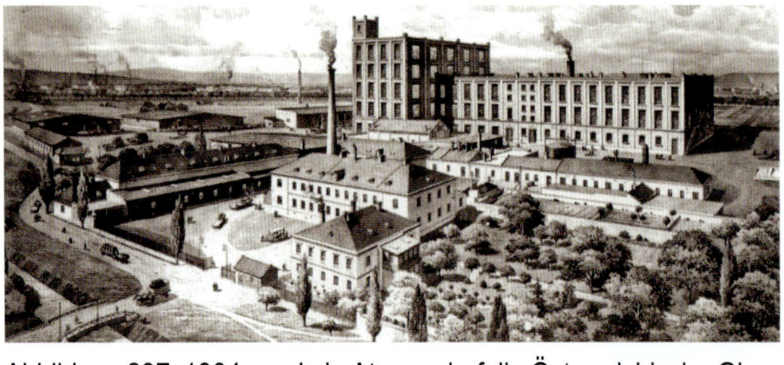

Abbildung 297: 1904 wurde in Atzgersdorf die Österreichische Glasglühlicht-Elektrizitätsgesellschaft in einer aufgelassenen Bandweberei gegründet, in der Glühlampen produziert wurden (später Osram).

Atzgersdorf

Die Anfänge einer dauerhaften Besiedelung Atzgersdorfs können um das Jahr 1000 datiert werden. Die erste urkundliche Nennung des Orts erfolgte um das Jahr 1120. Die Atzgersdorfer Kirche wurde an der Wende des 13. zum 14. Jh. erbaut. Das älteste Zentrum des Dorfs lag um den Kirchenplatz, geht jedoch auf Grund seiner Siedlungsform ins neunte Jahrhundert zurück. Der Ort entstand als Gassendorf an einem wichtigen Verkehrsknotenpunkt. An seiner Stelle kreuzte die Verbindung von Mauer zur Triester Straße mit der Straße von Meidling nach Perchtoldsdorf. Schon seit dem späten Mittelalter war Atzgersdorf Standort von nicht weniger als vier durch die Liesing betriebenen Mühlen.

Bei der Zweiten Wiener Türkenbelagerung 1683 wurde Atzgersdorf schwer in Mitleidenschaft gezogen. Im 18. Jh. wurde der Ort ein bedeutender Wallfahrtsort. Sowohl in der alten Pfarrkirche als auch in der 1781/82 neu errichteten Pfarrkirche, eine klassizistische Wandpfeilerkirche, fanden Wallfahrten statt (siehe Abbildung 295). Bis zum 19. Jh. war Atzgersdorf vor allem durch Ackerbau und Viehzucht geprägt.

Als nach der Eröffnung der Südbahn im Jahr 1841 Atzgersdorf einen Bahnhof bekommen hatte, begann die Industrialisierung im Ort. Mehrere am Liesingbach betriebene mittelalterliche Mühlen wurden in Fabriken umgewandelt, die die Wasserkraft als Energiequelle nutzten. Bekannte Unternehmen und wichtige Arbeitgeber waren ab 1888 die k.u.k. Hof-Brückenwaagen- und Maschinen-Fabrik Schember und ab 1897 die Lebensmittelfabrik Emanuel Khuner. 1904 wurde die Österreichische Glasglühlicht-Elektrizitätsgesellschaft eröffnet (siehe Abbildung 297).

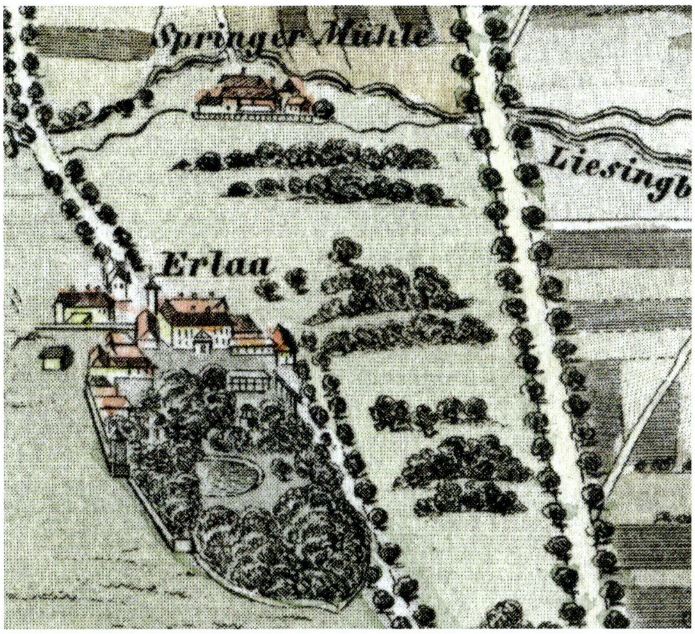

Abbildung 298: Erlaa um 1830 (31 Häuser mit 400 Einwohnern)

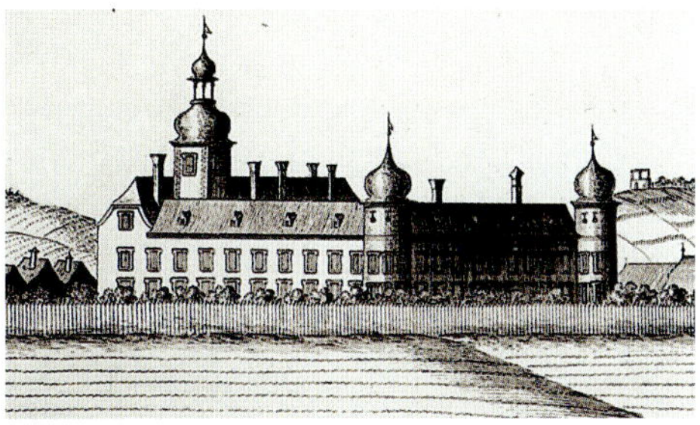

Abbildung 299: Schloß Alterlaa (Stich 1672)

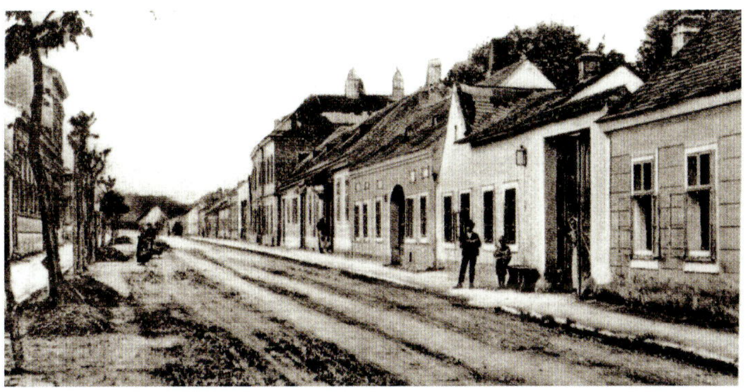

Abbildung 300: Alterlaa mit der Erlaaer Straße in Richtung Atzgersdorf (Foto um 1898)

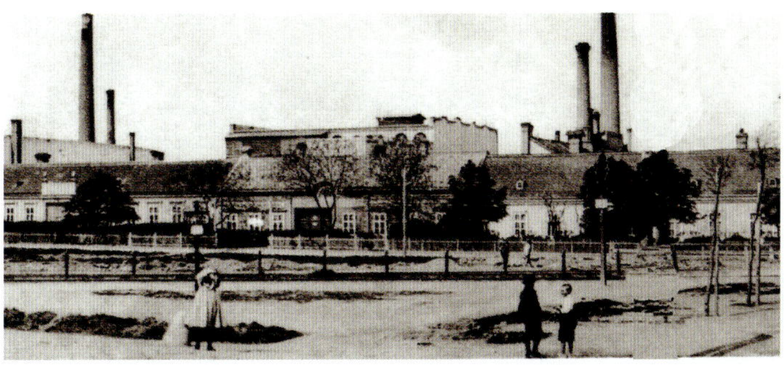

Abbildung 301: In Neuerlaa befanden sich die Fabriken entlang der Triester Straße (Foto um 1903).

Erlaa

Die erste urkundliche Erwähnung von Erlaa erfolgte im Jahre 1114. Der Ort wuchs nur langsam und war vor allem durch die Landwirtschaft stark geprägt. Das Zentrum von Erlaa bildete ab dem 14. Jh. das Schloss (siehe Abbildung 299299). 1766 bis 1770 wurde dieses baulich umgestaltet. Als Starhemberg, ein enger Vertrauter von Maria Theresia, im Jahre 1775 nach der Aufhebung des Jesuitenordens auch die Grundherrschaft über Atzgersdorf erwerben konnte, wurde das Schloss, nachdem es umgebaut wurde, Zentrum eines bedeutenden Herrschaftskomplexes. Dabei wurde auch eine groß angelegte Parkanlage errichtet. Mit der Schlossallee schuf er eine Verbindung mit den kaiserlichen Schlössern in Hetzendorf und Schönbrunn. 1805 und 1809 waren hier die Truppen Napoleon Bonapartes einquartiert.

Anfang des 19. Jh. machte sich die Industrialisierung durch Fabriksgründungen bemerkbar. Die steigenden Bevölkerungszahlen führten im Vormärz (1835/1836) zur Entstehung eines neuen Ortsteils an der Verbindung zur Triester Straße; Neuerlaa entstand (siehe Abbildung 301). Dieser Ortsteil erreichte binnen weniger Jahrzehnte die gleiche Bevölkerungszahl wie Alterlaa. Heute sind die beiden Ortskerne bis auf wenige unverbaute Flächen zusammengewachsen.

Die am Liesingbach gelegene Springer Mühle, erstmals erwähnt 1471, war eine Getreidemühle (siehe Abb. 298 oben). Diese wurde 1857 zu einer Schnür- und Börtelfabrik umgebaut, ab 1902 nutzte die Westinghouse Metallfaden- und Glühlampenfabriksgesellschaft den Mühlenstandort, ab 1920 die Westinghouse Elektrogesellschaft und ab 1931 wurde der Betrieb von der deutschen Firma Osram übernommen. Heute sind die „Osramgründe" weitgehend verbaut.

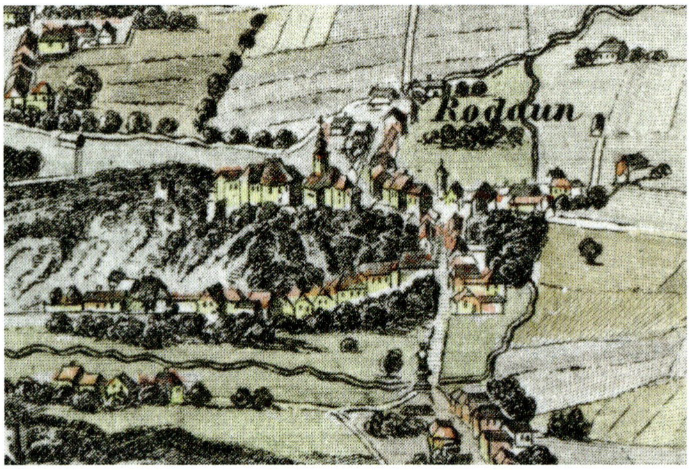

Abbildung 302: Rodaun um 1830 (95 Häuser mit 629 Einwohnern)

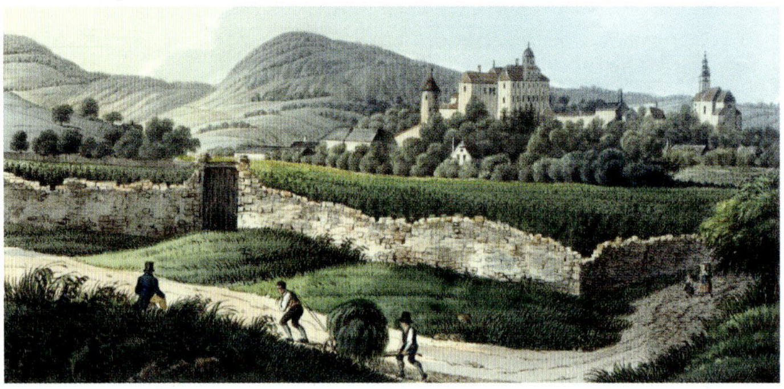

Abbildung 303: 1898 kaufte das Schloss Rodaun der römisch-katholische Orden der „Schwestern der heiligen Kindheit Jesu und Mariä“, der sich auf Erziehung und Krankenpflege spezialisiert hatte. Der Orden eröffnete im Schloss auch ein Mädchenpensionat.

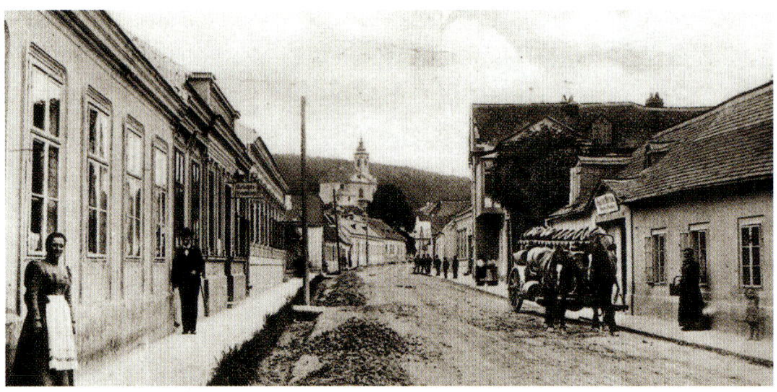

Abbildung 304: Rodaun, Ketzergasse in Richtung Bergkirche (Foto um 1902)

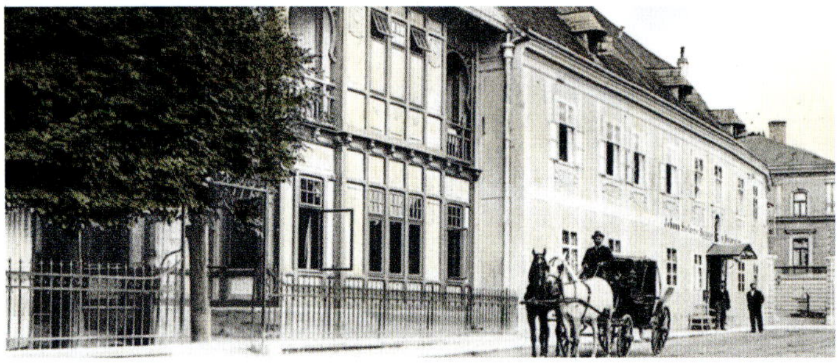

Abbildung 305: Rodaun, Gasthaus Stelzer war ein beliebtes Ausflugsziel der Wiener Gesellschaft (Foto um 1900).

Rodaun

Wahrscheinlich reicht die Entstehung des Ortes Rodaun bis ins 9. Jh. n. Chr. zurück. Die erste urkundliche Erwähnung erfolgte erst um 1165. Die schon im 12. Jh. errichtete Burg (eine Sperrfeste des Liesingtales) gehörte zu einer Verteidigungskette gegen Osten, die über die Orte Mauer, Kalksburg, Rodaun, Perchtoldsdorf, Liechtenstein und Mödling verlief. Abgesehen von der unweit davon stehenden Bergkirche Rodaun gab es im Ort selbst keine eigene Kirche.

Im 16. Jh. gelangte Rodaun an adelige Grundherren. Deren protestantische Haltung trug maßgeblich dazu bei, dass der Ort gemeinsam mit Inzersdorf eine wichtige Bastion des Luthertums in dieser Epoche war.

Während der Ersten (1529) und Zweiten (1683) Wiener Türkenbelagerung wurde Rodaun verwüstet. Betroffen war die Burganlage, die nach einigen Um- und Zubauten ein schlossähnliches Aussehen bekam (siehe Abbildung 303). Auch die zerstörte Bergkirche wurde bald darauf in bescheidener Form wiedererrichtet.

Im 18. Jh. wurde eine Thermalquelle beim Ort für Kuren genutzt und das Dorf wurde zum Landsitz für mehrere adelige Familien. Für Rodaun sprach auch die schöne Umgebung am Abhang des Wienerwaldes.

Noch im 19. Jh. spielte der seit dem Mittelalter bestehende Stein- und Erdabbau (Baumaterial für die Wiener Stadtbefestigung) eine wichtige Rolle.

Zu einer weiteren Belebung des Fremden- und Ausflugsverkehrs kam es durch die Eröffnung der Dampftramway 1883, die von Hietzing nach Rodaun und weiter nach Mödling fuhr. Erwähnenswert dabei ist das Gasthaus Stelzer, das als „Wirtshaus von Österreich“ betitelt wurde (siehe Abbildung 305). Es war ein Gasthaus mit Hotelbetrieb, das als Treffpunkt für Adelige, Politiker und Personen mit Einfluss galt. Diese genossen auch das im Ort gelegene Thermalbad.

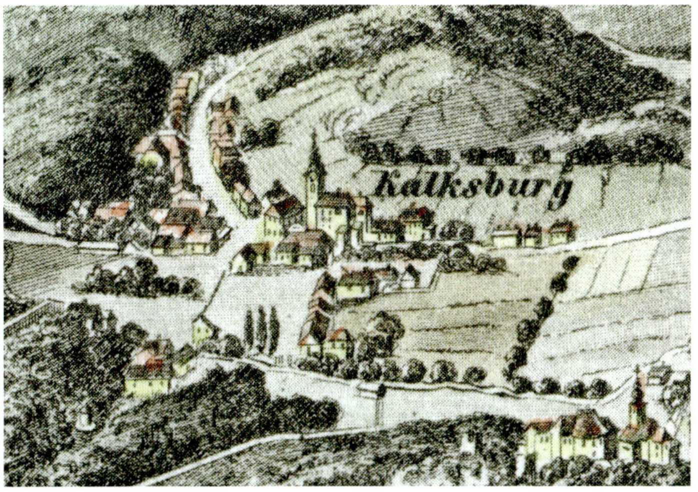

Abbildung 306: Kalksburg um 1830 (42 Häuser mit 248 Einw.)

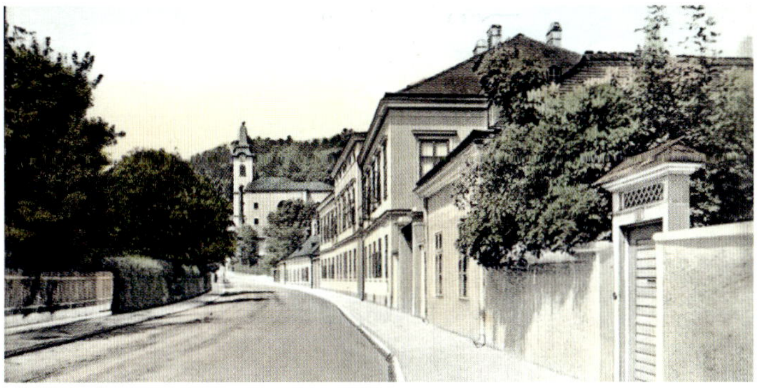

Abbildung 307: Kalksburg mit der Pfarrkirche (Foto um 1910). Die Pfarrkirche in Kalksburg ist ein 1801 fertiggestelltes, klassizistisches Bauwerk.

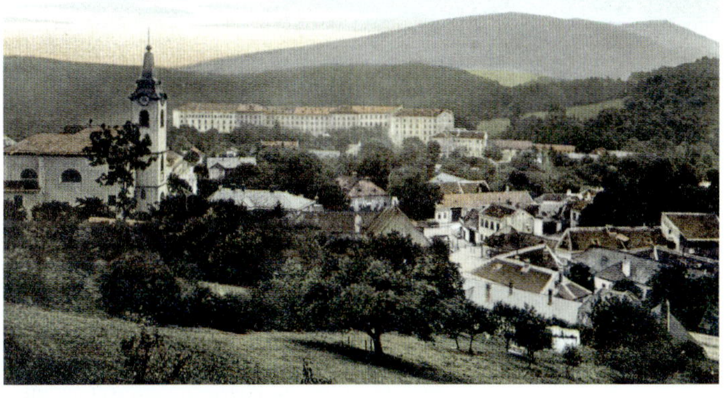

Abbildung 308: Kalksburg mit der Pfarrkirche und dem langgestreckten viergeschossigen Hauptgebäude des Jesuitenkollegiums im Hintergrund (Foto vor 1908)

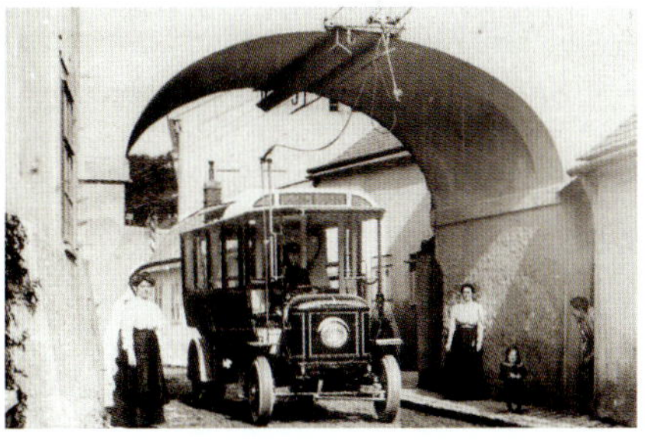

Abbildung 309: Oberleitungsbus unter dem Schwebebogen in Kalksburg in Fahrt Richtung Liesing

Kalksburg

Die seit dem 14. Jh. nachweisbare Burg, gelegen auf dem Bergrücken der heutigen Klausenstraße, bildete das Herrschaftszentrum. Kalksburg war damals eine Art Anhängsel zu dem eigentlichen Herrschaftszentrum in Mauer. Als sich Anfang der 1460er Jahre verschiedene Söldnerführer in den Wirren dieser Zeit in der Burg Kalksburg niederließen und von hier aus das Umland terrorisierten, rückte eine aus Wiener Bürgern gebildete Truppe aus und zerstörte 1463 die Burganlage. Die Zeit der beiden Wiener Türkenbelagerungen 1529 und 1683 brachten dem Ort schwere Verwüstungen.

Auf Grund seiner beengten Lage kam es auch nach den Türkenkriegen zu keiner baulichen Entwicklung. Dies änderte sich im 18. Jh., als zunächst das adelige Schloss „Mon Pérou", ein Landsitz der Fürstin Karoline Trautson, einer Hofdame Maria Theresias, gebaut wurde. Als nach der Aufhebung des Jesuitenordens (1773) der Hofjuwelier Franz von Mack die Grundherrschaft über den Ort erwarb, kam es zu einer gewissen Ortsentwicklung. U. a. ließ er eine Reihe von Gebäuden errichten, die alte Kirche 1793 abreißen und eine neue bauen. Schon im Jahre 1791 kaufte er das Schloss „Mon Pérou", wo er einen prächtigen Landschaftsgarten anlegte.

Im Jahr 1856 kehrten die Jesuiten nach Kalksburg zurück und kauften das Schloß „Mon Pérou". Da das Gebäude zu klein war, kam es in den folgenden Jahren immer wieder zu Neubauten und Vergrößerungen, bis schließlich im Jahre 1897 das Kolleg in seiner heutigen Form fertiggestellt war (siehe Abbildung 308).

War Kalksburg wirtschaftlich bislang von der Forstwirtschaft abhängig gewesen, kam im 19. Jh. der Fremdenverkehr als zweiter wirtschaftlicher Faktor hinzu. 1909 wurde die O-Buslinie zwischen Liesing und Kalksburg eröffnet (siehe Abb. 309). Damit verbesserte sich die Erreichbarkeit des Ortes. 1920 wurde die Linie eingestellt.

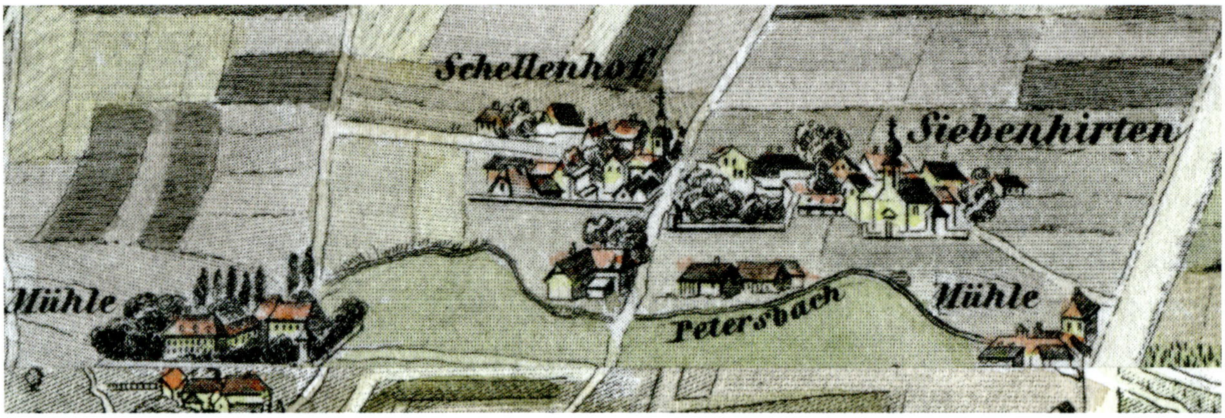

Abbildung 310: Siebenhirten um 1830 (46 Häuser mit 348 Einwohnern). Die Brauerei Schellenhof, die sich auf dem ehemaligen gleichnamigen Edelsitz befand, war eine Bierbrauerei, die von 1719 bis 1926 bestand.

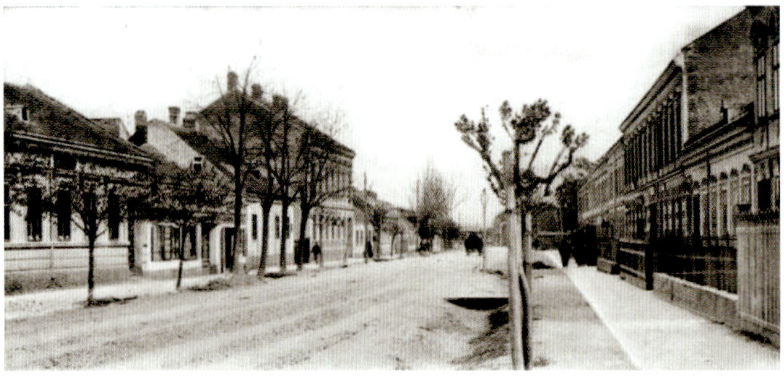

Abbildung 311: Hauptstraße von Siebenhirten

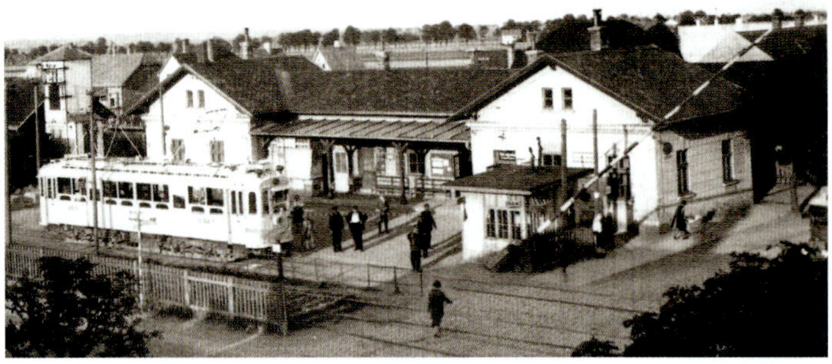

Abbildung 312: Bahnhof Vösendorf-Siebenhirten. 1886 fuhr eine Dampftramway die Strecke von Wien nach Wiener Neudorf, die damals vor allem für den Ziegeltransport von den Ziegelfabriken nach Wien diente. 1906 erfolgte ihre Elektrifizierung. Bereits 1910 beförderte die „Badner Bahn" jährlich über drei Millionen Fahrgäste.

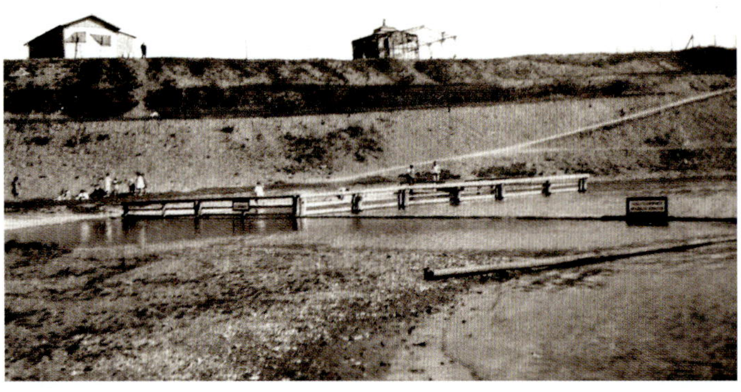

Abbildung 313: Ziegelteich Schellensee in Siebenhirten (Foto um 1900)

Siebenhirten

Die erste urkundliche Erwähnung des Ortes ist zwischen 1140 und 1150 dokumentiert. Eine Kirche (Kapelle) wurde 1447 erstmals erwähnt. Diese wurde während der Zweiten Türkenbelagerung zerstört. Im frühen 18. Jh. errichtete man eine barocke Kirche, die auf die Initiative eines Müllermeisters zurückging.

Am Petersbach befand sich die ehemalige Teufelsmühle von Siebenhirten, die im Jahr 1590 erstmals urkundlich erwähnt wurde. Die Mühle war noch 1904 in Betrieb. Nach Zerstörungen im Zweiten Weltkrieg erfolgte der Umbau zu einem Gasthaus.

Der Schellenhof, ein ehemaliger Edelsitz, wurde um 1530 erstmals erwähnt. Ab dem frühen 18. Jh. entwickelte sich hier eine Brauerei.

Im 19. Jh. kam es zur Ansiedlung weiterer Fabriken, der Großteil der Bevölkerung arbeitete jedoch weiterhin in der Landwirtschaft.

Im Süden von Siebenhirten befand sich der von Kleingärten umgebene Schellensee. Dieser war ein ehemaliger Ziegelteich des Ziegelwerks Schellenhof (siehe Abbildung 313). Aus dem Schellensee schnitt man im Winter Eisblöcke, um damit das Bier in den Kellern der Brauerei zu kühlen. 1930 eröffnete man am Teich ein Strandbad, nachdem ein Kabinenhaus, ein Kiosk und Badehütten errichtet und Bäume gepflanzt wurden. Es gab auch einen abgegrenzten Bereich für Nichtschwimmer.

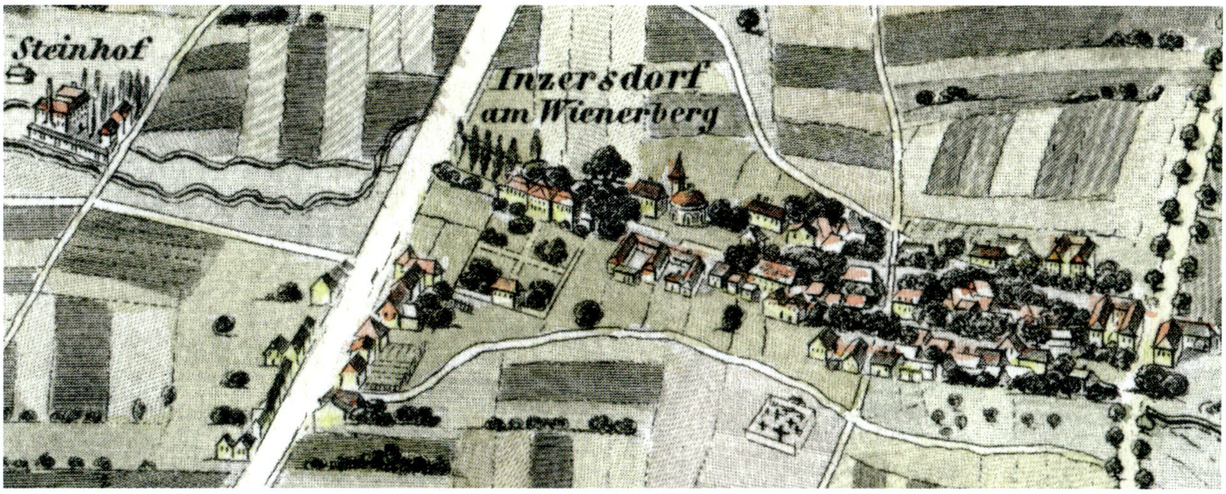

Abbildung 314: Inzersdorf um 1830 (153 Häuser mit 1.541 Einwohnern). Steinhof (später Neusteinhof) wurde 1849 nach Inzersdorf eingemeindet.

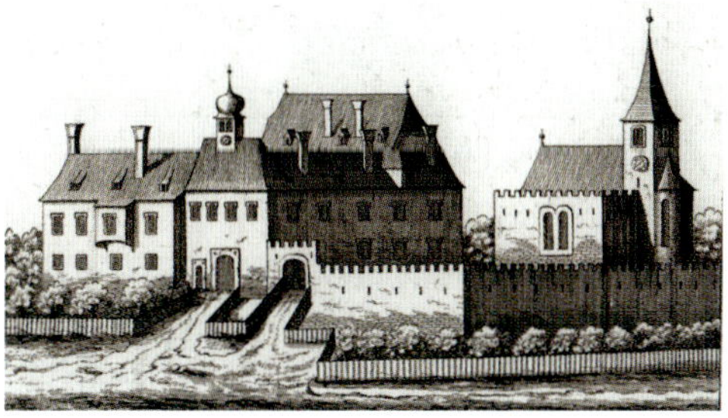

Abbildung 315: Wasserschloss Inzersdorf mit Kirche (Stich 1672).

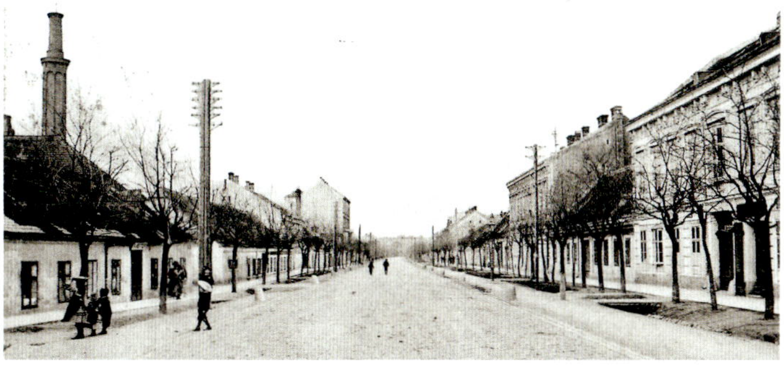

Abbildung 316: Triester Straße stadteinwärts (Foto 1910)

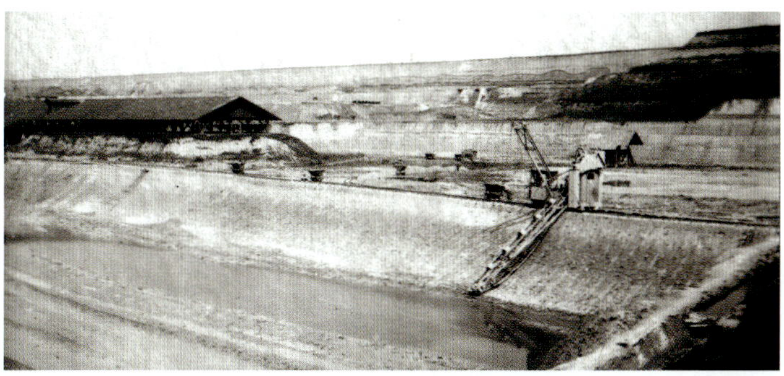

Abbildung 317: Das Verbot von Ziegelöfen innerhalb des Linienwalls 1757 führte auch zu einer Zunahme von Ziegelwerken im Bereich des Wienerberges. Das Foto zeigt die Lehmgewinnung durch auf Gleisen fahrende Förderbagger um 1913. Der Lehmabbau war eine der Voraussetzungen für den Bauboom in der zweiten Hälfte des 19. Jh. Viele der Arbeiter unterlagen damals schweren Ausbeutungen.

Inzersdorf am Wienerberg

Bis zum Beginn des 16. Jh. existierten auf dem Gebiet des heutigen Inzersdorf zwei Ortschaften, nämlich Inzersdorf und Steinhof (siehe Abb. 314). Inzersdorf wurde 1120 das erste Mal genannt und Steinhof (früher Willendorf) 1133.

Willendorf wurde bei der Ersten Wiener Türkenbelagerung 1529 abgebrannt. Die weiterhin bestehende Herrschaft errichtete einen bedeutenden Gutshof (Steinhof), zu dem auch die Wolfgangskapelle gehörte.

In Inzersdorf wurde bereits 1217 eine Pfarrkirche gegründet, die, so wie der Ort, während der Ersten Türkenbelagerung, zerstört wurde. Ursprünglich befand sich in Inzersdorf ein barockes Wasserschloss aus dem 17. Jh. (siehe Abbildung 315) sowie ein in der Nähe errichtetes etwas jüngeres Schloss.

Zur Zeit der Industrialisierung wurde der Ort ein wichtiger Industriestandort, der sich vor allem auf die Ziegelproduktion spezialisierte, denn hier gab es ein bestimmtes Tonvorkommen, welches für Ziegelwerke besonders geeignet war. So wurde bereits die 1775 gegründete Wienerberger Ziegelfabrik von Alois Miesbach 1820 gepachtet. Als dann 1857 Heinrich Drasche die Ziegelindustrie von seinem Vorgänger übernahm, entwickelte sich die Produktion zu einem Großbetrieb. Die Lokalbahn, spätere „Badner Bahn", die 1886 als Dampftramway in Betrieb genommen wurde, diente anfangs in erster Linie als Ziegeltransport von den Fabriken nach Wien (siehe Abbildung 312).

Ballungsraum Wien

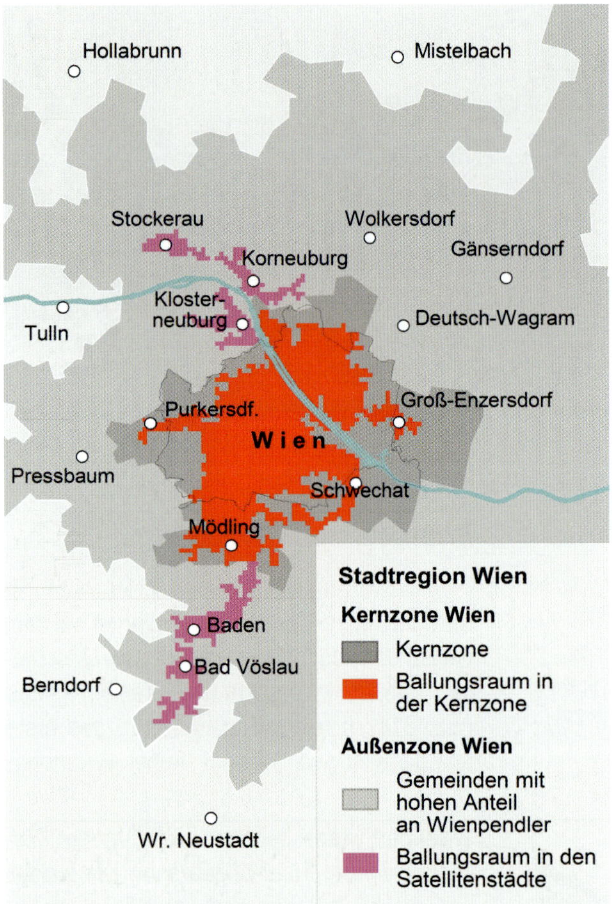

Karte 22: Eine Stadtregion besteht aus einem dicht geschlossenen Siedlungsgebiet (der Kernzone) und der Außenzone. Wie die Karte zeigt, umfasst die Kernzone Wien (rote Fläche in der Karte) nicht nur die Großstadt Wien, sondern auch viele niederösterreichische Gemeinden. Die Außenzone wird von denjenigen niederösterreichischen Gemeinden gebildet, in denen der Anteil der Tagespendler in die Wiener Kernzone mindestens 30% beträgt. Auch in der Außenzone befinden sich Gemeinden mit einem dicht geschlossenen Siedlungsgebiet (violette Fläche in der Karte). Diese werden als Satellitenstädte bezeichnet.

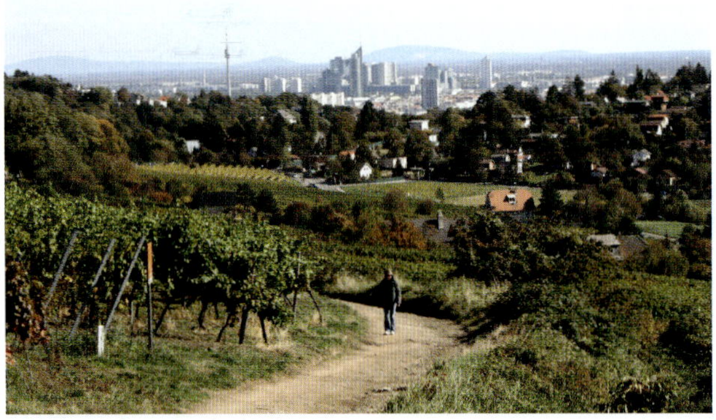

Abbildung 318: Das Siedlungsgebiet der Wiener Kernzone reicht an manchen Stellen bis in die höheren Lagen des Wienerwaldes wie hier beim Kahlenberg.

Bei der hier vorgenommenen Stadtregionsabgrenzung wurden nur solche Flächen als geschlossenes Siedlungsgebiet ausgewiesen, wenn diese sowohl innerhalb der Kernzone als auch bei den Satellitenstädten eine hohe Einwohner-/Beschäftigtendichte haben. So leben in der Kernzone Wien etwa 1,7 Mill. Menschen und in der Außenzone sind es knapp 460.000.

Die Großstadt Wien ist, was die Siedlungsfläche betrifft, mit ihren umliegenden Gemeinden zusammengewachsen. Das bedeutet, dass bei bestimmten Planungsentscheidungen nur eine übergreifende Stadt- bzw. Raumplanung sinnvoll ist. Große und kleine Gemeinden, die zudem zwei Bundesländern mit unterschiedlichem Planungsrecht angehören, liegen unmittelbar nebeneinander. Die Kompetenzen sind zwischen den unterschiedlichen Gebietskörperschaften, d. h., zwischen Bund, Ländern und Gemeinden aufgeteilt. So liegt seit 1954 die örtliche Raumplanung in der Hand der Gemeinden und seit 1962 gilt der Bürgermeister als Baubehörde in erster Instanz.

Die Gemeinden sind in ihren Aufgaben zu oft überfordert. Sie sehen nur das Wachstum und sie sehen nur sich selbst. Wenn die eine Gemeinde ein Einkaufszentrum errichten möchte, dann werden die Nachbargemeinden meist nicht eingebunden, obwohl diese die Konsequenzen durch mehr Verkehr und erhöhten Kaufkraftabfluss zu tragen haben. Die Kommunalpolitiker in den Gemeinden handeln oft kurzsichtig und es ist schwierig, sie zu einer stärkeren Kooperation zu bewegen. Die Gemeinde als ein geschlossener Lebens- und Arbeitsraum besteht schon lange nicht mehr. In der einen Gemeinde ist der Wohnort, in einer anderen befindet sich der Arbeitsplatz und wieder in einer anderen Gemeinde wird die Freizeit konsumiert oder werden die Waren des täglichen Bedarfs eingekauft.

Eine landes- und gemeindeübergreifende Raumplanung auf freiwilliger Basis funktioniert nur in den wenigsten Fällen. So reichen z. B. die Wiener U-Bahnen nicht über die Stadtgrenze Wiens hinaus. Dringend notwendig wäre eine Reform der Raumordnung mit dem Ziel der Rahmenkompetenz des Bundes. Ob sich dies irgendwann realisieren lässt, bleibt zu hoffen, denn dann müssten die Länder einen Teil ihrer Raumplanungskompetenzen abgeben. Vor allem die Bautätigkeit könnte besser kontrolliert werden, wenn die Raumplanung in bestimmten Bereichen der Bundeskompetenz unterliegen würde.

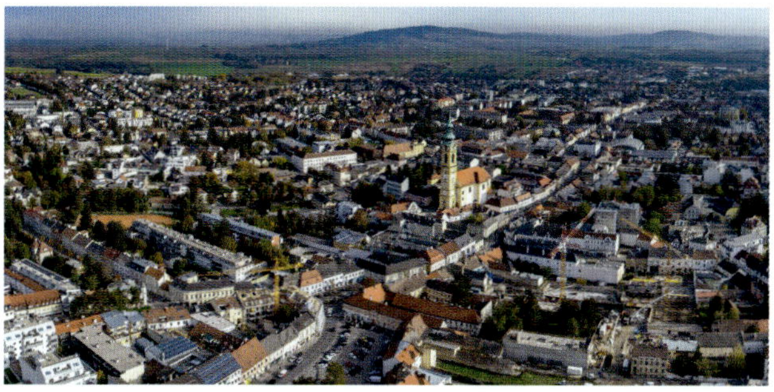

Abbildung 319 Stockerau

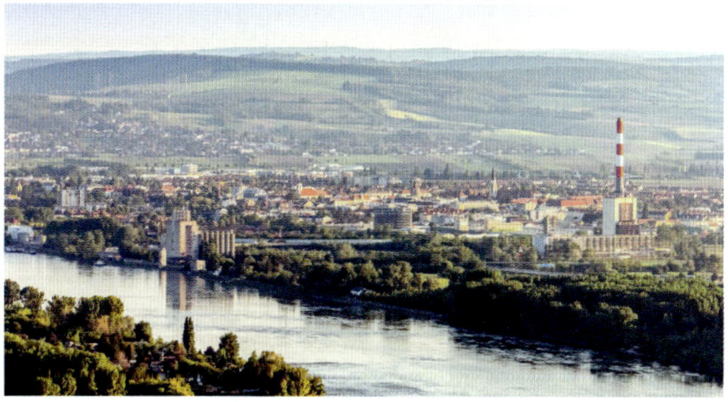

Abbildung 320: Korneuburg

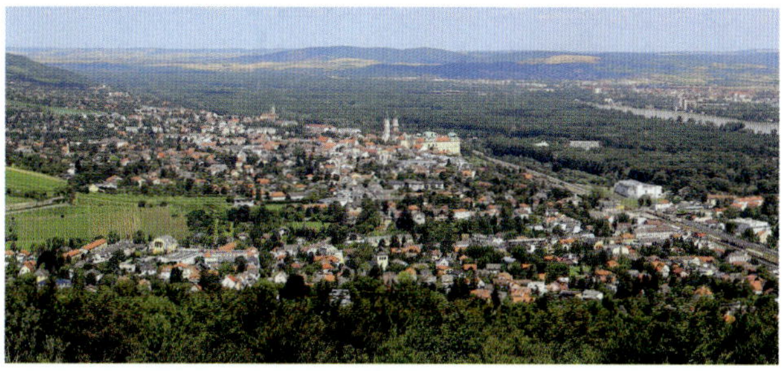

Abbildung 321: Klosterneuburg

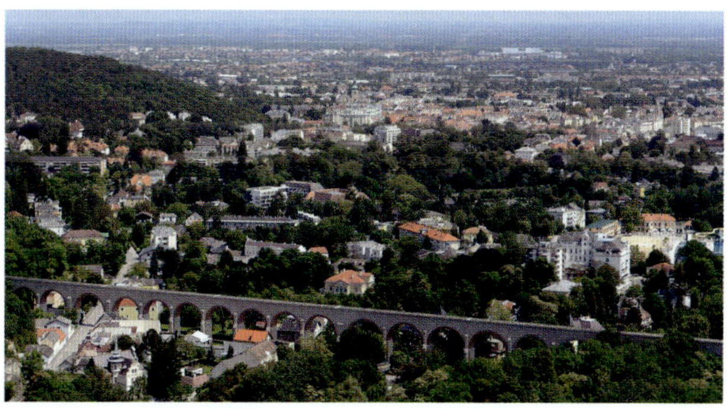

Abbildung 322: Baden

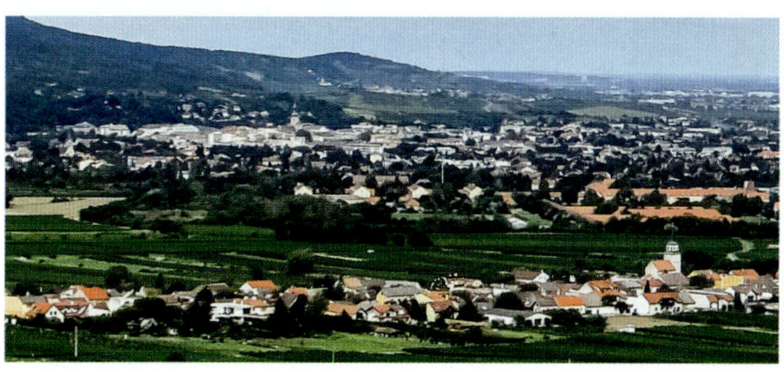

Abbildung 323: Bad Vöslau

Satellitenstädte in der Außenzone Wiens

Wie die Karte 22 zeigt, befinden sich fünf dicht geschlossene Siedlungsgebiete auch in der Wiener Außenzone (violette Farbe). Diese werden, wie bereits erwähnt, als Satellitenstädte bezeichnet. Dabei kann es sich um eine einzige Gemeinde handeln, wie bei der Stadtgemeinde Klosterneuburg, oder das geschlossene Siedlungsgebiet erstreckt sich über mehrere angrenzende Gemeinden hinweg. Da die Satellitenstädte in der Außenzone liegen, besteht ein sehr hoher Auspendleranteil in die Kernstadt Wien. Die um Wien liegenden Satellitenstädte blicken auf eine lange Siedlungsgeschichte zurück.

An der Stelle des heutigen **Stockerau** siedelten sich um 791 mit den in der Au arbeitenden Holzfällern die ersten Menschen an. 1012 wurde Stockerau erstmals urkundlich erwähnt. 1841 wurde die Bahnlinie Wien-Jedlesee nach Stockerau eröffnet. Durch ihren Bau konnte sich die lokale Industrie stark entwickeln.

Die Anfänge der Stadt **Korneuburg** gehen auf einen kleinen Handelsplatz an der Donau zurück, der um 1114 erstmals erwähnt wurde und zu Klosterneuburg (Neuburg) auf der gegenüberliegenden Donauseite gehörte. Um 1300 fand der Stadtwerdungsprozess unter König Albrecht I. mit der Trennung von Klosterneuburg (um 1298) und der Errichtung einer Stadtmauer seinen Abschluss.

In **Klosterneuburg** gab es eine erste Siedlungskontinuität ab der Mitte des 1. Jh. n. Chr. mit der Errichtung eines römischen Militärlagers. Dieses römische Kastell lag auf einer ebenen Geländeterrasse hoch über der Donau (siehe Karte 1). Große Bedeutung erlangte die Stadt um 1113, als sich Markgraf Leopold III. hier eine ansehnliche Residenzstadt schuf. Er ließ im Jahr 1114 die Stiftskirche bauen. In der Mitte des 19. Jh. war Klosterneuburg ein Weinhauerstädtchen mit knapp 5.000 Einwohnern.

Die damalige Ansiedlung **Baden** erhielt um 50 n. Chr. während der Römerzeit die Bezeichnung Aquae, die direkt auf ihre schon damals bedeutende Rolle als Heilbad hinweist. Baden wurde 1480 das Stadtrecht verliehen. Im frühen 19. Jh. entwickelte sich die Stadt zur „Kaiserlichen Sommerresidenz", als der Habsburgische Hof unter Kaiser Franz I. jeden Sommer hier verbrachte.

In **Bad Vöslau** fanden die Thermalquellen bereits im Römischen Reich Verwendung. Erstmals erwähnt wurde Vöslau 1136. Vöslau bestand zu dieser Zeit lediglich aus einer Burg mit Wassergraben, die erst im 18. Jh. erweitert und ausgebaut wurde. Die erste Badeanlage wurde ab 1822 betrieben, was gleichzeitig den Beginn des „Kurortes" bedeutete.

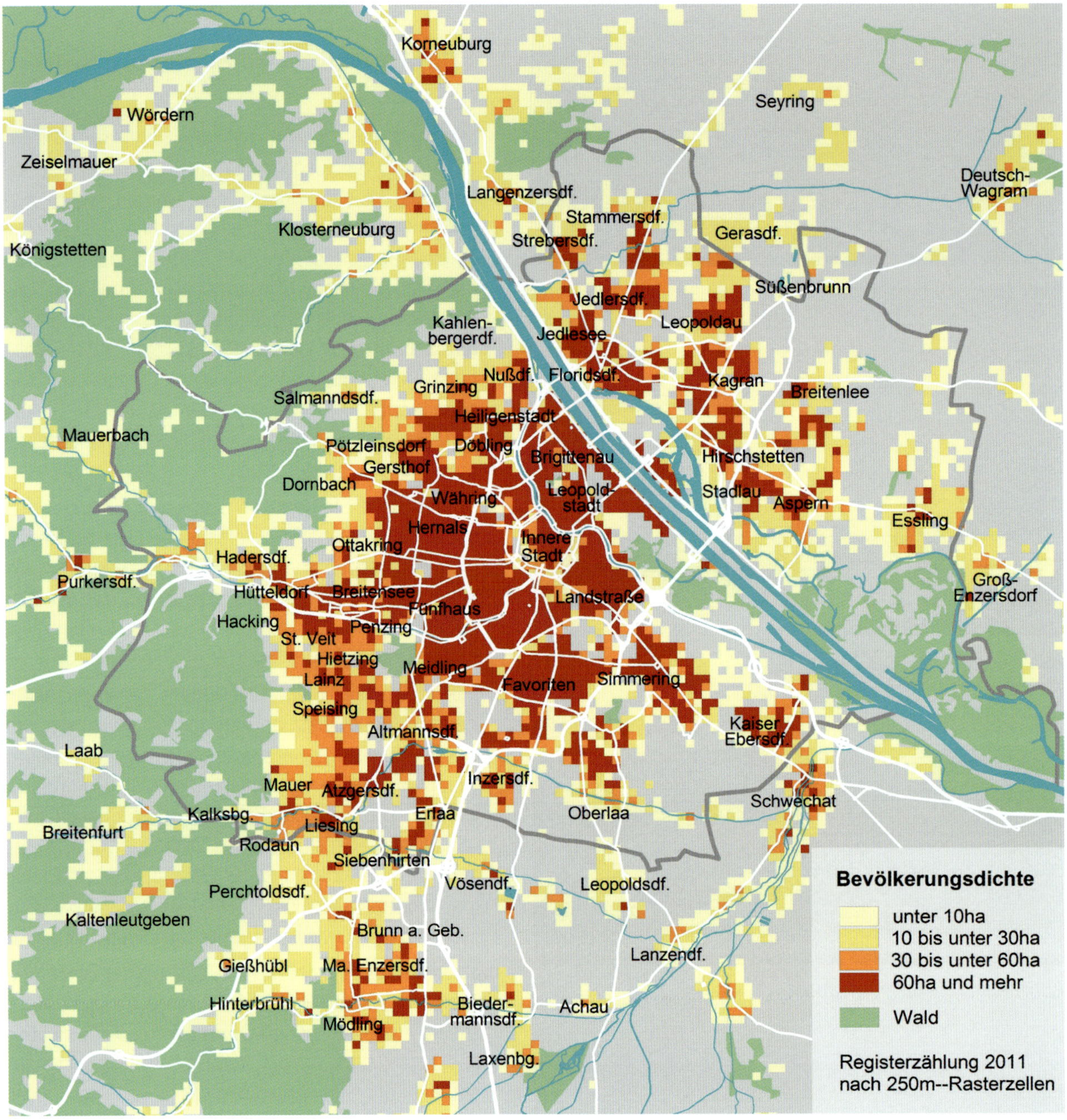

Karte 23: Höhere Einwohnerdichten gibt es nicht nur in der Stadt Wien, sondern auch entlang der gesamten Südachse bis nach Mödling und weiter noch nach Baden. Die niedrigere Wohndichte in den Randbereichen weist auf eine überwiegende Verbauung mit Ein- und Zweifamilienhäusern hin.

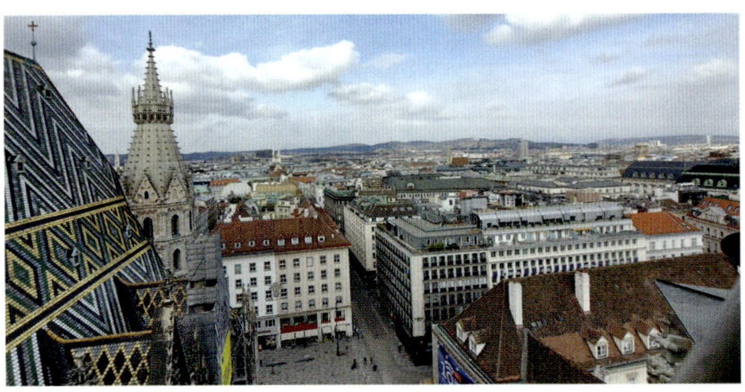

Abbildung 324: Die Stadt Wien hat sich, was die Siedlungsfläche betrifft, bereits weit über ihre Gemeindegrenze hinaus ausgedehnt. Eine zwischen der Stadt Wien und den angrenzenden Gemeinden besser abgestimmte Siedlungsplanung wäre angebracht.

Die höchsten Wohndichtewerte außerhalb Wiens gibt es entlang der gesamten Südachse von der Gemeinde Perchtoldsdorf bis hin zur Gemeinde Bad Vöslau sowie der am Anfang der Westachse liegenden Gemeinde Purkersdorf und der am Anfang der Tullner-Achse liegenden Stadtgemeinde Klosterneuburg und dann der Stockerauer-Achse, die bei Langenzersdorf beginnt. Das sind die Gemeinden, in denen der Siedlungsdruck aus Wien besonders hoch ist. Der Vorteil dieser Siedlungsachsen ist, dass sie mit öffentlichem Verkehr leicht erreichbar sind. Da die freien Baulandflächen knapper werden, kommt es immer häufiger zu einer Nachverdichtung.

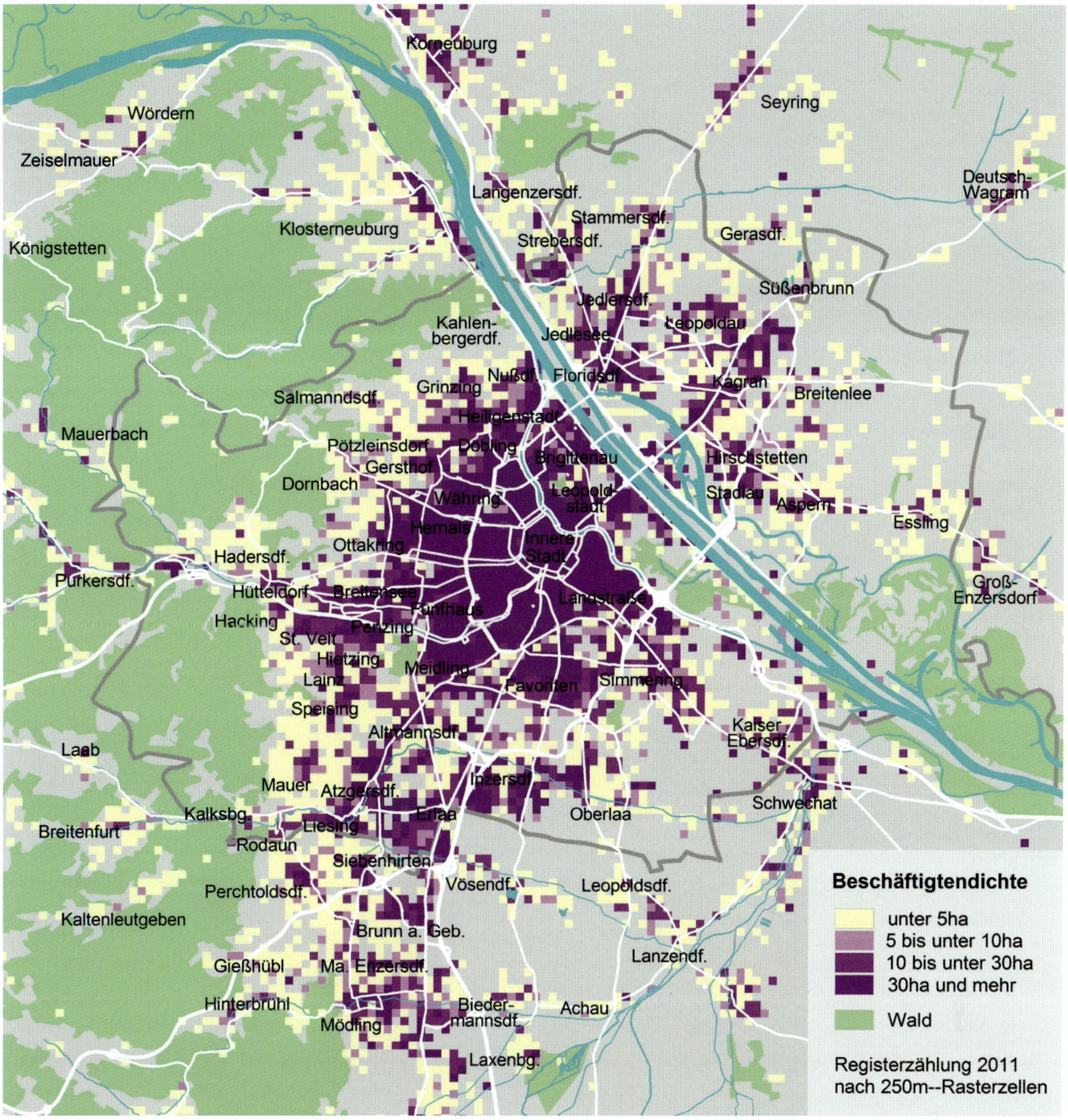

Karte 24: Die im Umland von Wien liegenden Gemeinden verzeichnen vor allem bei der Beschäftigtenzahl im Dienstleistungssektor ein starkes Wachstum. U. a. entstehen große Einkaufszentren, Baumärkte und Freizeiteinrichtungen.

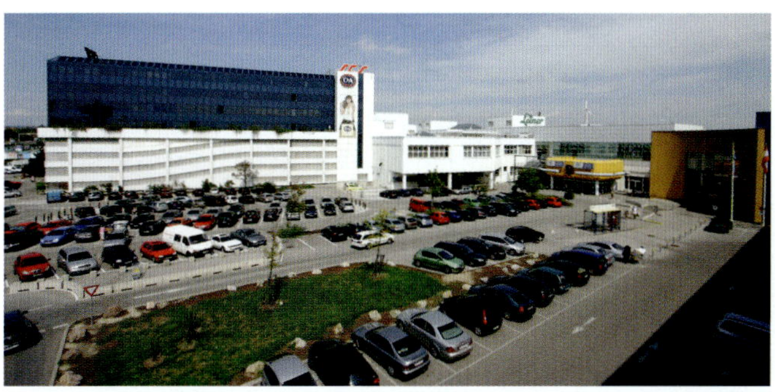

Abbildung 325: Die Shopping City Süd (SCS) ist eines der größten Einkaufszentren Europas und das größte Einkaufszentrum in Österreich. Die Shopping City Süd umfasst ungefähr 330 Geschäfte mit 4.500 Mitarbeitern. Sie wurde beim Bau vorwiegend auf den Autoverkehr ausgerichtet und bietet mehr als 10.000 Parkplätze.

Das Wesen der Wirtschaftsbetriebe hat sich in den letzten Jahrzehnten deutlich gewandelt. Früher waren es hauptsächlich die in den Gemeinden ansässigen Firmen, die ihren Betrieb vergrößerten. Später gingen einige Gemeinden den Weg, im großen Maß Flächenwidmungsplanänderungen von Grünland in Baulandbetriebsgebiete vorzunehmen, um so neue Betriebe zu bekommen (siehe nächste Seite). Diese sind bei den Gemeinden begehrt, weil sie nicht nur Arbeitsplätze schaffen, sondern auch noch zusätzliches Steuereinkommen. Ob die Betriebe leicht mit öffentlichen Verkehrsmitteln erreichbar waren, spielte dabei keine große Rolle. Besonders deutlich wird dies bei der Shopping City Süd (siehe Abb. 325).

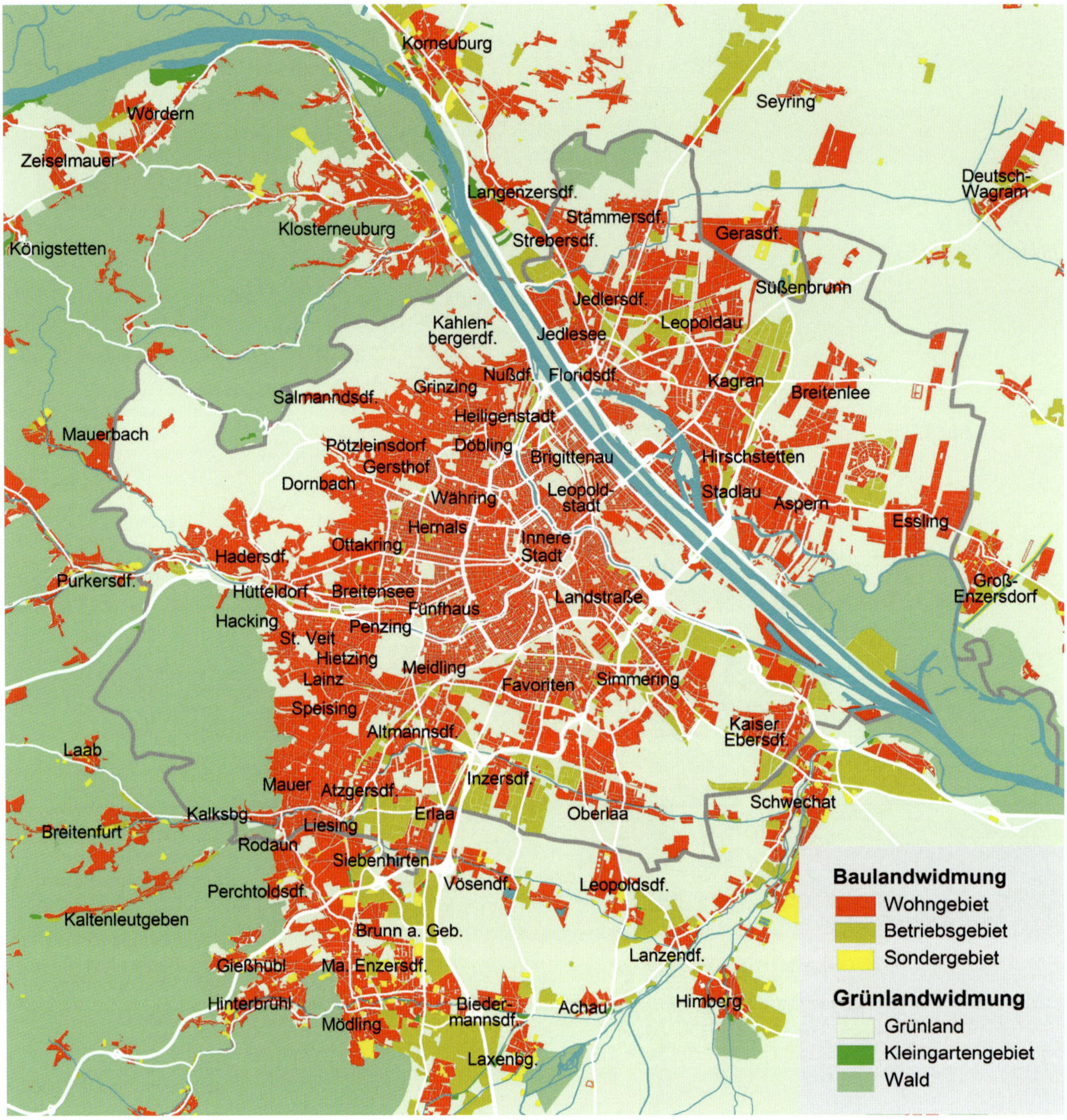

Karte 25: Der Flächenwidmungsplan ordnet jedem Grundstück eine bestimmte Widmung zu, die festlegt, wie das Grundstück genutzt werden kann (Quelle: Flächenwidmungspläne des Landes NÖ).

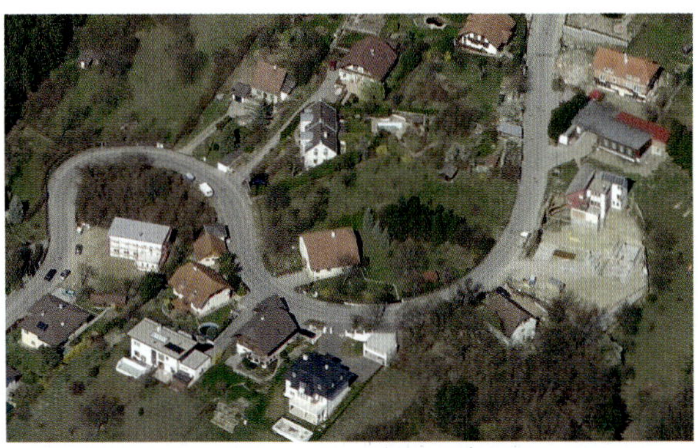

Abbildung 326: Vor allem in der Vergangenheit haben die Gemeinden bei der Festlegung der Flächenwidmungspläne, wenn sie Grünland in Bauland umwidmeten, viel zu wenig darauf geachtet, ob es dadurch nicht zu einem unstrukturierten und ungeregelten Wachstum kommt.

Der Flächenwidmungsplan sowie dessen Abänderungen werden vom Gemeinderat beschlossen. Raumplaner forderten schon seit Langem kompakte Siedlungsstrukturen. Diese Ziele wurden zwar bald von den Gemeinden in ihre örtlichen Entwicklungskonzepte aufgenommen, aber kaum umgesetzt. Die Kommunalpolitiker hätten es in der Hand gehabt, in den Flächenwidmungsplänen das Wohnbauland möglichst auf die mit öffentlichem Verkehr leicht erreichbaren Gebiete zu beschränken, um so der Zersiedelung Einhalt zu gebieten. Das führt neben dem hohen Landschaftsverbrauch auch zu höheren Folgekosten. Technische Infrastruktur wie Wasser, Kanal und soziale Dienstleistungseinrichtungen erfordern in abseits gelegenen Gebieten 3 bis 10 mal mehr öffentliche Mittel als dies durchschnittlich der Fall ist.

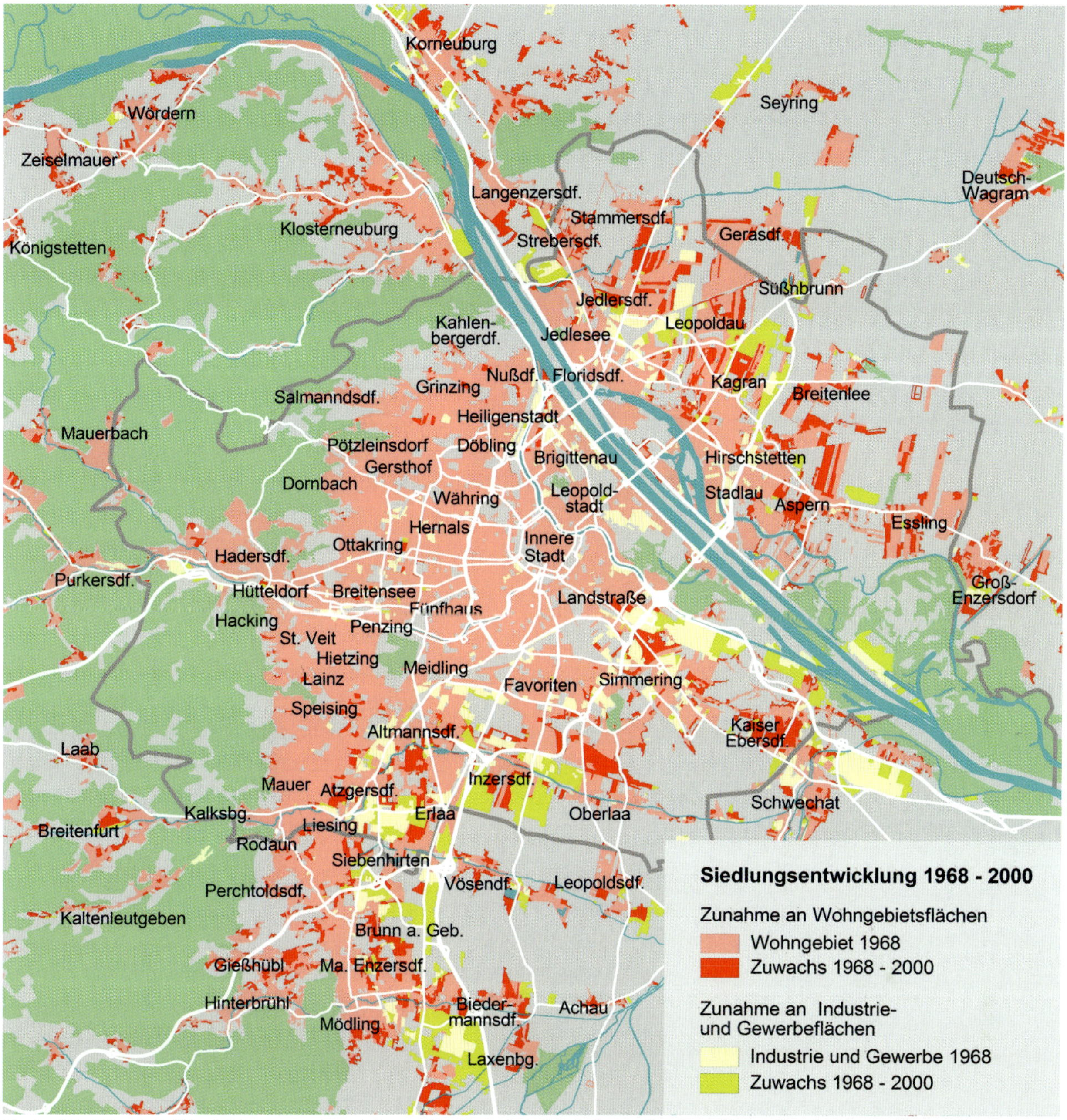

Karte 26: Die Satellitenbilder aus den Jahren 1968 und 2000 liefern die Grundlage für die Darstellung dieser Karte (Quelle: Austrian Research Wien).

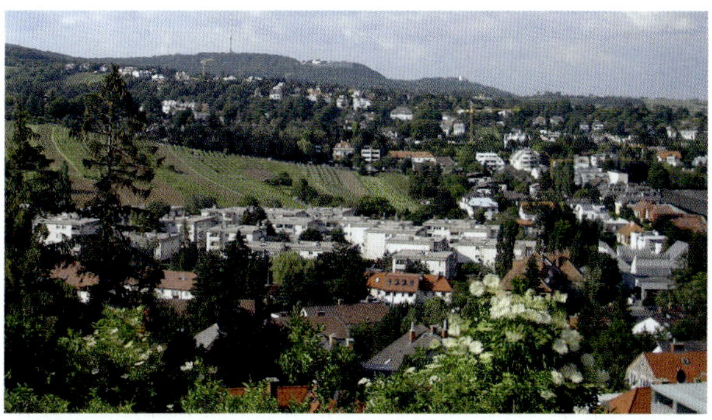

Abbildung 327: Der Wienerwald mit seiner hügeligen Landschaft ist ein attraktives Wohngebiet. Personen, die es sich leisten konnten, tendierten dazu, die dicht bebauten und verkehrsreichen Stadtbereiche zu verlassen und an den Stadtrand zu ziehen.

Auf der obigen Karte wird der Bestand des Jahres 1968 mit Wohnbebauung und Industrie mit dem Jahr 2000 verglichen. Es fällt auf, dass in diesen 20 Jahren sowohl die Siedlungs- als auch die Gewerbeflächen vor allem im Süden Wiens, aber auch nördlich der Donau stark zugenommen haben.

Nicht nur viele Baulandlücken wurden geschlossen, sondern auch am Ortsrand hat sich das Siedlungsgebiet ausgedehnt. Zu einer nicht zu unterschätzenden Siedlungstätigkeit kam es in den sensiblen Wienerwaldgebieten. Leider haben die Gemeinden bei der Erstellung ihrer Flächenwidmungspläne zu wenig darauf geachtet, ob sich diese Gebiete wegen einer fehlenden öffentlichen Verkehrsanbindung als Bauland überhaupt eignen.

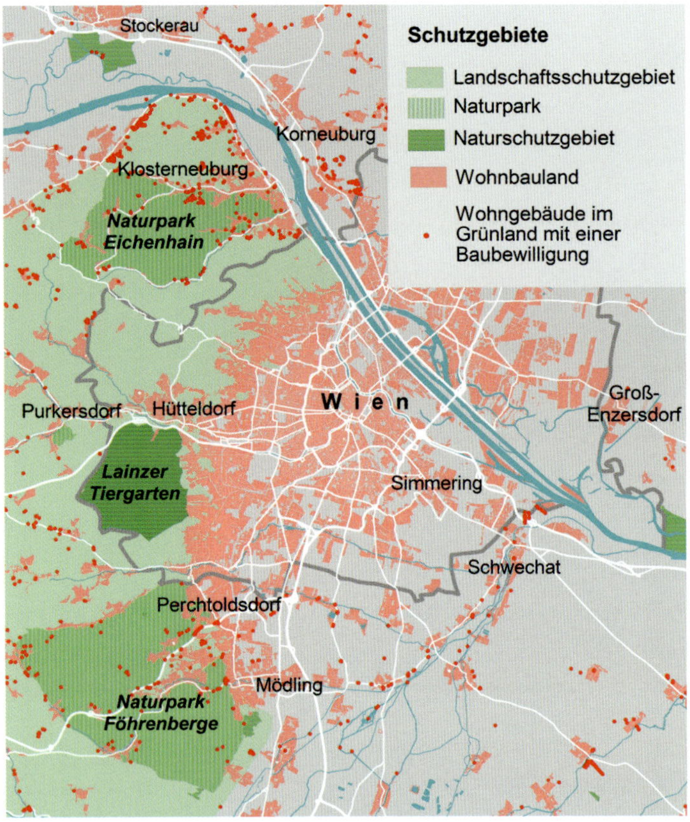

Karte 27: Durch das Landschaftsschutzgebiet Wienerwald sollen typische Landschaftsbilder als Erholungsraum für den Menschen erhalten bleiben. Dies umfasst auch mehrere Naturparks und Naturschutzgebiete (Quelle: Land NÖ).

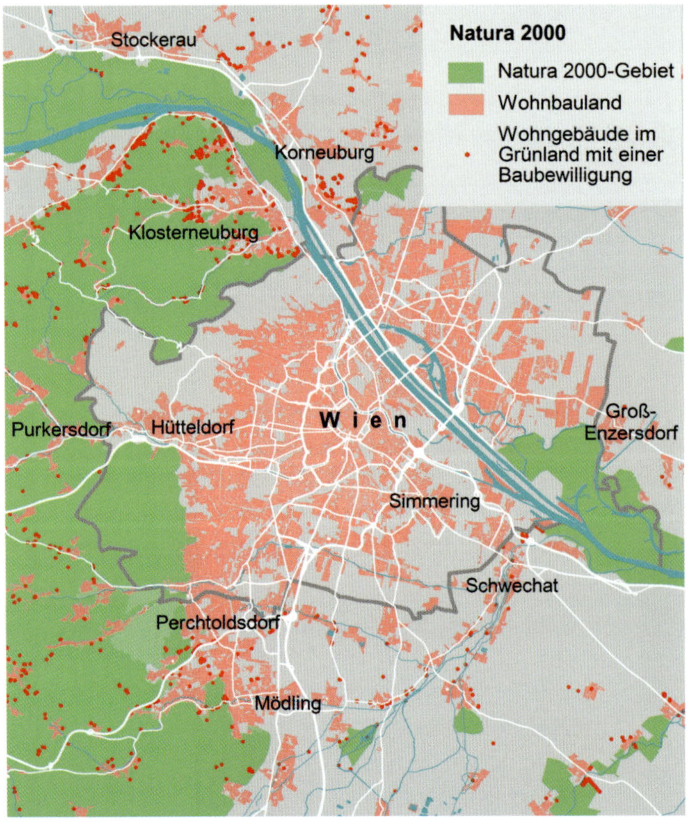

Karte 28: Als Natura 2000 wird ein Schutzgebietsnetz für gefährdete Lebensräume, Tier- und Pflanzenarten innerhalb der EU bezeichnet (Quelle: Land NÖ).

Schutzgebiete

Im Grünland sind nur dann Bauvorhaben zulässig, wenn diese für die Nutzung des Grünlandes erforderlich sind, wie z. B. für Gebäude, die zur Aufrechterhaltung der Landwirtschaft benötigt werden. Obwohl in den von den Gemeinden im Flächenwidmungsplan als Grünland ausgewiesenen Gebieten keine Gebäude für Wohnzwecke errichtet werden dürfen, sind solche schon in der Zwischenkriegszeit mehr oder weniger ungeplant aus dem Boden gewachsen. In der Nachkriegszeit verstärkte sich die Bautätigkeit in diesen ehemals „wilden Siedlungen“. Statt diese unerwünschte Baulandausweitung zu stoppen, ermöglichte sogar das Land NÖ in den 1990er Jahren den Gemeinden, eine neue Widmungskategorie einzuführen, die man auch als „Wohngebäude im Grünland mit einer Baubewilligung“ bezeichnen kann (siehe Karte 27 und Karte 28).

Die Schutzgebiete im Ballungsraum Wien sollten nach Ansicht der Landespolitiker ein wirksames Instrument sein, den Landschaftsverbrauch und damit die in den Grünraum hineinreichende Siedlungstätigkeit einzudämmen. Der rechtliche Rahmen für die Ausgestaltung der Schutzgebiete liegt in Österreich, so wie die Kompetenz der Raumordnung, bei den Ländern. Der Wienerwald wird durch die Bestimmungen des Landschaftsschutzgesetzes, des Natura 2000-Gesetzes, des Naturschutzgesetzes und des Biosphärenreservatsgesetzes geschützt. Naturschutzorganisationen sehen darin einen wichtigen Schritt, vor allem die Wienerwaldlandschaft zu schützen. Sie kritisieren aber, dass die NÖ Landesgesetze zum Naturschutz so vage formuliert sind, dass der Ermessensspielraum bei der Bewertung, ob ein Bauprojekt in ein Schutzgebiet passt oder nicht, zu groß ist.

Die Nachfrage nach Bauland ist trotz teils hoher Grundstückspreise ungebrochen. Um zumindest eine völlige Zersiedelung zu verhindern, wurde seitens des Landes NÖ das Projekt „Grüner Ring um Wien“ gestartet. Das Regionalplanungsprojekt hat zum Ziel, Agrar- und Grünräume im sogenannten „Speckgürtel“ um Wien in einem „Grünen Ring“ zu sichern. Damit soll der Bodenverbrauch rund um Wien gestoppt werden. Leider fehlen in diesem Fall die gesetzlichen Grundlagen, solche Projekte auch umzusetzen.

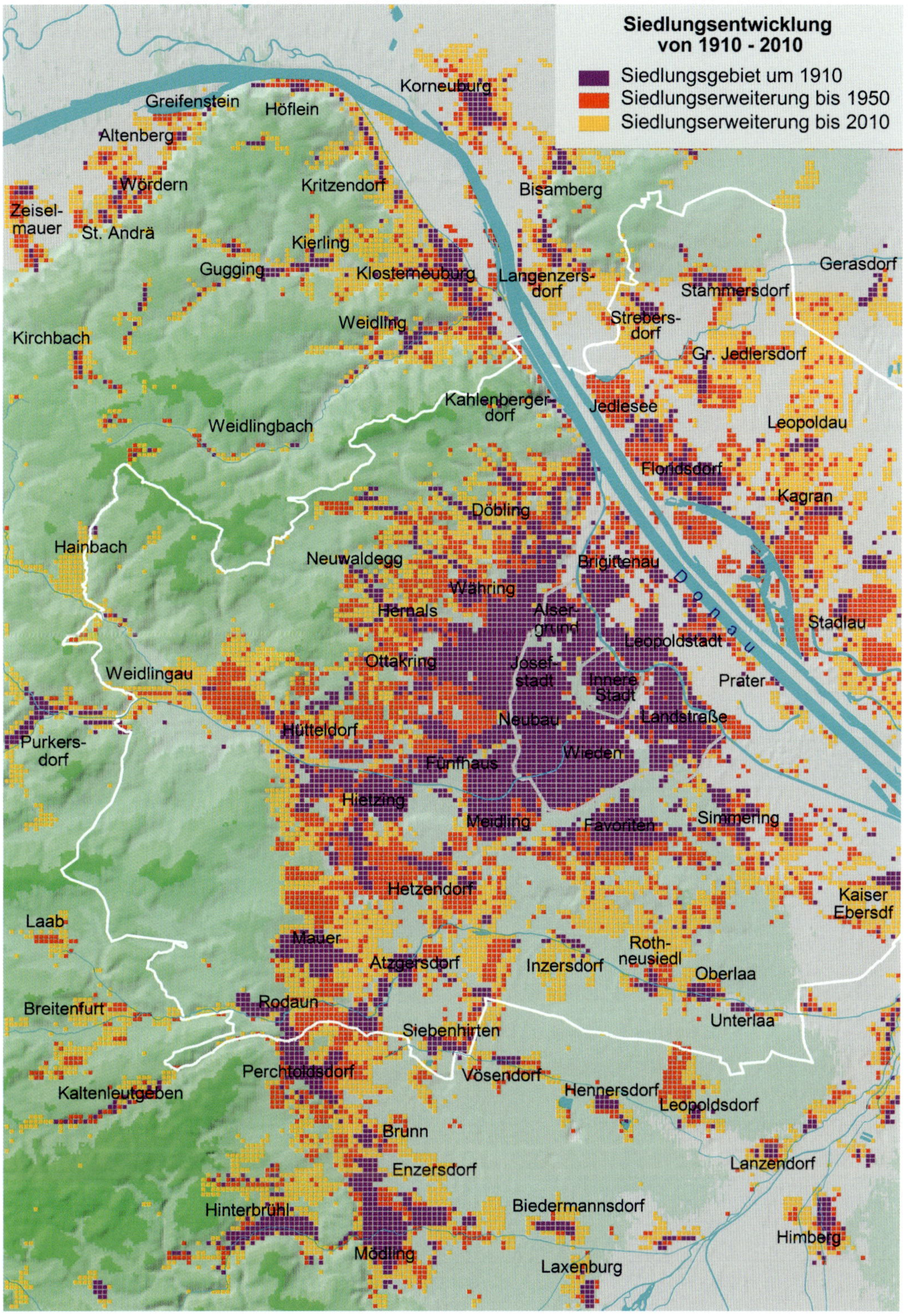

Karte 29: Siedlungswachstum im Ballungsraum Wien. Die Karte zeigt, in welchem Ausmaß sich der Ballungsraum Wien im letzten Jahrhundert ausgedehnt hat, wobei die Industrie- und Gewerbeflächen nicht dargestellt sind. Besonders stark stieg die Siedlungsfläche ab den 1970er Jahren. Nicht nur wegen des Bevölkerungszuwachses, sondern auch wegen des wirtschaftlichen Aufschwungs. Das Durchschnittseinkommen stieg. Man konnte sich größere Wohnungen leisten. Hinzu kommt noch der Trend zu Single-Haushalten. In den größer werdenden Wohnungen wohnen immer weniger Personen. Dadurch brauchen wir für die gleiche Anzahl an Menschen mehr Siedlungsfläche. Zu einem besonders hohen Siedlungsverbrauch kommt es durch die Errichtung von Zweitwohnungen. Die Karte zeigt deutlich, wie stark im Ballungsraum Wien in den letzten Jahrzehnten fernab städtischer und dörflicher Zentren die Zersiedelung fortgeschritten ist. Nicht nur der Pendelverkehr mit dem Auto von und nach Wien wird dadurch gefördert, sondern auch der Bodenverbrauch ist enorm. Dabei geht es sowohl um die Ernährungssicherheit durch die Erhaltung landwirtschaftlicher Flächen, als auch um die Erhaltung unserer Landschaft.

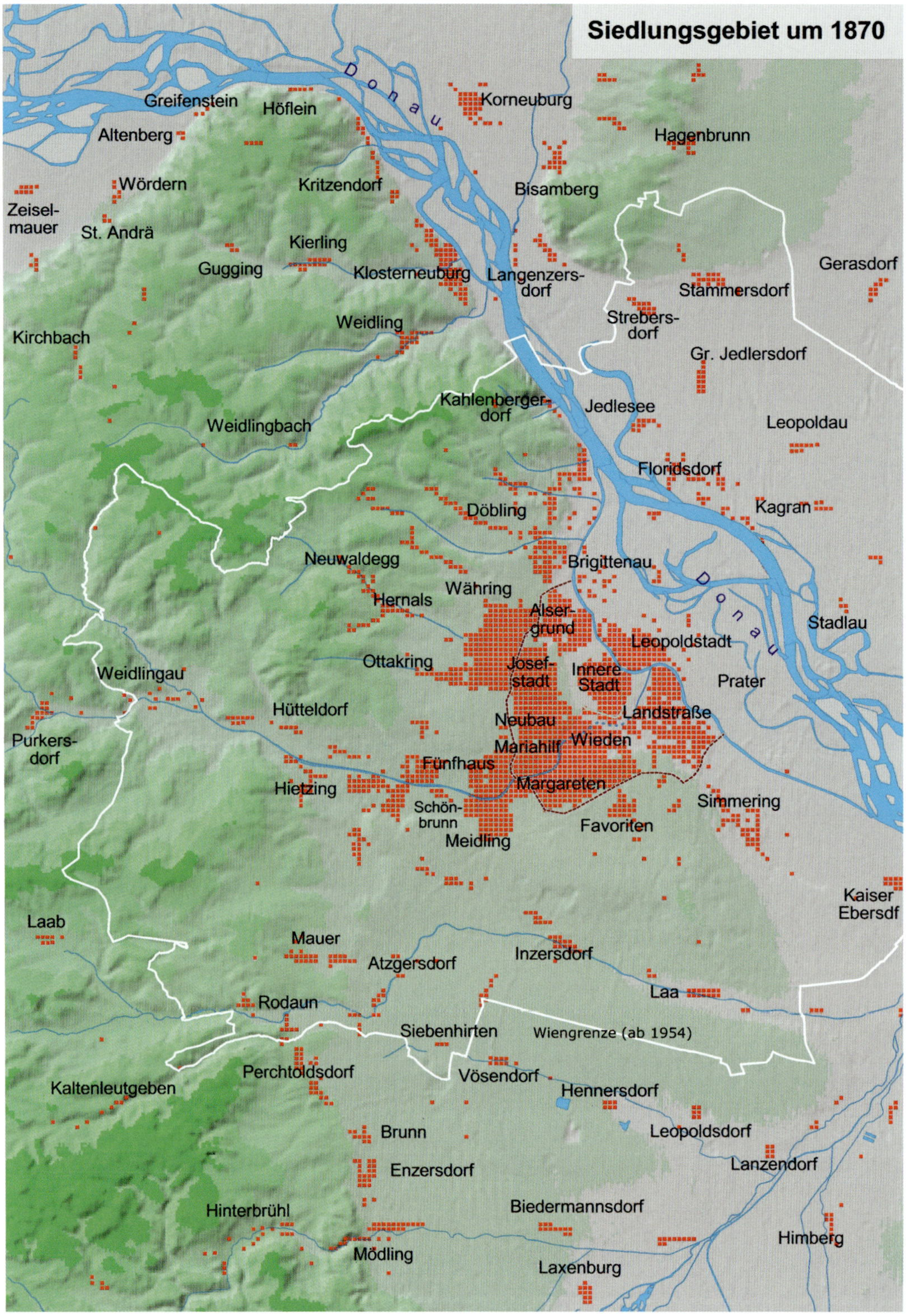

Karte 30: Um 1820 setzte eine kontinuierliche Zuwanderung ein, die vor allem aus den böhmischen Ländern erfolgte. Unter den Migranten waren zahlreiche Dienstboten, Handwerksgesellen und ungelernte Lohnarbeiter, die sich in der Residenzstadt eine Anstellung erhofften. Die Stadt Wien wuchs mit ihren Vorstädten und Vororten stärker zu einem Siedlungsgebiet zusammen. Das war mit ein Grund, warum man 1850 die Vorstädte im Bereich zwischen Glacis und Linienwall eingemeindet hatte. Noch bis zur Mitte des 19. Jh. gab es hier landwirtschaftlich genutzte Flächen, beispielsweise Gemüsegärten, die der Nahversorgung dienten. Aber auch zahlreiche Fabriken hatten sich bereits angesiedelt, Gewerbe und Manufakturen ließen sich in diesem Bereich nieder, freie Flächen wurden rasch parzelliert und verbaut. Die Siedlungstätigkeiten beschränkten sich auf den ortsnahen Bereich, da die Menschen die meisten Wege zu Fuß zurücklegten. Mit der Eröffnung der Franz-Josefs-Bahn 1870 gab es in Wien bereits fünf Kopfbahnhöfe.

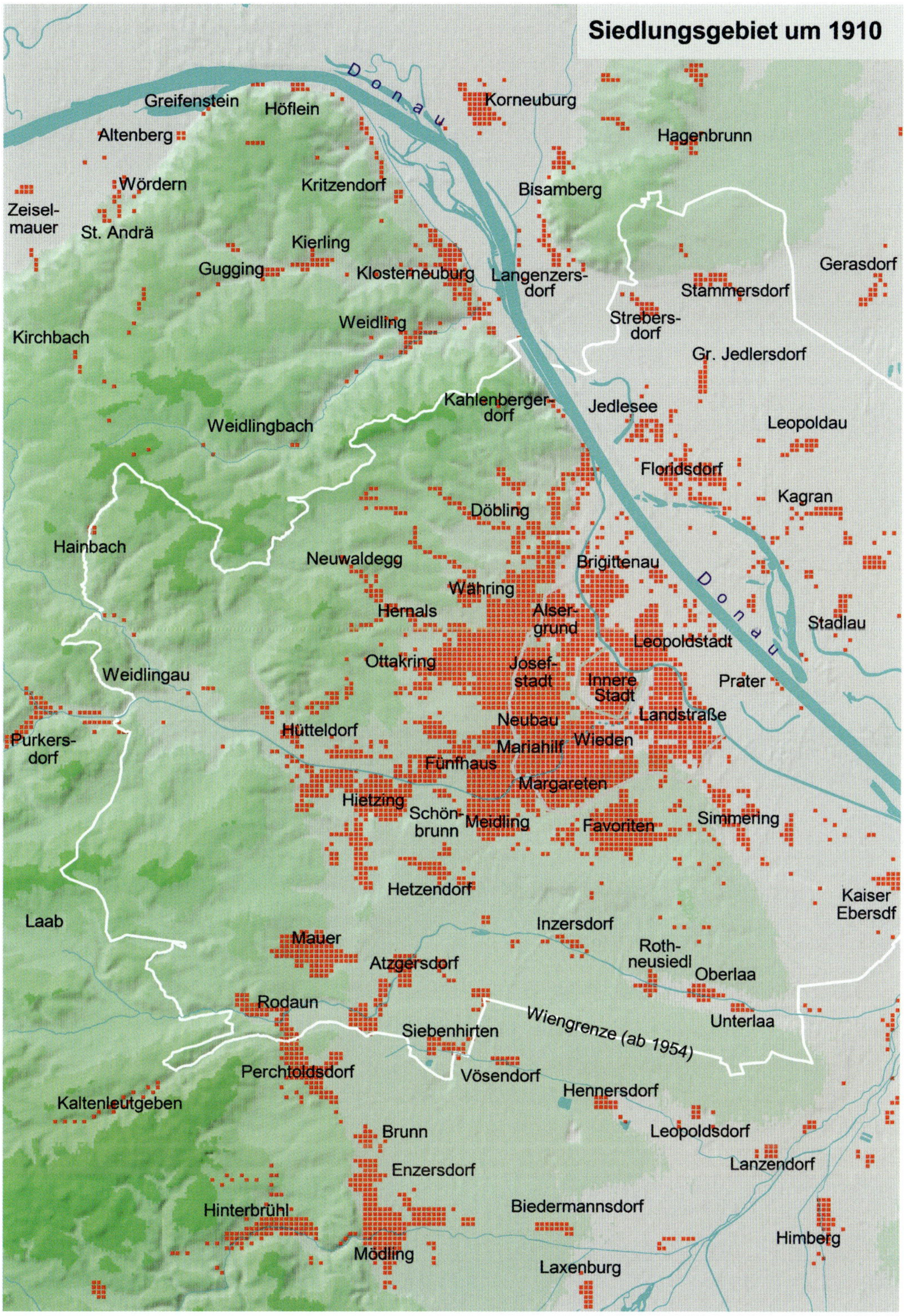

Karte 31: Die Einwohnerzahl Wiens stieg durch die verstärkte Zuwanderung zwischen 1870 und 1910 von rund 900.000 auf mehr als das Doppelte (über 2 Millionen) an. Wien war die Hauptstadt eines weit über 50 Millionen Einwohner und an die 15 Nationen umfassenden Reiches, der österreichisch-ungarischen Monarchie. Aus allen Teilen des multinationalen Kaiserreiches strömten Zuwanderer in die Hauptstadt, verschiedenste ethnische und religiöse Gruppen trafen hier aufeinander. Vor allem die Zuwanderer litten unter den ausbeuterischen Arbeitsbedingungen des Liberalismus. 1894 kam es zur Schleifung des Linienwalls, auf dessen Terrain die Wiener Stadtbahn errichtet wurde. Durch die Donauregulierung hatte sich das Flussbild stark verändert. Es gibt nur mehr einen Hauptstrom und von diesem durch Dammbauten abgetrennte Nebenarme, wobei viele von ihnen bereits verlandet sind. Nach der Donauregulierung begann auch eine Siedlungstätigkeit am nördlichen Donauufer. Der Eisenbahnbau bewirkte dort bald eine starke Bautätigkeit.

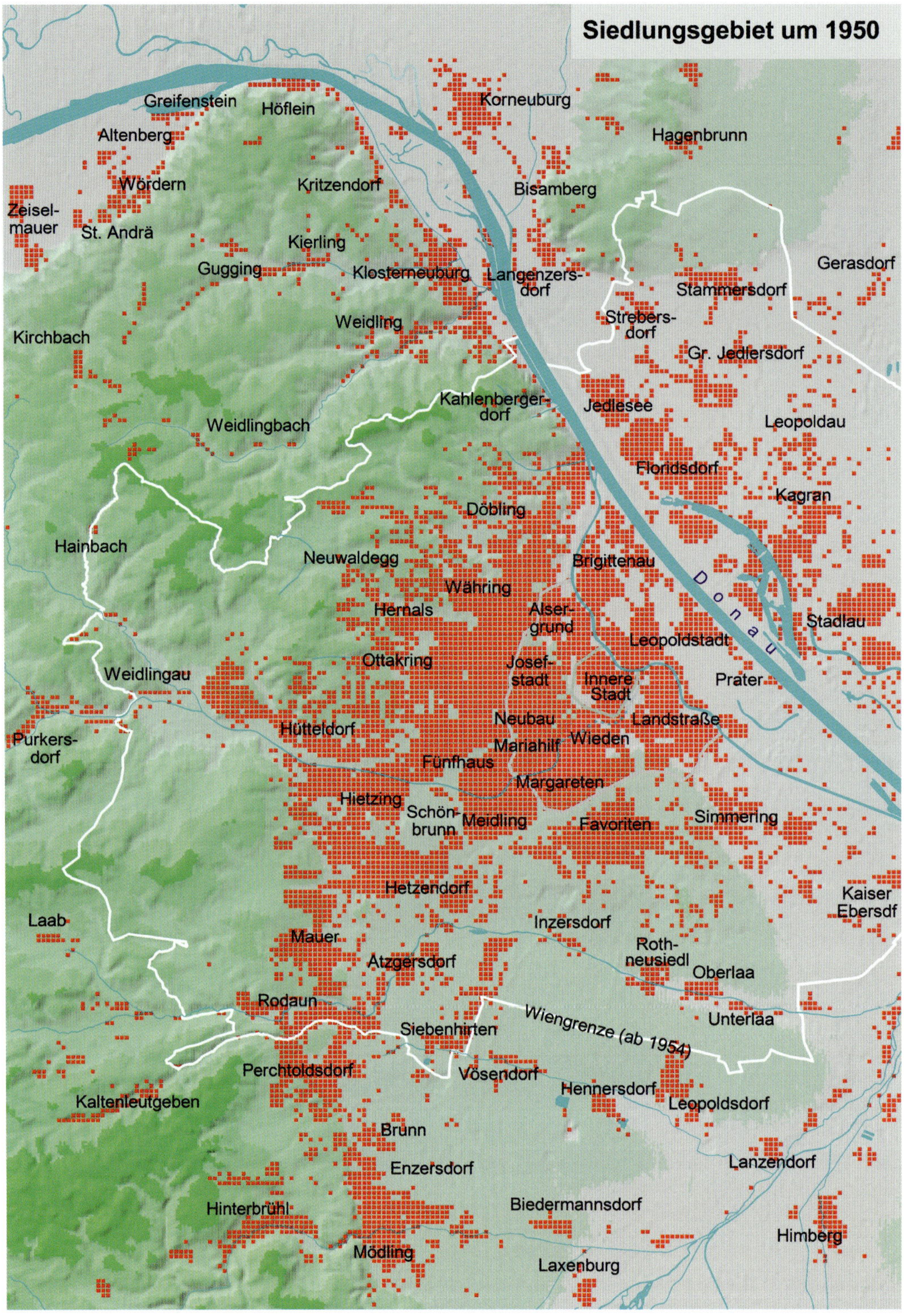

Karte 32: In der Zeit zwischen den beiden Kriegen kam es im gesamten Donauraum zu einer starken Siedlungserweiterung. Da durch die Donauregulierung der Donauraum weitgehend hochwassersicher geworden waren, entstanden hier weitere Wohn- und Industriebetriebe. Vor allem die jenseits der Donau gelegenen Orte Floridsdorf und Jedlersdorf verstädterten schnell. Ein breites Siedlungsband dehnte sich entlang des Wienflusses aus. Wurde früher nur in den Tallagen gebaut, begann man jetzt die Wienerwaldhänge zu besiedeln. Es gab bereits um 1900 Ansätze, die attraktiven Randlagen Wiens zu verbauen. Zuerst war es noch die Wiener Oberschicht, die ihre Villen errichtete. Dann aber auch die Mittelschicht, die es sich leisten konnte, in den noch nicht aufgeschlossenen Gebieten billig ein Grundstück zu erwerben, um ein Haus zu errichten.

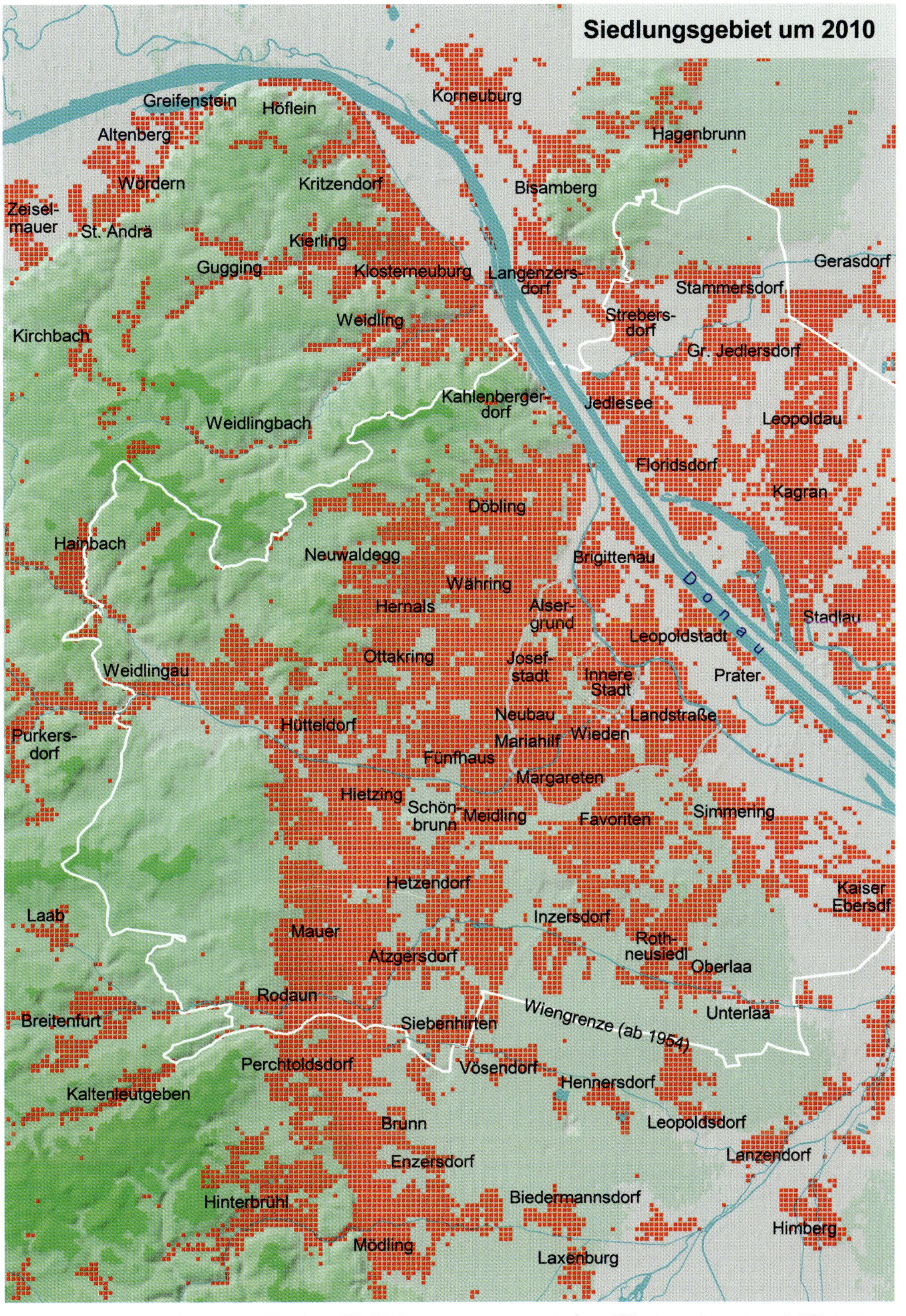

Karte 33: Nach dem Ende des Zweiten Weltkrieges war man mit dem Wiederaufbau beschäftigt. Gegen Ende der 1960er Jahre wurde der Wiener Stadtrand so wie das Wiener Umland immer mehr zu einem begehrten Wohngebiet. Bereits dadurch, dass diese Gemeinden in der Zwischenkriegszeit viel zu große Umwidmungen von Grünland in Bauland vorgenommen hatten, wurden Voraussetzungen geschaffen, die sowohl einer ökonomischen als auch ökologischen Siedlungspolitik entgegenstehen. Der Hauptgrund für die Entscheidung zur Abwanderung sind in erster Linie die nicht zufriedenstellenden Wohnverhältnisse in Wien, wie stark befahrene Straßen, viele Ausländer oder fehlende Erholungsräume. Durch den steigenden Wohlstand und die zunehmende Motorisierung sind auch in entlegenen Gebieten außerhalb der Stadt Wien Siedlungen entstanden, die mit öffentlichen Verkehrsmitteln schwer erreichbar sind. Die landwirtschaftlich genutzten Flächen gehen stark zurück, während die Siedlungsfläche zunimmt.

Literatur und Abbildungsverzeichnis

Literatur zur Geschichte

Beyerl, B. und Hofmann, Th.: Die Dörfer von Wien. Wien 2021.

Bermann, M.: Alt- und Neu-Wien. Geschichte der Kaiserstadt und ihrer Umgebung. Wien, Leipzig 1880.

Borsdorf, A. (Hrsg): Umwelt Stadt. Geschichte des Natur- und Lebensraumes Wien, Wien, Köln, Weimar 2005.

Bousska, H.: Wien 12 – Meidling, ein Bilderbogen, Wien.

Brandstätter, Ch. (Hrsg): StadtChronik Wien. 2000 Jahre in Daten, Dokumenten und Bildern. Wien 1986

Dorffner, G. und Marschik, M.: Donaustädter Attraktionen. Schleinbach 2021.

Eschenlor, H.: Wien-Favoriten. Erfurt 2004.

Haas, C : Panorama vom Leopoldsberg bei Wien. Wien.

Hanak, W. und Widrich, M. (Hrsg): Wien II. Leopoldstadt. Die andere Heimatkunde. Wien, München 1999.

Hinkel, R.: Wien an der Donau. Der große Strom, seine Beziehungen zur Stadt und die Entwicklung der Schifffahrt im Wandel der Zeit. Wien 1995.

Hinkel, R und Landsmann, K.: Floridsdorf in alten Photographien Wien, 1996.

Hinkel, R.: Wien XXI. Floridsdorf – Das Heimat-Buch. Wien 1994.

Jungwirth, M. u. a.: Österreichs Donau. Landschaft — Fisch — Geschichte. Wien 2001.

König, G.: Das Land um Wien. Wien und sein Umland in der „Perspektiv-Karte des Erzherzogthums Oesterreich unter der Ens“ von Franz Xaver Schweickhardt.

Leban, P. und Hradecky, J.: Lebensbezirk Simmering. Wien 2012.

Kretschmer, H.: Döbling und Währing. Wien 1985.

Kronberger, M, (Hrsg.): Vindobona – Das Römische Wien. Wien 2009

Ladinig, G. (Hrsg.): Die Alte Donau – Menschen am Wasser. Wien.

Ladinig, G. (Hrsg.): Die Alte Donau – Perspektiven einer Wiener Landschaft. Wien 2000.

Leitner, C. und Hamtil, K.: Favoriten in alten Fotografien. Wien

Mauch, U.: Das alte Floridsdorf. Schleinbach 2017.

Mazanecm F.: Bildschönes Döbling. Erfurt.

Mazanec, F.: Am Strom der Zeit – Döblings Dörfer an der Donau. Wien 2010.

Opll, F.: Wien im Bild historischer Karten. Die Entwicklung der Stadt bis in die Mitte des 19 Jahrhunderts. Wien, Köln, Weimar 2004.

Oppl, F.: Liesing, eine Geschichte des 23. Wiener Gemeindebezirkes und seiner acht alten Orte in Wort und Bild. Wien 2014.

Oppl, F.: Liesing, Daten und Fakten zur historischen Entwicklung des 23. Wiener Gemeindebezirkes. Wien 2012.

Panorama der Donau von Linz bis Wien gezeichnet in Vogelperspektive von E. Lilienbrunn und Stahlstich von H. Hummitsch. Wien 1839

Retler, W. u a : Ein Dorf bei Wien – Kahlenbergerdorf. Wien 1981.

Rosenberger, W.: Hietzing. Wien 2018.

Schmidt, E.: Die Geschichte der Stadt Wien. Wien, München 1987.

Schubert, W.: Favoriten – Von der Siedlung zur Großstadt. Wien 1992.

Seemann, H. und Lunzer, Ch.: Liesing, 1870 – 1940. Wien 1992.

Seemann, H. und Lunzer, Ch.: 23. Liesing, 1900 - 1960. Wien 2004.

Seemann, H. und Lunzer, Ch.: Hietzing, 1860 – 1930. Wien 1992.

Seemann, H. und Lunzer, Ch.: Penzing, 1870 – 1930. Wien 1993.

Seemann, H. und Lunzer, Ch.: Dornbach, Neuwaldegg, Wien 2000

Seemann, H. und Lunzer, Ch.: Rudolfsheim -Fünfhaus, 1860 – 1930. Wien 1995.

Seemann, H. und Lunzer, Ch.: Simmering, 1880 - 1930. Wien 1996.

Seemann, H. und Lunzer, Ch.: Sievering, 1890 – 1970. Wien 2004.

Seemann, H. und Lunzer, Ch. Meidling, 1870 – 1930. Wien 1994

Seemann, H. und Lunzer, Ch.: Grinzing, 1890 – 1960. Wien 2008.

Seemann, H. und Lunzer, Ch.: Favoriten, 1890 – 1960. Wien 2003.

Seemann, H. und Lunzer, Ch.: Favoriten, 1880 – 1930. Wien 2004.

Seemann, H. und Lunzer, Ch.: Ottakring, 1900 – 1960. Wien 2003.

Seemann, H. und Lunzer Ch.: Wien Hernals, 1860 – 1930. Wien, 1993.

Sowa, H.: Der Kahlenberg in historischen Fotografien. Erfurt

Weber, G.: Hütteldorf und Baumgarten, 1890 – 1960. Wien 2007.

Weber, G.: Kagran, 1880 - 1960. Wien 2002.

Wohlrab, H.: Penzing und Rudolfsheim-Fünfhaus. Wien 1998.

Wolf, M.: Sehnsucht nach dem Alten Wien. Wien, Graz, Klagenfurt 2014.

Wonka, E.: Wienerwaldatlas, Siedlungsausbreitung des Ballungsraumes Wien und deren Auswirkungen auf die Wienerwaldgemeinden (Band I „Wienerwaldgemeinden“). Wien 2011.

Wonka, E.: Der Donauraum von Klosterneuburg und Korneuburg bis Wien. Wien 2018.

Zillinger, K.: Wien-Donaustadt. Erfurt 2008.

Internetquellen zur Bezirksgeschichte der Vororte am Beispiel des 19. Bezirk

https://de.wikipedia.org/wiki/ Oberdöbling

https://www.geschichtewiki.wien.gv.at/Oberdöbling_(Vorort)

https://austria-forum.org/af/Austria-Wiki/Oberdöbling

https://de.wikibrief.org/wiki/ Oberdöbling

https://de.wikipedia.org/wiki/Unterdöbling

https://austria-forum.org/af/Austria-Wiki/Unterdöbling

https://www.geschichtewiki.wien.gv.at/Unterdöbling_(Vorort)

https://dewiki.de/Lexikon/Unterdöbling

https://de.wikipedia.org/wiki/Sievering

http://www.sievering.at/Geschichte.htm

https://www.geschichtewiki.wien.gv.at/Sievering_(Vorort)

https://austria-forum.org/af/Austria-Wiki/Sievering

https://www.geschichtewiki.wien.gv.at/Neustift

https://www.geschichtewiki.wien.gv.at/Neustift_(Vorstadt)

https://de.wikipedia.org/wiki/Neustift_am_Walde

https://www.geschichtewiki.wien.gv.at/Neustift_am_Walde_(Vorort)

https://de.wikipedia.org/wiki/Salmannsdorf_(Wien)

https://austria-forum.org/af/Austria-Wiki/Salmannsdorf-Wien

https://de.wikipedia.org/wiki/Heiligen-stadt_(Wien)

https://www.geschichtewiki.wien.gv.at/Heiligenstadt_(Vorort)

https://www.austriasites.com/vienna/bezirk19_Heiligenstadt.htm

https://de.wikipedia.org/wiki/Nussdorf_(Wien)

https://www.geschichtewiki.wien.gv.at/Nussdorf_(Vorort)

https://de.wikipedia.org/wiki/Grinzing

https://www.geschichtewiki.wien.gv.at/Grinzing_(Vorort)

https://austria-forum.org/af/Austria-Wiki/Grinzing

https://de.wikipedia.org/wiki/Kahlenbergerdorf

https://www.geschichtewiki.wien.gv.at/Kahlenbergerdorf_(Vorort)

https://www.wikiwand.com/de/Kahlenbergerdorf

https://austria-forum.org/af/Austria-Wiki/Kahlenbergerdorf

https://de.wikipedia.org/wiki/Josefsdorf_(Wien)

https://www.geschichtewiki.wien.gv.at/Josefsdorf_(Vorort)

Abbildungsverzeichnis

Wien Museum Online Sammlung https://sammlung.wienmuseum.at: Abb: 6 (Kupfertiefdruck, 1925), 8 (Farblithographie 1860, A. Camesina), 9 (Kupferstich 1609, J. Hoefnagel), 10 (Aquarell 1558, H. Lauternsack), 12 (Kupferstich 1809, B. Piringer), 13 (Foto 1858), 14 (Stich 1842, Rudolf von Alt, Johann Hürlimann), 15, 16 (Aquarell 1904, E. Pendl), 17, 18, 25 (Kupferstich), 26 (Kupferstich), 27 (Kupferstich, 28 (Feder und Wasserfarben), 29, 30, 31, 32, 37, 38,, 39, 41, 43, 44, 45, 46 (Stich), 47 (Stich), 48 (Stich), 49, 42, 44, 45, 54, 63 64, 66, 67, 74, 75, 76, 79, 82, 83, 86, 87, 90, 91, 92, 94 (P. Schaffer), 95, 96, 98, 99, 100, 102, 104, 107, 108, 112, 115, 118 (Aquarell), 120, 122, 123, 127, 128, 130, 131, 135 (Umrissradierung), 138, 139, 140, 141, 144, 145, 146, 149, 150, 152, 157, 158, 160, 161, 162, 164, 165, 166, 168, 169, 170, 172, 173, 174, 176, 177, 180, 181, 182, 184, 185, 186, 190, 193, 194, 196, 197, 198, 200, 201, 202, 204, 206, 209, 210, 212 (Kupferstich), 213, 214, 216 (Aquarell), 217, 218, 220, 221, 224, 225, 226, 228, 229, 234, 237, 239, 240, 244, 245, 247, 248, 249, 253, 260, 263, 264, 267, 268, 273, 288 und 293.

Österreichische Nationalbibliothek. AKON - Ansichtskarten Online: Abb. 98, 103, 116, 124, 132 133, 136, 189, 192, 205, 208 222, 251, 252, 256, 271, 304, 305, 307 und 308.

Topographische Sammlung der NÖ Landesbilbliothek: Abb. 266 (kolorierte Umrissradierung, J. A. Ziegler)

Kartensammlung der NÖ Landesbibliothek: Perspektivkarte um 1830 von Franz Xaver Schweickhardt. Section I, II und VII.

Section I, II und VI.

Panorama vom Leopoldsberg bei Wien: Abb. 34.

Donauatlas Wien, Geschichte der Donauregulierung: Abb. 33 (S. Pall).

7reasons Medien: Abb. 2, 3 und 4.

Wonka Erich: Abb. 1, 5, 7, 11, 142, 223, 318, 326 und 327

Presch E.: Abb. 106

Peyr S.: Abb. 318

Schmidt O.: Abb. 35 und 36

Stadler C,: Abb. 321 (© C.Stadler/Bwag)

Aus den Bildbänden der Vorstädte (siehe Literaturangabe): Abb. 50 (Sperling), 51 (Sperling), 52, 55 (Sperling), 56, 58 (Popper), 59 (Forstner), 62, 70 (Burkl), 71, 74, 78, 80, 84 (Schima), 114 (Bleistiftzeichnung), 126, 137 (K. Böhmerle), 147 (H. Jahn), 153 (Löwenstein), 232, 233, 241, 245, 257, 259, 262, 269 (Popper), 272 (Popper), 275 (Kupferstich), 277 (Schöpfleuthner), 279, 280, 281, 283, 284, 285, 287, 289, 291 (Stich), 292 (Federzeichnung), 295 (Leibl), 296 (Sperling), 297, 299 (Kupferstich), 300 (Sperling) , 301 (Hohlweg), 303, 304, 309, 311, 312, 313, 315, 316 und 317.

Archiv der Pfarre Breitensee: Abb. 119

Panorama der Donau von Linz bis Wien: Abb. 236 und 243 (Edlen von Lilienbrunn).

Bing Maps: Abb. 20.

Bezirksmuseum Liesing: Abb. 287.

Bezirksmuseum Simmering: Abb. 68.

Bezirksmuseum Rudolfsheim-Fünfhaus: Abb. 154.

Austria-Forum: Abb. 72.

MAK Museum Wien: Abb. 188.

Der Standard: 14. Mai 2014: Abb. 19.

Railway & Mobility Reasearch Austria: Abb. 255.

Philipp von Württemberg: Abb. 88.

Scherm I.: Abb. 21 und 324.

Stadtchronik Wien: Abb. 23 (Lithographie).

Woldan Sammlung: Abb. 40.

vienna@tramway.at: Abb. 148 (H. Jahn).

Wikimedia: 210 (W. Kaiser).

Die Presse: 22 (M. Kumpf).

Wonka, E.: Kolorierte Perspektivkarte um 1830 von Franz Xaver Schweickhardt. Section III und IV.

Wikipedia: Abb. 321, 322 und 325 (Christoph Leeb).

Denis.Vostrikov/Shutterstock.com: Abb. 323

iStock.com/gdmpro: Abb 319

iStock.com/mdworschak: Abb. 320

Literatur und Quellenangaben zur Kartenerstellung

Wonka, E.: Wienerwaldatlas. Hrsg. Institut für Geographie Information Science – Österreichische Akademie der Wissenschaft und der Stadtgemeinde Klosterneuburg, Salzburg und Klosterneuburg 2011

Wonka, E.: Regionalstatistik in Österreich. Von der Tabelle zu räumlicher Analyse und Visualisierung. Salzburg und Wien. In: Salzburger Geographische Arbeiten. Wien 2006.

Wonka, E.: Regionalstatistik in Österreich auf der räumlichen Bezugsbasis von regionalstatistischen Rastereinheiten. Salzburg und Wien. In: Salzburger Geographische Arbeiten. Wien 2010.

Wonka, E., Kaminger, I. und Katzlberger, G.: Regionalstatistische Auswertungen mit geographischen Rastern in der Raumplanung. In: Informationen zur Raumentwicklung. Hrsg. Bundesamt für Bauwesen und Raumordnung. Wien 2009.

Wonka, E. und Laburda E.: Stadtregionen 2001 – Das Konzept. In Statistische Nachrichten Heft 12/2010.

Von folgenden Institutionen wurden für die Kartenerstellung Shapedaten zu Verfügung gestellt. Karte 22 (Stadtregion Wien) und Karte 23 (Zahl der Wohnungen) vom Österreichischen Statistischen Zentralamt. Karte 24 (Flächenwidmungsplan), Karte 26 (Schutzgebiete) und Karte 27 (Natura 2000-Gebiete) vom Amt der NÖ Landesregierung. Karte 25 (Siedlungsentwicklung 1968-2000) vom Austrian Research Center Wien.

Wien Museum Online Sammlung https://sammlung.wienmuseum.at: Karte 18 (Grundriss der k. k. Haupt und Residenz Stadt Wien mit allen Vorstädten und der umliegenden Gegend).

Erstellung der Siedlungskarten

Erstellt wurden die Siedlungskarten mit Hilfe eines Geographischen Informationssystems. Im vorliegenden Fall war es das Arc-GIS Desktop Arc-View. Grundlage dabei waren die Gebäudekoordinaten 2001 des Gebäuderegisters, die von Statistik Austria zur Verfügung gestellt werden.

Damit die Siedlungsstruktur nicht verloren geht, wurde das Siedlungsgebiet in den Karten 1 bis 16, 19 und 20 nicht durch Flächen-, sondern durch Punktsignaturen dargestellt. Wie dabei vorgegangen wurde, wird im Folgenden kurz beschrieben.

Relativ einfach ist die Erstellung der Siedlungskarten 2001 und später, da ab diesem Zeitpunkt die Gebäudekoordinaten von STATISTIK AUSTRIA jährlich aktualisiert werden (siehe Abb. 1).

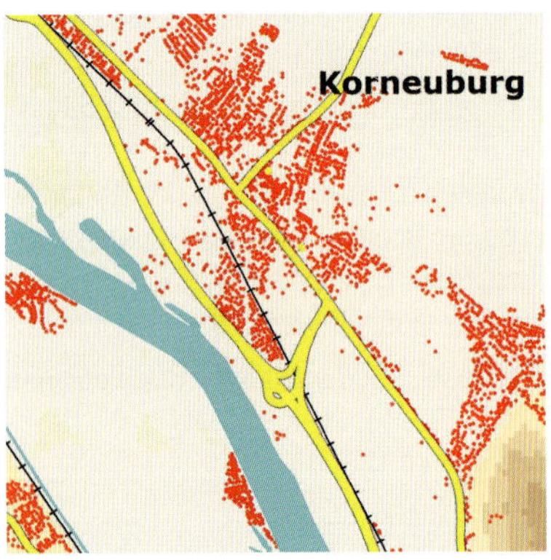

Abb. 1: Siedlungskarte 2001. Grundlage dafür waren die Gebäudekoordinaten aus dem Gebäuderegister 2001 (rote Punkte). Die so dargestellte Siedlungsfläche wurde mit einem digitalen Gewässer- und Straßennetz 2001 sowie einem Höhenmodell kombiniert.

Wesentlich aufwändiger war die Erstellung der älteren Siedlungskarten (siehe Abb. 2). Das Problem dabei war, dass früher topographische Karten nur in einem kleinen Kartenmaßstab erstellt wurden und damit das Siedlungsgebiet auch entsprechend stark generalisiert in der Karte wiedergegeben ist. Außerhalb der Städte gab es oftmals nur schriftliche Hinweise über die erstmalige Nennung der Orte und kaum über deren Ausbreitung. Zu berücksichtigen waren bei den topographischen Karten auch die unterschiedlichsten Kartenprojektionen, was ein Einpassen in heutige Kartenprojektionen erforderlich machte.

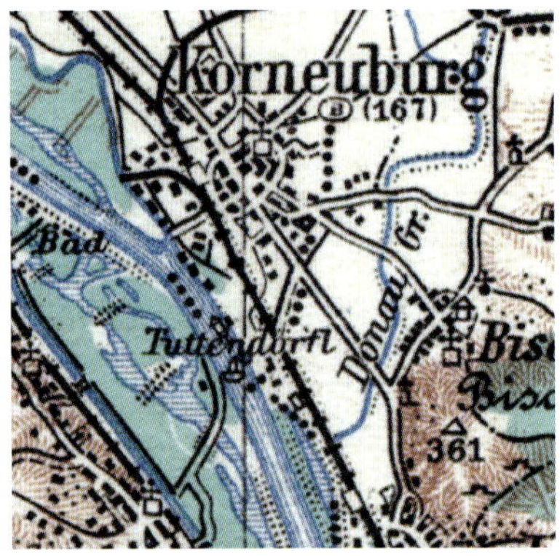

Topographische Karte (ÖK50)

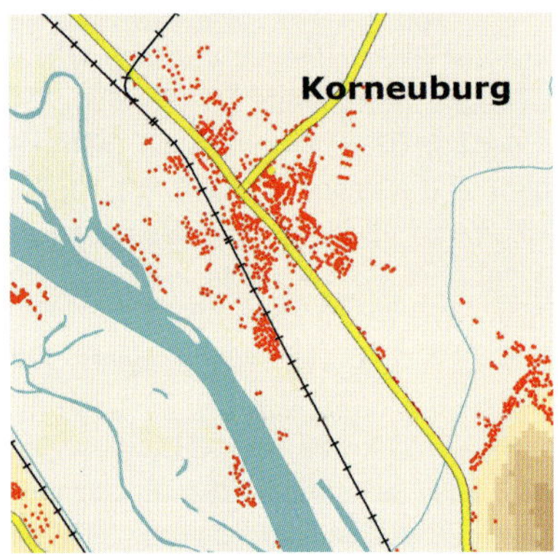

Abb. 2: Siedlungskarte 1950. Ausgangspunkt dafür waren die Gebäudekoordinaten 2001 (siehe rote Punkte in der Abb. 1). Diese wurden mit einer topographischen Karte um 1950 zur Deckung gebracht (Abb. 2 oben). Diejenigen Gebäudepunkte wurden entfernt, wo in der topographischen Karte 1950 noch keine Gebäude standen. In einigen wenigen Fällen mussten auch Punkte ergänzt werden. Die so erstellten Siedlungspunkte wurden, wie die Abb. 2 unten zeigt, mit dem Gewässer- und auch Straßennetz um 1950 kombiniert. Diese Siedlungskarte 1950 war dann auch die Grundlage für die weiter zurückliegende Siedlungskarte wie die von 1914 und diese dann wieder für 1875 usw.

Bei der Erstellung von Siedlungskarten im kleineren Kartenmaßstab, wie bei den Abb. 28 bis 32, wurde von kleinmaschigen Rasterzellen, wie hier auf der Basis eines 125 m Rasters, zurückgegriffen. Diese werden, ebenso wie die Gebäudekoordinaten, von Statistik Austria zur Verfügung gestellt. Auch bei dieser Rastergröße bleibt die Siedlungsstruktur recht gut erhalten (siehe Abb. 3).

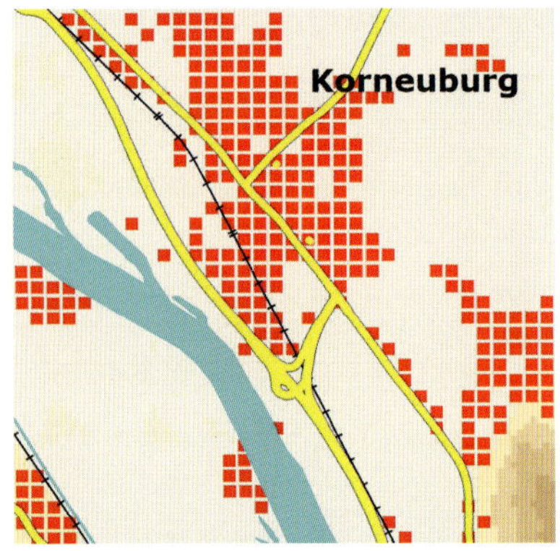

Abb. 3: Siedlungskarte 2001 auf Rasterbasis. Erstellt wurde diese auf der Basis von 125 m großen Rasterzellen aus dem Gebäuderegister 2001 (rote Punkte). Die so dargestellte Siedlungsfläche wurde mit dem digitalen Gewässer- und Straßennetz um 2001 (siehe Abb. 2 oben) sowie dem Höhenmodell kombiniert.

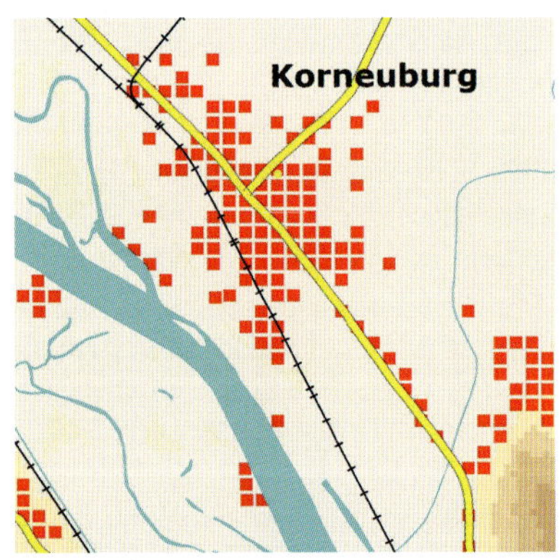

Abb. 4: Siedlungskarte 1950 auf Rasterbasis. Ausgangspunkt war die Siedlungsverteilung 2001 auf der Basis eines 125m Rasters (siehe rote Quadrate in der Abb. 3). Diese wurden dann, wie bei der Erstellung der Siedlungskarte in der Abb. 2, mit einer topographischen Karte um 1950 zur Deckung gebracht.

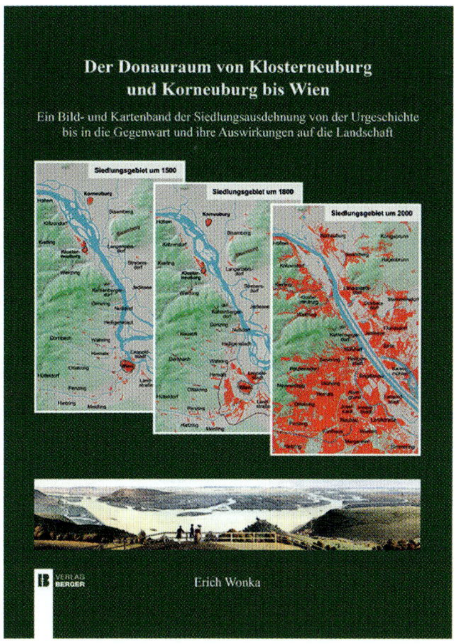

Der Donauraum von Klosterneuburg und Korneuburg bis Wien

Wonka, Erich

ISB 978-3-85028-852-1

erschienen 18.10.2018

Das Buch zeigt, wie die Besiedlung des Donauraumes im Bereich von Klosterneuburg, Korneuburg und Wien vor sich gegangen ist. Dabei wird die Siedlungsgeschichte in einzelne Epochen unterteilt wie Urgeschichte, Römerzeit, Früh-, Hoch- und Spätmittelalter und ab dann in Zeitabschnitten von etwa 100 Jahren. Das Buch enthält über 100 Karten und über 230 Abbildungen. Viele historische aber auch aktuelle Ereignisse versteht man viel leichter, wenn man neben dem Text dazu auch die entsprechenden Karten und Abbildungen vor sich sieht.

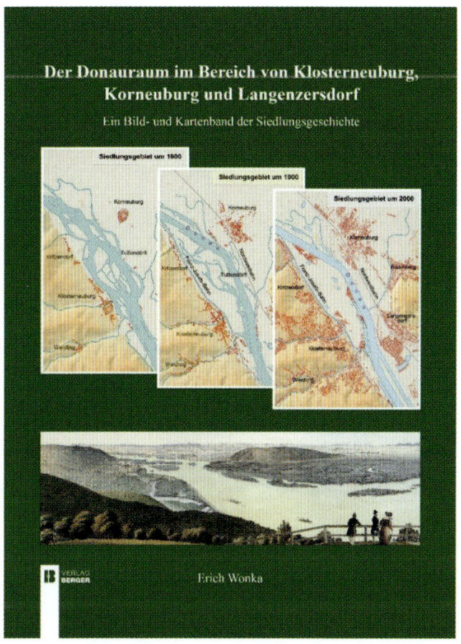

Der Donauraum im Bereich von Klosterneuburg, Korneuburg und Langenzersdorf

Wonka, Erich

ISBN 978-3-85028-917-7

erschienen 17.12.2019

Der Bild- und Kartenband zeigt die Siedlungsgeschichte entlang des Donauabschnittes von Klosterneuburg, Korneuburg, Langenzersdorf und Bisamberg. Dieses Buch beschreibt nicht nur, wie der Mensch im Lauf der Geschichte auf Veränderungen des Flusses reagiert hat und wie er wiederum durch seine Besiedlung die Landschaft um ihn herum verändert hat. Die über 40 Karten und knapp 300 Abbildungen sollen die Geschichte nicht nur anschaulich präsentieren, sondern auch die Zusammenhänge leichter verständlich machen.

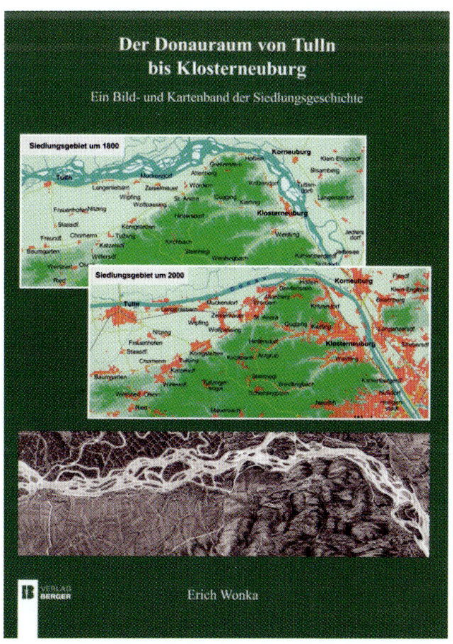

Der Donauraum von Tulln bis Klosterneuburg

Wonka, Erich

ISBN 978-3-85028-978-8

erschienen 17.11.2021

Karten sind bei der Darstellung historischer Entwicklungen nicht nur ein gutes Orientierungsmittel, sondern helfen auch, die Abläufe richtig zu verstehen. Die Siedlungsgeschichte wurde in einzelne Zeitabschnitte unterteilt wie in Urgeschichte, Römerzeit, Früh-, Hoch- und Spätmittelalter, 1500 bis 1700, 1700 bis 1800 und ab dann alle 50 Jahre. Für jede dieser Epochen wurde eine Karte angefertigt, die den damaligen Verlauf der Donau mit der möglichst exakten Siedlungsausdehnung zeigt. Neben dem historischen Teil gibt es einen kurzen Abschnitt über die Auswirkungen der heutigen Siedlungspolitik auf den von Klosterneuburg bis Tulln reichenden Donauraum, einschließlich der zwischen diesen beiden Städten liegenden Donauorte. Insgesamt enthält das Werk 55 Karten und 369 Abbildungen.